Dictionnaire de la désinformation

ARMAND COLIN

L'auteur

François Géré est professeur agrégé et docteur en histoire des Relations internationales et stratégiques contemporaines (RISC), docteur habilité et directeur de recherches auprès de l'Université Paris 3 Sorbonne nouvelle, Visiting professor à Johns Hopkins University, directeur de recherche à l'École polytechnique, directeur de séminaire à l'École de Guerre (Paris) et fondateur de l'Institut français d'analyse stratégique (IFAS).

Parmi ses publications :
La guerre psychologique, Paris, Economica, 1996
Les opérations psychologiques, Paris, CREST-FRS, 1999,
Dictionnaire de la pensée stratégique, Paris, Larousse, 2000
Pourquoi le terrorisme ?, Paris, Larousse, 2002
Les volontaires de la mort, le terrorisme suicide, Paris, Bayard, 2004
Iran, l'État de crise, Paris, Karthala, 2010

Conception de la couverture : Thierry Müller
Composition : Yves Tremblay

ISBN : 978-2-200-25772-9

Armand Colin • 21, rue du Montparnasse • 75006 Paris

« On nous cache tout,
on nous dit rien.
On nous informe
vraiment sur rien… »

Jacques Dutronc et Jacques Lanzmann, 1966

Introduction à la désinformation

Cette étude touche à l'ordinaire du vécu de l'homme, à son quotidien, à ses habitudes de langage, forcément aux profondeurs de son psychisme qu'on le nomme parfois inconscient ou d'une autre manière, c'est affaire de cultures. Appréhender la relation entre information et désinformation c'est aussi mener une enquête sur le langage, jeux de mots, lapsus et doubles sens comme il est des « agents doubles ». La rigueur de l'ordre alphabétique étant ce qu'elle est le lecteur n'aura qu'à se laisser guider par la libre association que favorisent les corrélats. L'objet de chaque entrée est de susciter l'éveil en direction d'une autre entrée au risque d'engendrer le reproche de n'avoir pas traité un sujet particulier.

S'agissant du langage, considérons une séquence emblématique : former, informer, déformer, désinformer. En latin « *Forma* » c'est la beauté. Déformer c'est donc enlaidir, dégrader. Dans l'antiquité, la déformation physique inquiétait. Elle est réputée signifier la traîtrise, désigner la fourberie. Informer c'est en quelque sorte introduire la beauté de l'intellect au sein du chaos, de l'obscurité, de l'ignorance. Désinformer c'est ramener sciemment l'esprit humain à une arriération antérieure, une difformité primordiale renouant avec la disharmonie du monde.

In est ce suffixe latin qui indique un mouvement de pénétration au sein d'un espace physique ou mental, géographique ou organisationnel. On in-vestit une place dont on va faire le siège. De son côté, l'assiégé et ses soutiens extérieurs vont s'efforcer de se dé-gager. On investit des capitaux dans un secteur et si nécessaire on désinvestit. On infiltre et l'on s'infiltre, on intoxique ou désintoxique. Dans les manuels d'opérations tactiques il existe une distinction entre le « dégagement » d'une unité combattante (au niveau stratégique c'est la retraite) et « l'exfiltration » sans combats, dans le silence et l'inconnu. « Dé- » n'est donc pas rigoureusement « ex » qui repose sur une antinomie sans appel entre l'intérieur et l'extérieur. Reconnaissons toutefois l'imperfection de ces symétries. Il suffit de constater que le suffixe « dès » désigne un détournement de trajectoire, une déviation, une mutation de la signification présentant cette caractéristique majeure : elle est dissimulée. C'est en somme une fausse signalisation destinée à vous « faire tomber dans le panneau » !

Mais par-dessus tout on « in » forme. « *Soyez les premiers, soyez les mieux informés !* » clame le jingle de la chaîne d'information continue Euronews.

Ce qui nous intéresse ici est de mesurer non pas tant la lutte entre l'ignorance et le savoir que l'affrontement dissimulé, inavouable entre l'information et la désinformation, entre un effort pour acquérir les données qui assureront la connaissance et fonderont la décision et d'autre part les actions délibérées visant à fausser l'information afin de brouiller la connaissance, désorienter le jugement, égarer la décision.

Une telle réflexion fait apparaître qu'indépendamment des évolutions de la technologie disponible portant sur les vecteurs, il existe des constantes dans les méthodes et les procédés. Elles traversent l'histoire de l'humanité, toutes cultures confondues, soumises à la même loi de cette lutte entre information et désinformation. Les facettes en sont multiples et variables mais les principes constants.

Et ce serait péché d'orgueil ou de naïveté de la (bonne) science de croire qu'elle puisse s'en affranchir ou de l'ignorer. La lutte entre information et désinformation ressemble singulièrement à la relation entre la paix et la guerre. Elle n'en est qu'un avatar, peut-être le plus important, tant on la trouve consubstantielle de l'homme et des organisations qu'il a créées pour parvenir à ses fins, bonnes ou mauvaises.

L'ouvrage forme un triangle équilatéral dont les trois côtés se nomment respectivement : Idéologies, Médias, Violence organisée, – réputée légitime ou non –, guerre, guérilla et terrorisme. Au centre, à équidistance, se situe une activité remarquable : la désinformation. Le triangle figure les relations de plus en plus complexes et tendues entre l'information et les différences instances de pouvoir. Il se place dans une perspective historique non linéaire, constamment mouvante, mise en tension par une dialectique, unissant le passé le plus lointain au présent le plus futuriste, en devenir de notre humanité. Cette démarche offre une perspective de très long terme tout en permettant de relativiser en sorte que le pluriséculaire côtoie l'immédiat.

De par sa nature, l'information – et son envers la désinformation – conduit à penser le mélange entre des techniques futuristes et des procédés antiques dans le cadre de conflits et d'affrontements dont la nature profonde n'a que bien peu varié : mêmes rivalités pour le pouvoir, la richesse ou la renommée. Information et communication existaient dans la préhistoire où se révèlent les premières ruses. L'âge informationnel correspond à d'autres pratiques, pour d'autres hommes sans doute plus évolués mais qui demeurent des systèmes biologiques pas forcément plus intelligents. Toutefois, en fonction du savoir dont ils disposent, ces hommes se sont adaptés et, ce faisant, ont modifié leurs perceptions et leurs représentations : celles de leur propre corps, de leur relation à autrui ainsi qu'à la nature. Car ils persistent, ces hommes à utiliser l'outil né de leur intelligence et ont de plus en plus tendance à se l'incorporer comme autant de prothèses d'information et de communication. L'instrument technique recouvre, adhère puis pénètre le corps humain… à travers son appareil sensoriel, ses capteurs naturels.

Il fallait enfin tenir compte d'une donnée essentielle à savoir les décalages induits par les avancées de certains pays et les retards pris par d'autres ; des phénomènes de rattrapage qui éloigne ou rapproche pour le meilleur et le pire les groupes humains inscrits dans les États nations mais aussi agrégés dans des organismes non étatiques, tantôt pacifiques, tantôt violents, ceux que par commodité nous désignerons sous l'acronyme ONG (violentes). L'information comprend toutes ces interrelations. Ainsi faut-il entendre ce travail comme une prise en compte de la mutation de l'être humain mis au risque de sa propre création : l'âge informationnel.

Parallèlement, penser la désinformation conduit logiquement à critiquer les mythes actifs de l'information : l'objectivité et, aujourd'hui, la transparence. L'étude de la désinformation démontre que cette transparence n'est autre que la reconduction aggravée des apparences traditionnelles. Ce jeu du « trop semblant », du « parfaitement vrai » constitue en soi une nouvelle forme de manipulation, où déjà, encore et toujours se retrouve, à l'œuvre, la désinformation.

L'homme stratégique et l'information : pour quoi faire ?

Privé d'information, l'homme est incapable d'action. Il ne sait où, quand et comment diriger son énergie. L'information n'est pas certes pas la connaissance et sans doute pas la science mais peut-on concevoir une science sans information ? L'objet de ce travail relève d'abord de ce que j'appelle la (méta)*physique de l'action* ou encore de la stratégie, entendue comme mise en relation entre l'acquisition de l'information, un savoir, aux fins de l'action, un pouvoir. À cela vient s'ajouter une dimension supplémentaire, celle de la confrontation. Cet affrontement peut alors prendre la forme d'un conflit violent, c'est-à-dire physiquement destructeur. L'action informée se développe en effet au sein d'un environnement compétitif entre des acteurs/agissants hétérogènes qui, du point de l'homme, sont de trois catégories : son semblable, les espèces animales, la nature.

L'exceptionnalité de l'homme tient à ce qu'il constitue l'unique entité capable de poser consciemment ces catégories comme extérieures à lui-même.

Seul, de par cette faculté de retranchement, il peut concevoir leur combinaison au regard de son intérêt et de ses fins. Seul il est capable de pensée stratégique. Aucun animal ne sait encore utiliser l'homme. Quant à la nature, elle ne « pense » pas ceux-là mêmes qui vivent en son sein. Une telle pensée, diraient les théologiens ne peut appartenir qu'à Dieu. Voilà qui nous entraînerait trop loin et sur d'autres chemins. Encore que la parole de Dieu, du « Tout Puissant », prohibitive, permissive ou incitatrice, informe l'action humaine quand Yahvé dit à Moïse : « Tu ne tueras point » ou souffle à Josué les principes de la déception. Cette interpellation divine, la violence idéologique a su l'entendre de son oreille.

Relevons qu'une des étapes de la connaissance humaine tient précisément à l'émergence de la conscience de ce caractère unique de l'homme stratégique. Longtemps les groupes humains ont été habités par l'idée d'une nature pensante, agissante, d'une bestialité capable de stratégie. L'accession de l'homme à l'idée qu'il est bien l'unique détenteur de la combinaison du savoir et du pouvoir fonde la civilisation.

Ainsi donc, au début non de la connaissance mais de l'action surgit la désinformation.

Sous la double forme de l'agression et de la protection : pour tromper et pour contrer l'entreprise adverse de tromperie. Il n'est d'avancée de l'action, notamment de l'action militaire que sous couvert d'une certaine quantité désinformation.

Voici qui est très gênant pour le politique qui se sentira soupçonné, pour le stratège qui craint d'être démasqué pour le moraliste qui craindra pour la déontologie de l'action.

C'est pourquoi la désinformation se doit de travailler cachée, sous couvert de la parole donnée, de la bonne foi et de la transparence supposées acquises. Poser la question de la désinformation, c'est critiquer les apparences, c'est pister le « malin Génie » de Descartes, c'est finalement la démarche scientifique ! Et dans l'action c'est la revendication d'une formidable et orgueilleuse liberté, celle de n'être pas la dupe manipulée du projet d'autrui…

La gestion stratégique de l'information et de la communication constitue un facteur de puissance majeure dans l'ère de l'information. Une mauvaise gestion a tôt fait de constituer une vulnérabilité potentielle qui peut aller jusqu'à la déstabilisation d'un régime politique. En 2008, ce que le monde n'a pas pardonné à la junte militaire de Birmanie c'est son « obtuosité » informationnelle. Tandis que, quelques semaines plus tard, frappée par un terrible tremblement de terre, la Chine joue avec une virtuosité inattendue de la transparence médiatique. Tout dépend bien sûr de ce que l'on a à cacher et à montrer.

Simultanément, l'importance de l'information, sa diversification, sa vitesse de circulation offrent de considérables opportunités à la désinformation. La distinction entre guerre et paix tendant à s'estomper, la désinformation devient un outil privilégié de gestion des crises et des situations d'affrontements ouverts ou rampants.

L'âge informationnel : homme informé ou désinformé ?

La dimension du phénomène

Existe-t-il un « âge de l'information » ? Jusqu'à quel point y sommes-nous entrés ? Qui s'y trouve et qui en est exclu ne serait-ce que momentanément ? À quoi met-il un terme en s'y substituant ? Présenter la puissance de l'information aujourd'hui équivaut à considérer un phénomène comparable aux bouleversements sociaux et politiques induits par l'industrialisation entamée dès la fin du XVIIIe et poursuivie durant le XIXe siècle. En soi ni le savoir, ni l'information ne constituent des nouveautés. Bien au contraire nous les trouvons à l'origine et au cœur de toute société humaine, de toute action, de tout changement d'état. Bref rien de nouveau sous le soleil du deuxième millénaire si ce n'est que la dimension a totalement changé. C'est bien là que réside la « révolution » dont il convient de mesurer les implications. Car aujourd'hui l'extraordinaire expansion des moyens techniques de collecte et de diffusion de l'information produit une mutation si profonde et si rapide qu'elle change de statut. De moyen privilégié au service d'activités dominantes, comme l'industrie, le commerce, la politique et la guerre, elle s'autonomise comme une phase désormais majeure dans le cours du développement de la civilisation humaine. Si importante, qu'il est communément accepté – en corrélation avec l'essor fulgurant des vecteurs de communication d'abord de masse puis aujourd'hui individualisés – que les sociétés sortant de l'époque industrielle sont entrées dans l'ère de l'information que nous nommons par commodité « *âge informationnel* », lui-même caractérisé par un néologisme la « *panmédiatisation* », à savoir l'insertion des médias non seulement dans la vie sociale mais jusques et y compris dans le rythme (« l'horloge ») biologique des individus.

Information, savoir et éducation

L'observateur, même le plus compétent, ne saurait prendre la distance suffisante pour mesurer la nature d'un phénomène au sein duquel sa démarche cognitive se trouve insérée…

L'industrie produit des objets physiques dont l'information a d'ailleurs besoin (vecteurs, supports) mais l'information fournit apporte un « supplément d'âme ». Son objectif est de diffuser un message intelligible et séduisant, tel qu'il attire le plus large public (l'audimat !) garant de la réussite commerciale. Simultanément, cette communication affecte et influence le jugement ou, plus grossièrement, la façon de voir de l'individu induisant des décisions qui affectent le comportement du sujet politique.

Une société fondée sur la production industrielle nous est compréhensible, parce que connue et éprouvée. Une société fondée sur la consommation pour elle-même des biens produits est également facile à concevoir. Mais qu'est-ce qu'une société fondée sur le savoir et sur l'information ?

Aujourd'hui encore persiste une confusion entre le processus de production-traitement-transmission qui apporte une offre (toujours plus de données utilisables) et la demande engendrée par un besoin finalisé, en fonction d'un but à atteindre. Cette confusion tient en grande partie au statut de l'information comme bien de consommation supposé attractif, désirable, par simple loisir, plaisir, comme en témoigne l'essor du multi-média. Tout se passe comme si une usine sidérurgique produisait massivement des aciers de toutes sortes et qualités sans tenir compte des demandes spécifiques des clients potentiels. Se pose le problème, dans tous les domaines, de la capacité d'absorption par un être humain biologiquement limité. Trop d'information tue l'information, parce qu'elle engendre de l'entropie. Les militaires savent bien cela, eux qui sont désormais confrontés à la maîtrise des flux de données et au défi de fournir des synthèses utiles et pertinentes au décideur.

Voici pourtant bientôt un demi-siècle que le débat est engagé. Il suppose la clarification entre la connaissance ou savoir et l'information que le sociologue M. Castells, définit comme « des données qui ont été organisées et communiquées… ». Autant dire que le savoir se constitue par un processus de transfert de la quantité (des données en nombre quasi infini) à la qualité (un traitement créateur). Ainsi s'explique l'ambivalence de l'encyclopédie Wikipédia. D'un côté, on reconnaît le succès de la circulation des connaissances et d'un enrichissement permanent mais de l'autre, il faut admettre un échec en termes de fiabilité, faute d'un traitement scientifique rigoureux de l'information fournie que peut totalement pénétrer et polluer la désinformation. Voilà qui renvoie aux modalités de l'éducation dans une civilisation donnée ainsi qu'aux formes et aux variations des composantes de la structure sociale.

Comparons encore avec la révolution industrielle. Qu'a acquis (ou perdu) un fils d'ouvrier par rapport à un fils de paysan ou d'artisan un demi-siècle auparavant ? La disparition des traditions, des cultures paysannes, de l'oral... des savoir-faire ? En même temps il recevait progressivement les « bénéfices » d'un système éducatif qui se mit en place cahin-caha.

Est-ce qu'un système éducatif de transmission-acquisition des connaissances suit comme il peut, à la traîne, une mutation de civilisation ou bien l'accompagne-t-il en cherchant parfois à en anticiper les effets ?

Information et pouvoirs, pouvoir de l'information

L'industrie ne s'est jamais directement posée comme pouvoir rival face au politique. Elle s'est efforcée de l'influencer à son profit avec un succès mitigé. Par contrecoup, cela a engendré une opposition syndicale des producteurs-ouvriers qui s'est donnée, non sans débats et sans violences, sa propre représentation politique.

L'importance de la nouvelle mutation informationnelle a été pressentie sans toutefois pouvoir en mesurer les répercussions, l'ampleur et la vitesse. Ce sont quelques ingénieurs-gestionnaires astucieux qui ont su tirer parti des possibilités offertes à l'échelle mondiale : Bill Gates créateur de Microsoft ou INTEL.

Le véritable défi consiste à intégrer la puissance d'une technologie nouvelle dans un cadre établi de relations entre les pouvoirs, relation forcément turbulente et retorse. Certains cherchent à réduire les incidences de l'âge informationnel ; d'autres, au contraire, veulent pousser jusqu'au bout les conséquences d'une évolution qui, en se mondialisant, devient de plus en plus difficile à planifier et à contrôler. Elle ne perturbe guère les ingénieurs systèmes et les électro-informaticiens qui suivent, sans états d'âmes ou rarement, la mutation dont ils sont les créateurs créés. Mais dans le domaine de l'action, au niveau du politique et du stratège, cette révolution présente un caractère bouleversant parce que l'avènement de l'âge informationnel développe, ipso facto, les capacités et la puissance de la désinformation. Certes, plus de lumière dissipe les ombres, ce que l'on dénommait obscurantisme. Force est cependant de reconnaître que la puissance de prélèvement, de traitement et de communication de l'information renforce aussi la capacité humaine à créer délibérément davantage d'obscurité, à fabriquer des environnements d'ignorance et de confusion circonstanciels dans le domaine particulier des affrontements, de toutes natures en temps de paix comme de guerre.

L'exercice du pouvoir étant essentiellement adaptatif, il évolue avec son environnement en conformité avec le principe de l'auto conservation. Acquérir les véhicules de l'information pour en maîtriser la puissance au profit de ses intérêts et de ses convictions constitue une stratégie de domination qui se révèle de plus en plus pertinente même si elle devient de plus en plus complexe. Car le jeu croisé des prises de participations internationales devrait dans l'avenir fortement perturber des stratégies informationnelles encore très nationales.

Ces luttes d'influence pour le contrôle de l'information ne constituent pas à proprement parler une stratégie délibérée d'accès à la puissance de désinformation. Cependant toute situation de contrôle par des groupes d'intérêts matériels ou idéologiques met à portée de main la désinformation ou la transformation insidieuse de l'information en une propagande grise. Elle peut autoriser des manipulations au niveau le plus élevé touchant une audience toujours plus vaste. Aujourd'hui le problème de la liberté de l'information et, corrélativement, du risque de désinformation prend une dimension d'autant plus considérable qu'il y va de la nature même de la société que créée l'être humain et des modalités de fonctionnement du système de production et d'échange, de la distribution de la richesse et de la puissance. Le marché de l'information constitue un ensemble au sein duquel une information devient si précieuse, si vitale qu'elle est désormais « *as good as gold* » en fonction de sa valeur d'usage qui varie au regard de son degré d'utilité en un instant « t ». Les enjeux sont si considérables, les processus de développement encore tellement dynamiques, potentiellement porteurs d'innovations surprenantes, que nous ne pouvons encore prétendre définir et borner l'ère informationnelle.

Quelle est l'ampleur de la mutation humaine ? : « panmédiatisation » et multimédia

Toute mutation profonde de civilisation affecte le mode de vie et les comportements de l'être humain Dans quelle mesure, jusqu'à quel point l'âge informationnel transforme-t-il l'homme d'aujourd'hui et des générations à venir ? Immergé dans l'information, entouré de vecteurs nouveaux, récepteurs de messages de toutes natures, l'homme du XXIe siècle voit-il son pouvoir s'accroître, ou au contraire ses vulnérabilités s'aggravent-elles ? Le trouvons-nous plus libre, ou subit-il de nouvelles dépendances, tombant sous le coup d'une forme plus insidieuse d'aliénation, proche du lavage de cerveau comme le suggèrent les critiques les plus radicaux ?

À ce stade, l'âge informationnel se caractérise par une double transformation simultanée et étroitement interactive : l'une, la panmédiatisation, est d'ordre psycho-biologique, l'autre, le multimédia, relève de la technique et de l'économie.

La panmédiatisation questionne les mutations induites par l'avènement de l'âge informationnel sur l'esprit et le corps humain. En quoi, comment et jusqu'à quel point changeons-nous ? En effet, la multiplicité des médias disponibles crée un environnement nouveau qui affecte le sujet humain : le rapport au réel ainsi qu'à son apparence, le rapport au temps, enfin le rapport à soi et à l'autre.

La fabrication d'une nouvelle temporalité permet de disposer d'une chronologie décalée et flexible. Entre l'enregistrement et la consultation d'une information se crée un temps différé. Grâce à la « retransmission », l'homme peut croire ou espérer maîtriser la gestion du temps. En est-il modifié et dans quelle mesure ? Surtout, ne s'illusionne-t-il pas sur la réalité de ce nouveau pouvoir ?

Simultanément, des prothèses s'accolent à son corps, se branchent sur ses sens et vont même jusqu'à le pénétrer. Elle comporte des incidences psychologiques sur la nature de l'ego. Faut-il parler de narcissisme exacerbé par un nouvel avatar, le « blog » ? S'il sort de la massification médiatique, l'être humain est-il rendu à sa liberté intellectuelle ? N'est-ce pas, à l'inverse, l'occasion de s'insérer dans des réseaux nouveaux, tout aussi aliénants. On constate le renforcement de l'appartenance et parfois de la dépendance à l'égard d'un groupe, fondé sur des croyances, des superstitions, des particularismes, régionalismes et autres communautarismes.

L'essor d'un bien de consommation mondial : le multi-média

Une telle transformation ne pourrait s'incarner et développer ses effets sans le concours d'outils techniques, de vecteurs, toujours plus nombreux, divers, séduisants et performants.

L'emploi de ce terme « médias » tend à devenir obsolète en raison de l'extrême hétérogénéité technique de ce qu'il recouvre. Presse écrite, radio, télévision, caméra vidéocassette, photos numériques, internet produisent chacun des effets propres et font l'objet d'utilisations très différentes selon les pays, les cultures, les classes sociales et les buts poursuivis par les organisations politico-idéologiques.

Ce double phénomène est créateur d'un homme différent non pas au sens génétique du terme mais au niveau de son appareil perceptif. Quelles en sont exactement les composantes ? Et les incidences prévisibles dans chacun des moments de l'existence des individus et des sociétés, notamment en ce qui touche à l'affrontement, au rapport entre la paix et la guerre ? Un individu mieux informé, plus confiant en soi, serait-il moins agressif ? Ou bien, largement désinformé, plus profondément manipulable, devient-il potentiellement plus incertain, imprévisible et dangereux ?

La violence organisée dans l'âge informationnel : quelles mutations ?

Si nous admettons que la désinformation est intrinsèquement liée à l'information il nous faut alors logiquement reconnaître que l'âge informationnel se développe au travers de l'affrontement permanent entre information et désinformation. Autant information et mondialisation s'épaulent mutuellement afin de parvenir à un nouveau stade de civilisation humaine, autant le côté obscur de l'information dispose d'une capacité à développer une tromperie particulière et générale, locale et mondiale. Information et désinformation utilisent les mêmes vecteurs parfois les mêmes procédés de communication. Plus que jamais, elles vivent étroitement l'une CONTRE l'Autre. Quelles en sont les conséquences pour la violence organisée pour la guerre « légitime », mais aussi pour les modes d'action réputées illégitimes tels que le terrorisme ainsi que pour les opérations de statut incertain que sont la guérilla et sa répression par une forme de guerre très spéciale la contre-guérilla ?

On assiste à deux processus différents : d'une part les métamorphoses de la guerre **dans** l'âge de l'information et d'autre part l'apparition et le développement des formes de guerre **par** l'information. Simultanément, le progrès des vecteurs informants et désinformants favorise la conduite de stratégies d'influence et de contre-influence dès le temps de paix. Ces évolutions obligent à une réévaluation, réorientation, réorganisation des domaines de protection de l'information notamment le secret. Les rapports de forces entrent dans une nouvelle ère.

Mutation de la violence organisée et de la guerre

Que devient la guerre à l'âge informationnel ? Il faut, là encore, distinguer mutation technique et transformations stratégiques, ces deux composantes interagissant dialectiquement pour produire des effets décisifs sur le niveau décisionnel politique.

Traditionnellement l'argent était, à juste titre, considéré comme le nerf de la guerre. L'information vient aujourd'hui ajouter un second nerf.

L'adhésion et le soutien des opinions publiques deviennent totalement nécessaires pour justifier le déclenchement d'une opération militaire, la mener jusqu'au succès escompté. Elle conduit à accorder une importance croissante à l'action psychologique. Cette tendance déjà très marquée dans les sociétés avancées de l'âge informationnel varie en fonction du taux d'intégration de l'information dans une société donnée. Remarquablement on voit la Russie résister à cette tendance et créer un véritable contre-courant, tout en utilisant à sa manière et selon sa forte tradition l'art de la désinformation. La confrontation des niveaux de développement peut créer des conditions d'affrontement inattendues. Il n'est pas forcément acquis que les sociétés de haut niveau informationnel soient capables de l'emporter sur celles qui demeurent en partie en arrière. Ce serait une erreur que de reproduire le modèle de l'ère industriel qui vit le plus avancé l'emporter sur le plus arriéré en raison de la technique des armes et des moyens de communication.

La guerre par l'électro-informatique : le Cyberespace

Dès la seconde guerre mondiale était apparue la « guerre des ondes magnétiques ». Emblème de la guerre électronique, le radar avait modifié les rapports de force entre les armées de l'air. Une mutation de grande ampleur, extrêmement discrète, s'était produite. Le développement de l'informatique a accru de manière bouleversante les capacités existantes. Le Cyber espace est considéré comme une nouvelle « dimension » d'un art de la guerre en pleine mutation. Quelles en sont les implications ? Les développements ? Les limites ? Car, comme toute transformation portée par la technologie et les industries, les promesses sont bien plus considérables que les réalisations. Il suffit de mettre le prix. Mais pour obtenir quoi, au regard de quel besoin ?

Des mythes très actifs, largement produits par des intérêts économiques puissants se sont créés tels que la menace du « Pearl Harbor informatique ». Quelle est la part du fantasme intéressé au regard des réalités ? Les États ont-ils déjà commencé à s'attaquer informatiquement par pirates interposés ? Dans les accusations de plus en plus fréquemment portées quelle est la part de la désinformation ?

Autant de questions qui conduisent à une évaluation dans l'âge informationnel de la conduite de la guerre et le développement de la stratégie des moyens, alors que s'élaborent de nouvelles conceptions fondées sur la domination par l'information, à travers la maîtrise de l'Espace.

Stratégies d'influence : exercice et développement de la puissance en temps de paix

Toujours fondées sur les possibilités des technologies de l'information naissent également des conceptions apparemment moins guerrières, plus aimables, pas moins stratégiques cependant.

La pénétration des idées comme mode de domination par le « *soft power* » s'oppose à la force (militaire, brute) *raw/hard power*. Depuis le début de ce siècle, l'OTAN développe dans le Caucase et en Asie Centrale « l'autoroute de la soie » un réseau internet permettant d'accélérer la circulation de l'information dans ces régions encore très enclavées. Stratégie d'influence douce ?

Car cette présence supposée immatérielle se traduit en effets matériels par le biais des décisions induites sous effet de l'influence psychologique. À quel moment faut-il résister et avec quels outils (francophonie...) ? Marquer sa différence culturelle, préserver les spécificités contre une uniformisation sur un modèle étranger ne veut pas dire choc des civilisations. De part et d'autre le fantasme tient une large part. Disney, McDonald's et Coca-Cola ne suffisent pas à rallier le monde sous la bannière étoilée.

Cependant si le terrain est culturel, si l'enjeu consiste à gagner les esprits pour soumettre par la séduction, on mesure sans peine l'importance du rôle de la désinformation. Quelle dimension lui donner ? Comment l'utiliser, à bon escient ? Ne devrait-elle pas accéder à un statut (sous un autre vocable) ? Constatons le désarroi des États démocratiques qui de commissions en comités interministériels ou inter agences tous hautement confidentiels (puisque l'objet n'est pas censé exister...) ne parviennent pas à statuer, à trouver la bonne approche et le juste équilibre.

L'âge informationnel remet en question le statut des interdits traditionnels la censure et le secret

Sans doute serait-il naïf de croire que la censure ne peut plus s'exercer en raison du développement des nouveaux vecteurs de communication. Il est vrai qu'Internet pose un réel problème de contrôle et que l'on ne saurait placer un policier derrière chaque internaute. La fulgurante diffusion du téléphone portable et du net en Chine ne va certes pas du jour au lendemain créer une totale liberté d'expression et mettre en place une démocratie médiatique à l'occidentale. Mais il est bien certain qu'à l'instar d'anciens régimes autoritaires comme la Corée du Sud ou Singapour, une forme originale de démocratie et de libre diffusion de l'information commencent à émerger, selon des caractéristiques propres. Prenons le cas de l'interdiction des images de la visite du dalaï-lama aux États-Unis en 2007 bloquant les serveurs. En mars 2008, le même phénomène aggravé se reproduit lors des émeutes de Lhassa et de bien d'autres villes. La riposte initiale consiste à ne rien dire, à ne rien laisser voir qui ne soit préalablement estimé, évalué, contrôlé. Ce « black out » ne correspond pas forcément à un but de dissimulation, de mensonge mais bien plutôt à l'obsession de demeurer aux commandes des événements pour ne pas courir le risque d'être dépassé. À terme, cette stratégie sera insoutenable.

Enfin, que reste-t-il du secret et particulièrement du secret d'État qui ne soit aujourd'hui percé, éventé, diffusé, comme le donnerait à croire le phénomène WikiLeaks ? Ici encore on se gardera de conclure hâtivement à l'avènement de la transparence totale. Le pouvoir, répétons-le, est adaptatif. Il sait donc trouver parades et « pare-feux » afin de maintenir la confidentialité contre les attaques des pirates de l'intérieur comme de l'extérieur. Les pratiques de production du secret et de sa préservation se modernisent et si elles prennent parfois un temps de retard, celui-ci est rapidement comblé.

Le « besoin » de censure et de secret trouve également une solution astucieuse en recourant de manière croissante à la désinformation qui permet de noyer l'information vraie, de brouiller les pistes de la vérité. Ce combat promet de s'amplifier et de durer longtemps encore… Aussi longtemps que les sociétés humaines. Le tragique est que sans doute nul arbitre ne sera en mesure de décider qui l'a emporté.

La désinformation dans l'histoire

« Il suffit d'exprimer le vrai de façon singulière pour que le singulier finisse par sembler vrai. »

Goethe, *Les Affinités électives,* 1809

De l'Antiquité à la Révolution industrielle

Née avec l'information, la désinformation constitue une activité permanente. Ses méthodes évoluent en fonction des techniques de communication disponibles.

Les leurres utilisés par les chasseurs néolithiques pour attirer les troupeaux témoignent de la précocité du recours à la désinformation[1].

Désinformation et stratégie militaire

Dans les temps anciens, les stratagèmes et la déception ne se sont heurtés à aucune objection morale. Face à l'ennemi, point de scrupules. Tous les moyens sont bons y compris en temps de paix.

Dans la conception que les communautés antiques se font de la morale l'ennemi est simplement un Autre auquel ne s'applique pas le droit qui régit la Cité, que ce soit à Athènes ou à Rome. La situation n'est guère différente en Asie. Les rares traités de stratégie antiques (Arthasâstra indien, les stratèges chinois, Sun Zi, Sun Bin) qui nous soient parvenus montrent l'extrême importance accordée à la désinformation de l'adversaire, de manière à l'épuiser moralement et à le conduire sur de fausses pistes. La phase proprement militaire, courte et décisive, se résumant à faire tomber un fruit déjà mûr.

Ces traditions de l'Orient ancien se perpétuent dans la stratégie de Byzance. L'Empire, attaqué de tous côtés par des agresseurs sans cesse renaissants, à l'Ouest comme à l'Est, par terre comme par mer, développa une diplomatie très complexe et rusée, pour tout dire, byzantine, qui lui permit pendant près d'un millénaire d'assurer sa prospérité et sa survie.

---

1. Site de la roche de Solutré dans le massif du Morvan.

Toutes ces manœuvres reposent en grande partie sur la formation d'alliances qui soudainement peuvent se retourner, faisant de l'ami d'hier l'ennemi d'aujourd'hui. La désinformation joue un rôle majeur pour faire croire à une parole qu'on a bien l'intention de ne pas tenir. Charles, duc de Bourgogne, dit le Téméraire tombe victime des fausses promesses de Louis XI, qui précocement avait constitué une sorte de cabinet particulier consacré à la désinformation.

Outre les conflits de son propre temps, cette tradition a inspiré Nicolas Machiavel dans son œuvre la plus connue *Le Prince*. La Renaissance italienne constitua un bon exemple de l'utilisation de la désinformation comme outil stratégique d'une politique sans scrupule. Disposant de moyens modestes et d'armées de mercenaires peu fiables, les petits souverains, Sforza, Médicis, Borgia, jouent des puissances du faux, infiniment plus rentables. L'empoisonnement se combine au parjure. Ce mode de gouvernement préfigure les systèmes mis en place à grande échelle par les révolutions totalitaires du XXe siècle. Lénine, qui a soigneusement médité ces leçons, passe alliance avec le Reich afin de pouvoir revenir de Suisse en Russie en traversant les lignes allemandes. Suivant l'exemple, Hitler fait tomber sous la coupe nazie l'Autriche puis la Tchécoslovaquie par l'utilisation des cinquièmes colonnes en appui d'une diplomatie trompeuse où s'empêtre Staline, dupé par le pacte germano-soviétique. La désinformation serait-elle l'arme absolue ? Il convient de relativiser. En effet les subtils systèmes byzantins et florentins finissent par rencontrer leurs limites. Car le rapport des forces soigneusement équilibré entre principautés de puissance équivalente ne vaut plus dès lors que l'échelle des moyens entre acteurs change. La lourde patte des voisins conquérants (France, Saint Empire) défait les fins calculs par des effets de supériorité brutaux. La diplomatie s'exprime par les bouches à feux des canons nouvellement mis au point par les arsenaux des grands royaumes modernes. La diplomatie repose sur la brutalité des effets physiques, non plus sur de savantes combinaisons psychologiques. Leur combinaison constitue la stratégie la plus efficace. « Parle doucement et porte un gros bâton » dira à l'aube du XXe siècle le président Théodore Roosevelt. Voilà donc pour la ruse, pour la désinformation érigée en outil de gouvernement. Qu'en est-il de la propagande ?

La propagande

Animée par la foi et justifiée par elle, la propagande dans son sens originel constitue un devoir du croyant. C'est même une pieuse obligation à l'égard de celui qui n'a pas la foi, l'« infidèle » ou « *kafr* » en arabe, autant de termes qui n'ont pas initialement de connotation hostile. Ce prosélytisme demeure encore très actif de nos jours. Il est mis en œuvre par presque toutes les religions et par de nombreuses sectes qui aspirent, de par leur audience grandissante, à une pleine reconnaissance. En outre dans l'Antiquité, le peuple n'est guère consulté sur la qualité de l'information qu'il reçoit. Il n'a pas de jugement à prononcer sur l'action de ses dirigeants. Il n'y a pas lieu de lui rendre compte si ce n'est de la décision prise et du fait accompli. Songent-ils même ces « sujets » – étymologiquement les « soumis » – à douter de la fiabilité de la parole souveraine du chef-roi-empereur ?

Fondamentalement, il n'existe pas de distinction entre information et propagande. Autant dire que l'idée même de désinformation n'effleure guère la conscience d'un peuple bien peu porté à la critique. Le niveau d'éducation est encore si faible que les instruments et vecteurs de l'affirmation du pouvoir reposent sur le symbole, la représentation emblématique et bien évidemment le lien à Dieu. La censure n'a guère de raison d'être. Mais elle prendra forme sitôt que paraîtront les premières manifestations d'une conscience critique.

Émergence du soupçon critique

Car le soupçon à l'égard de la légitimité et de l'infaillibilité du discours politique commence précocement à s'insinuer dans la pensée occidentale antique.

La démocratie athénienne a privilégié l'art du discours politique. Mais le piège est révélé par la tradition platonicienne qui dénonce la tromperie des sophistes. Les stratèges Thémistocle, Périclès, trop bien formés, parlent trop savamment. Emporter l'adhésion ne suffit pas, encore faut-il qu'elle soit fondée en vérité. Ces stratèges pourraient bien n'être que les habiles avocats de causes douteuses et de buts incertains. Ils séduisent et, en termes modernes, manipulent les esprits, égarent le jugement du citoyen. L'*opinion* qui, par la beauté formelle (*forma* c'est en latin la beauté) du discours, paraît vraie se substitue à la vérité. La critique platonicienne établit la distinction entre « doxa » et « épistémê », entre l'opinion vraie et le savoir scientifique. La première n'est jamais qu'une approximation qui tend à se faire passer pour la seconde. Du coup, par un glissement sémantique remarquable, de récepteur de l'opinion transmise, le peuple finit par incarner le message. Il devient l'opinion publique.

Dans son radicalisme, la philosophie cynique, qui conteste tout discours de la puissance, approche la notion de désinformation mais sans pouvoir l'inventer puisqu'elle s'interdit toute distinction entre information et désinformation au regard du pouvoir des gouvernants comme du discours des sophistes. Nul ne prend encore en compte la fabrication délibérée d'une information mensongère, l'élaboration savante de faux savoirs. Il faut aller très profond dans le texte de Platon pour trouver dans la critique socratique une sorte d'intuition du mensonge d'État organisé. Cependant n'est-ce pas justement pour cela qu'Athènes condamne Socrate à mort comme sacrilège ? Une certitude s'impose : l'État-Cité démocratique entend exercer une censure terrorisante afin de dissuader l'émergence de la conscience critique. Plus la diffusion des idées augmente en raison de nouvelles techniques, plus le contrôle des esprits se renforce. Ce sera l'enjeu de la Renaissance et de l'âge des Lumières.

*De l'imprimerie à l'*Encyclopédie *: censure et libre diffusion des idées*

Cette nouvelle technique bouleverse les modalités traditionnelles de diffusion des idées et du savoir. Elle ne fait pas qu'accélérer la communication. Elle crée des réseaux de diffusion qui forment des aires géographiques de transformation du savoir et de l'opinion. McLuhan considère aussi que l'invention de Gutenberg a fondé le savoir sur l'autorité de l'écrit reléguant à un rang de fiabilité inférieur la connaissance orale. Cette supériorité devient flottante au regard de la communication électro-informatique dont le signe apparaît et disparaît au gré de l'utilisateur sans plus rien avoir d'arrêté.

L'imprimerie a permis également à la désinformation de se hisser à une dimension supérieure. Qui plus est l'origine des faux devient plus difficile à repérer et la falsification plus difficile à prouver. Les *Protocoles des Sages de Sion* figurent parmi ceux qui ont eu la plus forte longévité sachant que, bien que clairement identifié comme faux, il poursuit sa triste carrière dans une grande partie du monde musulman. Dans un registre parallèle, truffé d'analogies troublantes, on verra se développer la concurrence entre monnaie métal et monnaie papier. La fausse monnaie trompe la confiance placée en elle, tout comme une opération de désinformation se haussant parfois au niveau de l'État.

En général une autorité supporte mal la critique de l'organisation et du fonctionnement du gouvernement. L'autoritarisme ne tolère ni la divergence d'opinion, ni le pluralisme des idées. Il ne reconnaît aucun « droit à la différence » ; partant, les gouvernements cherchent à obtenir le contrôle de l'information et des vecteurs de communication qui, par nature, tendent à la libre diversité.

Quel que soit leur fondement dogmatique, les Églises jouent un rôle majeur en tant qu'instances de censure. Lui-même issu d'une révolution religieuse, le christianisme primitif connaît de multiples dissidences qui, visant à contester le dogme, sont combattues comme autant d'hérésies schismatiques. Le concile de Nicée condamne les thèses d'Arius et affirme le dogme de Dieu en trois personnes. Plus tard, l'Inquisition veille et réprime férocement. Galilée doit se rétracter. Spinoza est persécuté par les autorités rabbiniques néerlandaises qui ne sont pas en reste en matière d'intolérance. Prudemment, Descartes publie aux Pays-Bas. Voltaire, défenseur passionné de Callas, s'installe à Ferney, près de la frontière suisse. La science n'affronte le dogme qu'au péril de la vie. Ce qui hier demeurait inconnu ou tenu pour légitime se transforme en « affaire » car l'information se diffuse. Une conscience nouvelle, une dimension critique de l'esprit émergent.

De cet irrésistible essor de la connaissance témoigne l'*Encyclopédie* de Diderot et d'Alembert. Associant la philosophie, la morale, les sciences et les techniques, cet ouvrage monumental constitue la plus parfaite illustration de l'âge des Lumières. Sans les progrès de l'imprimerie, l'entreprise eut été impossible. Sans une transformation des esprits, y compris parmi les élites dirigeantes, il n'aurait pu surmonter les entraves de la censure qui dès la Renaissance s'est considérablement développée.

La censure d'Église ou d'État constitue un contrôle de l'information par une autorité qui exerce un pouvoir spirituel ou temporel. Elle effectue une sélection entre ce qui peut être énoncé, ce qui peut être diffusé et ce qui est frappé d'interdit. De ce fait on doit distinguer deux luttes : celle pour la liberté d'opinion ou de conscience et celle pour la liberté de l'information. La première consiste à penser différemment et à pouvoir mener sa vie conformément à cette opinion, qu'elle soit ou non critique. La seconde consiste à pouvoir rendre public des faits qu'une autorité entend se réserver et, sur cette base, diffuser librement des opinions contraires à la volonté du pouvoir en place. Les absolutismes anglais ou français ont bien compris que libelles, pamphlets, caricatures et discours constituaient autant de puissance d'opposition qu'il convenait de museler, voire même de faire disparaître. Sous Élisabeth Ire, Louis XIV, ou encore les Bonaparte, les « cabinets noirs », en liaison avec la police, se chargent de réprimer sévèrement les auteurs d'écrits séditieux ou de caricatures satyriques. Le pouvoir, agissant sans contrôle judiciaire, ne s'embarrasse guère de ménagements : c'est l'emprisonnement sans jugement, la mise « au secret » (la Bastille), l'envoi au bagne… à la « guillotine sèche ». L'opposant disparaît.

La résistance à cet arbitraire, au nom de la liberté de conscience et d'expression constitue, dans le monde occidental, du moins, l'enjeu majeur de l'époque industrielle. L'information affirme sa liberté. Mais la désinformation trouve elle aussi ses propres voies.

La désinformation et l'essor des médias de masse (1800-1950) : du télégraphe à la télévision

L'invention (1838-1840) du télégraphe électrique correspond exactement à la mise en place des grandes agences de presses publiques ou privées. Havas (1835), puis Associated Press (1848), Reuter (1851). Afin d'éviter d'être débordés par les effets imprévisibles d'un nouveau médium, les autorités gouvernementales vont s'efforcer au XIXe siècle d'établir précocement un contrôle d'État en amont sur les vecteurs de l'information.

Chaque État réagit selon sa tradition politique. La France jacobine et monopolistique assure d'emblée un contrôle gouvernemental. Les Britanniques y viendront rapidement. Les États-Unis vont, à leur manière, libérale et décentralisée, gérer la relation entre pouvoir politique et puissance de l'information.

L'autre attitude consiste à capter les possibilités du médium au service de l'idéologie et des objectifs du pouvoir, soit par monopole, soit par compromis. Un siècle plus tard la même stratégie sera mise en œuvre à l'égard de la télévision.

1850 voit l'utilisation du télégraphe lors de la guerre de Crimée. Une nouvelle catégorie de journalistes apparaît : les correspondants de guerre qui, à l'autre bout du monde, « reportent » ce qu'ils ont sous les yeux. Au journaliste d'opinion (Marat, « L'ami du peuple », est-il un journaliste ?) se substitue le reporter, celui qui va sur le terrain, qui est témoin, à ses risques et périls, et qui atteste de la vérité, nue et plate sans introduire sa propre opinion. Il devient un capteur « objectif ».

Une mutation décisive est en gestation. La nouvelle ère est le produit d'un demi-siècle d'affrontements idéologiques et de troubles dans la sphère de l'information, contemporains de l'essor de nouvelles techniques de communication. Durant cette période marquée par deux guerres mondiales que prolonge la guerre froide sous menace nucléaire se produit une rupture décisive entre information et propagande. Désormais la première sera réputée « objective », non idéologique tandis que la seconde sera tenue au mieux pour subjective, non étayée par des faits et au pire pour falsificatrice de ces faits.

Cette fracture s'explique par trois phénomènes :

- Le bourrage de crâne : la propagande apparaît comme torsion de la réalité, dissimulation et mensonge en direction des populations, en 1914-1918. Mais en 1940 la France crée un ministère de l'Information qui, durant la « drôle de guerre », distillera d'épouvantables énormités. Pourtant tous les gouvernements ressentent le besoin de disposer d'un outil d'information. De Gaulle confie à Maurice Schuman, puis à André Malraux un ministère de l'Information qui communique le point de vue officiel du gouvernement.
- Les régimes totalitaires font de l'information une propagande et de leur propagande la seule information disponible.
- L'essor de l'information comme quatrième pouvoir qui s'émancipe de tout contrôle d'État la conduit à rejeter tout ce qu'elle ne produit pas elle-même comme propagande.

Les secousses sismiques : révolutions et guerres

Une révolution c'est d'abord de l'information où, immédiatement, s'insère la désinformation. Elle crée en effet un corpus idéologique, le diffuse, s'oppose aux principes et aux valeurs qu'elle entend abolir et renverser. Pour y parvenir, elle communique certes ses idées en toute sincérité mais elle présente volontiers les valeurs adverses sous un jour biaisé. De sa critique, elle force le trait, donne de la réalité de l'adversaire une image délibérément déformée, toute entière négative. *Elle fabrique un simulacre de l'idéologie adverse.* Propagande ? Certes, mais déjà désinformation puisqu'à une réalité critiquable se substitue la critique (tendancieuse) comme réalité. Et immédiatement, les révolutionnaires retrouvent les éternels procédés, parfois même les affinent, en inventent de nouveaux, tout en tirant parti des moyens techniques nouveaux à portée de main. La volonté de rupture, l'urgence, le besoin conduisent à une créativité nerveuse parfois féconde mais parfois sans lendemain… Et à des erreurs d'appréciation fortement pénalisantes. Toute révolution, fût-elle non violente comme en Inde avec Ghandi, prétend donner une légitimité à la violence, à la coercition sur les personnes au nom d'une valeur suprême. Elle se veut pure. Son message étant par principe vérité, elle n'est pas sensible à l'idée même de désinformation. Tout au plus, si des procédés peuvent s'avérer utiles, si le mensonge, même répréhensible sert la cause, la désinformation fait œuvre utile. Incapable de les justifier, la fin purifie les moyens.

Dans la mesure où ils se placent dans une logique de guerre civile, les révolutionnaires perturbent les schémas. Ils introduisent une dimension interne : convaincre leur propre population. Par ailleurs les révolutions sont volontiers expansives sinon expansionnistes. Elles diffusent leurs messages par une propagande visant à rallier des partisans à leur idéologie : valeurs de la Révolution française, de la révolution bolchevique, du chiisme khomeiniste. Épris de liberté d'expression pour leurs propres idées, les révolutionnaires s'empressent d'établir une censure et une répression féroces pour faire taire leurs anciens adversaires.

La guerre est le laboratoire de la désinformation. Tromper l'ennemi, en temps de guerre par des opérations de déception ne pose en soi aucun problème. Les difficultés commencent avec la question de l'élaboration d'une propagande à destination de sa propre population, voire de ses propres troupes afin de soutenir le moral, de lutter contre le défaitisme, ou d'écarter toute critique à l'égard de la conduite de la guerre par le gouvernement. Le phénomène tend à s'exacerber en situation de guerre civile où un même peuple se déchire en deux camps dans la lutte pour le pouvoir et la domination sur les mêmes biens et le même territoire.

Prendre la décision d'entrer en guerre suppose un soutien de l'opinion fût-ce dans des États autoritaires. Il faut donc « chauffer » l'opinion, trouver des bonnes raisons, inventer de mauvais prétextes, falsifier des événements, monter des provocations. Tout agresseur doit se présenter comme une victime qui ne fait que recourir à une légitime défense. Toutes les doctrines préemptives s'appuient sur ces éternelles arguties, recourant aux mêmes procédés. Le Japon crée le mythe de l'incapacité de la Chine à contrôler l'action de bandes de brigands. Hitler prend soin de fabriquer une agression polonaise sur l'Allemagne. Personne n'y croit ? Peut-être les citoyens allemands. Et déjà, c'est utile. D'autant que c'est la France qui déclare la guerre, pas le IIIe Reich ! Mêmes procédés soixante-dix ans plus tard. L'Irak menacerait les États-Unis en développant des programmes d'armes de destruction massive ? Il faut agir ! Et l'Irak est attaqué au printemps 2003.

Durant un demi-siècle la guerre froide a connu un usage massif de la désinformation. Il s'est avéré impossible de recourir à l'usage direct de la force en raison de la menace nucléaire réciproque. L'affrontement s'est développé par stratégie indirecte de déstabilisation, usant du terrorisme mais aussi et surtout de la guerre psychologique où le jeu de la vérité et du mensonge a tenu le devant de la scène dans un affrontement permanent entre information et désinformation.

Certes tous les États « mûrs », épris de *statu quo*, sont bien conscients du caractère ruineux de la guerre prolongée et des risques de déstabilisation politique qu'elle comporte. Il est vrai que la guerre n'est pas encore entrée dans l'âge industriel et que seule la conquête de riches provinces agraires peut permettre d'envisager un substantiel bénéfice au regard de la prise de risque initiale. Le complexe militaro-industriel n'est pas encore formé et ne pèse pas suffisamment pour constituer une composante de l'économie comme ce sera massivement le cas en Union soviétique et aux États-Unis. Remarquablement, on constate une évolution respectivement inverse de la relation entre la puissance des moyens militaires et le recours à la désinformation. En principe les Soviétiques ont cherché à jouer sur les deux tableaux, mais plus augmentait l'énormité de leurs moyens militaires, tant nucléaires que conventionnels, plus diminuait la puissance de persuasion de leur propagande et la qualité de leurs campagnes de désinformation. Les investissements massifs dans le secteur militaire, le détournement des compétences vers ce seul domaine, épuisaient l'économie qui ne parvint pas à disposer des moyens suffisants pour prendre le tournant de l'ère de l'information. La nature autoritaire du régime soviétique interdisait-elle la créativité d'une Silicon Valley, à la russe, en dépit de l'existence d'un fond de savoir et de compétences intellectuelles du plus haut niveau ?

Les masses médiatisées

⁜ Masses

La révolution industrielle voit, avec l'exode rural, se développer les grandes concentrations urbaines donnant ainsi naissance au phénomène des masses. Ce terme très vague recouvre une grande hétérogénéité sociale : petits employés, prolétaires et ce que Marx a nommé « lumpenproletariat », agrégat informe de travailleurs sans qualification, chômeurs, désœuvrés, mendiants, petits délinquants, etc. Un siècle durant, ces différentes catégories seront la cible des idéologies politiques qui, pour les conquérir, recourront aux nouveaux vecteurs de communication destinés au plus grand nombre. Ces vecteurs se développent grâce aux masses autant qu'ils en favorisent le renforcement. Le rassemblement des masses, leur capacité à manifester publiquement des opinions politiques ouvrent la voie à toutes les manipulations. C'est bien le temps du « viol des foules ».

Il revient au sociologue canadien Marshall McLuhan d'avoir introduit une distinction entre le chaud (« *hot* ») et le frais (« *cool* ») d'un médium. « Il existe un principe fondamental qui différencie les médias chauds comme la radio et le cinéma des médias froids comme le téléphone ou la télévision. Un médium est chaud lorsqu'il prolonge un seul des sens et lui donne une haute définition ». Ce partage sans doute exige de très nombreux correctifs mais il a eu le mérite de s'imposer comme très opératoire.

⁜ Irruption des médias chauds et froids

Le cinéma, s'impose par son fort pouvoir de suggestion, d'illusion, de croyance par la visibilité (par opposition aux croyants de la religion révélée). Le cinéma se fonde sur un étrange dispositif qui consiste à plonger le public dans l'obscurité pour lui faire voir sur un écran la « réalité » du monde. Professionnellement, Méliès est un illusionniste mais Louis Lumière plonge aussi le public dans une sorte d'état d'hypnose. La tradition rapporte que les spectateurs furent « sidérés », effrayés par l'irruption sur eux de la locomotive dans *L'arrivée du train en gare de La Ciotat* (film d'une minute des frères Lumière tourné en 1895). On en oublie que ce cinéma va rester muet pour longtemps.

McLuhan ne distingue sans doute pas suffisamment entre cinéma d'actualité et cinéma de fiction qu'il ignore presque totalement. Il n'affine pas leur relation, très intense et parfois très trouble. L'actualité serait la vérité (la preuve irréfutable) tandis que la fiction ne serait en somme que l'opinion (un peu comme la presse d'opinion au regard de la presse factuelle). Or tous les procédés qu'autorisent ces médias en modifient la portée et l'impact. Le montage, le trucage, les incrustations, tous les outils offerts par la technique interviennent. Et nul pouvoir, petit ou grand, ne résiste à leurs tentations.

Certes nous ne sommes pas encore dans le monde de l'image numérisée où presque tous les trucages deviennent possibles mais, déjà, la désinformation dispose d'un large champ d'action grâce à la « dictature du visible ». Or la fiction qui élabore un point de vue (ce peut être de la désinformation !) peut analytiquement se rapprocher plus près de la vérité que l'actualité qui ne dit rien de plus que ce qu'on a pu filmer, sous contrainte technique, voire politique. Une bonne reconstruction des faits en dit plus et mieux qu'une plate et insuffisante retransmission. Elle fait mieux qu'une information brute, acceptée par une rédaction qui trouve son intérêt à sa diffusion, qui la formate en fonction de son intérêt et qui finalement offre au public un produit « transformé », adapté, calibré.

La photographie constitue un médium chaud selon les critères de McLuhan. La focalisation de la photographie sur un sujet, un fait, un événement, un « scoop ». Le caractère prédateur du photographe en opération (les métaphores militaires ne sont pas de hasard) renforce la sensation forte, brutale, dominatrice de l'imaginaire. C'est le « choc des photos ». Utilisable par tous, pour tous les discours, au service de toutes les causes. C'est pourquoi le sociologue allemand Walter Benjamin comme le critique cinématographique André Bazin ont relevé la forte relation à la mort. Frank Capa en a donné l'illustration la plus célèbre dans ses photographies de la guerre d'Espagne. Elles ne disent rien, ces photos, si ce n'est le cliché instantané de la mort en action, la pétrification sur celluloïd du « passage » d'un être humain. La saisie de cette transition tragique, de vie à trépas, produit une métamorphose. Ce soldat républicain anonyme devient instantanément porteur d'un message emblématique de la guerre d'Espagne tout entière.

La Radio c'est la photographie sans image comme la photo est l'image sans le son. Elle exploite les possibilités de la radiodiffusion tout en ayant partie liée aux nouvelles techniques du son : fortes sonorisations, amplifications, haut-parleurs, capacités croissantes de mixage.

Hurler la haine raciale, vociférer l'appel au génocide est un procédé constant de Hitler à la Radio Télévision Libre des Mille Collines au Rwanda. Le cadre de la télévision ne se prête pas à ce type de débordement. Au demeurant les « causeries au coin du feu » de Franklin. D. Roosevelt en 1934-1938 conduisent à nuancer. Le Président américain dispose d'une équipe fortement inspirée par les recettes de la publicité montante. Il utilise la radio comme un vecteur plutôt « *soft* ». Il ne vise aucun ennemi. Il n'attise aucune hostilité mais au contraire rassure pour rassembler le « foyer » recueilli, comme la prière précédant le repas, dans une écoute tranquille.

Ce style Roosevelt inspire et annonce la **télévision** qui va à la fois :

- créer une nouvelle dimension sensorielle : la vue ;
- démultiplier la réception ;
- créer l'audience (mesurable par l'audimat) ;
- rassembler la famille mononucléaire et la recomposer, tout en « refroidissant » le message ;
- créer des espaces de débats politiques, circonscrits dans une arène soigneusement limitée par l'octroi des temps de parole. Elle rejoint alors la publicité.

Pour l'homme politique le passage d'un médium à l'autre n'est pas facile. Un peu comme ces stars du cinéma muet qui furent incapables de s'adapter au parlant. Excellent tribun de radio, De Gaulle se révèle déplorable dans ses premières prestations à la télévision. Il corrige rapidement conseillé par un publicitaire en l'occurrence Bleustein-Blanchet.

Prémisses : dérives populistes et chauvines en pays démocratiques

Se séparant de la presse d'opinion, se développe une presse d'opinion publique peu chère, destinée aux masses, recourant déjà aux procédés de la désinformation, en développant des rumeurs et parfois en fabriquant de fausses nouvelles. En 1890, *le Petit Journal* atteint le chiffre hautement symbolique d'un million d'exemplaires vendus. Au Royaume-Uni, *Fleet Street* devient le quartier londonien des magnats de la presse. Ce n'est pas par hasard que ces mêmes hommes furent pressentis pour développer une propagande efficace lors de la première guerre mondiale. Aux États-Unis, les « barons » américains édifient un pouvoir sulfureux, très proche du pouvoir politique, dont la figure caricaturale fut Randolph Hearst. Le phénomène prend une si grande dimension que le cinéaste Frank Capra dans *Meet John Doe* (*L'homme de la rue*, 1941) prend pour thème la capacité de la presse à fabriquer des idoles pour les foules. Cette grande diffusion populaire à la recherche du sensationnel, organisatrice de véritables campagnes partiellement truquées, délibérément manipulatrices, offre les caractéristiques de la dérive de la médiatisation des « masses » vers la désinformation de masse.

Les dernières décennies du XIXe siècle ne constituent pas une rupture à proprement parler mais elles voient l'introduction de plusieurs éléments qui concourent à une importante transformation de la relation entre ceux-ci, le gouvernement et cet objet ectoplasmique qui va se nommer « opinion publique » annonce déjà les foules que l'on peut attirer, réunir, embraser, exciter. La future clientèle des États totalitaires a été préfaçonnée dans les démocraties occidentales. Le jingoïsme, ce chauvinisme brutal est volontiers racial, dans l'esprit du temps connaît sa version raciste dans les pogroms antisémites de Kichinev perpétrées par des masses pauvres, manipulées par les libelles sommaires, les slogans simplistes injectés par les agents provocateurs de la police russe.

La presse populaire jette sur les grands boulevards des foules surexcitées. Les manifestations se déversent dans ces espaces béants faits pour le cortège, le déploiement de larges banderoles, la clameur de slogans. À vrai dire, furent-elles aussi nombreuses, d'un côté comme de l'autre des Vosges, ces foules enthousiastes clamant « à Paris, à Berlin ! » ? Jusqu'à quel point étaient-elles spontanées ? Les historiens se montrent de plus en plus sceptiques. Reste que tous ces phénomènes d'exaspération de l'opinion publique constituent les signaux annonciateurs des grandes orchestrations totalitaires.

Ce n'est pas par hasard que le terrorisme contemporain, sous la forme de l'anarchisme radical, trouve à ce moment de nouvelles racines sur la base d'une relation perverse d'attraction-abjection. La presse grand public prospère grâce aux coups d'éclat du terrorisme qui apporte du sensationnel. Les groupuscules terroristes, tout en dénonçant la collusion de la grande presse avec le pouvoir, comprennent tout le parti qu'ils peuvent retirer de l'effet d'amplification de leurs actions matériellement limitées.

⁂ L'information totale : l'amalgame information-culture-propagande

Des masses pour les médias, des médias pour les masses. Des leaders pour la radio. Le temps est venu de la voix, du sermon, du prêche, de l'exhortation diffusée pour des millions d'auditeurs… bouleversés et fascinés par la parole du chef illuminé d'une vérité intérieure (Duce, Führer, Caudillo, « grand timonier », « petit père des peuples »…).

Les masses filmées se voient renvoyées à leur propre regard, stupéfait, sidéré et comblé par le spectacle exaltant de leur existence. C'est exactement cela qu'expose le cinéaste allemand Fritz Lang, lui-même réfugié aux États-Unis, dans *Fury*, en 1936. Démasqués par les prises d'actualités qui attestent leur culpabilité, les lyncheurs d'un innocent découvrent avec horreur le spectacle de leur propre abjection. Explicitement, Walter Benjamin, autre fugitif de l'Allemagne nazie, démonte les mécanismes de l'esthétisation du discours politique qui transforme la manifestation en parade. Car l'obéissance sous la contrainte visible ne suffit pas absolument. Il y faut ajouter les apparences d'une adhésion enthousiaste. Le léninisme, le stalinisme, le maoïsme et leurs nombreux émules européens ou asiatiques ont été obsédés par cette notion « d'adhésion des masses ». Ce mode d'exercice du pouvoir a conduit à mettre en place des structures d'encadrement de la population, non seulement à travers le parti, mais aussi de multiples organisations locales (les jeunes, les vieux, les femmes, les héros du travail, etc.). Toutes ces institutions étaient en charge de marteler obsessionnellement l'idéologie, la ligne du parti, de faire célébrer le culte de la personnalité, tandis qu'elles veillaient à traquer toute déviance, sans même parler d'opposition, et à développer des campagnes « de rectification ». C'était l'occasion de mettre en œuvre une autre forme de désinformation les purges accompagnées de procès, d'aveux et de séances d'autocritique destinées à révéler une vérité entièrement fabriquée.

Les régimes totalitaires sont les seuls à avoir mis en place, systématiquement et durablement, des organes de désinformation. En Union soviétique la désinformation, sous le vocable « mesures actives » (*aktivnyye meropriatia*), s'est rapidement hissée au rang d'arme stratégique, placée sous la tutelle directe de l'autorité politique supérieure et du ministère de la Sécurité d'État (Tchéka, NKVD, KGB).

Goebbels a délibérément confondu information, propagande, culture et désinformation sur une durée relativement courte. Dans ce système intégral, à la limite, la désinformation n'a plus de raison d'être dans la mesure où elle se substitue à tout le reste en devenant un simulacre de réalité, un tenant lieu de vérité dans le cadre d'une sorte de « désobjectivation » du monde. L'Union soviétique a connu cela quand on truquait les statistiques des plans quinquennaux. La révolution culturelle chinoise a fait de la désinformation et de la propagande maoïste un substitut de la réalité la première, venant conformer la seconde, chacune s'épaulant pour se substituer à une réalité perdue. La Corée du Nord persiste dans cette démarche qui relève de la « clinique politique ». Mais que fut au Cambodge le régime de Pol Pot, sinon une idéologie tendant à plier la réalité à sa loi ?

Les luttes entre bureaucraties ont forcément joué un rôle considérable : qui fait quoi ? Qui dépend de qui ? Qui réfère à qui ?

Seul, l'effondrement de ces régimes permet de se faire une idée, encore très approximative de l'état des lieux, de l'étendue des dégâts. Le goût de l'archive n'est guère de mise. Mais, talon d'Achille des bureaucraties totalitaires, la manie de rendre compte du plus infime détail, l'extrême hiérarchisation, l'obsession de contrôler toute espèce de décision quel que soit son échelon finit par embarrasser le processus d'élimination systématique des traces qui pourraient constituer, par la suite, autant de preuves. Les archives de la STASI (services secrets d'État) en République démocratique allemande ont permis de connaître, parfois dans les plus infimes détails, les différents aspects de son activité intérieure et extérieure.

Ripostes, adaptations et évolutions de la démocratie

⁂ Riposter terme à terme

Côté démocratique, les gouvernements se sont employés à développer la contre-propagande. Tout comme ils contraient la propagande nazie durant la guerre, les États-Unis ont développé une propagande radiophonique via *Voice Of America* et *Radio Free Europe*. Cette activité repose sur une conviction politique : certains pays sont soumis à des gouvernements illégitimes appuyés par une puissance étrangère. Ces régimes dictatoriaux recourent à une désinformation systématique. Dès lors l'intervention suit deux axes : d'une part, rétablir une information exacte, accessible à la population ; d'autre part, soutenir les dires des dissidents en leur donnant la possibilité d'exprimer leurs positions. Cette approche, qui n'est pas forcément exempte de critiques, présente un intérêt particulier. Elle consacre en effet la puissance de l'information, immatérielle. La transformation des esprits par l'action psychologique est jugée plus efficace que l'emploi de la force physique ou sa menace.

En version démocratique, ce n'est jamais que l'application des conceptions révolutionnaires françaises puis des procédés marxistes léninistes : on apporte au peuple la vérité sur la réalité de la domination dont ils sont les victimes. On favorise la prise de conscience qui permet l'émancipation de l'aliénation intellectuelle. Cette action vise à libérer les esprits des geôles mentales où un pouvoir illégitime (les tyrans, la « classe » bourgeoise) les tient enfermés.

Durant la guerre froide, constatant que l'URSS et les États communistes disposaient de moyens déloyaux, les États-Unis furent tentés de recourir à des moyens similaires dépassant les seules activités des services secrets. D'une présidence à une autre, d'un parti républicain ou démocrate, la volonté d'institutionnaliser a été plus ou moins marquée. Au sein du Conseil de Sécurité nationale (créé en 1947) et du Département de la Défense, plus particulièrement au niveau du secrétariat du ministre (OSD), ont été mis en place des bureaux aux appellations floues et aux missions plus ou moins nettement définies qui traitaient de contre désinformation (défensive) mais aussi de désinformation offensive. Le contrôle du Congrès a cependant limité ces activités et certains présidents décidèrent d'y mettre fin. La présidence Reagan a favorisé leur développement, celle de son successeur républicain George Bush l'a bridé. En novembre 2000, l'élection de G.W. Bush a conduit à une relance très forte, amplifiée par les retombées du 11 septembre 2001.

La désinformation relève, dans les démocraties, du domaine des « services » de sécurité extérieure. Reste à savoir quelle marge de manœuvre chaque gouvernement décide de leur laisser. Cela peut prendre la forme de directives générales ultra-secrètes ou, toujours aussi confidentielles, de prescriptions au cas par cas. Par principe, les services ne doivent en aucun cas diriger leur action sur la population, ni même sur les Alliés. Mais là aussi les tentations sont fortes et nombreux sont les risques de dérives. Soixante années de politique africaine de la France démontrent « *ad nauseam* » que la dérive a pris la forme d'un comportement ordinaire. On pourrait en dire de même concernant la politique des États-Unis à l'égard de l'Amérique centrale.

⁜ Fonder une relation unique et inséparable entre information et démocratie

À mesure du développement de sa puissance, l'information tient pour indispensable de rejeter toute relation avec la propagande.

Elle passe alliance avec la démocratie politique sous réserve, pour chacun des partenaires, d'une équitable répartition des pouvoirs, équilibre qui reste encore à trouver.

On a vu que durant des siècles la propagande resta une activité légitime. Chacun, à sa manière, diffusait ses idées, présentait ses convictions, valorisait sa doctrine par tous les moyens pacifiques. La rencontre des idéologies peut donner lieu à des conflits très violents. Durant la guerre les discours s'affrontent. Dans ses *Mémoires de guerre*, le général de Gaulle fait tout naturellement l'éloge de la « propagande de la France Libre » – en l'occurrence ses propres discours – et de la qualité des services de diffusion britanniques. Ainsi on n'avait pas jusqu'alors conçu d'invalider, par principe, les messages du rival. Entre propagandistes, on prenait le parti soit de se tolérer, soit de s'exterminer. On ne disqualifiait pas, par principe, le discours de l'adversaire. C'est là où réside la vraie rupture : réputer le discours d'autrui non comme une opposition mais comme une falsification de la réalité.

Le détournement systématique de l'information par les régimes totalitaires a conduit à établir une séparation radicale, somme toute assez manichéenne, entre, d'un côté, information et démocratie et, de l'autre, totalitarisme et propagande, entre vérité et mensonge. Les agences de presse des États totalitaires diffusent de l'idéologie qui se substitue à la réalité. Les organes d'information des démocraties communiquent les faits authentiques. Cette rupture dans le domaine de la propagande entraîne une importante évolution du statut de la désinformation.

L'information ne peut désormais exister que contre la propagande ostensiblement expulsée du champ du savoir. Elle s'affirme comme unique et authentique présentation des faits. Tout autre discours contradictoire manifestement diffusé, ouvertement publié, est propagande. Paradoxalement, du fait même de cette solitude, de ce caractère exclusif, l'information se condamne paradoxalement à faire d'autant plus couple avec la désinformation.

En effet, dans la mesure où, secrète par principe, elle n'est pas censée exister, la désinformation devient le fantôme de l'information, un double constamment soupçonnable. Cette information qui, de l'authenticité des faits, a toutes les apparences ne serait-elle pas en réalité un montage de désinformation ?

⁂ Développer la publicité

Parallèlement se développe, irrésistible, la publicité. Initialement, le modèle c'est littéralement le médium humain ! C'est l'hypnose, la « suggestion » pratiquée par Charcot, l'école de Nancy qui conduit directement à Breuer et à Freud ! La publicité « suggestive » prendra toutes les précautions « pour éviter que le cerveau travaille » (Gérin, Dunod, 1927). Mais on peut aussi faire travailler automatiquement le cerveau pour obtenir la réaction voulue. Tel est l'apport de Pavlov, dont Tchakhotine tire les leçons au regard de l'utilisation des médias sur les masses par les régimes totalitaires. Ces considérations, fort respectées à l'époque, correspondent exactement à ce qui était alors considéré comme le suprême état de l'art mêlant la socio-psychologie et la biologie. Ce qui est remarquable, c'est que les techniques de diffusion progressent indépendamment des connaissances fortement limitées dont on disposait et dont, aujourd'hui, encore, évidemment, nous pouvons disposer sur le cerveau humain, sur la psychologie…, ce qui devrait conduire à un peu plus d'humilité intellectuelle. Quelques rares esprits – entendons ceux qui publient dans le domaine très particulier de l'analyse du renseignement – se soucient de ces données. Elles jouent cependant un rôle essentiel dans l'élaboration de la désinformation. La nooscience et avec elle tous les phénomènes parapsychiques connurent un grand développement à l'époque Soviétique. Elle fait aujourd'hui retour en Russie, jusque dans la formation des élites gouvernementales.

Ainsi s'est engagé un débat fondamental de longue durée et de dimension éthique sur les méthodes de persuasion : convaincre ou décérébrer… faire travailler le cerveau ou « glisser par effraction des désirs d'achat dans l'esprit ».

Les jeunes publicitaires comprenant qu'il est préférable de procéder de manière plus conforme à l'esprit démocratique commencent à travailler en étroite relation avec les méthodes de sondage de l'opinion. Il s'agit, doucement, sans contrainte, de savoir ce que pensent des « échantillons représentatifs » auxquels, tranquillement on pourra retourner l'image de leur propre pensée. Dans son ouvrage autobiographique de 1970, Marcel Bleustein-Blanchet, fondateur de Publicis (Jean Mineur), qui dès 1948 avait conclu un accord avec le tout récent IFOP, dénonce la réclame et les charlatans, bref l'obscurantisme des temps anciens dont il faut se séparer. L'important, selon lui, est de motiver honnêtement afin de convaincre librement. Pour autant les procédés qu'il recommande, moins caricaturaux, moins schématiques ne diffèrent en rien. Il affine en prenant, comme tant d'autres à ce moment, les distances nécessaires à l'égard de l'affreux amalgame produit par les régimes totalitaires. Attitude d'autant plus « stratégique » que la publicité a commencé d'investir le champ politique démocratique.

⁂ La propagande politique médiatisée

L'électeur constitue par principe l'homme libre que le candidat durant sa campagne entend convaincre sur la base de son programme (ses buts). Pour autant, l'existence des vecteurs de diffusion du message a conduit à adopter des méthodes propres à la publicité et à utiliser des vecteurs de masses. Dans les années 1960, les campagnes présidentielles américaines prirent pour modèle le « cirque ambulant », ses caravanes itinérantes, à l'occasion le train. Si le politique adoptait la publicité, il apparut que la publicité pouvait s'emparer du politique en le réduisant à un ensemble de recettes. Le médium s'empare du message. On voit alors se développer le modèle du match télévisuel (métaphore du sport, du ring, du cirque, de l'arène).

Pour attirer l'opinion publique sont organisées des joutes médiatiques, arbitrées par un « médiateur ». Le système devient plus en plus complexe. Il fait l'objet d'âpres préparations, de négociations, arbitrées par les plus hautes instances de l'État afin de mesurer équitablement les temps de parole de chacun, etc. Que devient l'information ? Qu'en est-il de la vérité au regard des effets spectaculaires ? Une industrie médiatico-politique est née, qui se promet encore un bel avenir.

Car la puissance de l'esprit publicitaire – plus que la publicité elle-même, qui n'est somme toute que son résultat – tient à ce qu'il s'empare de tout. C'est une éponge prédatrice de l'information, du savoir, de toute innovation créatrice. Il attrape tout ce qui passe à sa portée. L'idée est transformée en procédé, le raisonnement en « suggestion », terme proche de l'hypnose laquelle, avant tout le monde, avait utilisé le terme « médium » comme agent de transmission entre ici-bas et au-delà, entre vivants et « esprits » des morts. Bref, en dépit de dénégations bien intentionnées, l'esprit publicitaire n'a pas abandonné ses premières racines.

L'âge de l'information-communication (1990-2010) : une redistribution des pouvoirs au risque de la désinformation

Les Vingt premières glorieuses

La période 1990-2010 peut être considérée comme les Vingt Glorieuses de l'ICT (*Information and communication technology).* Les progrès des technologies qui concourent à la croissance de l'information et au développement de sa communication accélérée ont été bouleversants.

La « révolution » électro-informatique, la communication par satellites, la miniaturisation (nano-techno) et la vitesse de transmission ont créé une nouvelle dimension de l'information et de la communication.

L'espace exo-atmosphérique devient ainsi une dimension supplémentaire pour l'exercice de la puissance et un nouveau domaine d'affrontement pour l'acquisition de la supériorité par le jeu combiné de l'espace-temps.

D'abord, être présent dans l'espace, être capable d'y accéder et de s'y maintenir ; de recueillir les données, de les transmettre et de les traiter.

Ensuite, si possible, prendre possession de cette dimension de manière quasi-exclusive. En témoignent les efforts du Pentagone pour contrer la création du système de navigation spatial de l'Union européenne (Galileo), rival du GPS américain.

Enfin, en assurer le contrôle, éventuellement pour en interdire l'accès à tous les autres en temps de crise et surtout de guerre. Privé de son information, si possible gavé de désinformation, le rival, l'ennemi doit s'incliner. Telle est aujourd'hui la doctrine de l'armée américaine, au fil d'études réalisées entre 1990 et 2000 par le *Defense Science Board* sous la direction de Donald Rumsfeld, qui allait devenir en 2001 secrétaire à la Défense.

La recherche de la maîtrise de l'espace informationnel conduit à distinguer différents niveaux d'utilisateurs.

Les décideurs politiques veulent disposer à leur unique profit de l'information la plus exacte, au moment le plus propice, afin de prendre la plus « juste » décision. Non pas la plus équitable, mais la mieux adaptée au regard des buts recherchés.

Les chefs militaires ont besoin d'accéder aux données utiles pour la planification et, le cas échéant, pour la bonne exécution d'une opération, peu importe sa nature (maintien de la paix, contre insurrection ou guerre classique).

Enfin, en bout de chaîne, en fin de transmission, vient le « public », masse citoyenne que les pouvoirs informent – partiellement, sélectivement – ou désinforment systématiquement dans les régimes qui choisissent de travestir délibérément la réalité.

Une certitude s'impose : à défaut d'être la règle, les manipulations de l'information, les détournements, par omission ou rétention, sont partout de mise. Or ce malheureux public commence à disposer d'une capacité à créer sa propre information. Entendons-nous bien, il serait naïf de penser qu'internet, messie de la vérité, soit devenu le rédempteur de l'information. Tant s'en faut. Les décalages culturels pèsent lourdement sur une large majorité de l'humanité. Il faut accéder à l'outil. Il faut savoir lire... et, pour être interactifs, savoir écrire... L'analphabétisme et l'illettrisme demeurent des blocages majeurs pour une démocratisation de l'info-com. Se forme peut-être une nouvelle classe dominante, celle qui, de par son éducation, maîtrise les moyens modernes de l'information et de sa diffusion.

⁜ Démassification et « égoïsation » de l'information sont d'autant opportunités pour la désinformation.

Les techniques rassemblées sous la rubrique « multi-media » mettent désormais à la disposition de chaque usager les moyens de fabriquer sa propre information, de la communiquer et de devenir son propre reporter. Le monde est sous le regard de chacun. Il ne se passe plus rien qui ne soit filmable, photographiable, saisi par un des capteurs dont chacun dispose. L'écroulement des tours de Manhattan, la répression des manifestations en Iran, un tabassage policier, comme celui de Rodney King par la police de Los Angeles en 1992, qui déclencha de formidables émeutes. Si les caméras de Big Brother se sont multipliées dans les transports publics, dans les entreprises, dans les rues mêmes, le regard de chaque citoyen fait de lui un témoin potentiel et efficace. La vidéo affranchit de la télévision. L'ordinateur personnel constitue une émancipation par rapport aux énormes machines d'IBM.

Là réside sans doute le fait essentiel de la mutation. Chaque personne, en fonction de ses intérêts, de ses capacités personnelles peut créer son information, peut élaborer une grille critique même si sur le web les capteurs prédateurs se sont largement installés… La publicité s'empare de l'écran pour vendre. Elle occupe les nouveaux espaces offerts à l'écran par les serveurs d'information.

Avec *facebook*, avec les blogs personnalisés, une communication parallèle, sauvage et peu critique se développe. Ainsi se forment des collectifs temporaires. Le groupe, assemblé par le médium, crée son information et, à la limite, sa propre intoxication, ne voulant voir et entendre que ce qui le conforte dans ses préjugés initiaux. Là encore s'ouvre un vaste champ pour la désinformation qui, pour autant que l'on sache, semble en retard. Mais nous n'en sommes que dans les débuts, dans la première expérimentation.

⁜ Guerre *de* l'information et guerre *dans* l'information

Initialement, elle prend la forme de l'agression des « *hackers* ». Ces quinze dernières années les pirates ont surtout agi individuellement sur un mode ludique, causant d'importants dégâts financiers. Ils se sont parfois réunis en groupes, dominés par une sorte de techno-anarchisme sans véritables objectifs politiques. Mais la situation évolue depuis peu. Les cyber-attaques ont pris un caractère plus systématique et une ampleur accrue, suggérant l'action dissimulée d'États. Fin 2007, l'Estonie, petit pays, est paralysée durant trente-six heures par une attaque massive. Il est facile de comprendre qu'il s'agit d'essais préliminaires destinés à préparer des entreprises plus ambitieuses. Jusqu'à ce jour, il ne s'agit que de paralyser ou d'endommager les systèmes d'information.

Interviennent déjà les campagnes de désinformation sur Internet destinées à faire croire à un événement qui ne s'est pas produit en réalité (le « sous-commandant » Marcos fait état de massacres imaginaires par l'armée mexicaine au Chiapas, en 1996). L'injection massive de fausses informations sur internet devrait constituer pour les organes de désinformation une activité de plus en plus importante. Force est de reconnaître que les connaissances dans ce domaine demeurent encore fragmentaires. On ne sait quasiment rien des organes de désinformation russes, chinois, de leur activité et de l'évolution de leurs missions.

Parallèlement s'est créée une nouvelle dépendance stratégique généralisée à l'égard des logiciels Microsoft, savamment développés par Bill Gates. Le monde entier utilise ce vecteur de communication, dépend de sa configuration, de ses procédures, de ses codes, bref de son langage. Or en dépit des protections contre les pirates, les clés d'accès au logiciel restent entre les mains du fabricant qui est aussi le fournisseur des outils de défense. De ce fait la société Microsoft est en mesure de pénétrer la plupart sinon toutes les communications utilisant ses logiciels. Quand on sait que Microsoft entretient depuis l'origine des liens étroits avec la National Security Agency, en charge de l'espionnage des communications étrangères, on doit se poser la question de l'autonomie stratégique des utilisateurs de Microsoft.

Pouvoir politique, puissance médiatique et désinformation

À ce stade, il importe de faire une distinction entre la critique par l'information et la critique de l'information. À savoir, d'une part, la critique des pouvoirs établis – politique mais aussi législatif et judiciaire – par l'information qui s'affirme en tant que puissance et, d'autre part, la critique de l'information. Celle-ci émane, bien sûr, en riposte, des pouvoirs rivaux. Elle provient également de l'intérieur, exprimée par les producteurs de l'information, qui en dénoncent les dysfonctionnements et les compromissions. Enfin, s'ajoutent, de l'extérieur, les analyses des spécialistes universitaires qui étudient la puissance médiatique. Au cœur d'un débat intense et parfois féroce sont mis en jeu la déontologie professionnelle, l'éthique démocratique, et les notions corrélées d'indépendance, d'autonomie de décision et de liberté d'action.

⁑ La lutte entre les pouvoirs : érosion de la crédibilité de l'État comme source de l'information

Remarquons en préalable que si les principes de la liberté d'expression démocratique et le respect de l'information, comme relation entre gouvernant et gouverné établie par une sorte de contrat tacite, ont touché le monde transatlantique ainsi que, plus tardivement, quelques États comme le Japon, l'Inde et la Corée du Sud, l'idéologie totalitaire s'impose encore à une masse démographique et à des aires culturelles plus étendues et bien plus peuplées.

À partir du XIXe siècle, seule une petite partie de l'Europe occidentale sort de plus de cent ans de controverses intellectuelles, de tumultes politiques, de violences civiles en disposant d'un outil de bonne gouvernance : le principe de la séparation des pouvoirs : exécutif, législatif et judiciaire, dont l'indépendance est en principe garantie par l'existence de textes constitutionnels. Leur reconnaissance ne signifie pas pour autant que, dans la pratique, ils seront respectés, tant s'en faut. L'équilibre très précaire, jamais assuré, repose sur une double combinaison : une lutte permanente et le recours incessant aux mécanismes institutionnels mis en place pour en assurer le respect (Conseil constitutionnel, Cour Suprême…). La nomination des personnalités – réputées « Sages » – au sein de ces organismes de contrôle et de régulation constitue un enjeu permanent entre les forces politiques actives au sein d'un État qui, au moins, a le mérite d'en admettre les principes.

Au fil du temps, survient une perturbation majeure : l'émergence du « quatrième pouvoir » celui dit de la presse, en fait le pouvoir novateur, bouleversant de l'information-communication lié au développement des médias et à l'avènement de l'âge de l'information. Où loger cette puissance ? Comment l'insérer ? Quel degré d'autonomie lui reconnaître ? Notre présent reste marqué par cette interrogation et par les affrontements qui lui sont liés. Pour ne s'en tenir qu'à ces deux derniers siècles, des incidents remarquables baptisés « révélations, affaires, scandales », ont ponctué cette évolution. Le scandale du Panama, les affaires Dreyfus et Stavisky secouèrent la IIIe République française. Progressivement, l'information gouvernementale est perçue comme un monopole tyrannique, un lien incestueux. En France, l'ORTF ne survit pas à la secousse idéologique de mai 1968. L'État perd tout statut d'objectivité. Un voile se déchire : il n'y a plus adéquation entre le discours du souverain et la réalité des faits. Convaincus de mensonge ou soupçonnés de pressions et d'ingérence, les gouvernements voient leur communication discréditée, ravalée au rang de propagande et de manipulation. C'est alors le moment du divorce majeur entre l'information en général et la communication gouvernementale, qui, cessant de s'identifier à l'information devient une composante dégradée, une simple source, pas forcément la plus fiable. Terrain d'affrontement permanent, la communication étatique est de surcroît prise de court par la vitesse de circulation de l'information et de la critique de sa propre communication. La publication des *Pentagon papers* sur le Vietnam annonce la suite.

Les présidences américaines furent ébranlées par le scandale du Watergate (1970) qui aboutit à la démission de Richard Nixon, par l'Irangate auquel Ronald Reagan échappe de peu (1982). En bout de trajectoire, exemplaire et futile, survient l'affaire Lewinski en 1998 qui déstabilisa Bill Clinton. Ce dernier cas est d'autant plus intéressant qu'il montre un hiatus croissant entre la cause et l'effet. Le jeu orchestré de l'amplification médiatique va faire d'une grave affaire politique d'État (espionner un parti rival au Watergate) une crise des institutions tandis qu'une affaire de vie privée, assortie, il est vrai, d'un mensonge public se hausse à la même dimension d'affaire d'État, niveau qui paraît disproportionné. Ces deux démarches politiquement opposées correspondent à des motivations très différentes. L'une cherche à faire émerger la vérité, l'autre s'efforce à utiliser la vérité afin de produire des effets politiques très ciblés. Dans les deux cas, le chef de l'État, placé dans la ligne de mire, a adopté la pire des stratégies : le mensonge d'État et les tentatives sournoises d'étouffement du scandale. Mais d'une affaire à l'autre, trente années se sont écoulées, soit une génération, durant laquelle l'influence de l'information s'est considérablement accrue et proportionnellement la sensibilité des audiences.

L'ère de la critique et du soupçon à l'égard de l'information

Dans l'âge de l'information trois grandes questions se posent. La première est de savoir si la confiance dans l'équation entre démocratie libérale et libre diffusion d'une information fiable est encore justifiée. La critique contribue à approfondir cette interrogation. Seconde question : la globalisation, certes limitée mais en expansion rapide, ne tend-elle pas à réduire la distinction entre modèle démocratique et systèmes autoritaires ? Le recours à la désinformation ne rapproche-t-il pas dangereusement les deux systèmes ? Enfin la puissance médiatique, institutionnellement mal assurée, offre-t-elle les garanties de fiabilité et d'indépendance qu'elle revendique avec l'arrogance des jeunes pouvoirs ?

⁑ Démocratie et désinformation : les tentations du politique

On a déjà relevé que la démocratie athénienne avait élaboré une attitude critique à l'égard de l'information et de l'art de la communication. Le XVIIIe siècle voit émerger en Europe occidentale une prise de conscience progressive de la notion d'information comme une sorte de bien social commun. Pour Locke, les philosophes des Lumières, la liberté d'opinion et le droit d'informer deviennent les caractéristiques d'un idéal démocratique encore soigneusement limité à une petite partie de la société. Cela suffit pour formuler le principe de l'équilibre entre les pouvoirs, sans pour autant y insérer formellement la puissance de la presse dont les développements techniques restent encore trop modestes.

Mais rares sont les gouvernements démocratiques que ne tente pas la pomme de la désinformation, euphémisée comme un infléchissement léger de l'information authentique. Rares sont aussi les journalistes qui ne soupçonnent les dirigeants d'un mensonge d'État. Au final, la relation entre le pouvoir politique et la puissance médiatique n'a cessé de se complexifier, de devenir plus retorse, faite de compromis, de pressions, d'insidieuses tentatives de main mise. L'information n'y gagne pas en qualité tandis que se développe une dérive que l'on peut considérer comme une désinformation rampante. Entre la réalité et sa retransmission au public la quantité des interférences s'est démultipliée recouvrant l'authenticité des faits de voiles de plus en plus épais.

On peut en inférer une sorte de loi : aujourd'hui le politique dépend de plus en plus de l'information et de la communication. De ce fait, il est devenu plus vulnérable à la désinformation. Mais paradoxalement, il est davantage tenté d'y recourir pour compenser sa dépendance et sa faiblesse. Ceci est vrai dans les États réputés démocratiques mais aussi dans les États qui ont été tentés un instant par la démocratie puis s'en détournent comme la Russie. Pour sa part, la Chine a connu en dix ans une exceptionnelle expansion des moyens de communication. De ce fait, elle constitue aujourd'hui un formidable laboratoire où s'affrontent libre information et propagande traditionnelle, assorties des formes anciennes et nouvelles de la censure et de la désinformation.

⁂ Les médias, puissance controversée

Les révélations de malversations, d'abus de pouvoirs, de mensonges organisés par des gouvernements aux abois ont renforcé la puissance des médias. Le président Nixon dut démissionner. Bien d'autres scandales révélés par la presse ont précipité des crises ministérielles. À l'inverse, de très nombreuses affaires ont été étouffées. Le président Reagan fut capable d'échapper à l'Irangate (trafic d'armes pour équiper les forces contre révolutionnaires au Nicaragua). Le président François Mitterrand s'avéra un maître en la matière : les Irlandais de Vincennes[1], l'usage illégal des écoutes téléphoniques, sa propre vie privée. Depuis plus de vingt ans, Silvio Berlusconi parvient à surmonter toutes les investigations médiatiques et judiciaires sur ses affaires et sa vie privée.

Ces succès limités ne suffisent donc pas à assurer à l'information une complète et définitive reconnaissance. Sa puissance est admise comme une sorte de fait accompli, elle n'est pas pleinement intégrée en droit. L'information reste en attente d'une place dans les constitutions.

La percée réalisée par CNN s'explique historiquement par l'utilisation de nouvelles bandes de fréquences fournies par les satellites de communication (INMARSAT, en 1990). Ainsi se crée la notion d'information permanente « en temps (quasi) réel ». En réalité, la gestion de l'information consiste à caler les fenêtres de réception offertes par les satellites en fonction de leur moment de

1. En août 1982, le Groupe d'Intervention de la Gendarmerie nationale (GIGN), directement lié à l'Élysée arrêtait des membres présumés de l'IRA. Il s'avéra que les explosifs « découverts » avaient été apportés par les gendarmes eux-mêmes. Les Irlandais furent relâchés en mai 1983.

passage permettant d'assurer une couverture, renouvelée à intervalles réguliers. Entre deux passages, il n'y a aucune nouvelle information. Le continu c'est la simple répétition. De plus l'information en continu est victime d'un processus d'uniformisation. Les formules incantatoires « *stay with us* », « *we have more* » sur fond de *jingle* reproduit toutes les cinq minutes et de martèlement du signifiant maître : le nom de la marque « This is CNN » « *Only on CNN* ». La manière dont ces procédés ont été plagiés, notamment d'abord par Al Jazeera, ensuite par toutes les chaînes d'information en continu suggère que, par-delà les divergences de contenu, existe une connivence de toute la profession sur des procédés de captation de l'audience par la suggestion, la fascination…

Le terme « *story* » finit par se substituer au compte rendu d'un événement réel dont le journaliste est devenu le conteur divertissant autant que le témoin objectif. Plus encore, s'élabore l'information « préfabriquée ». Ce n'est pas une désinformation mais une dérive interne engendrée par la direction autoritaire de l'information. Elle constitue une inversion grave du mode de production puisque l'on envoie le reporter confirmer une conception préétablie, une sorte de préjugé forcément politique au lieu de l'inverse. Les faits doivent se plier à une idée préalable. Au mieux, c'est la médecine de Molière : le malade ne peut présenter que les symptômes déjà établis par la faculté.

De son côté, le journaliste reste une cible fragile. Il est souvent accusé par les régimes dictatoriaux d'être un espion, un agent des services étrangers, un « fouineur » qu'un tueur à gages liquide. La profession, unanime proteste à juste titre. Sur la déontologie, il n'y a rien à dire. Regrettablement dans la pratique la situation est infiniment plus complexe. Placée dans un contexte légèrement différent, une information peut devenir un renseignement utilisable pour l'action. Les ONG de terrain ont expérimenté cette relation ambiguë et, plus que tous, les journalistes eux-mêmes à travers ceux qu'ils engagent sur place afin de pouvoir travailler. Les services secrets recrutent des journalistes qui deviennent des « sources », indicateurs directs ou intermédiaires vers d'autres sources. Les lendemains de scandales graves sont forcément vertueux. Après le coup d'État au Chili, en 1973, après le Vietnam, en 1976, George Bush, nouveau directeur de la CIA, s'engage à ce que son agence rompe tout contact avec les journalistes américains. La porte restait généreusement ouverte pour le recrutement de journalistes dans les pays étrangers.

Que dire de l'attitude des médias américains en 2002-2003 qui « gobèrent », relayèrent et amplifièrent les allégations de l'Exécutif sur les armes de destruction massives de l'Irak, sur les liens entre Saddam Hussein et Al Qaida. Autant de dossiers dont aujourd'hui, soit huit ans après, les anciens responsables comme Richard Cheney reconnaissent l'absence de fondements. En somme, de scandale en déficience, de repentir en aveux de complaisance, ou de complicité cachée, les médias cherchent à retrouver une crédibilité gravement entamée.

Pour se redonner une image de marque, pour valoriser ses produits, la grande presse distingue désormais entre une presse ordinaire de bonne facture, réputée factuelle et sans parti pris, et les « tabloïds » qui travaillent sur l'imaginaire des instincts, sur les fantasmes « people ». Parfois ce sont les mêmes propriétaires, comme Rupert Murdoch, animés des mêmes convictions, engagés dans les mêmes liens avec la puissance politique qui jouent ainsi sur différents claviers.

Le futur : vers une conscience critique de la désinformation moderne.

La critique légale de la désinformation constitue une tâche essentielle mais particulièrement ardue. Elle est soumise à une contrainte paradoxale. Comment en effet dénoncer ce qui par définition n'existe pas ? Quels instruments juridiques, quels recours légaux opposer à la dissimulation systématique et, souvent, au secret d'État ?

Cependant, une nouvelle critique s'est développée. Celle de la société de consommation (y compris la consommation d'information) mais aussi celle des procédés de conditionnement de l'individu afin d'en faire l'acteur inconscient de sa propre servitude. Faisant suite à la dénonciation des méthodes de conditionnement des masses par le totalitarisme (Orwell, les dissidents soviétiques...), se développe une critique plus fine, plus radicale des sociétés avancées, apparemment démocratiques. Elle s'attaque moins au contenu qu'aux procédés mis en œuvre. Elle touche aux savoir-faire. C'est donc la désinformation qui se trouve, du même coup, placée en ligne de mire. « L'industrie du façonnement des esprits » est dénoncée dans les années 1960 par des intellectuels comme Hans Magnus Enzensberger, Pier Paolo Pasolini, de tradition marxiste mais en rupture complète avec le communisme officiel. Par là même, ils se rattachent à l'École de Francfort et ses prolongements aux États-Unis dans les écrits d'un Herbert Marcuse. La guerre froide avait aiguisé le sens critique. Sa fin a paradoxalement conduit à une temporaire léthargie euphorique. Démocratie et libre information assuraient le triomphe de la vérité. Cette illusion lyrique a faussé les perceptions et réduit en partie la dimension d'une critique qui aujourd'hui se cherche.

Cependant la lutte contre la désinformation est, de plus en plus, vouée à se développer. Elle prendrait pour exigence idéale l'élaboration et la diffusion d'une information « pure », complète, objective, au plus près de la réalité de l'objet dont elle traite.

Elle s'accompagnerait d'une dénonciation, preuves et témoignages à l'appui, des entreprises de désinformation dont elle ferait le procès. Tromper son propre peuple pourrait-il être tenu pour un crime ? Avant de passer au niveau international mieux vaudrait disposer de législations sérieuses, complètes, autorisant l'investigation dans les domaines qui ne sont pas forcément réputés les plus sensibles couverts par le secret défense. Toute constitution démocratique devrait alors inclure l'existence de l'information, en tant que pouvoir, garantir son indépendance, si possible mieux que celle de la magistrature !

- Il se peut que la situation la plus remarquable tienne au fait que la désinformation ne se soit pas encore adaptée, n'ait pas pris toute la mesure des possibilités offertes par le développement des nouveaux médias. Bref qu'elle soit en retard d'une technologie.
- La grande caractéristique de la culture du début du second millénaire est que le phénomène de diffusion accéléré de l'information et de « démassification » des médias ne coïncide avec l'apparition d'aucune idéologie politique ou religieuse nouvelle. **C'en est fini du rassemblement** ! Au contraire, le communisme dépérit. L'islamisme salafiste violent repose sur une conception régres-

> sive de l'avènement du califat. En dépit de phénomènes de regain, le nationalisme et le libéralisme sont des produits du début du XIXe siècle. Tout se passe comme si l'information étouffait l'émergence non pas d'idées nouvelles mais de leur lente congruence en un corpus idéologique puissant. On assiste à une formidable production d'idées, diffusées très rapidement mais qui sont incapables d'enracinement : aussitôt conçu, aussitôt dissipé…

Considérons l'actuelle situation d'affrontement idéologique qui coïncide avec l'émergence d'un médium puissant, Internet. La faiblesse d'Al Qaida vient de ce que cette organisation terroriste en réseau tire profit de moyens de communication qui lui sont extérieurs, mis en place par des intérêts et dans une optique totalement hétérogène… On touche au problème essentiel du retard de l'innovation technologique dans un monde culturel musulman imprégné de rumeurs, saturé de peurs, obsédé de complots. Les considérations sur la savante et redoutable utilisation des nouvelles technologies de l'information par le terrorisme international islamiste ne résistent guère à un examen rigoureux. Les campagnes de propagande et les opérations de désinformation apparaissent comme des improvisations. Elles sont parfois astucieuses mais relèvent d'un opportunisme tactique sans la moindre réflexion sur le long terme stratégique. Les maîtres idéologues du salafisme radical utilisent donc Internet mais n'en font qu'un usage ordinaire, banal… Certes Al Qaida tire parti d'Internet mais n'y règne pas en maître du médium et n'envisage certes pas de contribuer à en stimuler le développement technique.

De ces réactions constantes vis-à-vis de la diversité des nouveaux médias on peut inférer une sorte de loi : lorsqu'il y a coïncidence historique – et parfois géographique (le centre de l'Europe allémanique gutenbergienne) – entre le développement d'un moyen de communication et l'émergence d'une idéologie conquérante, cette conjonction peut produire des développements exceptionnels et inattendus (y compris pour les instigateurs). Le médium « tire » le message vers le haut et réciproquement. Diffusion et puissance tendent alors à s'identifier. C'est en effet parce qu'elle a compris tout le bénéfice qu'elle peut retirer d'un nouveau vecteur qu'une idéologie, politique ou religieuse, ne cesse de monter en tant que pouvoir potentiel sur les esprits. Et ce quelle que soit sa nature : Luther n'est certes pas un démocrate pas plus que Calvin ! L'imprimerie bénéficie de fait au protestantisme mais celui-ci ne dispose d'aucun monopole. Il n'existe aucun lien formel entre Luther, Calvin et les imprimeurs. Quelle utilisation la Contre-Réforme fit-elle de l'imprimerie ? Jusqu'à quel point n'en a-t-elle pas bénéficié davantage ?

À de telles questions, nous avons cherché à apporter quelques réponses.

Information
De la lutte pour la liberté d'expression à l'âge informationnel

---

« Le flot déchaîné de l'information à outrance a transformé le journalisme, tué les grands articles de discussion, tué la critique littéraire, donné chaque jour plus de place aux dépêches, aux nouvelles grandes et petites, aux procès-verbaux des reporters et des interviewers. »

Émile Zola, *Préface à La Morasse,* 1888

Ainsi sous le regard d'un expert – Zola, l'homme de l'affaire Dreyfus, l'auteur de « J'accuse » dans *l'Aurore* de Georges Clemenceau – apparaît ce qui en un siècle va devenir le flux irrésistible de la masse des informations, propulsée par le développement des technologies électro-informatiques. Intuitivement Zola pressent cette marée montante qui va devenir l'âge informationnel.

S'il est relativement impossible de prévoir la fin et de mesurer les impacts liés au développement d'un phénomène de si grande ampleur, en revanche, on peut en constater la progression, en mesurer la dimension, en suggérer la portée. Ainsi transparaissent les étonnants et redoutables effets dont chaque citoyen « informé » n'a que difficilement et partiellement conscience tant il est lui-même partie prenante de la mutation en cours.

Informer dans les conditions optimales, protéger l'information, maîtriser la communication constituent traditionnellement des préoccupations importantes. Elles deviennent essentielles à mesure de l'entrée de l'humanité, en général, et de chaque société, en particulier, dans l'âge informationnel. Car plus l'importance de l'information croît, plus son contrôle devient un enjeu de pouvoir et, corrélativement, plus la désinformation constitue un instrument tentant, y compris pour les gouvernements démocratiques, au risque de leur propre dénaturation.

C'est au sein de ce foisonnement d'informations associé à une fragmentation de la communication, que la désinformation trouve l'occasion d'un renforcement de ses capacités d'action. Tirant parti de la diversification des vecteurs et de la confusion qui accompagne le passage d'une ère où elle tenait un rôle important à une autre, elle peut s'ériger en arme dominante, capable de peser sur le destin des individus, des peuples et des gouvernements. Ainsi, aujourd'hui, le problème de la liberté de l'information et, corrélativement, du risque de désinformation prend une dimension d'autant plus considérable qu'il y va de la nature même du cadre de vie de l'humanité et des modalités de fonctionnement du système de production et d'échange, de la distribution de la richesse et de la puissance.

Information et informations : de quoi parlons-nous ?

Depuis un demi-siècle les définitions abondent. Le terme est devenu polysémique. Quand je dis : « je vais écouter "les informations", c'est-à-dire les "nouvelles" (*news*) sur France Info », je ne signifie pas le même objet que lorsqu'un satellite météorologique fournit des informations à un ordinateur qui va les traiter.

La première tâche consiste donc à distinguer entre les différentes conceptions, interprétations et les pratiques récurrentes du mot information.

En 1954, Raymond Ruyer en donne une définition liée à la cybernétique : « transmission à un être conscient d'une signification, d'une notion par le moyen d'un message plus ou moins conventionnel et par un support spatio-temporel. L'appréhension du sens est le but, la communication du support, le moyen, l'action qu'elle déclenche devient le but. Éventuellement nous avons besoin d'une information en vue d'un but utilitaire ; l'information alors redevient moyen, l'action qu'elle déclenche ou contrôle devient le but ». La formulation au milieu du XXe siècle d'une théorie de l'information par Claude Shannon, Norbert Wiener et Warren Weaver rend indispensable de tenir compte de la diversité des ordres et des objets liés à ce même terme de manière à en clarifier les différents sens.

L'information en tant que système n'est pas « une » information qui, elle-même, ne se réduit pas à une « *data* » « donnée ». De même la transmission et la communication constituent bien sûr une relation entre un émetteur et un récepteur mais chacune appartient à une qualité de relation et un ordre de fonctionnement différents. On rencontre également ce problème, en aval, lorsqu'il s'agit de séparer l'information du « renseignement ». Il n'est possible de mesurer et comprendre le rôle de la désinformation que si, en préalable, une topologie de l'information n'a pas été établie.

La réflexion sur l'information puis sur la désinformation s'organise autour de deux grandes catégories : ce qui procède de la technique et ce qui relève du culturel, plus généralement du « civilisationnel » dans la mesure où nous avons adhéré à l'idée selon laquelle l'humanité était entrée dans l'ère informationnelle.

D'un côté, l'information regroupe une constellation d'activités et de phénomènes sociaux formant une civilisation, portée par un mode de vie et d'échange et, de l'autre, elle se constitue par la collecte de données brutes (un signal, une image satellite, le message d'un « indicateur », d'une « taupe », etc.).

Information et connaissance : information critique et critique de l'information

Ère nouvelle de la civilisation, l'information constitue aussi, dans sa singularité, une lutte permanente contre l'ignorance et les préjugés, contre le bruit et le brouillage et, par là même, elle travaille contre l'entreprise masquée de la désinformation. L'information ayant pour fonction de développer le savoir, il importe donc de distinguer deux catégories d'information au regard de sa finalité : celle qui touche au domaine de la connaissance pure et celle qui contribue à l'élaboration de la connaissance pratique qui oriente l'action.

Nous avons évoqué les mythes de « l'information pure » ou « objective ». La transmission d'une information brute pour elle-même constituerait « l'objectivité », le récepteur serait alors « libre » d'en faire ce qu'il veut. De telles illusions ont fait l'objet d'une critique parfois radicale comme celle de D. Wolton qui, en 1991, à la suite de la guerre du Golfe, définit l'information comme : « le récit temporaire et subjectif d'une histoire en train de se faire, par des acteurs dont personne ne peut garantir l'objectivité, et pour un public dont on ne sait pas non plus comment il intègre l'information dans ses choix politiques et idéologiques ». Sans devoir se hausser à ce niveau de scepticisme, force est de reconnaître que loin de constituer un phénomène objectif, l'information reste une fabrication, une « production » en raison des modalités de son traitement.

Ce terme recouvre, en effet, d'abord un ensemble d'opérations techniques mais aussi, et surtout, un ensemble de décisions portant sur la gestion de sa présentation par un émetteur-source vers un récepteur-cible dans des conditions particulières, liées à un environnement complexe, souvent conflictuel, et à une temporalité contraignante. Se posent les problèmes de la sélection, de la durée, de la répétition… Toutes opérations qui suggèrent une sorte de mise en scène de l'information.

C'est aussi pourquoi, de plus en plus, les médias tendent à distinguer les « opinions », analyses ou commentaires des faits « bruts », tels que les rapportent les journalistes, reporters, envoyés spéciaux. Mais là encore les professionnels n'offrent que des garanties limitées à travers une lutte permanente entre déontologie, manipulations, censure interne par le conseil de rédaction, choix d'abandonner un « sujet » au bénéfice d'un autre, jugé plus « porteur », plus sensationnel, etc. L'obsession commerciale grandissante finit par créer une sélection de l'information qui équivaut, de fait, à une censure par défaut.

Qualité et opportunité de l'information au service de l'action

L'information est fondatrice de toute stratégie. Or pour le décideur la valeur de l'information repose sur un rapport entre la qualité et la temporalité afin de faire le meilleur choix « en connaissance de cause ».

La bonne information est celle qui arrive au moment opportun : trop tôt elle est négligée, trop tard, elle ne présente plus aucune utilité, sauf à purger les contentieux créés par les défaillances et les erreurs liées au manque d'information appropriée. Le dirigeant qui obtient en premier, au moment où il en a besoin pour décider la meilleure qualité d'information dispose d'une capacité d'action infiniment supérieure à celle de ses adversaires. Ceci est valable dans tous les domaines de l'action qu'elle soit civile (commerciale, financière) ou militaire (gestion de crise, guerre). C'est pourquoi, l'information et la communication sont centrales dans l'art du politique, tant pour le gouvernement des affaires intérieures que la conduite des relations entre les États.

Conquête et manipulation des auditoires rebaptisés « audience » évaluée par audimat

Faire participer directement le public au débat politique contribue-t-il à promouvoir la qualité de la démocratie ou bien ne s'agit-il que d'une dérive populiste manipulatoire de l'opinion ?

L'association participative des lecteurs, des auditeurs voire des spectateurs vise à créer une « *vox populi* » ou « opinion publique », très manipulable parce que peu au fait du problème abordé. C'est l'organisation d'une sorte de plébiscite médiatique permanent, à coup de sondages, qui prend le pouls affolé des sensibilités et des émotions instantanés.

À la fin du XXe siècle, des personnalités politiques très conservatrices et volontiers populistes comme Newt Gingrich et Ross Perot aux États-Unis ont également lancé la notion de « *democracy on line* » ou démocratie participative afin de modifier la relation entre l'électeur et l'élu. Ces conceptions visionnaires sont encore loin d'un aboutissement définitif mais gagnent du terrain. Il est hautement probable qu'elles se concrétiseront d'ici une génération, altérant la nature de la vie politique dans les États démocratiques. Inexorablement, elles sont en marche grâce au développement des techniques de la communication et de par la logique des organisations qui les utilisent. Soit. Il n'y a pas forcément lieu de voir là un « *fatum* », inexorable achèvement tragique de l'humanité de l'homme. La seule question pertinente demeure obstinément : « pour quoi faire et dans l'intérêt de qui ? » sans forcément devoir préjuger d'une issue négative. Comme si on avait demandé, il y a deux siècles et demi, de quelle humanité allait accoucher la révolution industrielle ? Cependant il importe de garder toute leur place aux avertissements prémonitoires des Britanniques Orwell et Huxley, aux accusations angoissées de l'italien Pasolini, aux dénonciations de l'allemand Sloterdijk. On ne saurait ni les ridiculiser comme des nostalgiques d'un âge d'or mythique ni les encenser comme les Cassandre de la mort de l'homme. Leurs interventions critiques visent à conserver l'humanité dans ces phases dramatiques de la mutation de la civilisation. Tous mettent en garde contre la prise de pouvoir de la désinformation institutionnalisée au nom de l'avènement de l'information-communication.

Trois étapes se distinguent au sein d'une évolution qui est loin d'être linéaire : un état originel, suivi d'une phase conquérante et enfin le stade ultime que constitue l'âge informationnel. Tout comme pour l'industrialisation du XIXe siècle, les niveaux de développement, les stades de maturation sont désynchronisés selon les États et les aires géographiques en fonction les moyens techniques disponibles. Il existe aussi des situations de rattrapage accéléré coexistant avec des phénomènes de régression dus à des pratiques autoritaires, qui recourent aussi à la désinformation interne afin de provoquer la régression de la liberté de l'information.

Finalement, nous proposons la définition générale suivante : l'information contemporaine constitue un diptyque formé, d'un côté, par le processus global de recueil, de traitement, et de transmission d'éléments de connaissance qu'on appelle parfois des « données » brutes ; et, de l'autre, complété par l'élaboration de ces éléments de manière à créer un savoir utilisable et échangeable par tous ceux qui lui portent un intérêt professionnel ou autre. Pas plus que l'industrie, l'information ne constitue une science. Elle n'a pas vraiment prétention à le devenir. Elle apporte, en commun, à toutes les entreprises humaines des éléments essentiels, susceptibles d'échange de connaissances. Cette communication permet de renforcer et de développer le savoir portant sur les domaines de compétence de chacun. L'information est l'oxygène de l'intelligence humaine. La désinformation son gaz toxique.

De la presse d'opinion à la presse d'information Développement des médias de masse : tentations totalitaires et enracinement du « quatrième pouvoir »

Au XIXe siècle, tandis qu'en Grande Bretagne la grande presse s'implante et se développe sans déchirements violents avec l'autorité politique, la lutte pour la liberté de la presse et la liberté d'opinion secoue fortement une France qui n'est pas encore mûre pour les compromis négociés entre pouvoirs. Il est vrai que les révolutions anglaises ont près d'un siècle d'antériorité sur celles de France, ceci explique en partie cela.

On a tendance à mêler liberté d'expression et d'opinion, l'ensemble étant placé sous le terme très générique de liberté de l'information. Il s'agit en réalité de deux combats très différents. Le premier consiste pour des opposants politiques à pouvoir exprimer ouvertement leurs divergences. Le second concerne l'enracinement profond et l'établissement durable d'un nouveau pouvoir, celui des médias, face aux pouvoirs existant, légalement établis sous des formes constitutionnelles. Considérons qu'il faudra bien un jour que les Constitutions reconnaissent et entérinent l'état de fait dans l'intérêt et le respect mutuel de chacun.

En France, la « révolution » de juillet 1830 qui chasse le roi Charles X dont les ordonnances prétendaient restreindre le mouvement d'expansion de la presse d'opinion inaugure un lent processus de la démocratisation politique, ponctué par la loi sur la liberté de la presse de 1881, aboutissant au suffrage universel en 1945 (accès des femmes au droit de vote).

La lutte contre la censure fait cause commune avec le pluralisme des opinions et la reconnaissance du droit à l'affirmation des différences et des divergences. Cette lutte ne va pas sans la création de quelques mythes fondés sur un manichéisme bien pensant : la vérité est ici dans l'information, le mensonge en face dans les autres camps, les politiques, les dictateurs, l'ennemi… La lutte bien réelle pour la reconnaissance de la liberté d'opinion, pour l'accès à l'événement et la diffusion de l'information difficilement recueillie accouche aussi d'un mythe fondamental, celui de l'objectivité et de l'universalité. Or on a vu que l'information constituait profondément un élément culturel parce qu'elle reste inévitablement sous l'influence des perceptions humaines et, dans une moindre mesure, des relations de pouvoirs. Face à une même situation un journaliste, un « reporter » ne fonctionnera pas de la même manière selon sa culture d'origine et les conditions dans lesquelles son employeur le fait travailler.

En outre, le libre exercice du débat et de l'expression des opinions contradictoires ne protège nullement contre la désinformation, qui sait immédiatement tirer parti des opportunités offertes par la diversification des sources et l'accélération de la diffusion non contrôlée.

Ces réserves faites, l'objectif se maintient. Il s'agit d'obtenir et de garantir durablement la reconnaissance légale d'une presse d'opinion exprimant des critiques politiques susceptibles d'influencer les programmes des candidats, le choix des électeurs et ultérieurement le vote des parlementaires.

Par la suite, cette lutte pour la libre parole a affecté pratiquement chaque nouveau médium : la télévision comme la radio ou le cinéma et, plus récemment, la communication électro-informatique. Des organismes comme la CNIL (Commission nationale de l'Informatique et des Libertés) en France – dont les avis sont de moins en moins suivis – et, aux États-Unis, le Ier amendement – veillent sur la préservation de la liberté des individus et du droit d'expression de toutes les opinions.

La résistible montée du Quatrième Pouvoir et la relation au pouvoir politique : qui dépend de qui ?

L'essor de la société de l'information engendre une transformation progressive, accélérée et disparate de l'équilibre des pouvoirs. Le système ternaire défini par la tradition occidentale classique de Locke à Montesquieu est progressivement perturbé, entamé, déplacé. Chacun des trois pouvoirs doit en effet « composer » avec ce quatrième acteur qui tend à s'identifier à l'évolution même de la civilisation en devenant le moteur de l'évolution sociale et culturelle, le principal outil de la puissance.

L'influence décisive de la grande presse britannique date de la guerre de Crimée. En 1854 William Howard Russell, correspondant du *London Times* dénonce les conditions sanitaires déplorables du corps expéditionnaire britannique (durant la guerre sur 18 000 morts plus de 16 000 décès ont été dus à la maladie !). Bien que vivement critiqué par les dirigeants anglais pour atteinte au moral de la nation, les révélations de Russell provoquent la chute du gouvernement de Lord Aberdeen. L'information est là, véritable contre pouvoir, déjà « contre information », entreprise de rétablissement de la vérité fondée sur la restitution authentique du fait tel qu'il s'est produit. Une déontologie se crée et cependant, simultanément, son envers se développe avec encore plus de succès et sans le moindre souci d'un quelconque respect de la vérité.

Précocement alors même que la démocratie s'enracine, naît une presse de manipulation et de désinformation qui flatte l'imagination par le sensationnel et excite les instincts les plus bas. C'est l'époque du chauvinisme (le « jingoïsme » dans sa version britannique). La presse enflamme l'opinion, jette les foules dans la rue, par exemple à l'occasion de la mort du général Gordon à Khartoum. Le Premier ministre Gladstone se voit alors contraint d'accepter une intervention militaire dont il ne voulait pas. Le crieur de journaux constitue la forme primitive de l'agitateur politique. Déjà durant la Révolution française, les journalistes faisaient leur publicité en place « publique », tradition qui s'est maintenue en Grande Bretagne dans les parcs et autres lieux de grande affluence populaire.

Autant dire que le développement de la presse à grand tirage a été bien loin d'apaiser les esprits, d'établir la justice et de réparer les manquements les plus graves. Au contraire, dans tous les pays occidentaux, les « *tabloïd* » développent des campagnes d'opinion fondées sur des informations sensationnelles mais douteuses, exagérées voire fabriquées. La désinformation est là. Les « affaires » et les scandales, souvent à forte connotation sexuelle, se suivent et se ressemblent étrangement au fil du temps, suivant le procédé de la « révélation » sensationnelle (le ministre conservateur de la Défense, Profumo, au Royaume-Uni en 1963 dont la maîtresse, le mannequin Christine Keller, aurait été un agent du KGB et ainsi de suite jusqu'à la mort « mystérieuse » de la princesse Diana et la liaison Clinton-Lewinski).

Les patrons de presse mesurent alors l'ampleur de leur capacité d'influence sur le pouvoir politique. De cette puissance nouvelle, ils usent et abusent. Ils deviennent très délibérément des fabricants d'illusions, celles des foules mais aussi celles des hommes politiques. Cette presse crée des héros d'un jour, déchus et oubliés le lendemain, comme, en France, le « brave général Boulanger » présenté comme le rempart contre l'Empire allemand, l'homme de la « revanche ». Si l'on peut faire tomber un gouvernement en faisant connaître la vérité, on obtient le même résultat par le mensonge, la distorsion des faits, la désinformation... Le processus a été décrit sur le mode fictionnel avec une acuité cynique par Maupassant dans son roman *Bel Ami*. Pour cette presse de masse – on dit encore « populaire » – en plein essor, l'anarchisme constitua une formidable opportunité. C'est alors que se crée une relation d'attirance et d'exécration mutuelle : la grande presse propulse en première page la violence politique en la condamnant mais cette propulsion est favorable à la diffusion de la propagande véhiculée par la violence politique. L'action anarchiste se fait publicitaire, de plus en plus spectaculaire à cause de l'existence des médias. Il sort de la simple propagande par le fait, grâce à la possible médiatisation spectaculaire de ses actes.

Pour autant les journalistes d'investigation traquent la désinformation, les mensonges d'État, les dissimulations. Le « triomphe de la vérité » a été emblématisé par l'affaire du Watergate. Ce piètre immeuble de Washington est devenu un symbole, une « marque », un objet de rêve pour chaque journaliste hardi. Par la suite chaque événement douteux, chaque manquement avéré devient un Irangate, un « quelque chose -gate ». Victoire à la Pyrrhus de la presse d'investigation qui ne parvint pas à contrer la formidable intoxication des médias par la Maison Blanche lors de la préparation de l'invasion de l'Irak en 2002-2003.

L'information et l'État : alliances, tractations, compromis, connivences

La relation entre politique et médias n'obéit à aucun principe clairement établi. Les règles de fonctionnement ne parviennent pas à faire l'objet d'une véritable institutionnalisation en sorte que tous les coups – plutôt bas – sont permis. Les relations personnelles continuent à prévaloir, l'éthique démocratique dut-elle en pâtir. Il existe toujours des pressions extrêmement fortes dans les démocraties afin de passer des compromis de pouvoir entre l'État et les responsables des médias. Les tractations se font parfois d'égal à égal mais parfois aussi dans une relation déséquilibrée dans la mesure où l'État conserve encore une part majoritaire du capital des sociétés qu'il a lui-même créé. Cela se répercute sur la procédure de nomination des directeurs de chaînes et de l'AFP. Car précocement chaque État a compris qu'il se devait de disposer d'outils de recueil de l'information en tant qu'événement brut. Différents organismes se sont donc mis en place, à commencer par les agences de presse. Le degré de centralisation et de contrôle étatique est fonction de l'histoire et de la tradition politique et institutionnelle de chaque pays. C'est pourquoi le marché de l'information repose sur le système centralisé des agences dominé par quelques groupes en relation étroite avec l'État, assez semblable aux cartels et aux « majors » pétroliers. L'État cherche donc à se préserver et à conserver, voire à renforcer sa prépondérance en amont sur les différentes composantes de l'information de masse.

Dans tous les pays occidentaux : États-Unis, Royaume-Uni, France... la quête du pouvoir s'accompagne d'un affrontement entre les différents détenteurs de la richesse matérielle et de l'influence psychologique. Sachant que les médias pèseront lourdement sur son image de marque, essentielle dès la période préélectorale, tout impétrant à la magistrature suprême doit se concilier les propriétaires des conglomérats médiatiques en faisant alliance pour des intérêts communs. Le néo-travailliste Tony Blair s'est vu soutenu par la presse populaire de M. Murdoch, partisan traditionnel des conservateurs, appui qui aujourd'hui fait défaut à M. Gordon Brown. En 2005, le candidat Sarkozy doit frayer sa voie entre le groupe de presse nouvellement créé par M. Serge Dassault et le conglomérat Lagardère-Hachette-EADS. Autant dire qu'un équilibre respectueux du rôle et de la fonction des médias reste encore approximatif voire chaotique dans la plupart des États européens, y compris ceux qui sont réputés démocratiques. D'autant plus qu'à l'âge informationnel une nouvelle évolution s'amorce : les « barons » des médias ont tendance à utiliser leur puissance grandissante pour accéder à la tête de l'État. Un capitaine d'industrie médiatique comme le « *cavaliere* » Berlusconi peut se penser chef de gouvernement.

Précarités : flux et reflux

Aujourd'hui dans le monde, dans la majorité des États, la liberté de la presse n'est ni accordée ni garantie définitivement. Tout un arsenal répressif judiciaire menace les journalistes qui critiquent le gouvernement. À cela s'ajoutent les pressions, les intimidations voire le recours à la violence la plus extrême (assassinats, détention et tortures, etc.).

La presse et les médias, en général, manifestent encore une extraordinaire indigence, n'exposant que les décisions des autorités et de pouvoirs monarchiques quasi absolus et répressifs. L'information reste limitée à une sélection visant à la célébration des initiatives de l'État. Doit-on alors parler de désinformation ou simplement de propagande ou encore d'information sous tutelle ?

La liberté des médias ne s'oppose pas *stricto sensu* à la désinformation mais au contrôle de l'information par le pouvoir d'État sous forme de censure, voire de l'action manipulatrice de lobbies ou de groupes d'influence plus ou moins occultes (tels que l'*Opus Dei*, l'Église de Scientologie) qui veillent à orienter l'information dans un sens conforme à leurs vues et à leurs intérêts. Dans les régimes dictatoriaux, l'information se confond avec la propagande d'État, laquelle peut recourir à la désinformation afin de tromper l'opinion.

À l'opposé, l'information conçue comme libre circulation des données permettant à chaque individu de forger son jugement personnel constitue une arme de la démocratie contre l'existence même des despotismes et des systèmes totalitaires. Pourtant bien des contraintes contribuent à réduire la portée de ce principe optimiste.

L'information moderne consiste en effet à se trouver sur place au bon moment lorsque l'événement (le « *scoop* ») a lieu ou vient tout juste de se produire. Il faut donc pouvoir accéder le plus rapidement possible au terrain, ce qui présente un risque réel mais qui suppose aussi de franchir les barrières posées par ceux qui ne veulent pas de témoins et entendent « tenir les journalistes à distance » ! Or ce n'est pas la seule contrainte, loin de là. La plupart du temps, pour des raisons économiques, les rédactions répugnent à maintenir trop longtemps un journaliste sur un terrain où l'événement attendu tarde à se produire.

On assiste donc, dans la plupart des cas, à une course afin d'arriver le premier. Elle ne met pas seulement les médias en compétition. Dans certains cas les hommes politiques, les « intellectuels médiatiques » se disputent le privilège d'arriver sur place avant les médias de manière à les « accueillir » ou à se produire devant eux. Un exemple proche de la caricature de cette compétition fut l'entrée du contingent de l'ONU à Mogadiscio en 1991. L'armada médiatique était arrivée la première. On photographia, filma, interviewa des « marines » américains éberlués qui ne s'attendaient guère à cet accueil tandis que les « bons » docteurs et les « profonds » philosophes portaient, le temps d'une prise de vue, le pesant fardeau – en l'occurrence des supposés sacs de riz – de l'homme blanc en mission humanitaire.

Or c'est l'exercice de la critique du fait brut, de l'information primaire sur le terrain – dont l'apparente réalité peut être délibérément faussée par ceux qui l'exposent – qui garantit contre la désinformation. Car, outre les pressions professionnelles, les journalistes des médias libres encourent sans cesse le risque d'être les victimes d'une désinformation organisée à leur intention sous forme de mises en scènes, d'exhibition de fausses preuves, de fuites et de rumeurs. Dans les situations de crise intérieure et internationale ainsi que durant les guerres ce rapport de force est porté à un degré d'intensité extrême mais sans que sa nature fondamentale soit affectée.

La relation demeure donc étrangement précaire. Même si l'expansion de l'information suggère une puissance irrésistible, on aurait tort d'en conclure à un développement rigoureusement linéaire. Il existe encore de nombreux combats pour obtenir la liberté de publication et la liberté d'investigation médiatique.

La résistance contre la censure (forme de répression ouverte), contre la désinformation dissimulée et, infiniment plus insidieuse, contre tous leurs procédés (intimidation, intoxication, manipulation) reste permanente. Sous des formes différentes, avec des degrés de violence différents, le combat se déroule dans les dictatures mais aussi dans les démocraties qui courent le risque de la régression ou de la perversion de leurs valeurs.

Le cas de la Russie entre 1990 et 2005, entre le gouvernement de Boris Eltsine et celui de Vladimir Poutine est particulièrement représentatif. Il fait apparaître, sur une période de quinze ans, la reprise en main des médias et des journalistes en recourant à des méthodes de pression, d'intimidation et, dans certains cas, délibérément exemplaires, de terreur.

Même dans les démocraties, la lutte pour la liberté – et donc pour ce droit à la critique d'où procède toute approche objective – ne constitue jamais un acquis intangible. Le journaliste fait l'objet de pressions constantes, d'origines multiples, politiques et économiques, relayées par une hiérarchie au sein du médium. Certains journalistes peuvent individuellement accéder à un réel pouvoir, très précaire. Tel a été le cas de Bob Woodward dans l'affaire du Watergate, de Peter Arnett pour CNN lors de la guerre du Koweit, de Seymour Hersh (du *New Yorker*) au Vietnam. Leur position demeure fragile au sein de leur propre institution et face au pouvoir d'État quand surgit le problème des sources dont fut victime la journaliste du *New York Times*, Judith Miller. Objet de multiples pressions, le journaliste d'investigation devra également déjouer la désinformation dont il est la cible. Il lui faut aussi distinguer entre les fuites sincères, procédant d'une volonté d'informer sur des pratiques secrètes à caractère illégal, et celles qui sont manipulées à des fins de rivalités politiques et bureaucratiques sans pour autant être fausses et, enfin, les fausses fuites qui constituent un acte de désinformation.

Car toute divulgation, toute révélation indirecte ou directe correspond à une manœuvre dont la finalité ultime, comme un coup d'échecs, n'est pas nécessairement perceptible. Les pires dictatures savent contrôler leurs médias. Elles ont aussi appris à désinformer les médias étrangers piégés par l'attrait du « *scoop* » en accordant de rares interviews soigneusement ciblées. Or quel journaliste ne rêve de dialoguer avec le « monstre » ? Ces régimes savent organiser des visites rassurantes de sites industriels suspects (comme le fit la Libye pour son usine chimique de Rabta), monter des mises en scène, produire des faux témoins, truquer les lieux et les activités, bref donner à leur désinformation les allures de la parfaite réalité. Les régimes communistes ont largement développé ces techniques tant pour le monde extérieur que pour intoxiquer leur propre peuple. Le stakhanovisme n'était jamais qu'une mise en scène à destination du prolétariat soviétique et mondial.

Sitôt que l'on entre dans le domaine des relations internationales, le problème devient encore plus complexe.

Dans le cadre d'une crise, la coopération sur la diffusion différée de l'information peut se justifier par l'argument de l'intérêt national. La crise est, en effet, une période de tension où la désinformation joue un rôle majeur puisque ce n'est déjà plus la paix mais pas encore la guerre, et que, de la gestion de l'information, va dépendre le basculement d'un état à l'autre.

Les médias veulent bien être des partenaires, voire des complices mais pas des dupes. Aussi s'irritent-ils des tentatives de manipulation du pouvoir politique à leur égard. Le commerce entre les deux pouvoirs doit être « équitable » et mutuellement bénéfique. Après la découverte des missiles soviétiques, J.F. Kennedy demande et obtient une semaine de silence sur Cuba car les Soviétiques doivent continuer à ignorer qu'ils ont été découverts. Le principe du moratoire médiatique, d'un « différé » est accepté au nom de l'intérêt national mais aussi de l'intérêt des médias américains qui reçoivent l'assurance d'une totale transmission de l'information une fois passée cette période de « suspens » de l'information.

Par ailleurs, la discrétion gouvernementale ne s'identifie ni au secret d'État, ni au mensonge des chefs de gouvernement. L'opacité délibérée et la désinformation systématique ne doivent pas être confondues avec le souci d'une discrétion sur les processus de fonctionnement et de décision. De leur côté, les médias ont tendance – et notamment la presse populaire et la presse d'opinion (les « *tabloïd* ») – à traquer le pouvoir et les personnalités qui l'incarnent jusque dans les zones les plus réservées, la vie privée en particulier. En 1998, le président William Jefferson « Bill » Clinton, qu'une opposition républicaine féroce cherchait à déstabiliser par tous les moyens, fut finalement piégé par une relation extra-conjugale (avec Monica Lewinski) qui prit la dimension d'une affaire d'État. Choisissant de mentir, Clinton rejoignit Nixon sur la longue liste des hommes d'État incapables de faire face à leurs erreurs par une stratégie plus subtile que le mensonge grossier.

Puissance militaire, médias et pouvoir politique : une relation compliquée à haut risque

La relation entre forces armées et autorité politique civile n'a jamais été facile. Susceptible d'améliorations, elle n'a que peu de chances d'atteindre la pleine harmonie. Un archaïsme pèse encore, qui n'est pas près de trouver une solution définitive : où réside la puissance réelle ? Dans les urnes ou dans les armes ? La question ultime est de savoir qui dispose de la force dès lors que toutes les solutions politiques pacifiques se trouvent dans l'impasse. En outre, traditionnellement fondés sur la hiérarchie, l'autorité et l'obéissance les systèmes politico-militaires sont enclins à la discrétion voire à la dissimulation.

De la Rome antique à la Chine maoïste, une même préoccupation anime le pouvoir politique : contrôler sans défaillance ceux qui sont aux commandes de la violence organisée. « *Cedant arma togae* » (« Que les armes le cèdent à la toge », Cicéron, *Des devoirs*). Le Rubicon est là, minuscule ruisseau symbolique, pour marquer la limite du consul victorieux qui n'entrera dans Rome que désarmé, ses légions demeurant à l'extérieur. En vrai révolutionnaire, Mao proclame que le pouvoir est au bout du fusil mais que l'armée doit se soumettre à l'autorité du Parti, quitte à pratiquer les purges jugées salutaires. C'est pourquoi l'autorité politique révolutionnaire a toujours tendance à doubler la puissance militaire classique par un corps spécial placé directement sous ses ordres. Dans de telles conditions la relation à l'information et à la désinformation présente un caractère particulièrement délicat. Afin de débrouiller l'écheveau distinguons entre la puissance militaire, le savoir militaire, la communication militaire au regard du pouvoir politique.

Dans les démocraties, la traditionnelle division des pouvoirs n'épuise pas totalement la configuration du champ des intérêts en jeu et des forces en action. Même s'il est constitutionnellement, en tant que chef des armées, gouverneur de la puissance militaire, le pouvoir politique entretient avec elle des liens d'une extrême ambivalence, qui se répercute dans la réglementation du droit d'expression des militaires dans la vie politique. En France prévaut le « devoir de réserve », familièrement traduit par l'expression « la grande Muette ». Très méfiant, parce qu'animé d'un sentiment de grande fragilité, le pouvoir politique se fait draconien à l'égard des militaires que guettent les sanctions dès lors qu'ils transgresseraient. Le spectre du coup d'État rôde, non sans antécédents il est vrai. L'Allemagne place le militaire sous le double contrôle de l'exécutif et du législatif, sans parler des droits du simple soldat qui limitent considérablement l'autorité de l'officier supérieur. Là encore une histoire encore proche pèse.

Cependant les militaires n'ont pas le monopole du coup d'État. Il est des dictatures civiles… Louis Napoléon Bonaparte, longtemps conspirateur raté, n'avait rien d'un militaire. À l'inverse, soutenu par la presse nationaliste, un brillant officier, populaire et chanceux, comme Boulanger pouvait espérer à la fin du siècle renouveler le bonapartisme. Il existe aussi des solutions mixtes comme au Portugal où le coup d'État du général da Costa en 1926 débouche sur l'installation au pouvoir d'un économiste, Antonio de Oliveira Salazar, qui se maintiendra jusqu'à sa mort en 1968. Enfin, le pouvoir politique peut être lui-même représenté par un militaire démocratiquement élu dès lors qu'il n'exerce plus aucun commandement : Eisenhower ou De Gaulle.

⁂ Le besoin du secret

La discrétion dans les affaires publiques ne s'identifie pas au secret militaire. Le secret comprend certes le renseignement militaire et la discrétion opérationnelle, à laquelle il faut ajouter le cas particulier des activités de déception en temps de guerre. Par nature les activités militaires doivent se nimber de secret. Par rapport à un ou plusieurs adversaires de nature différente, poursuivant parfois des objectifs divers, les forces armées doivent masquer leurs plans, leurs intentions, la nature des moyens dont elles disposent ou cherchent à se doter. Il leur faut, tout à la fois, communiquer en direction des médias, être transparentes par rapport à leur autorité politique et s'assurer de la non divulgation d'activités intéressant l'adversaire (au sens large… car même aux alliés il n'est pas question de tout dire). Ce besoin à l'égard de l'extérieur est en principe partagé avec le pouvoir politique mais parfois avec des nuances, des inflexions considérables dans l'appréciation de l'étendue de la confidentialité. La puissance militaire peut enfin dissimuler en ne communiquant pas la totalité de l'information dont elle dispose, de peur que la puissance politique fasse obstruction ou finisse par divulguer et dilapider le capital d'efficacité que le secret est censé préserver.

Ce problème se retrouve également dans la police qui constitue, y compris dans les démocraties, un des corps les plus opaques... dont la communication reste difficile eu égard à son étroite relation au pouvoir politique et à la discrétion sur les méthodes d'acquisition du renseignement intérieur que ce soient les écoutes ou simplement les « informateurs ».

Conscients de l'inévitable relation avec les médias et, en accord avec l'autorité politique, les ministères de la Défense et les états-majors opérationnels ont mis en place des départements de communication et des pools d'information. Ils visent à attirer les journalistes et à leur fournir une information qu'ils n'auront pas à chercher par des voies et des moyens incontrôlables. Ceci est valable couramment en temps de paix sous la forme de la « communication de défense », c'est-à-dire des points de presse réguliers, parfois extraordinaires, des ministères de la Défense.

Il y a tout lieu de penser que les régimes autoritaires finiront par adopter une telle démarche, comprenant les bénéfices à en tirer tout en développant un peu plus les moyens de la désinformation.

Ceci conduit à un paradoxe : plus la communication sur des sujets très sensibles se développe, plus elle aura tendance à intégrer la désinformation. Sachant cela les médias, méfiants par principe, croient parfois être l'objet de manipulations sans fondements réels. L'information vraie aura donc de plus en plus de difficultés à frayer sa voie dans une ambiance de soupçon généralisé.

Cette difficile relation aux médias prend des formes variables et exige des aménagements particuliers en temps de guerre ou, plus récemment, dans le cadre de ces non-guerres ambiguës, baptisées, « opérations extérieures de maintien ou de rétablissement de la paix ».

La compétition médiatique globalisée dans l'ère de l'information successeur de la révolution industrielle

Avènement de l'âge informationnel par la poussée des technologies électro-informatiques

Présenter l'information aujourd'hui équivaut à définir ce qu'était un phénomène comme l'industrie au début du XXe siècle. Curieusement l'industrie ne s'est jamais directement posée comme pouvoir rival face au politique... Elle s'est efforcée de le « tenir » en respect, à son profit, avec un succès mitigé. Du coup, cela a engendré une opposition syndicale qui s'est donnée, non sans débats, une représentation politique. La « désindustrialisation » n'a absolument pas le même sens. Elle signifie une perte, plus ou moins nécessaire, d'une capacité existante désormais jugée périmée. Transformation pénible mais nécessaire dont, en son avènement, l'âge de l'information aura précipité le rythme.

La « troisième vague » a été annoncée précocement dans les États hautement industrialisés dès le début des années 1970. Elle a été vulgarisée avec succès par des ouvrages américains de Alvin Toffler, les écrits de J.-J. Servan-Schreiber... Alain Minc et Simon Nora eurent le mérite de faire un point prospectif rigoureux sur l'informatisation de la société et ses conséquences, rapport remis à Valéry Giscard d'Estaing en 1974. Toutefois ce rapport laissait de côté les aspects industriels pourtant devenus cruciaux. Or ces enjeux étaient bien connus. En 1969, la France lance le « Plan Calcul » dont l'échec la place en situation de dépendance à l'égard des sociétés américaines et japonaises. Désormais IBM domine sans partage. Pour sa part, l'Agence militaire américaine de développement technologique (DARPA) avait favorisé précocement la création de l'Internet.

Il faut insister sur l'acquisition, à travers des logiciels vendus au monde entier, en situation de quasi-monopole, du pouvoir de captation de l'information des autres par pénétration. Les liens, jamais prouvés, toujours suggérés, entre Microsoft et la *National Security Agency* relèvent d'une logique implacable de domination dans l'âge informationnel.

L'acquisition d'un tel pouvoir, de dimension planétaire, exige une puissante capacité d'opération dans le milieu spatial circumterrestre. Hier, l'information c'étaient, ce sont encore, les centaines de milliers de kilomètres de câbles sous-marins, aujourd'hui ce sont les milliers de satellites à durée de vie limitée qui encombrent à saturation les mêmes orbites également occupées par d'autres types de satellites (météo, visualisation ordinaire...) et dont les accidents produisent de dangereux débris. Plus l'information se développe, plus augmente le nombre des satellites qui favorisent l'essor de l'information et ainsi de suite, on l'aura compris.

Qui contrôle l'espace, domine le recueil et la transmission de l'information... On aura aussi mesuré l'enjeu diplomatique et militaire d'une telle supériorité. Elle permet, en temps de paix, de posséder la meilleure information, la preuve la plus convaincante, la plus forte influence sur le jugement d'autrui. En temps de guerre, la mission consiste à pouvoir protéger son propre système de communication et à détruire immédiatement, par des frappes préemptives appropriées, celui de l'ennemi. Là se trouve le champ de bataille d'un futur très proche. Les expériences américaines, russes et, récemment, chinoises en fournissent la preuve.

L'essor de l'industrie multimédia

Au départ, on dispose de technologies essentiellement centrées sur le téléviseur, lieu unique de loisirs électroniques. Puis la télévision est concurrencée par l'ordinateur : une bataille aux résultats pas très décisifs, si ce n'est que les deux apparaissent progressivement comme des périphériques, à côté d'autres appareils : le téléphone portable, ce que l'on appelle le « *gateway* » (freebox, livebox,...), décodeurs. En fait ce qui est devenu important, c'est la multiplicité des canaux par lesquels arrive le contenu (satellite, câble, cuivre, fibre, sans fil, terrestre, etc.) et le contenu.

Donc les industriels se sont adaptés à la nouvelle demande (terminaux, réseaux, services au contenu). Ces canaux se multiplient parce que les technologies (compression, protocole de communication notamment) font l'objet de recherches poussées pour arriver à mettre toujours plus dans les tuyaux. Ce qui, à son tour, génère une offre abondante de contenus, mais l'offre doit encore augmenter et se diversifier pour générer des revenus à hauts rendements. La révolution actuelle, c'est la convergence voie-données-vidéo encore balbutiante, sauf en France, plutôt avancée (un héritage des politiques industrielles !), qui tend à augmenter ce que les Américains appellent l'expérience, en France le temps de cerveau disponible. En termes moraux et politiques, le multimédia structure de plus en plus nos sociétés : les jeunes de vingt ans sont nés avec l'ordinateur et consomment des images (activement ou passivement) et communiquent par des prothèses (téléphones…). Le phénomène est aussi universel qu'irréversible. On peut voir les paysannes du Yunnan – pas le coin le plus développé de Chine – s'appeler d'un bout à l'autre d'une rizière par portable ! En terme économique, le poids devient considérable. Pensons aux sociétés qui se sont créées ces dernières années et qui ont des capitalisations boursières phénoménales (avec des PER qui n'ont rien à voir avec les industries classiques). Un pays comme Singapour a décidé de porter à 5 % de son PNB la part issue de ces industries ! Et, corollaire, de relaxer sa politique restrictive en matière de censure (à quoi bon s'il y a de l'argent à faire et de quoi nourrir les masses !). La Corée a changé son image en Asie avec cette industrie et Taiwan montre le chemin à la Chine ! Sans parler de l'Inde qui joue aussi, – enfin ? –, sur l'image positive que véhicule Bollywood. À noter également, le début de la production d'images au Nigeria et en Afrique du Sud ou la capacité d'attraction de Dubai avec son média center. Cet essor est donc peut-être un avatar de la société de consommation.

Panmédiatisme

Nous introduisons ce néologisme pour désigner l'insertion des médias non seulement dans la vie sociale mais jusque, et y compris, dans le rythme biologique des individus, notamment leur rapport au temps. Si le rythme biologique d'un être humain et, dans une certaine mesure, son temps de travail demeurent calibrés par la journée de 24h, le rythme du jour et de la nuit, les médias modernes mettent à sa disposition une seconde dimension du temps dont il peut jouer à sa guise et se croire maître d'un temps enfin devenu libre. Cette illusion de puissance nouvelle correspond bien à la capacité accrue de déplacement rapide dans l'espace, de traversée des fuseaux horaires dans le cadre d'une poussée de mondialisation de l'échange, dans toutes ses dimensions. Le panmédiatisme exprime la conjonction entre, d'une part, l'augmentation de la mobilité des individus grâce à l'accélération des moyens de transports et leur capacité d'emport accrue (800 personnes dans un Airbus ou un Boeing de nouvelle génération) et, d'autre part, la capacité qui leur est offerte de communiquer/transférer/recevoir, stocker très rapidement des informations en grande quantité

Superposition des canaux, prolifération des messages et diffusion ininterrompue, dilatation des capacités de conservation et de stockage, commande à distance, temps différé entre l'émission et la réception à loisir, produisent un récepteur ubiquiste, éternel insomniaque passeur de fuseaux horaires. Ce phénomène s'accompagne d'une véritable transformation du corps lui-même par adjonction de prothèses qui modifient son appréhension sensorielle naturelle.

L'homme industriel ne ressemblait plus que de loin à l'homme agricole ou artisanal. Comme l'a illustré Chaplin dans les *Temps Modernes*, l'être humain corps et esprit, se retrouve face à la chaîne taylorienne qui le sollicite, le harcèle, crée de nouveaux réflexes et le conditionne au sens pavlovien du terme. Placé en situation d'extériorité, il a encore la capacité à s'opposer, à trouver les astuces permettant de briser les « cadences infernales », de déjouer l'emprise du couple machine-surveillant de chaîne.

Aujourd'hui se produit une nouvelle mutation du corps humain. Il ne s'agit plus de l'apprentissage des gestes répétés à des fins de production industrielle mais de l'entrée de l'information (et forcément de la désinformation) dans l'homme, de la pénétration consentie de ses outils dans le corps.

Ce changement de civilisation induit une mutation de comportement, de perceptions sensorielles, de relation à son environnement interhumain, de sa propre sécurité. Il oblitère ses sens en changeant ses attitudes familières. Sa morphologie s'en ressent. Tout comme ses aptitudes par rapport à la nature. Avec l'âge informationnel, il faut franchir une étape supplémentaire. Car l'ère de l'information environne le corps humain de machines « sympathiques ». Mais ces prothèses de l'information ne se contentent plus de la surface du corps humain. Elles pénètrent et s'incrustent dans les conduits de l'appareil sensoriel par des capteurs-transmetteurs dans le nez, les oreilles. Le corps humain devient une pâture consentante pour les objets technologiques.

Si le monde virtuel ne remplace pas le monde réel le temps passé dans le virtuel modifie le rapport à la réalité qui tend à devenir une dimension parmi d'autres. Simultanément la possibilité d'organiser la communication, de forger des liens dans l'immatérialité du cyberespace se répercute sur la dimension symbolique qui lie les êtres humains les uns aux autres. La désinformation trouve là un terrain idéal.

La panmédiatisation crée également un paradoxe fondamental : si elle affecte tous les individus, elle procède aujourd'hui à leur « démassification ». Durant un siècle environ, de 1860 à 1980, les médias dominants : la presse à grand tirage, le cinéma et, surtout, la télévision, ont agrégé les individus, les dépossédant de leur singularité, déstructurant les communautés et les groupes d'appartenance.

Aujourd'hui chaque individu dispose d'une surcapacité médiatique qui, dépassant de très loin sa capacité d'absorption (et d'une certaine façon sa demande), l'oblige à retrouver sa liberté par le choix et la sélection (certes le marketing et la publicité cherchent à orienter, à prédéterminer le choix et à corriger la sélection).

L'homme du pan médiatisme peut donc créer son propre environnement informationnel et se placer en inter-activité échangiste avec d'autres individus, ayant eux-mêmes créé leur propre environnement. Le contact relationnel se fait non pas tant par appels et signaux mais, bien davantage, par interférence entre les environnements informationnels de chaque individu. C'est le grand partage qu'Internet a largement contribué à créer au nom d'une philosophie de la gratuité et de l'échange convivial du savoir. Bien entendu comme tout vecteur – car Internet demeure un vecteur – il a créé un espace d'affrontement. La désinformation a elle aussi parfaitement compris les bénéfices à retirer du nouveau médium. La propagande a également tiré parti de la possibilité à agréger différemment des individus délivrés de l'État ou des canaux d'informations lourds et « massifiants » comme les grandes chaînes de télévision. Des communautés se constituent sans intention de durer. Elles se forment sur un goût, sur une réaction ; puis se défont, puis se reconstituent autrement comme autant de structures molles, des cytoplasmes.

La compétition mondialisée entre les médias

En 1990, le monde avait assisté, fasciné, à la guerre du Koweit en « temps réel » diffusée par la chaîne CNN. Bien que les résultats aient été fortement surestimés, l'impact fut considérable et conduisit à une petite révolution dans l'univers médiatique. La compétition pour la domination stratégique de l'information, qui existait déjà, a pris une dimension nouvelle.

Vingt ans plus tard, tandis que dans l'espace les satellites de communication se sont multipliés, l'information en continu a connu un essor exceptionnel. Il est déterminé par une concurrence acharnée pour se singulariser, assortie d'une étrange uniformisation. Il convient donc de penser l'information bien au-delà de ce qui fut labellisé en 1990, comme « l'effet CNN ».

Les médias télévisuels fonctionnent aujourd'hui de la même manière (hélas !), usant de procédures opérationnelles uniformisées, en partie à cause des contraintes, à savoir la technologie disponible, en partie aussi en raison d'impératifs économiques en grande partie internationalisés. Sans le souci de la rentabilité, sans perspectives de profit, l'actualité en continu n'a guère de chances de trouver un public assez large pour durer. Ces deux facteurs combinés se répercutent sur le « modèle » de présentation des informations (« *news* ») : mêmes lumières, mêmes plateaux, mêmes façons de s'adresser au « spectateur » (tout juste l'écart Al Jazeera) et sur l'attitude des présentateurs, leur manière rigoureusement codée de s'adresser au « téléspectateur » par une interpellation « *soft* », faite d'émotion rentrée ou d'enjouement allègre, en conformité avec le sujet traité. Droit dans les yeux, tout en regardant défiler le texte de présentation préparé, les écouteurs de la régie discrètement enfoncés dans les oreilles, ils répètent des slogans : « Restez avec nous, pour plus d'information... ». Scandé à intervalle rapproché, le *leitmotiv* est : « *we have more* »... davantage, l'information se vend comme une denrée vouée au désir du toujours plus.

Certes la prolifération des vecteurs médiatiques touche le monde entier mais elle n'en produit pas l'uniformisation complète, bien au contraire. Car outre la compétition économique, des choix rédactionnels sont faits sur des dossiers, sur des personnalités politiques. Fox News n'est pas CNN. Les nouvelles chaînes arabes marquent leur différence. On attaquera celui-ci, on soutiendra celle-là. C'est encore un moyen de signifier à l'autorité politique sa fragilité croissante. Derrière les apparences de l'uniformité se trouvent à la fois l'âpre compétition commerciale, la diversité des perceptions culturelles et l'emprise plus ou moins forte des États qui cherchent à réoccuper le terrain perdu. BBC World, France 24 ; réticente, la RFA a finalement pris sa place dans le concert. Les chaînes chinoises (CCN China News 9) et, aujourd'hui, russes, suivant toujours le même modèle de présentation de l'information, marquent de leurs choix politiques et de leurs sensibilités culturelles le terrain de la sensibilité médiatique. Loin de contribuer à l'édification du « village planétaire » – expression qui équivaut à un thème de propagande – ces médias créent des « sphères d'influence culturelles » compétitives et, incidemment, non coopératives. Ils contribuent à déplacer les modalités de la compétition et de l'affrontement sur un terrain nouveau, correspondant à l'âge informationnel.

Le secteur de l'information connaît certes la mondialisation mais reste encore bien plus fragmenté que, par un effet de miroir pervers, ne le donnent à croire les médias occidentaux qui entretiennent leurs propres croyances par les informations qu'ils recueillent. On prendra l'exemple de ce grand producteur indien de Bollywood qui, en 2002, déclarait à CNN, stupéfait, qu'il ignorait qui est Arnold Schwarzenegger, qu'il n'avait jamais vu le film *Terminator* et que cela ne l'intéressait pas ! Malgré tout, les affaires étant les affaires, Bollywood est sensible aux sollicitations extérieures pour acheter ses productions et les adapter aux goûts de publics plus divers. L'insertion sera lente, infiniment moins fulgurante que celle de la Chine, mais le subcontinent indien ne peut ni ne souhaite demeurer une île. L'interpénétration fera son œuvre de manière inattendue.

Cependant le débat reste ouvert. Car en cédant au mimétisme de l'apparence, il y a forcément perte de sens, sorte d'alignement par le signe, par la communication. Le médium l'emporterait-il finalement sur le message ?

La désinformation

Il n'est d'information que vérifiée
par la critique des sources

Si selon la formule de Francis Bacon au XVIIe siècle « savoir c'est pouvoir », la désinformation, action occulte de nature hostile, vise à provoquer l'impuissance ou l'affaiblissement de l'adversaire par le brouillage de son information et la désorientation de ses capacités de décision. Elle a pour résultat d'accroître la puissance de l'utilisateur relativement à la diminution des capacités d'action adverses. Certes, il est toujours possible d'argumenter au nom d'une finalité bienveillante. On trompe son propre peuple pour son bien. On égare l'opinion dans son intérêt. Est-il concevable, serait-il acceptable de bien gouverner par la désinformation ?

La désinformation vise à fausser le jugement de l'homme afin d'égarer son jugement, sa décision et son action. Sa mise en œuvre soigneusement planifiée, mais parfois improvisée dans l'urgence de l'affrontement, repose sur une combinaison de procédés et de vecteurs orientés vers des cibles. Au regard de la théorie de l'information, la désinformation serait alors un mécanisme d'implantation et de développement de l'entropie ! On pourrait la comparer non pas à ces virus informatiques qui progressivement détruisent les données, mais à ceux qui modifieraient imperceptiblement les données initiales afin de fabriquer un leurre. L'agression par la désinformation consiste à fausser la compréhension d'une situation.

Définition, statut, relation à l'information et contre désinformation

En une vingtaine d'années l'emploi de ce terme jusqu'alors utilisé par les seuls spécialistes du renseignement et de la propagande a connu un développement exceptionnel. Il est devenu ordinaire de l'utiliser en toutes occasions, à tort et à travers, de préférence pour se déclarer victime d'une entreprise de désinformation et rejeter sur ses adversaires la responsabilité d'une manœuvre occulte par définition impossible à vérifier. Se présentant comme des victimes, les membres de la « classe politique », les dirigeants d'entreprise, s'ils font l'objet d'une investigation judiciaire ou médiatique, ont pris l'habitude de s'en faire un bouclier. Effet de mode ? Sans doute mais on ne saurait s'en tenir là, en croyant que « cela passera ». L'irruption du mot, la fréquence de son utilisation et sa banalisation traduisent une transformation profonde, celle de l'entrée des sociétés humaines dans l'âge informationnel qui les façonne et qui, de ce fait, les expose bien plus qu'auparavant à l'action de cette arme redoutable qu'est la désinformation.

La place de la désinformation face à l'information, la propagande et la déception

L'information constitue aujourd'hui le moteur principal du fonctionnement de la communauté internationale en général, de chaque société en particulier, contribuant de manière décisive à l'accélération du processus de mondialisation. Mais toute médaille a son revers : l'information vit et se développe au risque permanent de ce qui la trouble, la pervertit et vise à la détruire : la désinformation. Si ce mot commence à circuler dans la littérature populaire de fiction durant l'entre-deux-guerres, il tarde à se généraliser et à s'imposer au regard d'autres notions comme l'intoxication qui recouvre un champ plus limité, plus spécialisé.

Le vocabulaire se stabilise peu à peu. Une première définition apparaît dans le *Petit Larousse* en 1982 : « Action de supprimer une information, d'en minimiser l'importance ou d'en modifier le sens ». Puis en 1989 : « Informer faussement, en donnant une image déformée ou mensongère de la réalité, notamment en utilisant les médias, les techniques d'information de masse ». En 1998 intervient une légère inflexion : « Diffuser sciemment une ou plusieurs fausses informations donnant une image déformée ou mensongère de la réalité, notamment en utilisant les médias, les techniques d'information de masse ».

Sur ces bases nous considérons que la désinformation consiste en *l'élaboration et la communication délibérées d'une fausse information soigneusement travestie afin de présenter toutes les apparences de l'authenticité.* Dans le cadre des opérations militaires en temps de guerre la désinformation s'identifie à la *déception*.

Plus précisément encore, la désinformation apparaît comme une entreprise collective de conception, de fabrication et de diffusion d'un message falsifié dont le seul but est de tromper le récepteur-cible afin de retirer un bénéfice de l'usage forcément erroné qu'il sera susceptible d'en faire. À la marge, on admettra que la présentation tendancieuse d'un fait avéré, ou son interprétation biaisée participent d'une désinformation atténuée, mais non systématique. C'est de l'influence mais non pas encore de la désinformation.

Tenant la désinformation pour un délit, le droit français (code pénal art 411-10 section 5) en donne une définition : « le fait pour tout Français ou tout étranger résidant sur le territoire national de fournir, en vue de servir les intérêts d'une puissance étrangère, aux autorités civiles ou militaires de la France des informations fausses de nature à les induire en erreur et à porter atteinte aux intérêts fondamentaux de la nation ». Cette définition est limitative dans la mesure où elle ne connaît que des individus et ne prend pas en compte les groupes non étatiques et moins encore les « services » relevant d'un État. C'est pourquoi se mettent en place progressivement dans chaque pays des organismes ou des procédures de protection de l'information : sa qualité, sa fiabilité, son intégrité, voire sa liberté. Ces mécanismes servent parfois de défense contre la désinformation dans le cadre de ce que nous nommerons ici « *contre désinformation* ».

Afin de passer inaperçue, la désinformation se greffe forcément sur l'information dont dispose le récepteur cible. Lors de son élaboration, elle aura pris soin de connaître ce qu'il sait, de jouer de ses perceptions et de ses préjugés pour mieux fausser son jugement et le conduire à la décision d'une action préjudiciable à ses intérêts. Le préfixe « dis » est éclairant. Il correspond à une inflexion qui graduellement, par aggravation des écarts de sens, s'achève par la négation de l'information originelle. Non pas une contradiction mais une distorsion qui aboutit à la dissemblance à ceci près – et c'est essentiel – que l'entreprise reste secrète, masquant son travail en sorte de *se travestir en information*, c'est-à-dire en communication d'un fait authentique. Imaginons ici une sorte d'organisme parasite comme un poisson pilote sur le dos du requin mais qui, au lieu de le guider, le désorienterait, l'induisant à choisir de fausses proies ou, pire encore, à tomber dans le piège tendu par un prédateur plus puissant. Contrairement à la propagande, la désinformation ne cherche à gagner personne à une cause puisque, par définition, elle ne se déclare pas. Elle ne séduit ni ne contraint. Bien au contraire, en se dissimulant, elle entretient sa « proie » dans l'illusion d'une complète liberté de jugement et de décision assise sur la meilleure des informations.

Entre propagande et désinformation, la ligne de démarcation paraît souvent ténue au point de se recouvrer complètement dans la catégorie dénommée « propagande noire ». C'est bien pourquoi information, désinformation, propagande et publicité constituent des activités voisines utilisant le même matériau (le recueil des « faits » qui constitue l'information), les mêmes vecteurs et souvent des procédés identiques. Les variations portent avant tout sur les intentions et sur les modes de transmission. De surcroît, ces actions sont souvent dirigées, inspirées par les mêmes hommes au sein d'organismes identiques. Seules changent les circonstances et les missions.

La désinformation se développe par deux grandes catégories de procédés allant de la falsification par distorsion du fait réputé authentique à la fabrication de faux intégraux. Dans le premier cas, elle constitue une torsion dissimulée de l'information. Elle ne la périme pas, ni ne la détruit, mais la biaise gravement en sorte que le message ainsi dégradé perd non seulement de son impact mais encore le sens initial est détourné, faussé comme un pas de vis. Le récepteur comprend désormais autre chose. Dans le second cas, la désinformation insère un faux dans le flot des informations. Ce faisant, la désinformation mise toujours sur l'impact lié à l'amplifiante propagation médiatique du leurre qu'elle a fabriqué. Du point de vue de la communication et de la diffusion, la désinformation est « cet ami qui vous veut du mal ». Elle a pris soin de se travestir en la plus fiable des informations, le désinformateur se présentant comme le plus fidèle des conseillers, l'indicateur le plus sûr. L'ambassadeur allemand Zimmermann passe pour le meilleur ami des

États-Unis tandis qu'il ourdit une machination avec le Mexique contre les intérêts américains. Une fois encore, un *principe d'inversion* se manifeste : plus l'information communiquée paraît énorme, excessive, mieux elle fonde sa crédibilité en donnant le sentiment que nul n'oserait contester le bien fondé des apparences telles qu'elles ont été (dé)montrées.

Modalités et variétés des processus de révélation de la désinformation

Mais d'abord qui fait de la désinformation ? Qui s'adonne à cette coupable activité ? Personne naturellement. Les services secrets ? Les gouvernants ? Les directeurs de sociétés privées, les individus à des fins personnelles, susceptibles de remonter au plus haut niveau de l'État ?

L'opération de désinformation totalement réussie reste ignorée. Elle continue à travers les siècles à faire passer son mensonge pour une vérité. La preuve authentifiant la supercherie manque. Par précaution, les opérateurs de la désinformation prennent soin de faire disparaître les traces de leur activité. À jamais. Si, en dépit de ces précautions, l'opération de désinformation est révélée il est souvent trop tard. Le mal est fait. Comment alors sur la désinformation le voile peut-il se lever ?

⁜ À court terme : le « raté »

Rapidement révélée, voire même devancée par des fuites intentionnelles, elle fait long feu plongeant dans l'embarras ceux qui en ont été ses commanditaires et ses organisateurs. Les uns rejetant la responsabilité sur les autres et réciproquement. Compte tenu de la vitesse de la circulation d'une information et de la mondialisation relative de la communication, la désinformation joue de plus en plus sur des laps de temps très courts. Quelques jours, quelques heures ; demain, sans doute, seulement quelques secondes suffiront pour propager la fausse information, qui conduira à la « mauvaise » décision espérée ou diffuser la rumeur qui provoquera l'émotion populaire déstabilisante.

⁜ Le contrôle institutionnel

Dans les démocraties, le contrôle parlementaire constitue une voie possible mais fragile et incertaine. Les élus du peuple peuvent demander « à en connaître » même secrètement à travers des auditions réservées. Une fois informés, ils deviennent solidaires sinon complices, d'autant plus que, divisés par les clivages et affiliations politiques, ils auront garde de rompre avec l'esprit de parti, fût-ce au nom de l'intérêt national. Reste enfin à savoir jusqu'à quel degré de sincérité le pouvoir politique (surtout lorsqu'il y a pluralisme) et les organes spécialisés accepteront de lever le secret de leurs activités. Le renseignement peut être partagé avec circonspection entre l'exécutif et le législatif. La désinformation relève d'un ordre plus complexe, plus souterrain qui restreint le nombre de ceux qui sont admis « à en connaître » sans que des règles fixes en précisent la qualité. Dans la mesure où elle est saisie, l'autorité judiciaire aura accès aux opérations de désinformation. Elle peut aussi les découvrir, en pénétrer les mécanismes, en établir les buts et les responsabilités. Mais son action est limitée, pour l'extérieur par l'intérêt supérieur de l'État, pour l'intérieur par le jeu des pressions qui réduit la liberté d'investigation et de jugement ce qui équivaut à une *omerta* loi du silence d'État. Ce n'est donc que dans l'après coup d'un événement révolu, sorte d'après guerre de l'information, que l'on peut s'autoriser à lever le voile ; ou encore, suite à un changement de régime, le nouveau gouvernement, de manière prudente, habilement sélective, pourra rendre publiques les opérations de désinformation entreprises par son prédécesseur.

❖ L'« après-coup » de la mémoire et de la recherche historique

La vérité repose sur des révélations tardives. C'est le domaine des Mémoires, plus ou moins justifiantes ou repentantes. Une personnalité impliquée dévoile l'existence de la désinformation ; ou bien encore l'historien parvient à en extirper la réalité à partir d'archives, elles-mêmes protégées par une législation particulièrement prudente, soucieuse de gagner du temps afin de ne projeter la lumière que sur la paix des tombeaux obscurs. Toutes activités qui portent le noble nom de « devoir de mémoire ».

❖ La désinformation surgit aussi comme un *acte de prise de conscience.*

Il s'agit sans doute du plus redoutable adversaire de la désinformation généralisée.

Au sein de l'univers tautologiquement parfait, intégralement transparent de « Big Brother », il ne saurait y avoir de désinformation puisque n'existe que l'information distillée par la machine à laver les cerveaux et à veiller sur la constante soumission intellectuelle des individus acquiesçants. Quand tout est désinformation, la notion même d'information s'évanouit. La désinformation n'est repérable que par la déchirure, progressive ou soudaine, du voile dont elle couvrait son mensonge.

Ce processus peut être aidé par la transmission systématique d'une information (on parlera alors de contre-propagande mais il s'agit davantage de contre désinformation) qui permet d'introduire le soupçon comme un accroc dans le tissu uniforme du mensonge institutionnel.

La mise en évidence de la désinformation procède donc d'une prise de conscience de la tromperie organisée, soudaine mesure du décalage entre le message délivré et la réalité du référent enfin découvert. À travers un phénomène de « désaveuglement » parfois brutal, déclenché par un événement déchirant, mais plus fréquemment progressif, la vérité s'infiltre comme la dissipation d'un brouillard, ce qui passait jusqu'alors pour la réalité tombe comme supercherie d'apparences truquées. Des films de fiction portant sur feu la RDA traitent très sérieusement cette problématique (*La vie des autres* de von Diesenmarck, 2006 ou *Goodbye Lenin* de Wolfgang Becker, 2003). On y retrouve sous-jacents des éléments traditionnels et transculturels tels que le passage symbolique de l'obscurité à la lumière à la base des principes maçonniques (eux-mêmes créateurs de sectes et de mystères !), le déchirement du voile, la dissipation des brouillards, etc. Des sociétés entières ont vécu et vivent encore dans ce vase clos de la désinformation généralisée, comme en Corée du Nord.

La demande de Désinformation : les commanditaires

Qui a besoin de la désinformation, dans quel but, dans quelles circonstances et contre qui ?

En première approche, une distinction s'impose entre les commanditaires et les producteurs. Les premiers éprouvent un besoin par rapport à des objectifs, les seconds sont des exécutants, des fabricants au regard d'une « commande », qui peut prendre une forme systématique (parce que cela devient un mécanisme de gouvernement) ou bien ne constituer qu'un moyen temporaire par rapport à une demande occasionnelle, justifiée par des circonstances exceptionnelles (c'est ce qui différencie une démocratie d'un État totalitaire). Inévitablement, il est nécessaire qu'entre le commanditaire et l'exécutant il existe une relation de confiance forte dont l'évidence n'est jamais garantie. Est-elle seulement possible ?

Aux États-Unis, la CIA dépend directement de la Maison Blanche. Encore faut-il que dans les périodes de changement politique un minimum de confiance mutuelle soit trouvé et garanti en dépit des aigreurs de l'alternance. Tel n'a pas été le cas à l'arrivée du président G.W. Bush et de son équipe en novembre 2000. Les services de renseignement furent soupçonnés d'avoir servi une politique clintonienne totalement erronée. Il n'était plus question d'adaptation mais d'une rupture brutale. Les attentats du 11 septembre aggravèrent ce penchant, conduisant à une véritable guerre des services, qui culmina lors de la décision d'invasion de l'Irak. Elle a connu par la suite de multiples avatars, le plus notable étant le NIE *National Intelligence Estimate* des services de renseignement américains de novembre 2007 sur l'Iran, prenant totalement à contre-pied la position de la Maison Blanche.

Pour sa part, la Russie a largement résolu le problème en plaçant à la tête du gouvernement les hauts responsables des services de sécurité intérieure, l'ancien KGB devenu FSB.

La situation française reflète assez fidèlement l'impitoyable cruauté des relations entre l'exécutif et ses propres services. La défiance conduit à la paralysie. Au-delà à la mise en œuvre de véritables pièges, sensiblement identiques au modèle américain évoqué. Le président F. Mitterrand, en raison de démêlés politiques antérieurs, nourrissait une grande méfiance à l'égard des services secrets. La lamentable affaire du « Rainbow Warrior », navire de l'organisation Greenpeace, coulé par la DGSE en 1983 en Nouvelle-Zélande, ne contribua pas à apaiser la relation.

❖ Qui sont les commanditaires ?

Les États et les gouvernants ;
Les partis politiques et leurs dirigeants ;
Les entreprises et les sociétés financières ;
Les ONG violentes mais aussi celles qui sont réputées non-violentes.

Toute organisation humaine, même de petite taille, qui recherche son intérêt ou qui se sent en danger. En règle générale, quiconque dispose d'un pouvoir politico-social, aspire à le conserver, l'accroître ou, à l'inverse, s'en emparer, est tenté d'utiliser la désinformation pour servir ses fins. Tout affrontement suggère l'emploi de cet outil, qui permet d'affaiblir la position adverse en faussant son processus décisionnel et en égarant le jugement du « peuple » au sens athénien antique du terme, du *dèmos*. La désinformation recherche toujours à enfoncer ses coins dans les charnières qui relient les différentes instances de pouvoir : le peuple et ses représentants, le gouvernement et les médias.

❖ Quelles sont les cibles ?

Tout adversaire, tout rival dans la compétition pour l'existence, la puissance et la prospérité. La compétition fait partie des instruments du « *struggle for life, power, wealth* ». Une autre direction d'action, plus subtile, consiste à manipuler l'opinion de son propre pays afin de créer un climat qui finisse par convaincre l'adversaire d'une intention que l'on n'a pas forcément. Le gouvernement fabrique un état de l'opinion publique qui aura valeur, sinon de preuve, du moins d'argument puissant auprès de l'adversaire et influera sur ses calculs et son comportement.

❖ Dans quelles circonstances ? paix, guerre, tension, crise… toutes les intensités d'une relation d'affrontement

La guerre froide a fortement et durablement perturbé la distinction entre ces différentes situations de confrontation pour deux raisons : l'existence prolongée d'un état d'hostilité élevé entre deux adversaires qui, en raison du blocage nucléaire, ne pouvait s'actualiser par la guerre ouverte. De ce fait chacun des adversaires a dû recourir intensément à des stratégies indirectes dont la désinformation constitua un mode d'action privilégié.

En règle générale, toute situation d'hostilité latente (semblable à celle que connurent la France et l'Allemagne entre 1871 et 1914 puis entre 1919 et 1939) conduit à développer des opérations de désinformation en un temps de paix conçu comme une période de préparation de la guerre plus ou moins proche. De ce point de vue, l'affaire Dreyfus n'a guère bénéficié à l'Allemagne sur le plan militaire. L'information sur les caractéristiques du nouveau canon français de 75 mm ne modifia en rien l'équilibre des potentiels militaires. En revanche, inopinément, par-delà la Première Guerre mondiale, la querelle dreyfusarde contribua à fracturer la société française, à diviser ses élites, la rendant vulnérable au choc de 1940 et perméable aux manœuvres de désinformation du IIIe Reich.

Un gouvernement peut aussi recourir à une désinformation interne à des fins d'action extérieure. Une campagne en direction des médias, combinant rumeurs, rapports, témoignages « autorisés », présentera l'adversaire comme un fauteur de trouble, une menace pour la sécurité nationale. Elle exagérera le niveau d'hostilité, diabolisera l'ennemi créant ou favorisant des incidents qui seront amplifiés par les médias. La crise est attisée en vue de déclencher la guerre avec le soutien d'un public préparé et convaincu « à point ».

Désinformer mais pour quel profit, quelle justification ?

À quoi visent ces manœuvres complexes ? Quel bénéfice les commanditaires peuvent-ils espérer en retirer ? Tout dépend du niveau d'application de l'action de désinformation et du degré de gravité de l'affrontement. La désinformation intervient à des fins offensives ou défensives pour agresser ou protéger, en contrant l'information ou la désinformation adverse. La campagne qui se développe soit à un niveau stratégique, soit à un niveau tactique peut être offensive : déstabiliser un adversaire par les rumeurs, la calomnie. Elle est défensive s'il s'agit de se dégager d'une prise.

Les présidents Nixon et Clinton mentent. Ce faisant, ils se livrent à une opération de désinformation grossièrement élaborée par manque de temps, sous-estimation de la gravité de l'attaque et surestimation de leur propre puissance.

Au-delà du simple but tactique qui consiste à faire croire à tort, à fausser la décision, à provoquer l'action défavorable, il convient d'envisager la finalité ultime qui serait susceptible de justifier sinon de légitimer le recours à un moyen aussi amoral. Il en existe deux :

- l'emporter sur un rival, en ruinant sa réputation par la calomnie, les rumeurs (par exemple d'une OPA hostile) en situation d'affrontement. Ce n'est pas la guerre mais une compétition économique pour la conquête d'un marché ou la lutte pour prendre la tête d'un groupe financier.
- conserver et perpétuer une domination, un pouvoir grâce au contrôle politico-social occulte que procure la désinformation stratégique.

L'autre justification se situe dans le contexte de la guerre. Dans ce cas exceptionnel, on distinguera ce qui relève plus particulièrement du militaire : les manœuvres (au niveau stratégique) et les opérations (au niveau tactique) de déception (voir ci-dessous).

Le mode de production

Les organes de la désinformation : qui conçoit et qui fabrique de la désinformation ?

Eu égard à sa nature dissimulée, la désinformation ne saurait être annoncée par son auteur tandis qu'au contraire elle sera dénoncée par celui-là même qui s'en dit victime et qui, de ce fait, sera tenu pour juge et partie. Discréditer la protestation adverse fait partie du plan de désinformation qui doit intégrer la réaction de la « victime ». Le jeu des actions-réactions, anticipation de la réaction pour la contrer, en la retournant, crée un cycle vertigineux qui devient rapidement difficile à maîtriser.

Par principe, personne ne fait de désinformation. Il n'existe donc officiellement aucun service en charge de cette activité et aucun personnel ne s'y consacre. Il faut aller chercher dans les organigrammes de certains services, quand ils existent.

À la lumière de ce qui a été finalement mais partiellement révélé, il est donc possible de se faire une idée relativement précise des producteurs institutionnels de la désinformation. Quant aux non institutionnels, c'est encore une autre affaire relevant des aveux, de la repentance, des révélations posthumes, évoquées plus haut.

En conséquence, cette situation bénéficie entièrement à la puissance de la désinformation. Il sera possible de soupçonner la dénonciation d'une opération de désinformation complexe : on désinforme en dénonçant la désinformation de l'adversaire qui ne faisait que proclamer la vérité.

Qui donc, sauf à disposer de preuves irréfutables, peut échapper à ce jeu sans fin ? C'est finalement la puissance des moyens et la qualité de la tactique, le degré d'adéquation du message à la cible au moment le plus approprié, qui va l'emporter et non pas la vérité intrinsèque ! La désignation par les États-Unis de certains organismes soviétiques comme instruments de désinformation pouvait être déniée par Moscou comme une entreprise de désinformation à l'égard d'institutions parfaitement respectables en charge de l'information.

Les personnels et les compétences

– Organes d'État, occasionnellement impliqués (permanents ou temporaires).

– Organes spécialisés dédiés explicitement, ou secrets par affiliation à un service couvert par le secret d'État. Par définition de tels organismes ne sont pas censés exister ou bien sont autorisés à ne rien dévoiler de leurs activités. Il en résulte de nombreuses difficultés pour repérer et prouver la conduite d'une opération de désinformation.

Immédiatement après le 11 septembre 2001, l'administration Bush, à l'initiative de M. Donald Rumsfeld, secrétaire à la Défense, voulut créer un organisme consacré à l'influence psychologique mondiale. Cette tentative avorta tant pour des raisons purement administratives qu'à cause d'une campagne de presse massive, informée par des fuites délibérément organisées. On y a vu la volonté d'hommes de la guerre froide de mettre en place un organe de désinformation semblable à ce qu'avait créé en son temps l'Union soviétique et manifestement contraire aux principes de la démocratie américaine.

– Sous-traitance : les États peuvent utiliser des organismes privés qu'ils créent et financent secrètement. Deux cas de figure se présentent : cette organisation non gouvernementale constitue un prestataire de service conscient, ou bien elle est subtilement manipulée à son insu.

L'élaboration d'une campagne de désinformation

Les travaux menés par de rares chercheurs travaillant sur de rares archives permettent de se faire une idée approchée du processus de création d'une campagne. Toutefois, ces études portent en général sur les opérations menées par l'adversaire, très rarement – et pour cause – sur soi-même, si bien que l'on se retrouve rapidement pris dans le cycle infernal de la dénonciation des provocations désinformatrices de l'adversaire... Les organes analysent leurs échecs mais ne placent pas leurs autocritiques dans le domaine public !

La stratégie de désinformation repose sur la **corrélation** de procédés intemporels et des vecteurs techniques nouveaux qui en augmentent la puissance, tout en conservant les supports traditionnels. L'ensemble constitue un facteur essentiel du fonctionnement dynamique réel de la propagande noire et de la désinformation. Il est distinct de la **coordination** des procédés dans l'emploi opérationnel au cours d'une campagne de désinformation. La corrélation doit, en amont, penser les problèmes de coordination qui risquent de se poser durant le développement matériel de la campagne.

Quelques règles et principes utilisés généralement peuvent être retenus

- Définir un but et le résultat final recherché. Si l'objectif reste vague, s'il est au départ mal défini, la campagne sera mal conduite et l'on ne parviendra ni à en articuler les phases ni à prendre au bon moment la décision de mettre un terme à la campagne. Cela conduit à courir le risque de se voir démasqué et pénalisé. Cet échec peut cependant n'être que partiel si l'objectif immédiatement recherché a été effectivement obtenu au moment opportun. Restera, par la suite, à assumer les conséquences d'une entreprise démasquée. Le succès excuse le plus souvent mais l'échec s'avère difficilement pardonnable.
- Une campagne de désinformation prend soin de toujours partir d'éléments réels, de faits tangibles et vérifiables.
- Le facteur temps : la désinformation exige une forte anticipation et une longue préparation.
- Une dilution dans l'espace : les sources de l'information truquée doivent être multiples, partir d'un lieu apparemment étranger, être relayées par des correspondances éparses dans différents pays, reprises par des médias déconnectés les uns des autres. Ceci contribue à créer une rumeur d'origine irrepérable.

Toute campagne de désinformation prépare ses plans et sélectionne ses outils en vue d'une situation d'affrontement qui n'existe pas encore mais pourrait se produire à plus ou moins brève échéance. Les services spécialisés, comme le MI 6 britannique, travaillent très en amont. Ils préparent le terrain, implantent des agents, organisent des réseaux « dormants » bien avant le déclenchement de l'affrontement direct :

– une minutieuse planification incluant différentes phases étalées en « crescendo » en fonction des buts atteints au fur et à mesure. Il faut tenir compte des effets obtenus, des succès parfois inespérés ou bien des échecs et, en fonction de ces résultats, adapter la phase 2 et ainsi de suite jusqu'à obtention du résultat recherché ;
– une prise en compte du terrain humain : une excellente connaissance du milieu, de sa complexité et surtout de ses divisions. Cela vaut pour le sommet comme pour la base. Il faut savoir combiner la nature du processus de décision et la relation entre le pouvoir politique, les médias et le peuple rebaptisé opinion publique en prenant en compte des croyances populaires, des sensibilités et des tropismes culturels ;

- un choix approprié des vecteurs de communication : en fonction de l'effet que l'on cherche à produire quels seront les meilleurs vecteurs ? des articles de presse ? des forums sur Internet ? des manifestations de rue ? ;
- des agents internes et externes : recrutement des agents d'influence ;
- la question toujours douloureuse des moyens financiers joue également un rôle crucial. Si la désinformation n'exige pas des milliards, elle doit pouvoir dépenser largement, sans contrôle administratif, au bon moment et sans recevoir de justificatifs de paiement !
  - La création du plan de désinformation repose sur quelques principes simples mais fondamentaux :
- toujours partir d'éléments réels, vérifiables ;
- masquer ses sources, les diversifier, trouver des relais si possible involontaires mais capables de se prêter au jeu par conviction ou inclination à croire ce qui est suggéré ;
- provoquer des recoupements « par hasard » ;
- le développement du plan doit intégrer les réactions à ses premiers effets de manière à en exploiter les résultats toujours dans le même sens… Prévoir un crescendo en anticipant les réactions adverses de manière à en tirer le meilleur parti. La dénégation indignée de la cible doit contribuer à la « validation » de la « vérité » de la désinformation ! ;
- une fois le plan achevé et mis à disposition de l'autorité politique, il sera mis en œuvre ou demeurera dans les cartons, parfois à jamais.

Détermination et Sélection des Cibles

Opération hostile par nature, la désinformation vise des cibles très diverses qui vont d'un individu unique tenu pour essentiel, en raison de son pouvoir de décision ou d'influence sur une décision, jusqu'à des sociétés et des peuples entiers en passant par des groupes spécifiques.

⁂ L'extérieur

La notion de cible combine capacité de décision et d'action puisque la désinformation fausse le jugement afin de conduire à une décision d'action nuisible aux intérêts de celui qui la prend.

L'erreur de jugement d'un décideur n'est pas forcément liée à son incompétence ou à l'insuffisance de son information mais peut aussi résulter de la contamination de son information par la désinformation.

⁂ L'intérieur

En principe, dans les pays démocratiques – c'est même un critère de qualification pour la démocratie – il est établi qu'il n'existe pas, qu'il ne DOIT pas exister d'opérations de désinformation ou de propagande « noire » destinées à sa propre population ni en temps de paix ni même en temps de guerre. Dans ce dernier cas, face à la propagande ennemie, il peut exister une propagande « blanche » à des fins de protection.

Malheureusement pour la morale politique, l'exercice du pouvoir conduit à de nombreux manquements à ces principes. Ils résultent soit d'une crise de confiance entre l'autorité politique en place, le gouvernement et les citoyens, soit des rivalités entre les différents services, eux-mêmes en relation plus ou moins complice avec le gouvernement en place.

⁂ Entre organisations d'un même pays ou « guerre des services »

Cette rivalité universelle dans tous les États constitue un élément évidemment mal connu mais extraordinairement important dans les relations entre le pouvoir politique d'État et les services dont ils disposent en matière de renseignement, de désinformation et de contre désinformation. Les services se livrent à une compétition intense pour faire prévaloir leur point de vue et leur prééminence au regard de leur autorité administrative (ministères de l'Intérieur et de la Défense, organismes de sécurité nationale placés sous l'autorité de la présidence ou d'un Premier ministre).

Mais cela peut aller plus loin. Certains services de renseignement deviennent si puissants qu'ils parviennent à s'émanciper (comme l'Inter Services Intelligence ISI au Pakistan) accéder au rang d'État dans l'État et n'avoir plus de compte à rendre à une autorité gouvernementale sur laquelle ils prennent l'ascendant.

Inversement, le recours aux services et à leurs compétences peut devenir une sorte de drogue pour un pouvoir solitaire, de plus en plus autoritaire, ce qui, en retour, crée une vulnérabilité. Les dictateurs ont pensé pouvoir résoudre le problème par des purges systématiques.

Le chef de l'État ne saurait donc dépendre d'un seul service, d'une source unique. Indispensable, la diversification des organes et des instruments d'information crée à son tour des rivalités, des compétitions et ainsi de suite. Tel est sans doute l'art de gouverner ! Dans les pays dictatoriaux ou totalitaires cette rivalité peut prendre la forme de règlements de compte par liquidation physique du rival de manière secrète ou, au contraire, par une manœuvre complète qu'illustre la machination des procès de Moscou.

En résumé, la désinformation s'organise et répartit son action selon trois domaines d'application ou champs d'activité :

– Domaine de la qualité et des circonstances de l'affrontement : **QUAND ?** Selon qu'il s'agit de l'état de paix, de crise ou de guerre.

– Domaine du ciblage : **QUI ?** Des individus soigneusement sélectionnés, certains groupes ethniques, religieux, économiques, certains États, certaines organisations gouvernementales, des services adverses…

– Domaine de la nature du « champ » d'activité : **OÙ ?** Intérieur ou extérieur ? Les territoires de la désinformation y compris le transnational dans les stratégies d'entreprise d'intelligence économique. Le champ mental de son propre camp (le moral : protéger, souder…). La relation front/arrière (le changement technologique : on ne peut plus faire du bourrage de crâne mais on s'adapte pour monter des opérations de désinformations adaptées et crédibles). Ceci permet d'aboutir à un tableau schématique concernant l'utilisation de la désinformation, de la propagande et de l'information (on y fait figurer en gras les cibles certaines et en italique les cibles plus incertaines). Cette représentation n'est pas normative, en dépit des déclarations d'intention affichées voire des interdictions prévues par le droit dans les États démocratiques. Il faut tenir compte des circonstances et des tentations qu'elles suscitent. Admettons qu'un État totalitaire, une tyrannie n'ait aucune retenue, aucun scrupule, il lui faudra cependant tenir compte de l'impératif d'efficacité de manière à ce que son action ne se retourne pas contre l'effet recherché. S'agissant des démocraties force est de constater qu'en fonction des circonstances et de la dimension de l'enjeu, à un moment donné, surtout en période de crise, les principes sont parfois ébranlés. Le gouvernement utilise par commodité, l'action de ses « services » pour mener des actions contraires au droit. Les cibles très particulières que constituent les neutres dans une guerre et la communauté internationale dans une crise sont autant de tentation que de risques. Chercher, par tous les moyens, à faire basculer de son côté ceux qui n'ont pas pris parti peut constituer un objectif majeur. Mais le recours à la désinformation constitue une arme à double tranchant. Vient-elle à être démasquée et c'est le résultat inverse qui peut se produire. Désinformer un allié est de moindre conséquence dans la mesure où l'objectif n'est pas de nuire directement mais davantage de renforcer les motivations de sa coopération. Ce jeu, très spéculatif, n'est guère recommandable d'un strict point de vue d'efficacité, hors de toute morale. En général, l'allié, sauf si a priori il le veut bien, n'est pas disposé à « gober » tout ce qu'on lui présente à travers des preuves telles que les écoutes électroniques ou les photos satellitaires, surtout s'il dispose lui-même de moyens de renseignement de même nature, quand bien même leur qualité ne serait pas aussi élevée. En 1996, les États-Unis présentèrent à leurs alliés des photos satellitaires donnant à penser que l'Irak massait des blindés à la frontière du Koweit. Mais un pays disposait alors d'éléments de même nature qui contredisaient cette interprétation des données. On en resta donc là sans pour autant se fâcher.

	Paix, Crise/guerre QUAND ?	Intérieur/extérieur OÙ ?	Cibles : ennemi/allié/neutre QUI ?
Désinformation	P/**C**/**G**	*Int*/**Ext**	**Ennemi**/*Neutre*
Propagande	**P/C/G**	**Ext**/Int	**Ennemi**/*Neutre*
Information	**P**/C	Int/*Ext*	**Allié/Neutre**/*Ennemi*

La propagande

« Répétez des centaines de fois un mensonge, il devient une vérité. »
Joseph Goebbels

Qui l'utilise, à destination de qui, pour obtenir quoi et de quelles manières ? Pour répondre à ces questions, celles-là mêmes que nous avons déjà posées à la désinformation, on aura également soin de distinguer les savoir-faire, les procédés et les vecteurs. « Quatre gazettes hostiles font plus de mal que 100 000 soldats » aurait dit Napoléon Bonaparte en 1802. Enfant de la Révolution, l'Empereur saura tirer parti de cette importance de la propagande, à l'intérieur de la France en établissant un système de censure d'une rigueur effroyable, à l'extérieur en multipliant les « opérations d'information ». Cette conception stratégique de la propagande, s'effaça après Iéna, l'Empereur ne comptant plus que sur la puissance physique des masses et du feu. Comme le relève le stratège britannique Liddel Hart avec une impitoyable justesse, Napoléon avait perdu le sens de l'efficacité primordiale de l'Esprit.

La propagande vise donc à gagner un individu ou un groupe à un point de vue, à une cause, à une croyance. Elle recherche son adhésion ou, à tout le moins, sa soumission intellectuelle. La propagande peut constituer une information ou n'être qu'une manière de la présenter, tout dépend de l'intention et du contexte.

Or dans l'Antiquité le politique et le religieux sont rarement distincts. Pharaon est Dieu. Athènes dissocie les deux fonctions mais Rome fait rapidement de l'empereur un dieu auquel un culte d'État doit être rendu. Dans tous les cas, la croyance religieuse imprègne l'action politique et militaire. L'État méta-théocratique développe donc une propagande en direction des sujets-fidèles. L'expression « nos fidèles sujets » n'arrive certes pas par hasard dans la langue des monarques. Car cette antique tradition n'a jamais totalement quitté notre époque moderne. Aux XVIe et XVIIe siècles les théoriciens de l'absolutisme en Angleterre comme en France fondent en raison un système politique mais contribuent à lui donner une consécration transcendante. Le roi n'est certes pas dieu mais il incarne une volonté et une puissance supra-humaine que sont réputés matérialiser des pouvoirs de guérison… (les écrouelles à la sortie de la cérémonie du sacre pour les rois de France).

Sur le modèle du despotisme oriental, les régimes totalitaires russes et chinois ont exploité en mode athée des croyances populaires de surhumanité du chef « inspiré », omniprésent et omniscient.

Pour fonder la puissance en croyance, tous ces régimes ont créé et développé des propagandes systématiques faites de thèmes et de procédés, divers par le contenu mais extrêmement voisins par l'intention et la forme, visant à frapper les esprits populaires, à rassembler les peuples autour de l'image surhumaine du souverain, du parti, d'un dieu qui a besoin de relais tangibles.

L'importance de l'influence culturelle qui s'apparente à la notion de propagande blanche joue un rôle immense et ambivalent. En témoigne le vers d'Horace, « Graecia Capta Ferrum Victorem Cepit » « Soumise, la Grèce soumit son sauvage vainqueur ». Mais que reste-t-il de cette Grèce sinon cette allégeance d'un Polybe, notable pris en otage qui se fait l'historien laudateur de la conquête romaine sur l'Orient, hagiographe de Scipion Émilien qui asservit définitivement sa terre natale, on n'ose plus dire sa patrie.

Nature de la propagande

La propagande politique est souvent considérée comme l'instrument principal de la « guerre politique » (*political warfare*), terme qu'il faut traduire par « conduite des opérations politiques » non seulement en temps de guerre mais également dans ces périodes indécises, de plus en plus fréquentes – ou dont on découvre la fréquence – de guerre froide, de crise et de lutte contre des organisations terroristes de dimension internationale.

Penser la propagande à l'âge de l'information revient à *s'aventurer* sur le plus redoutable de tous les théâtres d'affrontement modernes où la controverse fait rage. Car ce mot se jette comme une insulte à la figure de l'adversaire afin de disqualifier son information/message. Ceci vaut pour les relations entre États durant le temps de guerre, pour celui de la guerre froide mais aussi en temps de paix.

La propagande concerne aussi le champ des affrontements entre entreprises industrielles ou commerciales rivales sur des domaines particuliers tels que la qualité de leurs produits et les normes de fabrication. Il est donc particulièrement délicat de traiter de la propagande pour au moins deux raisons : il s'agit aujourd'hui encore d'un des sujets les plus sensibles dans la relation entre les États sur la scène internationale. De plus, l'usage de la propagande pose également le grave problème du rapport interne entre l'État et l'information, entre les différents pouvoirs qui régissent une société constituée. Elle touche les nerfs les plus sensibles et les dossiers les plus épineux. Elle atteint même aux mécanismes de la vie économique ordinaire, tels que la publicité.

Cela vaut pour les régimes totalitaires dont les mécanismes de fabrication et de diffusion de l'information restent souvent schématiques, pour ne pas dire grossiers, en sorte que le discours est tenu pour une propagande d'État.

C'est encore plus vrai pour les « média-démocraties » où chacun des pouvoirs se positionne par rapport à l'information tandis que le pouvoir de l'information se définit et se préserve dans une relation très ambiguë, à la fois complice et antagoniste au gré de relations qui font apparaître l'influence des puissances industrielles comme en témoignent les prises de capital dans la presse (de Prouvost et Hersant à Lagardère et Dassault... jusqu'à Rupert Murdoch et Silvio Berlusconi en passant par la tentative avortée en 2001 de conglomérat Vivendi Universal-Time-Warner de J.-M. Messier). Les ramifications touchent au domaine de l'industrie de l'armement et des exportations de technologies duales parfois très sensibles.

Si le langage et les catégories restent encore bien mal établis, ce n'est certes pas par hasard. Sur ce terrain, en dehors de quelques professionnels cyniques, nul ne se sent véritablement à l'aise, faute d'un cadre légal. Tout se fait enjeu pour chacune des instances de pouvoir : en interne au sein d'un État, entre États mais également dans leurs relations avec les organisations transnationales, petites et grandes. Car le pouvoir d'État se prétend souvent détenteur de la vérité. Tout comme il existe, de fait et hors de toute morale, un droit du plus fort, **l'information du plus puissant, confondue avec sa désinformation, tend à s'imposer comme LA vérité**.

Afin de prendre du recul et de s'autoriser une marge d'objectivité dans un domaine où cette notion est sujette à controverse revenons vers le passé. La notion de propagande est intimement liée à la représentation qu'une société, ses membres comme ses dirigeants se font de la politique, à la manière dont elle est informée et aux méthodes de sa communication. On constate que le terme englobant d'idéologie permet de rendre compte, en les unissant, des différentes conceptions du politique, notamment et surtout de la relation essentielle entre pouvoirs laïcs et religieux, entre religion et politique.

Les termes propagande, information, désinformation, publicité forment ainsi une nébuleuse d'activités voisines dans leurs procédés mais hétérogènes par leurs finalités. Elles sont, en outre, compétitives car chaque domaine lutte pour s'affranchir d'un voisinage douteux pour affirmer sa crédibilité et gagner la confiance. Toutes restent, en effet, fondées sur un même principe assertorique invérifiable : c'est vrai parce qu'on (je) vous le dit ou parce que vous l'entendez comme une vérité révélée, la parole de Dieu... « *Believe me ! Read my lips.* » Le maître mot est « croyez-moi ! », croyez en moi, donnez-moi votre confiance, votre « foi ».

La publicité a repris tous les procédés de la propagande dure (amplification, répétition, slogans, etc.) pour les transformer en propagande douce. Dans un cas, la propagande idéologique, il s'agit de rassembler des individus afin de servir l'intérêt d'un parti, d'un groupe dirigeant, d'une autorité d'État... Dans l'autre cas, le but est limité et lucratif : faire vendre un produit. Si la publicité vise le profit, son entreprise n'exerce aucune contrainte physique sur les récepteurs-cibles, même si l'on pourra toujours arguer de l'insidieuse manière dont on persuade le consommateur. Il convient toujours de conserver comme une ligne rouge, un principe de mesure et de précaution intellectuelle touchant à la différence de nature des environnements. Ici, la coercition physique existe, soit directe, soit à l'état latent sous forme de menace diffuse, tandis que là, le sujet conserve la possibilité de se retirer librement, d'exercer sa capacité de décision et de choix sans avoir à craindre pour sa personne. L'endoctrinement dans un camp de prisonniers n'a donc guère de rapports avec l'adhésion obtenue par des techniques de persuasion douce auprès d'un panel de consommateurs !

De la tradition propagandiste naturelle à la mauvaise réputation

Croire ou ne pas croire telle est la vraie question !

L'âge de l'innocence sans complexes

La propagation de la foi constitue dans de nombreuses religions une mission pour les prêtres, parfois même pour chaque croyant. C'est par la propagande et la prédication, par la transmission du Verbe (la « bonne parole ») que se recrutent de nouveaux adeptes, élargissant le cercle de la communauté des croyants.

Sans nul doute la propagande résulte bien, comme la désinformation, d'une manœuvre psychologique conçue, organisée et développée. Identique en ses méthodes et procédés, recourant parfois aux mêmes vecteurs, elle en diffère fondamentalement de par ses intentions et ses finalités. La propagande véhicule, en effet, une idéologie, une conception du monde. Elle en vante les mérites et la supériorité dans tous les domaines. Elle peut, afin de renforcer son argumentation, falsifier certains faits présentés comme autant de preuves. Elle peut mêler le vrai et le faux afin de semer le trouble dans les esprits Mais elle demande de croire. Elle en appelle à la foi non à la rationalité.

Cette croyance est sincère. Elle repose sur des mystères, un mode de vie et des règles de conduite librement acceptées et volontairement observées. Le christianisme antique s'est développé de cette manière, depuis les premiers sermons de Jésus, puis les Testaments et Épîtres des apôtres et le rôle d'organisateur remarquable que joua saint Paul. Dans ces cas précis, on voit bien déjà apparaître des procédés, des vecteurs, des modes d'organisation et de financement visant à l'efficacité maximale en dépit de l'usage anachronique de ces termes modernes. Aussi Rome ne s'y trompe pas, qui, précocement, décèle le redoutable potentiel d'un monothéisme séduisant, dont la sereine intransigeance, l'influence « douce » et l'organisation efficace menacent sa domination. En vain.

Par son sacrifice au nom de sa Foi, le croyant témoigne (il est « martyr » !). Par le sang versé, il fonde et légitime symboliquement la croyance. Il contribue à l'établissement du dogme qui métamorphose la croyance en « vérité ».

Il faut donc distinguer deux étapes dans l'élaboration d'une propagande. En premier lieu, à l'origine, le surgissement d'une croyance nouvelle qui attire, séduit, rassemble de manière à atteindre une sorte de seuil critique qui permet l'établissement d'un corpus intangible : le dogme. Le concile de Nicée élabora un dogme, socle intangible qui permit une relance mieux assurée de la propagande chrétienne. Dès lors peut se développer une seconde étape plus conquérante, mieux assise parce que fondée et sans incertitudes, sans hésitation quant à l'exactitude du message à délivrer.

Dans la première phase, la « propagation-propagande » vise à toucher, à séduire et convaincre pour obtenir cette adhésion que l'on nomme conversion. Ce n'est que plus tard, et dans certains cas seulement, qu'elle revêtira un caractère soit agressif et conquérant, soit réactif et défensif, établissant ainsi une relation d'hostilité pouvant conduire au recours à la violence armée organisée. Comment qualifier la prédication de Bernard Clairvaux à Vézelay en 1146 ? Que dire de la « Croisade des Enfants », effarante entreprise de mobilisation des plus faibles, des plus démunis lancés dans une migration vers le salut et la mort sur le chemin d'une Terre Sainte que jamais ils n'atteignirent ?

Ce schéma de progression dans la conquête des esprits se reproduit à l'identique dans l'émergence et la propagation historiques de l'islam où les notions de « *dawa* » la mission de prédication et de « *fidai* » le missionnaire jouent un rôle considérable. Il reste applicable à la plupart des sectes religieuses, telles que Témoins de Jéhova, Église Scientiste, Moon, Krishna Murti.

Serait-il donc scandaleux de dire que le pape de l'Église romaine est lui-même un intense et puissant propagandiste, que le Vatican constitue aujourd'hui le foyer d'une manœuvre idéologique propagandiste millénaire qui, au fil des siècles, en fonction des différents affrontements a défini des stratégies servies par une propagande dont le développement planifié, mesuré, progressif mérite une attention toute particulière. Le pape Grégoire XV fonde, en 1622, la Congrégation pour la propagation de la foi *De propaganda fide.* Il ne fait jamais que appliquer la ligne générale définie par les conciles de Trente. La Contre-Réforme, outre la réorganisation de l'Église, constitue une puissante entreprise de contre-propagande en réaction à la formidable propagation de la lecture luthérienne de la Bible qui eut été impossible sans l'imprimerie. Cette vaste manœuvre fut initiée par la fondation des Jésuites, organisés sur un modèle militaire par Ignace de Loyola en 1540. Pensée, planifiée, organisée dans l'esprit de Trente, la prédication jésuite a constitué le fer de lance d'une campagne, agressive, profonde et durable au service de la papauté. Le champ d'action de cet affrontement s'est élargi à travers le monde partout où pouvaient accéder les missionnaires rivaux. Ce furent en priorité les aires de colonisation d'Afrique mais également en Amérique latine et en Asie. Au Japon, les Jésuites ont fini par trouver la mort car l'Empereur comprit à temps le risque de voir se développer une puissance spirituelle rivale de la sienne.

La réaction fut à peine différente dans les États centralisateurs et absolutistes occidentaux comme la Grande-Bretagne et la France. John Donne est aujourd'hui connu pour ses poèmes mais de son temps ce sont ses pamphlets de propagande comme « Pseudo-Martyr » qui l'ont rendu célèbre. D'une famille catholique, il se convertit à un anglicanisme militant qu'utilisa le roi James, successeur d'Élisabeth Ire, dans sa lutte contre les Jésuites. Les souverains français, de tradition gallicane, se sont également inquiétés du défi à leur autorité que pouvaient représenter de telles organisations capables de former des réseaux d'influence au service d'intérêts extérieurs. D'où l'interdiction de la Congrégation par Louis XV.

Ainsi toute idéologie, de par son existence même, se fait propagande, potentiellement conquérante. La philosophie des Lumières qui se voulait pacifique et universaliste a constitué sans même en prendre conscience, dans un aveuglement ô combien paradoxal, une arme culturelle d'une puissance redoutable. qui fut utilisée par les révolutionnaires français pour partir à la conquête de l'Europe en jetant à bas les tyrannies. Les élites bourgeoises, séduites, complices et collaboratrices, ouvrirent les portes des villes dans un élan d'aspiration à la liberté contre les monarchies traditionnelles souvent d'origine étrangère. Sentant la gravité du péril, les Anglais comprennent bien que la contre propagande devient vitale. Via les pamphlets et les caricatures, ils identifient la Révolution Française à la Terreur et Napoléon à un Ogre !

Le succès de ces thèmes fut évidemment favorisé par les deux erreurs stratégiques majeures commises par les gouvernements français : la Terreur qui contredisait les principes fondateurs : la liberté et la tolérance, bref les « idéaux dits de 1789 », et, plus encore, la conquête par la force des armes en des termes très traditionnels que Napoléon finit par privilégier, abandonnant la composante « spirituelle » qui avait fait la force de Bonaparte en Italie du Nord. L'universalisme des Lumières s'acheva à la fois dans la dérive d'un nationalisme agressif relayée par un pouvoir impérial coercitif tandis que, par mimétisme hostile du patriotisme français, le nationalisme prenait son essor en Prusse occupée, puis dans d'autres États du centre et du sud de l'Europe…

Le temps de la conscience coupable : Honnie soit la propagande !

Depuis la fin de la Seconde Guerre mondiale, la propagande se voit affublée d'une réputation négative : elle caricature, déforme à outrance la réalité… Perçue de manière réductrice comme une simple manipulation mensongère, un trucage de l'information, elle est de fait souvent confondue avec la désinformation. De surcroît, elle a été durant le XXe siècle volontiers associée aux régimes totalitaires, lesquels lui ont donné pour la première fois, dès le temps de paix, une forme systématique dans un cadre institutionnalisé au niveau gouvernemental.

De ce fait, on a tendance à oublier la propagande des États ou des institutions des époques antérieures, en la limitant à la seule manipulation des esprits par des régimes totalitaires modernes visant à laver le cerveau des individus pour les transformer en masses dociles à la manipulation, embrigadées au service des pires objectifs. Lesquels au juste ? La question mérite que l'on s'y attarde. Qui dit cela et sur quels fondements et dans quel but ?

❖ **Un regard vers le passé fait apparaître une critique précoce de la propagande.**

L'Antiquité connaît la dénonciation par Platon, à travers la figure de Socrate, des Sophistes, Gorgias et Protagoras dans lesquels, injustement d'ailleurs, il ne voit que des maîtres de la forme, indifférents à la vérité. Selon les termes de la dénonciation platonicienne la forme du discours fabrique une conviction qui s'impose comme la réalité des faits en se substituant à la vérité de l'idée. La rigueur logique, la séduction des arguments choisis, la beauté de la langue produisent sur l'auditoire une aveuglante clarté convaincante. On trouve, à l'origine, ce principe : la réalité n'est jamais que ce que l'on veut bien qu'elle paraisse. Tout est affaire d'habilité à construire une illusion de réalité, un simulacre de vérité. Ce thème traverse siècles et civilisations.

Entre 1920 et 1945 se sont établis en Occident des régimes idéologiques fondés sur la contrainte policière et la manipulation coercitive des masses, en utilisant les moyens de communication modernes pour instiller une propagande qui ne souffrait aucune contestation. Ce système de gouvernement nommé totalitarisme (de droite comme de gauche) a essaimé à travers le monde frappant des pays comme la Russie, la Chine, le Japon, la Corée du Nord et certains pays africains pour des durées variables. Il a érigé systématiquement la propagande en instrument de contrôle et de soumission des masses, en la rendant obligatoire par la force et par l'interdiction coercitive de tout discours alternatif critique ou non. Le totalitarisme se caractérise d'abord par un monologisme du discours et de la pensée au service d'un parti unique. La propagande se substitue à l'information. Elle devient un instrument coercitif de gouvernement (le pluralisme d'opinion politique étant supprimé) et de contrôle des esprits, voire même des mécanismes de la pensée. Les dissidents soviétiques se sont efforcés non pas seulement de s'opposer à ce discours mais d'en démonter les mécanismes logiques et à en déconstruire les principes afin de restaurer le libre fonctionnement de l'intellect paralysé par la langue de bois.

Les deux phases précédemment constatées se retrouvent. D'abord celle de la **conquête** des esprits par une idéologie. La propagande attire, magnétise, séduit… Elle s'apparente à la première étape de la propagande politique ou religieuse ordinaire. Vient ensuite la seconde phase, celle de l'**asservissement** coercitif des esprits qui aboutit à la prise du pouvoir, des instruments de contrôle de la société et à la mise au pas, voire à l'asservissement total des médias, ceci dans une perspective d'établissement du pouvoir pour une durée indéfinie, en éliminant par la force toute alternative, toute dissidence.

Même s'il connaît des adaptations conformes au développement des vecteurs médiatiques moderne ce processus totalitaire, loin d'être révolu, continue à se développer à travers le monde actuel. Comme l'avaient compris les théoriciens et praticiens de la manipulation des foules, ces vecteurs étaient aussi incitatifs. Ils servaient les effets de massification autant qu'ils étaient promus par l'adhésion des foules contrôlées mais offraient d'immenses opportunités à l'être humain d'exprimer une certaine part de lui-même. *Le communisme*, aurait dit Lénine, *c'est les Soviets et l'électricité*. Il en va de même de la relation entre Al Qaida et Internet ou la téléphonie mobile. Certes, elle correspond à une logique plus fine qui donne plus d'autonomie à l'individu, dès lors qu'il est idéologiquement « cadré », et à une logique de réseau transterritorial qui correspond bien aux notions de *dawa* et d'*oumma* (communauté spirituelle transfrontalière opposée aux États-Nations-Frontières). Cela n'exclut nullement la centralisation idéologique (le dogme) et une hiérarchie fondée sur l'autorité spirituelle d'un petit groupe inspirateur et dirigeant.

Dénoncer la propagande des gouvernements, du « pouvoir » en place représente aussi une façon pour les médias de s'affirmer en dégageant un espace de liberté, celle de l'information non pas « objective » mais librement critique. Elle cherche de cette manière à se poser en pouvoir autonome, dégagé de l'emprise de la puissance d'État qui jusqu'alors bornait ses initiatives et contrôlait son mode de fonctionnement. Cela est particulièrement vrai dans les pays de forte tradition étatique, France et le Royaume-Uni.

Cette démarche vertueuse vaut également pour la publicité qui trouve là une occasion bienvenue de se créer un périmètre propre. Elle se défait du soupçon de n'être qu'une « douce » entreprise de lavage de cerveau... puisque, dans les faits, méthodes, procédés et vecteurs sont apparemment exactement identiques. À deux réserves cependant, et de taille. D'abord les fins : la publicité, comme le crime organisé, est à finalité purement vénale, le profit associé à la vente lui tient lieu de but ; ensuite, la nature de l'environnement qui, aussi insidieux soit-il, demeure incitatif et non coercitif. Nulle menace potentielle de l'usage de la violence n'est suspendue au-dessus de la tête du consommateur potentiel. Même si la société de consommation constitue un « modèle » éminemment critiquable, son émergence correspond à la libre évolution de groupes sociaux organisés. La tentative maoïste pour éviter à la Chine ce destin consumériste n'a jamais abouti qu'à la création d'une économie désastreuse, à une stérilisation culturelle, l'ensemble étant fondé sur un système de gouvernement, d'une grande violence coercitive physique et mentale.

Cibles, temporalités et modalités de la Propagande

Nous distinguerons classiquement trois catégories de cibles, trois temporalités et trois modalités d'action.

Cibles

En sa forme traditionnelle, la propagande travaille sur la relation individu groupe. Elle s'adresse à l'individu pour le fondre dans le groupe. Elle mobilise le groupe, l'agrégat afin de mieux dissoudre l'individu dans son état magmatique, indifférent à toute pensée individuelle. La désinformation agit clandestinement afin de renforcer ce processus.

Généralement, la propagande vise les individus, un par un, mais aussi et surtout quand ils sont membres d'une communauté. L'individu n'est gagné que lorsqu'il est capable de se fondre dans l'entité à laquelle s'adresse la propagande : le peuple, les masses, le prolétariat, la classe ouvrière, l'*oumma* (communauté des musulmans), etc.

Comme pour la désinformation, il existe trois catégories de cibles ou de « destinataires-récepteurs » :
- son propre camp ;
- le camp adverse ;
- les « tiers » : neutres, alliés, communauté internationale.

Préférable à « société », ou même à « état », le terme « camp » convient mieux pour désigner l'ensemble plus ou moins stable formé par un gouvernement et une population, indépendamment de la nature du régime politique qui en a établi la relation. Or cette relation constitue une charnière majeure, un **centre de gravité** sur lequel la propagande et la désinformation concentreront leurs efforts afin de fragiliser, de défaire le lien, voire de le briser afin de favoriser un changement politique (« *regime change* ») jugé plus favorable.

En fonction des cibles, la propagande recherche donc à ébranler, démoraliser, terrifier les opposants ; à séduire, rallier, convertir les indécis ; et à conserver et renforcer le camp des convaincus et autres sympathisants. En ce sens elle paraît très proche de la communication de la violence idéologique qui utilise le terrorisme.

Temporalités

La propagande s'exerce soit en temps de paix ou de guerre, soit dans la situation de compétition intermédiaire, incertaine et instable entre ces deux états qui tend à se généraliser.

En fonction de la qualité des relations, les objectifs, les modalités et les perceptions sont évidemment très variées. La distinction paix-guerre se révèle souvent artificielle en raison de situations comme la guerre froide ou d'états d'affrontement sans violence ouverte mais qui constituent une phase préparatoire à la guerre (France-Allemagne 1933-1939). Durant cette phase, propagande et désinformation visent à miner de moral de l'adversaire, à le décourager, à le plonger dans l'incertitude, à réduire son potentiel de résistance. Elle peut aussi être utilisée afin d'aggraver les tensions et de réduire à rien les efforts visant à une résolution pacifique de l'affrontement. Dans tous les cas, l'objectif est d'obtenir une forme de soumission, de sujétion implicite, fondée sur la reconnaissance de la supériorité du point de vue, de l'idéologie portée par la propagande.

Une des caractéristiques du totalitarisme est qu'il utilise en temps de paix la propagande noire et la désinformationn non seulement contre ses adversaires mais aussi contre sa propre population.

Les études sur la propagande s'accordent à reconnaître l'existence de trois catégories

Blanche : la source est déclarée. Elle porte donc l'entière responsabilité de l'information qu'elle transmet. Elle vise l'ensemble des récepteurs qui en prendront acte comme il leur semblera bon, en situation de libre arbitre. Par exemple *Voice Of America*, *Radio Free Europe* ou la BBC avaient pour tâche durant la guerre froide de fournir une information exacte et de promouvoir les valeurs démocratiques qui s'opposaient, par nature, à l'idéologie communiste.

La propagande ouverte dite **blanche** constitue donc en une information fondée sur les faits et l'analyse élaborée par des émetteurs identifiables. En ce sens, elle ne diffère pas de la presse d'opinion qui affiche clairement sinon son affiliation à un parti politique (ce qui est de plus en plus mal vu) du moins son soutien à un corpus de valeurs (une « ligne » éditoriale comme on disait en URSS une « ligne générale ») plus ou moins nettement défini. Même si elle présente les faits avec des inflexions analytiques conformes à un point de vue, elle ne se cache pas. Elle ne cherche pas à tromper mais à influencer l'état d'esprit et les modes de pensée d'une audience déterminée, dans un but d'adhésion ou de bienveillance à l'égard de l'objectif que l'émetteur cherche à atteindre.

Grise : la source de l'information est indéterminée. Elle n'est revendiquée par aucun organisme. Mais elle est diffusée de manière neutre. C'est une retransmission sans point de vue, sans objection. Elle se rapproche de l'information et de la rumeur.

Noire : il s'agit d'une entreprise hostile de désinformation car la source en est masquée ou falsifée. Elle est préparée, organisée, planifiée et exécutée en vue de produire un effet de déstabilisation sur une cible considérée comme l'ennemi.

Conformément au principe de **retournement** qui régit l'affrontement des propagandes, la contre propagande consistera à donner à penser que la propagande blanche est noire, que le message d'information ouvert n'est en fait qu'une entreprise de désinformation… !

Les espaces de la propagande : régimes politiques et territorialités

❖ Propagande interne en régime non démocratique

Sur la base de ces catégories, qui dans la réalité ne sont jamais parfaitement distinctes et tranchées, il y a donc lieu de distinguer entre la **propagande attractive/incitative (persuasion douce)** et la **propagande coercitive** parce qu'elles exercent leur action sur des espaces différents et varient selon la nature du régime qui en fait usage.

L'une vise à rallier, attirer et séduire. L'autre cherche à enfermer, limiter, comprimer l'espace de la pensée, de la réflexion, à inhiber toute capacité critique, toute *interrogation*. C'est une répression permanente et générale de l'intellect individuel et collectif. Dès 1921, les bolcheviks avaient créé l'*Osvag*, sorte de ministère de l'Information. Elle est conçue comme un outil révolutionnaire produisant une agitation psychologique perturbatrice et déstabilisante à l'égard de l'ennemi. C'est exactement l'envers de l'information pluraliste et vérifiable, sinon « objective ». Presque simultanément surviendra la seconde composante : la stabilisation des acquis chez soi. En dépit du maintien de l'action du Komintern, la décision stratégique de priorité à la construction du socialisme en URSS réoriente la propagande. L'information vise à enraciner le régime en assurant durablement le contrôle idéologique des masses. Bien d'autres réorientations suivront, exigeant parfois des volte-face épuisantes, dommageables pour la crédibilité même de la propagande.

Cette conception de l'information et des procédés de communication prend pour substrat une pensée unique, qui s'impose par monologisme, langue de bois, redondance et tautologie, afin d'obtenir une conformité équivalente de la pensée de l'ensemble du corps social. Certes toute contestation et déviation dissidentes sont durement réprimées mais l'action de « Big Brother » constitue une intoxication, ce que Tchakhotine et, après lui, les dissidents soviétiques comme A. Zinoviev, nomment « empoisonnement psychologique ». Il serait cependant réducteur de croire que les totalitarismes se sont limités par nature à la seule coercition. Ils ont toujours cherché à tenir un discours séduisant tant à l'extérieur qu'à l'intérieur, sur la base de promesses d'un avenir meilleur… « radieux », justifiant la situation intolérable du présent.

En principe, durant le temps de paix, une société démocratique doit s'interdire de développer une propagande en direction de sa propre population. Ce serait contrevenir au libre exercice du pluralisme politique. Elle ne doit y recourir qu'en protection pour contrer l'agression adverse, soit en situation de guerre ou de crise grave, soit encore dans cet espace d'affrontement ambigu que fut la guerre froide. Toutefois dans ces circonstances incertaines et ambiguës, comme le montrèrent de nombreux spécialistes de l'action psychologique, certaines règles déontologiques doivent êtres respectées. On vit bientôt s'opposer une école britannique très nuancée face à une école américaine bien plus radicale.

Tout manquement à la déontologie de l'information, toute manipulation constituent une défaite pour la réputation et la crédibilité des régimes démocratiques à l'échelle mondiale. Un tel manquement sera d'ailleurs immédiatement exploité par la contre propagande des adversaires, qui feront valoir que cette prétendue liberté de l'information ne serait après tout que le masque de propagandistes, voire de désinformateurs usant de procédés plus subtils et de canaux différents. De plus, ces manquements et ces dérives se trouvent constamment placés sous la surveillance intéressée de la puissance des médias qui peuvent choisir de les dénoncer, sous réserve des relations de compromis entre pouvoirs.

Un gouvernement démocratique qui use d'une propagande agressive, proche de la désinformation à l'égard de sa population court, non seulement, le risque du discrédit mais c'est la démocratie qui risque de perdre confiance en elle-même, en ses propres valeurs.

⁂ Propagande coercitive du temps de guerre.

En temps de guerre ouverte la situation est en apparence plus simple, plus manichéenne parce que l'ennemi est identifiable. Toutefois les expéditions lointaines, les guerres non déclarées, dénommées « opérations extérieures » affublées d'euphémismes diplomatiques nouveaux comme « l'imposition » ou le « rétablissement » de la paix, la « projection de stabilité », l'interposition etc., compliquent en la brouillant la compréhension de la situation réelle. Moins les situations sont claires, plus la désinformation trouve un terrain propice à son activité.

Un cas de figure saisissant, fréquent dans ses échecs, rare dans ses succès, est la propagande qui se développe dans le cadre d'une guerre dite de libération extérieure. C'est par l'invasion militaire, le renversement d'un régime en place, la conquête et l'occupation temporaire du territoire et d'un peuple que l'agresseur prétend « libérer ». Depuis la Révolution française, l'histoire regorge de ces entreprises avortées.

Citons l'immense échec de la propagande allemande en URSS, en Ukraine en particulier, qui prétendait libérer les peuples slaves du joug soviétique tout en procédant à des massacres incohérents. La propagande de l'occupant correspondait aussi à une sorte de viol culturel systématiquement organisé par des services dédiés : la « *Propagandastaffel* », le Kominform dans les pays baltes annexés, l'Europe centrale et, plus généralement, les pays où un parti communiste était en action. Cette exigence de soumission s'est accompagnée d'une ponction économique prédatrice, à titre de « dommages de guerre », suivie de l'imposition d'un système économique absurde.

Le rejet contemporain de toute propagande procède donc largement de cette tragique expérience, d'histoire récente, des peuples envahis et opprimés. La propagande affirme qu'ils ont été « libérés » tandis que la réalité de la situation correspond à la soumission à l'occupation politique et militaire de l'étranger victorieux. La libération extérieure n'a de chance de réussir que si elle est de courte durée et s'accompagne du retour rapide à la prospérité économique, à un meilleur niveau de vie et d'activité que celui qui prévalait auparavant. Faute d'avoir été capable de créer cette dynamique, les États-Unis ont connu en 2004-2009 dans un Irak dévasté, meurtri et instable d'inextricables difficultés.

Aussi sophistiquée soit-elle, la propagande ne parvient plus à redresser la situation quand le degré de dégradation réelle est aussi manifestement élevé.

Au final nous obtenons une **matrice simple** regroupant la gamme des activités possibles et efficaces de la propagande, y compris les opérations extrêmes qui voisinent avec la désinformation, à savoir :

- agression par la contre propagande et la désinformation ;
- coercition par la terreur à caractère dissuasif en annonçant la menace d'un châtiment exemplaire contre ceux qui résistent, contre les complices, les traîtres, ceux qui se refusent à choisir leur camp (« avec nous ou contre nous, pas de demi-mesure », dit G.W. Bush, après le 11 septembre 2001) ;
- enfin, séduction indépendamment de la nature du gouvernement utilisateur de la propagande.

Ces activités s'exercent dans deux espaces distincts, relativement cloisonnés, opposant l'intérieur – sa propre population – et l'extérieur – à savoir l'ennemi et tous les « autres », alliés et neutres.

À l'extérieur : agression par le recours à la propagande que l'on fabrique et diffuse comportant une attaque de la propagande adverse ; séduction pour créer le trouble, exacerber les divisions, semer la discorde ou bien même rallier certains éléments politiques, ethniques, religieux de la population de l'État adverse. La coercition n'est guère envisageable sauf à recourir à la terreur comme outil de propagande à condition de savoir maintenir l'équilibre par une capacité de sélection entre ceux que l'on entend séduire et les autres cibles de la coercition terrorisante. Dans ce cas l'option de séduction se voit considérablement réduite même s'il y a toujours des candidats collaborateurs.

À l'intérieur : on utilise un mélange de séduction et de coercition : pour rallier sa propre population et éliminer toute velléité d'opposition critique.

Fonctionnement de la propagande : l'homme, les machines, les savoir-faire

Le but est clairement établi. Il consiste à provoquer un ébranlement des croyances antérieures et des idées reçues afin de leur substituer une autre façon de voir les choses, de créer les conditions d'acceptabilité et d'adhésion finale à un autre système de valeurs.

Les modalités de la controverse prennent une allure plus technique. La propagande n'est après tout qu'une affaire de méthodes bien appliquées et de vecteurs performants. N'importe quel contenu est susceptible de « passer » dès lors que des spécialistes savent comment bien s'y prendre.

À l'opposé, on fera valoir que la propagande n'est qu'accessoirement liée à un mode de transmission des idées et moins encore à un vecteur mais bien à la valeur du contenu dont les critères d'appréciation se révèlent particulièrement difficiles à établir. Le protestantisme existerait-il sans les presses de Gutenberg qui permirent à Luther et à Calvin de diffuser la Bible en langue non-latine ?

La propagande utilise des procédés. Elle a besoin de vecteurs et, de ce fait, cumule l'emploi de tous ceux qui sont à sa disposition depuis l'Antiquité jusqu'à nos jours, du plus primitif au plus sophistiqué. L'utilisation de procédés anciens tenus pour obsolètes revient toujours, à la grande surprise de ceux qui en avaient perdu la mémoire.

Il faut bien distinguer les procédés comme la répétition ou l'amplification, des vecteurs qui se révèlent particulièrement utiles en vue de la production-réalisation des procédés. Il y a des vecteurs d'émission/amplification adaptés à une situation locale, ponctuelle et tactique, adaptés au terrain (haut-parleurs) et des vecteurs de reproduction/répétition tels que les photocopieuses, les fax et autres instruments de transmission rapide (Internet). Ainsi nous arrivons à une formule :

$$P = M\,(I.i).\,p.v$$

Le Message **M** étant Information facteur d'intention que l'on peut entendre de deux manières selon qu'elle est ouverte ou cachée en « arrière-pensées ». C'est ce **i** là qui distingue P pour propagande P pour publicité ! **p** pour procédé et **v** pour vecteur

Le caractère répressif à l'intérieur et agressif à l'extérieur s'est traduit par la multiplication des organes, certains officiels, d'autres dissimulés visant à instiller des conceptions du monde, ce qui est ordinaire et normal pour une propagande, mais en privilégiant de plus en plus la désinformation de manière à totalement tromper les destinataires quant aux fins recherchées. La propagande devenait ainsi l'équivalent d'une désinformation généralisée visant à l'asservissement mental de ses récepteurs. Mais, immédiatement, en arrière-plan, la répression physique se charge des incrédules et autres velléités critiques.

Propagande, éducation, endoctrinement : la création du terreau ; la surface et la profondeur

C'est presque au berceau, à tout le moins à l'école maternelle, que dans la plupart des sociétés de notre monde commence le travail de la propagande. La haine s'inculque comme on apprend à marcher.

Lorsqu'à cinq ans les petits enfants chinois munis d'un fusil de bois défilent dans la cour de l'école en chantant « Taïwan redeviendra chinoise », à quoi avons-nous affaire ? Ou lorsque les écoliers français sont formés par les jeunes instituteurs « hussards noirs » de la IIIe République afin de se préparer à la reconquête de l'Alsace-Lorraine..., de quoi s'agit-il ?

Le livre de lecture constitue un vecteur de propagande et d'endoctrinement qui marque pour toute son existence l'enfant. Bien souvent ce fut la Bible. Ce peut être le Coran. Et le livre de lecture *Le tour de la France par deux enfants* ancra un patriotisme qui appelait implicitement à la revanche. Lorsque les enfants palestiniens dans leurs écoles apprennent à vénérer les martyrs qui ont accompli des opérations suicides – lesquels peuvent être leurs frères aînés, leurs pères, leurs cousins et voisins... –, la propagande ne touche plus seulement la surface des choses, le temps de l'événement, elle plonge dans la profondeur psycho-sociale. Il s'agit alors d'un endoctrinement systématique dont les répercussions seront profondes et durables, à proportion d'un ancrage dans la réalité.

L'efficacité d'une propagande est fonction du degré d'adéquation à l'environnement réel

Prenons deux cas : les émissions en anglais à l'adresse des troupes américaines par le Japon (*Tokyo Rose*) ou le Nord Vietnam (*Hanoï Hannah*). Le procédé n'était guère différent, même voix féminine doucereuse, même cibles les G.I. en proie au mal du pays et à l'angoisse du combat, mêmes cordes sensibles... Or autant les émissions japonaises eurent peu d'impact, autant « *Voice of Vietnam* » fut capable d'attaquer le moral des soldats américains en insinuant le doute quant à la légitimité de leur présence au Vietnam. Par ailleurs les Nord Vietnamiens n'hésitaient pas à faire étalage de leur connaissance des unités américaines (localisation, composition), ce qui ne pouvait que déprimer les jeunes appelés et aviver leur inquiétude.

Radio Tirana jusqu'en 1990 diffusait la « vérité » marxiste-léniniste albanaise dans un environnement totalement hétérogène. Cette propagande relevait involontairement du gag surréaliste. Mais lorsque Radio-Londres a pris le slogan sur un air de cucaracha « Radio Paris Ment... Radio Paris est allemand... », il soulignait qu'étant entre les mains des autorités allemandes, Radio Paris ne pouvait que mentir dès lors qu'il était sous la coupe de la *Propagandastaffel*, laquelle n'avait aucun intérêt à dire la vérité aux Français.

Dans le domaine de la publicité et du marketing, l'efficacité de la campagne de conditionnement dépend d'une investigation soigneuse du marché et des groupes-cibles qui le composent. Progressivement, les techniques de communication ont atteint des niveaux de subtilité peu connus du public. Tel est par exemple le cas du « design de communication », qui a pour but de créer, à l'occasion des expositions, « un environnement sensoriel propice à la perception positive » des produits présentés. De manière remarquable, on constate que toutes ces techniques commerciales de motivation, ces mécanismes d'influence se sont inspirés du domaine militaire dont ils utilisent abondamment, par métaphore, le vocabulaire. Par un étrange sinon juste retour des choses, on constate aujourd'hui que les armées et les ministères de la Défense occidentaux prennent ces pratiques pour modèles de leur communication avec des succès mitigés.

Un cas de mobilisation de masse par la persuasion « douce » : le signe monétaire

Il s'agit de rallier une population à une transformation majeure sur laquelle elle n'a pas été directement consultée mais que l'on ne peut lui imposer brutalement. Il importe de faire croire aux bienfaits résultants de ce changement.

La mise en circulation d'une monnaie nouvelle constitue de tous temps une entreprise dont les enjeux dépassent de loin le seul périmètre financier. Si l'on veut bien considérer que la réussite de l'opération repose sur l'obtention de la confiance (« fiduciaire »), ressort éminemment psychologique, d'un vaste groupe d'usagers, force est de constater que la recherche de l'adhésion passe par les méthodes de la propagande. L'échange du signe monétaire est devenu si ordinaire, si « naturel » que l'on finit par oublier son caractère éminemment symbolique et artificiel. De dures réalités, celle des inflations galopantes et des banqueroutes, de temps à autre, le rappellent périodiquement.

La monnaie est par excellence le domaine de la propagande, du faux et de la désinformation. Le faux-monnayeur pouvant être l'État lui-même (Philippe le Bel). Précurseur du papier-monnaie, le banquier écossais John Law, développa en France, sous la Régence un système qui, faute de confiance, s'effondra dans une faillite qui ébranla le régime.

La dépréciation de l'assignat émis par les différents gouvernements durant la Révolution française a constitué un mensonge d'État quasi-permanent, dont tira profit une meute d'affairistes et de spéculateurs liés aux hommes politiques eux-mêmes. Le mark allemand connut en 1920 l'inflation la plus spectaculaire de l'histoire, sa valeur fut littéralement fétichisée à partir des années 1950. De même, la réputation du dollar *as good as gold* fut un slogan durable, périmé depuis quarante ans bien que les échanges mondiaux persistent à le prendre pour valeur de référence. Faire bon accueil à l'euro a constitué une entreprise de propagande de longue haleine afin de faire adopter cette monnaie dans les pays de l'Union européenne – mais pas tous (aujourd'hui 16 sur 27). La campagne d'information, nettement tendancieuse car elle vantait les mérites sans jamais s'attarder sur de possibles inconvénients, se développa durant plusieurs années afin de préparer les opinions jusque dans les écoles primaires !

Violence politique, violence idéologique, terrorisme et désinformation

« Ici on est dans l'Ouest, Monsieur le Sénateur,
quand la légende devient un fait, nous publions la légende. »

John Ford, *L'homme qui tua Liberty Valance*, 1962

Nature de la violence politique, sa relation à la désinformation

Voici, de nouveau, un terme en apparence mal assuré. Il se veut délibérément général de manière à englober des pratiques de violence très diverses, développées dans des contextes d'affrontement également fort variés. La lutte entre information et désinformation y occupe une place essentielle, (presque) tous les moyens étant bons pour discréditer l'adversaire. L'usage de la force est dit « politique » pour le distinguer du « droit commun », à savoir la criminalité passionnelle ou vénale, individuelle ou organisée. Cela permet d'éviter de s'abandonner au penchant fort répandu qui consiste à nominaliser « le terrorisme » comme si ce mode d'action, par lui-même, constituait un but et tenait lieu d'identité.

Négativement on peut considérer que la notion recouvre toutes les pratiques conflictuelles qui ne relèvent pas de la guerre régulière. L'appellation renvoie à l'usage par une **organisation irrégulière, non étatique ou para-étatique** de la violence physique au service d'un but « politique ». Elle inclut donc le terrorisme, la guérilla (et évidemment les ripostes) mais aussi les activités de contestation politique pacifique (grèves, manifestations) susceptibles de dégénérer et d'être manipulées par des agents provocateurs d'un côté comme de l'autre. Sur ce dernier terrain, particulièrement glissant, la désinformation prend une importance considérable, contribuant à influencer les esprits, à faire pencher les sympathies d'un côté ou d'un autre. La question de l'État et du gouvernement est centrale puisqu'elle fait l'objet d'une critique politique radicale, justifiant la protestation, l'insurrection et l'action terroriste clandestine. L'État ainsi mis en cause aura à justifier de sa légitimité mais celle-ci dépendra de plus en plus, de la nature de la riposte qu'il organise contre les contestataires de l'ordre établi. Cela dit, l'usage de la force et de la répression la plus brutale s'est, en de nombreuses occasions historiques et à travers le monde, avéré payant. Cependant, il n'existe pas de cas où la désinformation n'ait joué un rôle afin de tromper l'opinion, de démoraliser l'adversaire, de discréditer les actions légitimes, etc. De par sa nature, la violence politique cherche à acquérir la supériorité dans la communication aussi bien par l'information que par la désinformation. Elle est réputée « illégale » dans la mesure où elle s'exerce en dehors du cadre de l'État, considéré en principe comme détenteur légitime du monopole de l'usage de la force. Toutefois, le terme permet de laisser ouverte la difficile question du « terrorisme d'État », qui se définit comme une violence terrorisante pratiquée sur ordre du gouvernement par les services dits de « sécurité d'État », des milices mercenaires et autres « escadrons de la mort ». On ne saura pas davantage, en toute logique, tenir pour légitime la violence terrorisante exercée par un gouvernement révolutionnaire pour asseoir durablement son autorité en se disant le dépositaire d'une nouvelle légalité. Ici encore la désinformation joue un rôle majeur, qui va permettre à l'égard de la population mais aussi de la communauté internationale de faire-valoir qui ou qui n'est pas représentant du Droit.

Lénine s'opposa à la propagande par le fait et au terrorisme des anarchistes et des sociaux révolutionnaires (SR) russes non parce qu'il en rejetait le principe mais parce qu'il constatait que ce mode d'action avait échoué face à la répression tsariste, notamment à l'action de la police politique, l'Okhrana. Aussi, à peine parvenu au pouvoir, met-il en place les rouages d'une terreur d'État dont, invoquant Robespierre, il revendique le caractère nécessaire contre les ennemis de la révolution. Les SR (autant que les « Blancs ») deviennent aussitôt la cible de la nouvelle Tchéka, héritière de la police politique tsariste chargée d'éliminer toute opposition. Le phénomène mérite attention tant on constate sa reproduction à l'identique. En Iran les opposants, affreusement réprimés par la Savak du régime du Shah, s'empressèrent de mettre en place un nouvel outil de répression recourant aux mêmes procédés.

Idéologie-Politique-Religion

Le terme « politique » ne saurait s'opposer comme on le fait parfois à la motivation « religieuse ». Une religion est certes une spiritualité mais elle s'inscrit dans le domaine temporel où elle constitue aussi une idéologie en action. Pour s'accomplir elle développe des stratégies et recourt à des moyens de diffusion telle que, par excellence, la propagande. La « Cause » au nom de laquelle un groupe, une communauté prend les armes peut reposer sur des motivations religieuses. Tout au long de l'histoire, innombrables sont les cas de religions et de sectes qui ont utilisé la violence sous toutes ses formes soit pour s'affirmer contre d'autres religions et s'emparer de l'État (l'Iran khomeiniste), soit, à l'inverse, pour s'opposer à une coercition religieuse étrangère (les Juifs antiques refusant le culte de l'Empereur). Toute idéologie politique ou religieuse dissidente vise en effet à un changement de gouvernement ou de gouvernance, à une transformation radicale du référentiel de valeurs spirituelles adoptées par la société. Elle recherche une mutation profonde de la nature même de cette société : établir la charia, la dictature du prolétariat, abolir l'État… libérer le peuple quitte à l'asservir et à massacrer en masse. Dans un tel contexte, comment qualifier le projet rénovateur de Pol Pot qui se révéla exterminateur au Cambodge ?

Chacun des acteurs, pour son compte, s'efforce de dépasser la relativisation pour prétendre à un absolu, transcendant le cadre ordinaire de l'action politique et même d'une religion. Initiateur d'une critique radicale de l'idéologie, dénonciateur de « l'opium du peuple », le marxisme s'est finalement révélé comme une idéologie parmi d'autres. La raison politique et philosophique classique ainsi que la théologie rationnelle récusent ces idéologies totales, à but absolu, mais sans jamais parvenir à s'imposer définitivement contre leur éternel retour sous des formes inlassablement renouvelées en divers lieux du monde.

La prise du pouvoir peut certes constituer un but en soi mais il est rarissime que cet objectif soit énoncé tout crûment. Les acteurs s'habillent de motivations idéologiques, s'entourent d'un cortège de valeurs et d'arguments auxquels ils adhèrent plus moins sincèrement. C'est pourquoi il paraît préférable de recourir au terme « idéologie » plus englobant et qui marque bien que c'est une Idée sinon un idéal qui constitue le moteur de l'action entreprise.

Cette violence idéologique même si elle ne s'identifie pas à la guerre interétatique classique en tant que « continuation de la politique par d'autres moyens », selon la formule célèbre de Clausewitz, fait du recours à la violence spectaculaire un outil très performant permettant de modifier la situation politique.

L'utilisation de la violence au nom d'une idéologie pose également la question de savoir si les groupes qui y recourent, au simple prétexte qu'ils affichent, contrairement aux criminels ordinaires, des buts désintéressés, ont droit à une reconnaissance particulière tant de la part des médias que des autorités politiques légitimes, chacun des deux influant sur l'attitude de l'autre. Ceci revient à poser le statut de la violence organisée conduite par des « irréguliers », par des groupes « autoproclamés » que nous appelons ici « organisations non gouvernementales violentes » (ONG-v). Qui, quelle instance internationale va donc décider et selon quels critères de la légitimité de la lutte engagée par de tels groupes ? Les États contre lesquels les ONG-v entrent en lutte leur récusent, par principe, ce statut politique. Ils entendent les traiter selon le droit commun en criminels ordinaires. Les « assassins » du FLN sont guillotinés, les grévistes de la faim de l'IRA succombent dans leur prison, les *fedayins* palestiniens sont jugés par des cours de justice militaires d'exception… Les combattants tchétchènes et les membres du PKK (kurdes), tous, sont dénommés « terroristes » par leurs adversaires. Sous cette appellation, ils font l'objet d'un officiel opprobre auquel, vastes chambres d'écho, contribuent les médias. Cependant ces mêmes médias, attentifs aux faits et à l'écoute des interprétations contradictoires qu'en donne une fraction souvent minoritaire mais éclairée de l'opinion ou bien encore de la « communauté internationale », nourrissent un débat sans cesse relancé par l'actualité sur la nature politique de l'action menée. Se réduit-elle à la péjorative présentation officielle ?

Résistants, combattants de la liberté (« *freedom fighters* »), activistes, insurgés, rebelles, guérilleros, partisans, francs-tireurs : la diversité des appellations signale la confusion des notions. Le terme « militant » fait même l'objet d'une controverse. Au Cachemire par exemple… où les « militants » tenus par New Delhi pour des terroristes affrontent, avec le soutien des services secrets pakistanais, depuis plus de vingt ans les forces de sécurité indiennes. Nationalisme que vient perturber et compliquer à l'extrême l'immixtion de l'idéologie islamiste radicale. C'est dire à quel point **le langage et les définitions constituent un enjeu essentiel** en sorte que le **dictionnaire** qui s'efforce, en fixant la signification, de dissiper les équivoques afin de clarifier les idées participe au premier chef de cette lutte politico-sémantique.

La caractérisation, au plus juste, de la violence idéologique suppose une quadruple approche. D'abord **par les circonstances**, à savoir l'état de la situation d'affrontement politique : temps de guerre (étrangère, civile, guerre froide…), temps de paix (**degré de précarité**). Pour les régimes révolutionnaires et les organisations terroristes, paix et guerre se confondent dans un même projet de bouleversement régional voire mondial. C'est le propre de tous les messianismes religieux ou laïcs dès lors qu'ils entendent transformer le monde en conquérant les esprits. Ensuite **par la territorialité** : s'agit-il d'une invasion ou d'une guerre civile ? Qui a statut d'occupant légitime, d'envahisseur, de colonisateur, de libérateur ? Puis **par le choix des cibles** et, enfin, corrélativement, **par la nature des procédés et des moyens utilisés**. Les perceptions sont donc brouillées et contradictoires. Ne pouvant être évaluée par le droit ordinaire, la violence idéologique fait l'objet d'interminables controverses. C'est pourquoi aucune définition du terrorisme n'est parvenue à l'universalité.

La violence idéologique s'inscrit dans un champ de représentations dominé par le relativisme historique et par le jeu des subjectivités.

• Le relativisme historique

La variété des situations d'affrontement et de leur évolution conduit souvent à des jugements d'un relativisme inquiétant : « on est toujours le terroriste d'un autre ! » Ou encore, en se fondant sur quelques exemples historiques (Israël, Irlande) on fait valoir que le dirigeant terroriste d'hier peut devenir demain chef d'État.

• Le relativisme culturel

Les chaînes d'information Al Jazeerah et Fox News perçoivent et présentent le monde différemment. Cette différence des points de vue correspond à l'ancienne formule de Pascal : « vérité au-deçà des Pyrénées, erreur au-delà ». Selon les régions du monde, selon les classes sociales, selon les sensibilités culturelles issues de l'éducation, les appréciations varient, au regard d'échelles de valeurs très étirées. À cela vient encore s'ajouter un facteur supplémentaire

• La subjectivité

C'est se considérer ou être considéré comme terroriste. Par opportunisme, mais aussi par intime conviction, rarissimes sont aujourd'hui les organisations qui s'assument ou se proclament comme terroristes. Oussama Ben Laden ne se pense nullement en ces termes. En paix avec sa conscience, il est naturellement, spontanément, terroriste dans son projet de chasser les Croisés hors du territoire de l'Islam « *dar al islam* ». Car tous les moyens sont bons, sans égards particuliers pour le « dosage » des dommages infligés, le pire étant le mieux. Avec ce que cela peut comporter de « bavures » contre les musulmans en terre d'Islam, qu'il faut ensuite réparer par des actes de communication et une justification théologique mal assurée.

La conjonction de ces facteurs voue la violence idéologique à une compréhension éclatée, celle qui résulte des subjectivités partisanes, en l'absence de capacité à établir des critères universels. Ce flou des définitions et cette diversité compétitive des perceptions, tantôt spontanées, tantôt délibérément manipulées, favorisent à l'extrême le jeu de la désinformation qui, sur ce terrain, tend à l'emporter largement en volume sur l'information authentique, critiquable et vérifiable.

La violence idéologique : objectifs et modalités

L'analyse comparative des violences idéologiques fait apparaître l'existence d'étapes sensiblement identiques.

Objectifs

- Se faire connaître

Plus on entre dans l'ère informationnelle, plus les actes communicationnels violents abondent. Il est permis même de se demander si le terrorisme n'a pas quelque peu contribué à accélérer l'emprise de l'information et de la communication à travers le monde. Les exemples abondent. Le FLN à l'occasion des attentats de la Toussaint 1955 puis en 1956 lors de l'appel à la grève générale dans les grandes villes d'Algérie.

Adoptant une stratégie remarquablement mimétique, les Palestiniens affirment leur existence par des grèves mobilisatrices et, de manière plus originale, par le terrorisme international recourant à des détournements d'avions et à des prises d'otages, même scandaleusement inhumaines comme à Munich en 1972.

- Se faire reconnaître

Obtenir un statut international par-dessus la tête de l'adversaire, telle fut la stratégie du FLN puis de l'OLP. La grève générale lancée par le FLN en 1956 avait pour but de manifester, à l'occasion de la réunion de l'assemblée générale des Nations unies, la crédibilité de l'organisation sur la scène algérienne, désormais distinguée du territoire français. Il faut démontrer que l'Algérie n'est pas la France et que la population obéit au FLN et non aux autorités « légales » ravalées au rang d'occupants et d'exploiteurs illégitimes.

- Accéder au statut d'interlocuteur valable, parce qu'incontournable sinon pleinement légitime

Dès lors la violence, sans pour autant cesser, devient plus sélective, mieux ciblée. Elle s'accompagne d'un discours politique nuancé qui peut se développer sans avoir recours à l'éclat de l'action terroriste indiscriminée. La violence sera utilisée à des moments politiquement opportuns, comme autant de piqûres de rappel quant à la gravité de l'affrontement afin aussi de peser sur une négociation engagée.

Modalités

Trois stades historiques de l'exercice de la violence idéologique se dégagent. Ils sont fonction de la dimension du but, de l'intensité de l'affrontement, des vecteurs disponibles et du rapport culturel à la violence pour chacun des acteurs concernés :

- tuer en masse de manière indiscriminée, parfois avec une cruauté délibérée (supplices, mutilations, etc.) pour pouvoir diffuser le message en l'absence de moyens de communication sophistiqués, en comptant sur la rumeur qui facilite l'amplification. Des messagers reçoivent mission de propager la rumeur d'événements terrifiants. La violence de Tamerlan, sinistrement illustrée par ses pyramides de crânes, s'inscrit dans une logique de conquête brutale ; cependant le souverain sait bien que la guerre psychologique, la terreur, constitue l'un des moyens de s'épargner de coûteux et hasardeux combats. Sans prétendre à trop de recherches, faute de sources disponibles en dehors des chroniques dans les époques antiques et médiévales, nombre de conquérants comme Gengis Khan ou Tamerlan ont « communiqué » en recourant systématiquement à une violence exemplaire. Peu différente, la Terreur d'État moderne inaugurée par la Révolution française en 1793 fut reprise assidûment par les bolcheviks, puis par les régimes fascistes et nazis ;
- tuer sélectivement en tirant parti de l'amplification médiatique : peu de morts beaucoup de bruit. C'est le modèle créé au XIXe siècle par certains courants anarchistes, recourant à la « propagande par le fait » et à des actions très ciblées. Cette tactique d'utilisation de l'arme terroriste s'est conservée tout au long du XXe siècle. L'assassinat « politique » est donc bien un acte de violence idéologique mais certes pas un acte de terrorisme. Abattre un président de la République crée un trouble politique mais n'affole pas la population. De même, attirer l'attention sur un problème, la situation d'un groupe, d'une minorité, fût-ce par un acte de violence extrême et injuste, n'équivaut pas à terroriser systématiquement ;
- tuer en masse pour obtenir un effet médiatique qui donne à l'acte une dimension exceptionnelle, hyperbolique… La puissance impressionnante de l'action, de par son exceptionnelle dimension peut constituer par elle-même une action de communication. La violence devient médium et message à la fois.

Cette nouvelle tactique qui pratique « l'indiscrimination » de cible et recourt systématiquement aux attentats suicides, dénommés « opérations martyres » est associée à l'essor du « terrorisme religieux ». Ceci reste à confirmer dans la mesure où de nombreuses organisations dont les objectifs sont laïcs et les idéologies athées pratiquent ce terrorisme « de masse ». Se vérifie concrètement la fusion entre politique et religion dans le creuset unique de l'idéologie.

En arrière-fond se profile la crainte récente, souvent exprimée dans les États occidentaux, de l'utilisation par une organisation terroriste d'armes de destruction massive. Cette menace conforte la manœuvre diplomatique visant à leur prohibition (mais pas pour tous les États !) et à l'endiguement de leur prolifération, lequel correspond aussi à d'autres buts tels que la préservation du monopole de l'arme nucléaire par quelques États.

Au total, la recherche de l'effet terrorisant n'apparaît clairement qu'avec la répétition systématique de l'attaque des mêmes cibles, selon un rythme relativement fréquent, l'indiscrimination de cible, le principe de la responsabilité collective d'un groupe (les bourgeois, les juifs, etc.) indépendamment de la nature (âge, sexe…) de ceux qui le compose ; à quoi on peut ajouter une certaine indifférence à l'égard des effets collatéraux sur son propre camp. Le viol, le massacre, la torture, dès lors qu'ils sont systématiquement pratiqués contre un groupe déterminé, constituent aussi des instruments de terreur.

Un acte de communication sur le champ de bataille politico-médiatique

Au milieu du bruit des controverses sur la légitimité et les bonnes ou mauvaises raisons, une certitude s'impose : la violence idéologique a fondamentalement partie liée à la communication donc à tous les procédés et à tous les vecteurs susceptibles de diffuser ses messages. Toute violence, y compris le crime de droit commun, attire la curiosité, suscite la rumeur, crée une réputation. Plus élevée est l'intensité de violence, plus elle reçoit d'attention. Ce phénomène explique la tendance marquée à la surenchère pour capter l'attention des médias et obtenir l'effet d'amplification propagandiste le plus élevé. La violence idéologique, particulièrement lorsqu'elle recourt à l'arme du terrorisme, s'est délibérément manifestée comme acte de communication spectaculaire en recherchant tous les moyens d'affichage de son existence pour s'assurer une notoriété bonne ou mauvaise.

Terroriser constitue donc un acte de communication fondé sur l'utilisation d'une certaine quantité de violence physique, dosée en fonction des messages à faire passer et des fins à atteindre. Le spectre d'intensité commence sur des effets très limités, frappant les imaginations, créant le trouble jusqu'à des opérations dont l'effrayante atrocité est censée inhiber toute volonté de résistance et provoquer la soumission aux exigences formulées par l'utilisateur de la terreur. En renfort des actions spectaculaires, elle recherchera aussi des « vecteurs extraordinaires » tels que les femmes ou les attentats suicides (les femmes « martyres » constituant un comble). Ceci permet de toucher toutes les sensibilités, de déranger les perceptions ordinaires, de provoquer à l'occasion du choc émotionnel des interrogations perturbatrices, voire un égarement de la raison et de la morale ordinaire.

Dans l'âge informationnel, au moins dans les démocraties médiatiques, les effets psychologiques l'emportent sur les effets physiques en raison de la capacité de diffusion et du phénomène d'amplification. Cependant la stratégie psycho-médiatique des organisations terroristes a toujours besoin d'une certaine quantité de violence comme gâchette matérielle qui fait partir le coup psychologique. La simple menace ne suffirait pas. Même si un appel téléphonique prévient qu'une voiture piégée a été placée en un lieu précis et que la charge sautera à telle heure, la matérialité de l'acte demeure essentielle. Ajoutons que le communiqué peut aussi constituer un piège pour attirer les forces de sécurité.

Par nature, la violence idéologique se veut donc foncièrement démonstrative et théâtrale. Sans audience, elle n'est (presque) rien. Disposant d'un public, elle est capable de (presque) tout. Elle doit donc se trouver des tribunes pour sa proclamation, des scènes pour sa représentation. Ce peut être la salle de tribunal lors d'un procès, occasion de prendre la parole, de faire connaître son idéologie et ses buts. Sans public, l'acte terroriste ne présenterait en lui-même qu'un faible intérêt. Car le but est de frapper les esprits pour paralyser ou exalter, diviser ou rassembler mais toujours émouvoir. Aujourd'hui l'extraordinaire augmentation du volume des « messages » est rendue possible par la plasticité des médias et la vitesse de propagation en flux permanent ainsi que la disponibilité quasi immédiate en « temps réel ». La violence idéologique s'installe donc au sein d'une relation triangulaire comprenant les responsables politiques (au pouvoir et dans l'opposition, s'il en existe une), les opinions publiques et les médias. Elle agit sur la charnière ultra-sensible entre le pouvoir d'État et la puissance médiatique en jouant de leurs contradictions. Plus ou moins habilement, elle prend aussi position au cœur de la relation retorse entre information et désinformation, semant le trouble et la discorde.

De ce fait, la relation aux médias est constamment ambiguë parce qu'ambivalente : « je te déteste, moi non plus… ». C'est pourquoi le terrain de la communication constitue le champ de bataille de la violence idéologique, principalement lorsqu'elle recourt au mode d'action terroriste. Utilisés comme vecteurs, les médias de masse sont recherchés, attirés, manipulés, méprisés car ils sont considérés comme les instruments du pouvoir en place qui vont déformer le sens de la lutte.

Les conférences de presse où des journalistes choisis sont secrètement convoqués constituent des mises en scènes nocturnes où des militants encagoulés, exhibant leurs armes lisent des messages politiques. Ce modèle constitue, depuis trente ans, une sorte de rituel pour de nombreuses organisations en Corse, suivant en cela les procédés de l'IRA provisoire irlandaise.

Si donc ils constituent « l'oxygène du terrorisme », selon la formule de Madame Thatcher, les médias en sont aussi les grands bénéficiaires : un attentat constitue un « scoop » parce que c'est du sensationnel. La complaisance à l'égard de la douleur étalée, le sang, les pleurs capte l'attention et fait recette. À l'opposé, on fera valoir la « *resilience* » britannique : sang-froid, calme, dignité du comportement. Il serait cependant illusoire de penser que le Royaume-Uni soit parvenu à surmonter complètement la contradiction. Même si les médias d'État, proches de l'État ou dotés d'une direction sensible à l'intérêt national, pèsent dans l'effort de résistance à l'agression psychologique de la violence politique, les tabloïds n'ont pas d'état d'âmes et jouent à fond de l'effet d'horreur spectaculaire. Ce peut être dans un but politiquement intéressé : suggérer que le gouvernement est incompétent, trop tolérant, ou plus prosaïquement pour faire monter les tirages et l'audience.

De surcroît, la violence idéologique s'est renforcée en adaptant et diversifiant sa stratégie médiatique. Elle cherche à rallier des audiences plus nombreuses, en choisissant des thèmes qui reçoivent un écho plus favorable dans certaines zones et auprès de certaines couches sociales. Elle a appris aussi à développer sa propre communication en tirant profit des supports souples la cassette vidéo, internet, etc., en sélectionnant, on osera dire, en fidélisant certains circuits de distribution. C'est aujourd'hui le cas du salafisme violent dans le monde musulman.

La lutte pour la conquête des esprits : information et désinformation

Une fois admis qu'il n'est de terreur que par la communication, reste à déterminer le niveau d'extension de la diffusion du message. Local ? Mondial ? Espaces qui sont eux-mêmes fonction de la nature du vecteur choisi et de la quantité de violence employée.

La relation de légitimité entre le droit et la force formant le cœur de la violence idéologique, information et désinformation s'affrontent afin de contribuer à l'établissement d'un nouvel état de la situation. Il dépend de la qualité de la réception, de l'évolution des perceptions et du degré d'acceptation des populations, des acteurs, des décideurs concernés à l'égard de la violence et des objectifs qui l'expliquent.

Limites de la communication

La dimension de l'audience recherchée demeure variable. La mondialisation n'est pas nécessairement vraie pour toutes les formes de violence idéologique. Certaines ne se soucient guère de leur retentissement… ou plus exactement se satisfont d'une publicité à rayon d'action limitée, affectant le seul champ de leur action régionale (Sri Lanka, Corse…) L'ASALA (Armée secrète arménienne de libération de l'Arménie) proclame et venge le génocide arménien en 1975 mais la traque des responsables turcs supposés avait commencé bien plus tôt, dans les années 1930, en toute discrétion et non sans efficacité. Les Palestiniens décidèrent de se hausser au niveau mondial en utilisant la piraterie aérienne sur des lignes autres que la compagnie israélienne El-Al. Cela relevait d'une conception anti-impérialiste qui dépassait le seul problème national palestinien. De même Al Qaida a longuement débattu entre l'action régionale et le terrorisme international.

Les ONG-v sont également susceptibles d'infléchir leur stratégie de communication, en nuançant leur discours, en l'adaptant à l'évolution de l'affrontement. Au regard d'un but constant, les inflexions tactiques, objets de débats internes, sont nombreuses et indiquent la capacité d'adaptation donc la souplesse d'une organisation. Depuis l'invasion de l'Irak par les États-Unis et leurs alliés, les instances dirigeantes d'Al Qaida ont constamment infléchi leur discours, introduit des nuances, désigné des cibles nouvelles.

La stratégie d'une organisation utilisant le terrorisme peut s'avérer critiquable en raison des dommages qu'elle cause part rapport aux idéaux qu'elle prétend incarner. Quel *jihad* ? Au nom de quel Islam ? Quels critères de légitimité dans l'exercice de la violence ? Dès lors qu'il s'agit d'idéologie religieuse, la dispute théologique devient extraordinairement fragmentée et complexe. Depuis 2007 les analystes ont constaté un notable infléchissement du discours d'Al Qaida, qui tend à privilégier la justification idéologique parce que les contestations au sein de l'islam le plus rigoureux se font entendre et marginalisent l'idéologie de l'organisation eu égard à la nature de ses actions

On constate donc des ratés, des trébuchements et de lourdes bévues de la communication terroriste qui infléchissent le cours de son combat. Par le recours à une extrême violence, l'objectif opérationnel était de créer la peur, le désarroi chez l'ennemi ; au lieu de quoi, on suscite une radicalisation et un sursaut d'indignation qui renforcent la solidarité avec l'autorité gouvernementale. Par ailleurs, les sympathisants potentiels se détournent indignés, écœurés. Ces défaillances s'expliquent par une confiance excessive dans la justesse de la violence employée selon ses propres critères. À quoi s'ajoute une ignorance souvent grossière des différences culturelles qui perturbent négativement la propagande. En 2006, une vidéo à destination des pays occidentaux, visant à détacher les Européens des États-Unis, incitait à utiliser l'euro contre le dollar en Irak ! La contre-communication (anti)-terroriste se doit évidemment de tirer le meilleur parti de ces fautes.

La manipulation du terrorisme et la contre désinformation

Faut-il considérer la violence politique comme une entreprise d'information ou de désinformation ?

Une partie de la communication terroriste constitue en effet une information « innocente », sans trucage. Simplement elle transmet un regard idéologique sur la réalité du monde en cherchant à convaincre, en faisant prévaloir sa vision particulière. C'est une propagande blanche. Certes, l'idéologie biaise les faits, les dénature, les réorganise de manière interprétative ou encore, à l'extrême, elle se substitue à la réalité vacillante des faits mal assurés car toujours difficiles à prouver.

Le recours au terme « terrorisme » est devenu de nos jours, si péjoratif que son usage constitue déjà en soi une prise de parti, un manquement à l'objectivité susceptible d'engendrer la critique. Selon la position adoptée et l'usage du mot, on considérera que les médias informent, désinforment, se laissent manipuler par le gouvernement, sont complaisants à l'égard des terroristes, etc. On peut donc dans ce cas précis parler de « guerre de la désinformation » non pas seulement propagande contre propagande mais effort constant, délibérément organisé, pour faire passer l'information de « l'autre » pour de la désinformation et réciproquement en utilisant le procédé d'inversion et de renversement qui fonctionne également dans le cas des propagandes. Au service de ses buts, la violence idéologique utilise toutes les ressources de la désinformation, arme infiniment plus puissante que le revolver ou la bombe.

Car l'enjeu de l'affrontement porte sur ce que les Britanniques ont toujours privilégié à savoir la lutte pour « *Hearts and Minds* », qu'accompagne, en parallèle et simultanée, une autre composante : la bataille pour la légitimité. L'action de violence idéologique cherche en effet à terroriser mais aussi à troubler le jugement, à séduire les esprits en se réclamant d'une légitimité fondée sur des justifications « nobles ». L'opprimé, le pauvre, le désespéré n'aurait d'autre recours, ultime, que cette violence. Il regrette les bavures et s'excuse parfois arguant qu'il ne pouvait agir autrement.

Face à cela, se développe la contre-communication anti-terroriste. Elle peut rechercher l'interdiction de la communication terroriste. Si les médias fournissent l'oxygène du terrorisme, il faut donc couper le circuit, bloquer la diffusion, asphyxier. C'est le « *black-out* ». Les médias annoncent l'attentat, montrent des images de dégâts, surtout matériels, mais ne donnent aucune information sur les motivations (effets sans cause, en dehors de la sauvagerie destructrice) et, surtout, ne relayent pas le message terroriste. Or ce blocage est devenu presque impossible en raison de la multiplication des sources de diffusion de l'événement. Tout au plus est-il possible de limiter l'impact du choc des images et de réduire les effets de terreur.

Le pouvoir d'État peut aussi rechercher par la contre-désinformation à manipuler à son profit l'acte terroriste pour en tirer bénéfice auprès de l'opinion en demandant au peuple menacé un soutien sans conditions pour son action protectrice. Celle-ci peut correspondre à servir des objectifs sans aucun rapport avec la protection. En 2003, l'Irak est accusé de liens imaginaires avec Al Qaida par l'administration Bush.

Par une autre forme de contre-désinformation, le gouvernement attaqué peut fausser le message des terroristes, déformer leur action, les tourner en ridicule, jeter le discrédit présentant les acteurs terroristes comme des débiles mentaux... eux-mêmes manipulés par leurs chefs, envoyés cyniquement à la mort, ou contraints au suicide par divers chantages... On fera courir des rumeurs dépréciatrices pour casser l'image du martyr héroïque. Ainsi les hommes du 11 septembre 2001 auraient passé la veille de leur action dans une « boîte » de strip-tease à boire de l'alcool. C'est gros ? Mais pourquoi pas ! Cela peut marcher. Plus sérieusement, en tant que clandestins, vivant dans l'angoisse de l'infiltration, de la trahison, les terroristes peuvent être, non seulement, infiltrés mais intoxiqués par une entreprise de désinformation.

La lutte sur le terrain de la communication pour la conquête (ou la défaite) des esprits et du moral consiste donc, comme au judo, à déséquilibrer l'adversaire, en utilisant sa force comme d'une vulnérabilité, de manière à lui faire commettre des erreurs, à le pousser à la faute dont on va s'emparer pour en retourner l'effet à son détriment.

La déception

« L'une des règles fondamentales de la guerre a toujours été de mystifier et tromper l'ennemi. Aussi les ruses de guerre qu'elles quelles soient ont-elles joué un rôle dans presque toutes les campagnes depuis l'épisode du Cheval de Troie, et même avant. »

Lord Ismay, 1953 (Chef d'état-major de Churchill 1940-1945, Secrétaire général de l'OTAN).

Après la mort de ses deux frères dans l'affrontement initial avec les Curiaces, le jeune Horace prend la fuite. Il trompe, non seulement, ses poursuivants mais aussi son propre camp qui croit à une lâcheté. Puis ayant, par sa course, dispersé ses adversaires, il se retourne contre eux et les tue un par un. Voici, à l'état d'épure, un modèle de déception et, au-delà, un enseignement pour la stratégie militaire : économie des forces, surprise, exploitation du temps, concentration soudaine contre un adversaire dont les forces sont étirées dans l'espace…

Principes généraux et objectifs

La déception constitue le volet proprement militaire de la désinformation. Faire la guerre, c'est pénétrer dans l'inconnu, affronter l'imprévisible. De surcroît, il faut faire face aux ruses de l'adversaire, à ses stratagèmes et prévenir ses opérations de déception… Il faut chercher à éclaircir ces ténèbres par le renseignement et la préparation renseignée des opérations.

Elle représente une composante à part entière de la guerre à tous les niveaux : politique, stratégique, opératique et tactique. La *déception stratégique* suppose une vaste combinaison de multiples actions, impliquant parfois des moyens importants mais aussi des opérations très subtiles, soigneusement ciblées, n'exigeant pas de ressources financières considérables. Toutes les armées recourent à la déception, plus ou moins volontiers, avec des résultats évidemment mitigés.

C'est l'usage de la ruse systématiquement planifiée et combinée afin de tromper l'ennemi. De ce fait, contrairement à la désinformation pratiquée en temps de paix, elle ne fait pas l'objet d'une méfiance voire d'un rejet de principe, puisqu'il s'agit bien d'une opération dans la guerre dont elle sert le but. Dans la mesure où la guerre suspend les principes ordinaires du droit et de la morale, il paraît sinon légitime du moins acceptable de chercher à égarer l'ennemi, en brouillant ses plans et son processus décisionnel pour assurer la victoire. Ce terme lui-même constitue un anglicisme (tout comme « *intelligence* » qui en anglais, désigne le renseignement). Dans la langue française on est « déçu » dans ses espérances, désappointé (*disappointed*) de n'avoir point réussi, En anglais on est « trompé ». Mais un mari ne « déçoit » pas son épouse avec une maîtresse (et réciproquement).

Bien qu'étroitement liée aux opérations durant la guerre, la déception touche aussi et, de plus en plus, à la préparation de la guerre durant le temps de paix, notamment lorsqu'il s'agit de la stratégie des moyens. Faire croire que l'on s'engage dans la fabrication de tel système d'armes alors qu'il n'en est rien, ou très peu, conduit l'adversaire à se fourvoyer gravement. À une époque où entre la conception et la mise à disposition d'un système, il faut compter trente ans (!), on imagine l'exceptionnelle gravité d'une erreur d'orientation initiale.

Dans le champ très vaste et très varié de la déception, le stratagème constitue un des procédés les plus redoutables et les mieux aboutis. C'est une machination où l'ennemi devient l'auteur actif de sa propre perte. Le stratagème consiste, en effet, à induire en erreur le décideur cible de manière telle qu'il en vienne à faire en toute (*mé*)connaissance de cause un choix pour lui fatal et, inversement, favorable à l'auteur du stratagème. Exigeant une subtile élaboration, le stratagème peut se révéler désastreux dans le cas d'une bataille d'anéantissement susceptible de briser toute capacité de résistance adversaire et conduire à une capitulation de l'autorité politique.

Toute opération de déception comporte deux champs : le mental et le physique

La déception entretient évidemment un lien étroit avec le renseignement militaire. On ne trompe efficacement qu'un ennemi dont on connaît l'identité, les intentions, la culture militaire, les penchants doctrinaux, bref tous les éléments de sa personnalité stratégique.

Comme lui, avec lui, elle travaille sur tous les niveaux : petites opérations tactiques, vastes manœuvres de portée stratégique. Elle agit au niveau suprême, celui des décideurs politiques. Il convient toutefois de conserver à l'esprit qu'une opération de déception de grande envergure destinée au plus haut niveau de décision peut démarrer par un petit indice tactique, sorte d'amorce, dont le planificateur de la déception aura pris soin de s'assurer qu'il remontera effectivement vers l'échelon supérieur auquel il est vraiment destiné. Afin d'éviter que cet élément ténu ne soit étouffé, on prend soin de le renforcer par d'autres petits indices qui, se recoupant les uns les autres, augmentent la puissance du signal. La convergence produit alors l'effet de crédibilité. Les services adverses croient avoir détecté un élément d'une importance telle qu'il justifie la remontée vers les niveaux supérieurs. C'est pourquoi les services compétents ont souvent pour consigne de filtrer l'information de manière à éviter l'intoxication des niveaux supérieurs de la décision. Durant la guerre froide, les services secrets occidentaux vécurent dans l'obsession de messages de certains de leurs agents (comme le

Soviétique Penkovski) qui, brûlés, et sur le point d'être pris et exécutés, cherchèrent à provoquer une guerre qui aurait pu être nucléaire. Que valait le message d'un agent face au risque de l'apocalypse mutuelle ?

Dans ce domaine d'une extrême délicatesse, l'intuition et le sens du « mental » de l'ennemi, de sa logique jouent un rôle éminent. Traditionnellement, les services de renseignement politiques présentent au général en chef un portrait psychologique de son adversaire, avec plus ou moins de bonheur dans l'exactitude.

Le **champ mental** du décideur ennemi, quel que soit son niveau, du simple chef de peloton au commandant suprême des armées, constitue donc la cible suprême à laquelle doivent être subordonnées les opérations matérielles qui visent à créer une conviction si forte qu'elle le conduise à refuser de donner crédit à ses propres services de renseignement, voire même à refuser, au moins pour un temps à admettre la réalité. Remarquablement, ce fut le cas de Staline confronté à l'opération Barbarossa en 1941 et, trois ans plus tard, de Hitler face à Overlord en Normandie.

La déception cherche aussi à instiller le doute, à créer dans l'esprit de l'ennemi l'incertitude sur nos propres intentions, « s'envelopper de mystère… » dit de Gaulle, sur le véritable but de guerre : saisir la Silésie (Frédéric II), collaborer à la France « nouvelle » ou l'asservir définitivement (Hitler).

Le second domaine est le champ matériel de la bataille : la réalisation de l'opération

Lors d'une opération militaire, quelle que soit son envergure, il importe de tromper l'ennemi et de se protéger contre ses tentatives pour tromper. Le catalogue des ruses, grandes et petites, n'a point de fin, des plus simples aux plus sophistiquées.

À ce stade, le renseignement opérationnel ou de théâtre joue un rôle essentiel. Tout est matière à tromper l'adversaire et tout est risque de se voir induit en erreur par de fausses informations, de faux messagers, de faux transfuges… Ceux-ci peuvent avoir directement accès au théâtre principal de ce combat psychologique : l'esprit du chef.

⁜ Déception et médias

Les opérations militaires contemporaines s'efforcent d'intégrer leur médiatisation et d'en tirer le meilleur parti. La déception n'est pas censée toucher son propre camp. Elle devrait rester confinée au seul domaine militaire. Or cela devient quasiment impossible en raison de l'imbrication entre les opérations militaires et les médias qui en assurent la « couverture ».

Toutefois lorsqu'une opération de déception est présentée par les médias et à son propre public comme la manœuvre de grande envergure, cela peut contribuer à induire en erreur l'adversaire… Mais prévient-on les médias dans une telle circonstance ? Ce qui se révèle n'est-il pas justement artifice ? Il faut savoir brouiller les agents infiltrés, les informateurs stipendiés, etc. Le général Norman Schwarzkopf reconnaît s'être affolé lorsque *Time Magazine* publia un article qui correspondait à son propre plan de reconquête du Koweit. Son chef, le général

Colin Powell le rassure aussitôt. La presse américaine de l'époque et les médias du monde entier bruissent de centaines de suppositions sur ce que sera l'offensive américaine. C'en est une parmi tant d'autres. Et de fait, les dirigeants irakiens ne prêtent aucune attention à cet article. Donner à penser à sa propre population que l'on s'apprête à s'engager dans telle ou telle action constitue donc une des meilleures formes de protection du secret et de l'efficacité d'une campagne de désinformation.

À vrai dire, en dehors de la dimension considérable (nationale et internationale) en termes d'audiences, cela n'est pas nouveau. Les Grecs anciens et bien d'autres savaient comment diffuser dans les populations les fausses informations ou les rumeurs qui allaient servir à leur objectif militaire. Dans les cas extrêmes, il peut arriver qu'un des acteurs décide de tromper son propre camp, ses propres autorités afin de provoquer une décision estimée indispensable. C'est le comportement de Moltke et Bismarck lorsqu'ils conviennent de fabriquer la dépêche d'Ems afin d'éviter une solution pacifique de la crise franco-prussienne. Délibérément, mais par un mensonge, ils créent l'irréversible, ferment l'option de la temporisation ou du retour en arrière. Cette attitude est différente de ce que l'on appelle la stratégie du « dos au précipice », ce que l'on appelle parfois « brûler ses vaisseaux » pour fermer l'option du retour. Dans ce cas il n'y a pas tromperie mais un coup de force décisionnel, pour supprimer toute alternative. Les soldats ne pourront reculer, se réembarquer. Il faut combattre, vaincre ou mourir.

La déception est-elle l'arme du faible ? Quel est son caractère décisif ?

Certains écrivains militaires considèrent que la déception constitue un recours pour le plus faible qui doit compenser son infériorité. En revanche, le plus fort confiant dans sa supériorité n'est que peu tenté par l'usage de la déception, superfluité dont il n'a pas à s'encombrer. Le sentiment de la supériorité détournerait du recours aux artifices jugés superflus. Ceci expliquerait que, à l'exception d'ailleurs limitée des Britanniques, il y eut si peu d'opérations de déception durant la Première Guerre mondiale.

Se pose donc une question stratégique fondamentale qui consiste à savoir qui est le fort et qui est le faible à chacun des moments de l'affrontement. Quand bien même sur l'ensemble du théâtre des opérations, il se trouve en état d'infériorité, Bonaparte s'efforce toujours de disposer de la supériorité du nombre et du feu là où il a choisi de livrer bataille.

Durant les guerres coloniales, Britanniques, Français et Russes n'ont jamais engagé que de faibles effectifs. La faiblesse du nombre a été compensée par la supériorité technologie, l'exploitation des divisions ethniques permettant la levée de troupes auxiliaires « indigènes » et l'obtention d'un bon renseignement de terrain et, enfin, par la déception. Toutefois, dans les premiers temps de l'arrivée des contingents européens, la situation se révéla souvent défavorable, obligeant à un renforcement des effectifs et à un approfondissement de la connaissance du terrain et des populations rencontrées. Depuis les origines de la stratégie militaire, en fonction des situations d'affrontements et des cultures des peuples, de leur rapport à l'usage de la violence organisée, cette tension éminemment politique et culturelle s'est établie. Le débat reste ouvert sur les théâtres actuels : Irak, Afghanistan, Somalie.

Brève recension historique des catégories d'opérations de déception

La Bible relate de nombreux exemples d'opérations de déception qui constituèrent, par la suite, des classiques (apparemment toujours efficaces, on n'apprend rien !). Un des cas les plus anciens est attesté par la Bible (Livre de Josué I, 4.) Dans le cas de la prise de la ville d'Aï, c'est Yahvé lui-même qui indique à Josué le plan à adopter : « Aie soin d'établir une embuscade contre la ville, par-derrière ». Ainsi Dieu, stratège suprême, recommande la déception au simple général en chef.

Au ve siècle av. J.-C., les stratèges chinois – du moins ceux que nous connaissons, principalement Sun Zi – ont privilégié la ruse et la tromperie, ils ont donné la primauté aux opérations psychologiques qui permettaient de faire tomber le fruit mûr sans avoir à combattre longtemps, ce qui est coûteux et hasardeux.

La guerre de siège en général, où la durée joue un rôle primordial, est particulièrement riche en traîtrises, tromperies et déceptions de toutes sortes. Du cheval de Troie aux guerres limitées du XVIIIe siècle en passant par Montluc et les guerres d'Italie du XVIe siècle, s'est constitué un inépuisable catalogue. Les cas de figure reposent sur des procédés, au demeurant limités et répétitifs :

- l'exploitation des divisions internes chez les assiégés. Une faction finit par livrer la ville espérant éliminer ses rivaux et grâce à l'assiégeant prendre le pouvoir. La trahison ouvre les portes et dissout les frontières. Par-delà le microcosme de la Cité-État se retrouvent en effet les déchirements politiques au sein d'un même État-Nation (la France en 1939) ou bien encore l'espoir des exilés que l'allié puissant leur permettra de retrouver le pouvoir (Irak, 2003) ;
- à l'inverse, décourager le moral de l'assiégeant en faisant croire que l'on tiendra le siège durant de longs mois ;
- faire croire à l'assiégé que l'on abandonne le siège par découragement afin de faire sortir le gros des forces de défense. Depuis Sun Zi et César, qui n'avait guère de chances d'avoir connu les écrits chinois, l'utilisation du camp abandonné à la hâte contribue à exciter la convoitise de l'ennemi attiré par l'appât du pillage.

L'objectif ultime reste toujours d'obtenir la reddition à peu de frais. Toutefois ce succès local s'inscrit, au niveau stratégique, dans l'ensemble des opérations menées sur d'autres théâtres plus ou moins voisins par rapport auquel la reddition d'une place forte prend valeur et sens.

La déception ne se réduit pas à la simple surprise. Monter une embuscade sur le passage d'une colonne ennemie ne constitue pas une opération de déception. Recourant systématiquement au stratagème, la déception suppose un « montage » complet comportant une combinaison de faux indices, un enchaînement d'actions leurrantes, l'utilisation de transfuges, d'espions et de traîtres afin de conduire l'ennemi qui, en principe se méfie, à la mauvaise décision et au comportement fatal.

Le chef des Sioux Sitting Bull parvient à détruire les forces de cavalerie du général Custer à « Little Big Horn » non pas en attirant la force ennemie dans un « guet-apens » mais, bien plus, par une manœuvre combinée de différents moyens de déception. En créant de fausses pistes, de fausses concentrations de forces, en utilisant des transfuges, en faisant croire au chef ennemi qu'il est parvenu à surprendre et éventer les manœuvres destinées à le tromper. Voilà bien qui relève de l'essence même de la déception et de la désinformation : donner à croire que l'on est surpris dans sa propre action de tromperie. De plus la connaissance de la psychologie de l'adversaire, – en l'occurrence la brutalité de Custer – de ses objectifs et de ses ambitions favorise la déception.

Les guerres coloniales, surnommées « petites guerres », ont conduit les États occidentaux qui certes bénéficiaient d'une large avance technique mais ne disposaient que de faibles effectifs à recourir systématiquement à la déception. Cette tradition fut reprise et théorisée par Baden Powell entre 1890 et 1900 soit en Afrique soit encore durant la guerre des Boers du Transvaal. Logiquement, elle fut perpétuée avec succès par le colonel T.E. Lawrence lors de la campagne d'Orient en Arabie et en Palestine au sein des tribus arabes luttant contre l'occupant turc, lourdement armé et techniquement plus puissant.

Cette subtilité n'épargna point à l'Empire britannique, trop confiant dans sa puissance, comme en témoigne l'effroyable erreur de la prise de Singapour par les Japonais. Les responsables de la défense de Singapour, regardant la mer négligèrent l'hypothèse d'investissement de leur position par une avancée ennemie sur l'arrière, à travers la jungle jugée impénétrable. Les Japonais multiplièrent les faux messages destinés à conforter les Britanniques dans cette illusion.

Durant la Seconde Guerre mondiale, le Royaume-Uni – directement menacé en Europe et en Afrique, tandis que leur Empire asiatique subissait les coups de boutoir japonais – recourut à une stratégie principalement fondée sur la déception que développa le général Wavell en Méditerranée orientale et en Afrique du Nord contre Rommel. Elle se développe par la création de la « Force A » dirigée par le colonel Dudley Clarke.

Nombreux sont les auteurs qui considèrent que les États-Unis perdirent politiquement la guerre du Vietnam à l'occasion de l'Offensive du Têt, fin 1967-début 68. D'un point de vue strictement militaire, le Nord Vietnam commit une énorme erreur en sous-estimant la capacité de riposte américaine. Toutefois l'impact psychologique aux États-Unis fut immense : le général Giap a pu disposer d'un avantage initial en exploitant habilement le « syndrome de Dien Bien Phu » qui hantait le général Westmoreland. Il monta une opération de déception autour de la base de Khê-San, donnant le sentiment d'un encerclement massif destiné à infliger une humiliante capitulation aux Américains comme pour les Français en 1954. Rideau de fumée ! Le gros des forces du Nord Vietnam était concentré pour l'offensive sur les deux grandes villes du Sud Vietnam : Hué et Saïgon.

Disposant d'énormes moyens militaires, le général Schwarzkopf put réaliser une des plus importantes manœuvres de déception, baptisée *Hail Mary Play* en référence à une tactique de football américain, au large des côtes du Koweit afin de faire croire aux forces irakiennes à un débarquement frontal. La presse américaine fut informée de mouvements réels de l'aviation et du corps des marines visant à préparer l'opération. « Radio Koweit Libre » annonça des débarquements qui n'eurent jamais lieu mais dont la rumeur persista pendant plusieurs jours ajoutant à la confusion d'une armée irakienne déjà mal en point. La déception fixait le gros de l'armée irakienne tandis que les forces américaines et leurs alliés effectuaient un débordement latéral le long de la frontière irakienne. Ainsi était créée une tenaille qui allait se refermer sur l'arrière des divisions irakiennes.

Procédés et instruments de déception

Les procédés et moyens de la déception sont aussi innombrables qu'est fécond l'esprit humain et disponible les objets, du plus rudimentaire au plus complexe. Ils peuvent être improvisés comme préparés de longue date.

Ils se répartissent en deux catégories : humain et psychologique d'une part, techniques et matériels, producteurs d'effets physiques d'autre part, les deux pouvant, devant même se compléter. La combinaison augmente la puissance de l'opération, encore faut-il que la synchronisation soit parfaitement assurée, ce qui suppose une convenable coordination des services concernés, tâche redoutable. Désinformation, déception et guerre psychologique ont constamment souffert de la fragmentation des efforts, du repli de chacun sur soi-même, voire même d'une concurrence féroce mettant en péril l'efficacité du travail général.

La déception par vecteur humain

À Salamine, un stratagème en date de 431 av. J.-C. sauve Athènes et la Grèce. La situation des Athéniens est désespérée. Leur cité vient d'être prise et ravagée par les Perses. Seul Thémistocle pense que la flotte unie de tous les Grecs pourra briser la force ennemie dans l'espace étroit de Salamine où elle ne pourra manœuvrer. La dissension ravage le camp grec. Le parti du chacun pour soi tend à l'emporter. Alors Thémistocle fait passer auprès de Xerxès, le précepteur de ses enfants, Sicinnos pour l'informer que les Grecs s'apprêtent à fuir et qu'il est urgent de bloquer la passe de Salamine. Déception et vérité se confondent. Thémistocle fait croire qu'il trahit les Grecs pour recueillir la faveur reconnaissante du souverain perse tandis qu'il crée un double piège : pour les Grecs qui ne pourront plus se disperser et fuir et pour les Perses qu'il attire sur Salamine. Convaincu, Xerxès accomplit le plan de Thémistocle qui sans lui n'aurait pu forcer l'ensemble des Grecs à affronter la marine perse. Le stratagème provoque le désastre du plus fort.

Il est permis de douter de l'exactitude totale de cette opération de déception telle que la rapporte Hérodote. Cependant, en soi, elle constitue un modèle remarquable. Les détails d'une opération de déception, surtout lorsqu'elle inclut des alliés, restent difficiles à obtenir. Il faut s'en tenir à la compréhension d'un dessein général.

De nos jours les méthodes de traitement du renseignement en temps de paix et de guerre sont supposées filtrer, recouper afin de s'assurer de la fiabilité de l'information fournie. Il importe d'éviter de tomber dans les multiples machinations de l'ennemi mais aussi de céder aux instances des faux amis, transfuges en quête d'un soutien, capables de toutes les provocations « amicales », bien intentionnées… mais potentiellement dangereuses. En 2002-2004, la saga de M. Chalabi, intronisé par l'administration de G.W. Bush comme le nouveau dirigeant d'un Irak libéré et démocratique (aujourd'hui totalement oublié par les médias, mais pas forcément par tout le monde en Irak !) devrait constituer une leçon mémorable. Or dans ce domaine prévaut une accablante répétition des mêmes erreurs, parce que les autorités politiques changent et que les services et autres organes compétents ne conservent pas la mémoire de leurs défaillances, comme de leurs succès d'ailleurs.

De surcroît, deux obstacles se présentent : l'urgence, qui oblige à prendre une décision rapide ; ensuite le niveau du transfuge. S'il fournit des renseignements intéressant la décision politique, si sa parole bénéficie de « recommandations », d'un crédit particulier, on aura tendance à passer par-dessus les procédures parfois très bureaucratiques des services qualifiés visant à s'assurer de l'exactitude de ses informations. Les courriers destinés à être faits prisonniers avec les faux plans ultra-secrets dont ils sont porteurs constituent un classique en la matière, si fréquemment utilisé que souvent des plans authentiques, réellement perdus, n'ont jamais été pris en compte.

Les faux-semblants consistent à masquer ses mouvements en donnant à « voir » de faux mouvements. Ce procédé, déjà présent dans la chasse préhistorique est né avec la guerre elle-même. Comme la désinformation, la déception consiste à faire croire à ce qui n'est pas en utilisant toutes sortes de procédés et d'outils. C'est un art de la feinte et de la désorientation par du faux-semblant, du faux mouvement, de la fausse présence : être là où l'on n'est pas, aller là où l'on ne va pas, abandonner une position alors que l'on y demeure. Donner à croire que l'on engage le gros de ses forces quand il ne s'agit que d'une infime poignée, que l'on prend une direction alors que l'on adopte une autre. Dans ce cas le recours à une forme minimale de diversion s'avère indispensable.

Des États recourent à l'organisation de visites truquées destinées à prouver qu'il n'existe pas d'activité illégale. À l'inverse, ces mêmes visites peuvent convaincre de la réalité d'une puissance qui n'existe pas vraiment. Le procédé reste traditionnel dans tous les domaines de l'action : faire croire à beaucoup quand il y a peu mais aussi à peu quand il y a beaucoup… on exagère les apparences ou on réduit la réalité. Tel est le principe fondamental de la déception et de la désinformation. En 1938, le général Vuillemin chef d'état-major de l'armée de l'air française visite la Luftwaffe et se fait berner par Goering car l'aviation allemande se trouve encore loin de la puissance qu'elle affiche. Mais la terrifiante efficacité du bombardement de Guernica par la Luftwaffe deux ans auparavant avait fortement impressionné.

Vraies-fausses manœuvres : les exercices militaires du temps de paix présentent un intérêt particulier. Leur nature n'est pas forcément « défensive » même si de nos jours les États n'utilisent plus d'autre terminologie. Le pays qui en organise peut inviter des observateurs militaires étrangers afin de témoigner de ses bonnes intentions et de dissiper le soupçon de desseins menaçants. Mais l'art peut consister à faire croire à ces observateurs à une innocuité qui masque les réelles activités.

Lorsqu'entre deux États ou deux alliances l'hostilité politique crée une forte tension, les manœuvres militaires à proximité des frontières constituent une période périlleuse, particulièrement propice à la désinformation. Quand ils revêtent une grande ampleur, ces exercices peuvent en effet servir de masque pour une agression soudaine.

Ils peuvent constituer un excellent prétexte pour déclencher une opération jugée nécessaire depuis longtemps. Pour devancer une attaque surprise on recourra à l'offensive préemptive au prétexte que les manœuvres constituaient le début d'une véritable offensive.

Tel fut le cas en 1967 lorsque face aux manœuvres de l'armée égyptienne, Israël décide d'attaquer. Inversement en 1973, l'armée égyptienne fait croire à des manœuvres le long du canal de Suez qu'elle traverse le jour de Kippour. L'angoisse de l'attaque surprise et de la frappe désarmante par un tir de missiles balistiques nucléaires a constitué une des obsessions majeures de la guerre froide entre États-Unis et Union soviétique, entre OTAN et Pacte de Varsovie. Afin d'éviter les risques d'une mauvaise interprétation des activités de l'adversaire, des mesures destinées à créer la confiance (*Confidence-building measures*) ont été élaborées durant la guerre froide pour éviter l'anxiété de la déception génératrice de réactions intempestives. Chacun fournit de l'information. On communique la date et les caractéristiques de ses essais balistiques (Inde-Pakistan), en expliquant l'objectif et la nature de ses manœuvres. On installe des liaisons de communication souples et rapides (« téléphones rouges »).

La déception par les procédés physiques et techniques

❖ L'utilisation de la nature, ses propriétés particulières pour tromper et cacher, offre d'immenses opportunités pour la déception

En fonction de la stratégie et des plans adoptés, la nature peut constituer un élément de vulnérabilité ou de protection. Tout dépend de la capacité à en utiliser les opportunités selon que l'on est en offensive ou en défensive. Mais la déception joue des chances offertes par la géographie physique : végétation, accidents de terrains, obstacles naturels. Les lacs, exemple admirable, peuvent constituer un atout formidable : les brouillards favorisent la dissimulation comme à Trasimène. Les lacs Mazuries ont contribué à l'écrasante victoire de Hindenburg-Ludendorff et brisèrent l'offensive russe de l'été 1914. Gelé, un lac constitue un redoutable piège : ainsi S. Eisenstein met en scène, de façon admirable dans *Alexandre Nevski*, l'anéantissement des chevaliers teutoniques, qui sous le poids de leurs armures font s'effondrer les glaces du lac Peïpous et sont engloutis.

Reliefs difficiles, végétations denses sont des instruments de déception potentiels et, bien sûr, de surprise opérationnelle, pouvant prendre une dimension décisive (cf. la forêt des Ardennes jugée impénétrable pour les chars allemands en mai 1940 ou, encore, la jungle malaise que pénétrèrent pourtant les forces japonaises qui prirent à revers la garnison britannique de Singapour).

Les moyens les plus rudimentaires font encore bon ménage avec les plus complexes : nuages de poussière, feux de bivouacs, bruits, tout ce qui touche au sensoriel. Dans l'ensemble ces techniques présentent un excellent rapport coût-efficacité. Aujourd'hui la déception donne la préférence aux sources électromagnétiques plus sophistiquées, plus onéreuses mais pas forcément plus efficaces lorsque l'ennemi, ne disposant que d'armes élémentaires, n'envoie pas de signaux ou très peu.

L'art du faux joue un rôle tactique important. Il repose sur la fabrication de leurres (*chaffs*, *decoys*, *dummies* – la richesse du lexique anglais n'est pas de hasard), faux canons, blindés en carton-pâte. On touche à la subtilité des décors de cinéma. Qu'est-ce en effet dans ces circonstances que l'ennemi sinon un spectateur qu'il faut illusionner ?

Il est amusant de constater que l'utilisation de ces leurres est, en général, attribuée à la perfidie de l'ennemi. On n'en fait que rarement mention pour soi-même. C'est plus correct, en terme d'image (nous ne trompons pas !) mais aussi cela permet de rester discret sur ses propres techniques de leurrage. Elles prennent en effet une tournure de plus en plus sophistiquée et coûteuse.

Attirer le passage d'un satellite pour lui donner à voir de faux événements et focaliser leur attention là où il ne se passe en fait rien, alors qu'un peu plus loin, hors du champ de vision limité du satellite, se trouvent les activités réelles.

Si la déception est constamment utilisée dans la guerre ordinaire, on constate qu'elle l'est bien peu dans les opérations de maintien de la paix… qu'elle pourrait servir très utilement en raison du déséquilibre toujours défavorable à une force de paix face à des adversaires qui se livrent, eux, à toutes les provocations et qui cherchent à tromper les forces d'intervention pacifiques. Mais les soldats de la paix ont-ils le droit de tromper ? Le peuvent-ils compte tenu de la transparence de leurs activités ? Imagine-t-on les Nations Unies monter une opération de déception efficace ? Ou bien la force d'interposition ou de maintien de la paix, trop confiante, négligerait-elle de recourir à la déception ?

Toujours est-il que l'analyste constate l'existence d'un domaine prometteur, en friche ou très mal utilisé. Car ne sont disponibles que des éléments tactiques de petit niveau, très intéressants, fort suggestifs mais cela ne va pas au-delà…

⁜ Insuffisance de la seule déception

Les partisans et théoriciens de la déception politique et stratégique ont adopté une position extrême : ruse, stratagème, surprise suffisent par eux-mêmes à faire la décision, à gagner la guerre sans même avoir à livrer de grandes batailles.

La déception constitue un dispositif, un mécanisme, un levier qui permet peut-être de gagner la guerre mais il a besoin du socle des forces réelles. Compensateur d'infériorité, multiplicateur de puissance, la déception est un outil dont il convient, avec précautions, de mesurer les limites. Sans une force réelle capable, par des effets de destruction physique, d'assurer le résultat final, la déception à elle seule ne parvient pas à emporter la décision.

C'est donc soit un compensateur qui réduit le déséquilibre entre le faible et le fort soit un amplificateur de puissance. La déception fragilise l'ennemi, augmente sa vulnérabilité ou diminue sa puissance mais ne détruit pas ses forces. Elle le place en position d'infériorité sans qu'il en ait conscience, ce qui constitue un facteur majeur de vulnérabilité. Trompé et non pas « déçu », l'ennemi devient une proie. Encore faut-il qu'une force suffisante, même inférieure, soit en mesure de retirer les avantages créés et recueillir ainsi les fruits victorieux d'une manœuvre générale soigneusement planifiée.

⁂ Désinformation et choc des mentalités et cultures militaires

Y a-t-il une « culture » de la déception qui caractériserait certaines armées et, en raison de l'importance accordée dans l'éducation militaire, l'esprit de certains peuples ?

Sun Zi est fréquemment cité pour faire de la déception l'élément primordial de la guerre. S'agirait-il d'un penchant « oriental » fait de subtilité mais aussi de ruse, pire encore de fourberie ? Or les Britanniques y ont eu recours de manière systématique, même si l'importance des succès obtenus a parfois été délibérément surévaluée. C'est aussi pourquoi Albion est « perfide »… Il convient de s'en tenir aux faits attestés par les opérations, aux écrits et non point à des préjugés et des rumeurs visant à discréditer l'ennemi (« *fides punica* »). On entre là dans le domaine de la désinformation. Il est finalement utile de donner à penser que l'hypocrisie caractérise l'ennemi et justifie les mesures de précaution que l'on est bien obligé de prendre à l'encontre de ses menées sournoises.

En réalité, depuis l'opposition entre Achille et Ulysse, toutes les cultures militaires témoignent d'une tension entre les tenants de l'action héroïque, en pleine lumière face à l'ennemi, hardie, brillante, ouverte et les partisans de l'obscurité, de la dissimulation, de la ruse. Mépris des « preux » guerriers pour tout ce qui n'est pas le champ de bataille. En retour, ironie méprisante des experts de l'action psychologique à l'égard des « fiers à bras » ; les désinformateurs, se croyant maîtres des acteurs aveuglés par leur action, estiment pouvoir à eux seuls diriger la guerre tout entière. Tant il est vrai que les organisations parviennent difficilement à accepter autre chose qu'un choix en leur faveur.

A

Action psychologique

Ensemble des procédés par lesquels des gouvernements, leurs organismes spécialisés (civils ou militaires), des ONG ou encore des sociétés privées s'efforcent de modifier l'état d'esprit d'un individu ou d'un groupe afin de lui faire adopter le point de vue que l'on juge le plus profitable pour soi ou pour les intérêts que l'on défend. L'utilisateur de l'action psychologique peut aussi sincèrement croire que sa démarche sert l'intérêt de son audience.

Cette expression se veut en principe la plus neutre possible. Elle englobe toutes les méthodes d'influence sur le jugement d'autrui. La plaidoirie d'un avocat ou d'un procureur procède de l'action psychologique. Il s'agit, par une démonstration, de convaincre et d'emporter l'adhésion. Un degré de plus est franchi lorsqu'il est demandé à la personne convaincue de passer à l'acte, c'est-à-dire un engagement qui matérialise cette conviction. En publicité ce sera l'achat du produit proposé. Dans ces domaines réputés inoffensifs, comme le marketing, la publicité, la gestion l'utilisation systématique du vocabulaire militaire en mode agressif (les « cibles ») entretient la confusion. L'action psychologique ne devrait en principe recouvrir aucune activité à caractère coercitif.

Il convient donc de la distinguer strictement de la guerre psychologique qui, en temps de guerre, vise l'ennemi en cherchant à l'intoxiquer, à semer la suspicion, le désarroi et à ébranler le moral de sa population. Cette indispensable séparation n'a malheureusement pas cours, jusqu'à présent en France. Ceci s'explique par la confusion des termes action et guerre qui se développa durant la guerre d'Algérie, d'abord à l'égard des populations musulmanes françaises dans les départements algériens, puis à partir de 1960 dans une dérive extrémiste, à l'égard de l'ensemble de la population métropolitaine.

→ *Corrélats : Cinquième Bureau, influence, guerre psychologique, manipulation, persuasion.*

AFP

Les conditions de création de l'Agence France Presse reflètent assez fidèlement les convulsions de la vie politique française et la difficile relation entre l'information et l'État. Historiquement elle est l'héritière de l'agence Havas créée en 1835. Durant ces années cruciales pour le développement de la liberté de la presse française, Havas devient le fournisseur d'information de la presse d'opinion puis des journaux destinés au grand public, y compris dans les pays étrangers. L'agence développe alors un secteur publicité dont la branche se séparera de l'information en 1940. La subordination du groupe au régime de Vichy conduit après la guerre à une sorte de nationalisation qui place aux commandes les responsables de l'Agence française indépendante (largement composée d'anciens « Havas men » qui avaient choisi de rejoindre Londres). Tout en étant fidèle à l'esprit de la Résistance et de la France libre, les premiers dirigeants comme Pierre Lazareff restent soucieux d'indépendance à l'égard des gouvernements.

Le rôle essentiel du directeur général reste caractérisé par des rapports de force, comportant des liens très puissants, parfois (trop) personnels avec l'État et ses dirigeants. Les relations entre le porte-parole de l'Élysée et l'AFP sont souvent houleuses, conduisant parfois à des interventions du président de la République vivement contestées par les journalistes et les associations syndicales.

→ ***Corrélats*** : *Al Jazeera, BBC, CNN.*

Agent d'influence

Personne manipulée par une puissance étrangère afin de présenter dans son propre pays sous un jour favorable les intérêts de cette puissance.

Un agent d'influence n'est pas un espion. La notion appartient pleinement au domaine de la désinformation. Il constitue un vecteur de messages, reflets d'une certaine idéologie, et épouse la position du pays qu'il soutient. Il devient le porte-parole officieux, « mondain » dans les cercles qu'il fréquente, auprès des personnalités de haut niveau dont il est le familier.

Agissant par conviction il n'est pas payé. Certaines de ses activités peuvent recevoir un soutien économique indirect... Il est surtout récompensé symboliquement. Invité, honoré gratifié, reconnu, son ego est flatté.

Tous les États à travers leurs représentations diplomatiques recourent à ce type de moyen afin d'attirer des personnalités dont l'influence servira les intérêts de leur pays. Pour autant cela n'implique pas nécessairement une intention de nuire au pays d'appartenance de l'agent d'influence. Il est possible de faire valoir qu'au contraire l'orientation prise aboutira à un bénéfice mutuellement partagé. Reste à estimer qui retire le meilleur profit.

De même qu'un journaliste constitue une cible pour la désinformation, il s'avérera un agent d'influence particulièrement précieux, eu égard à son audience. Certains journalistes ont fait leur carrière et leur renommée internationale en devenant les interlocuteurs privilégiés voir exclusifs d'hommes politiques très difficilement accessibles.

Ainsi en fut-il de l'américain Edgar Snow qui réalisa de très longues interviews de Mao Ze Dong et dont il présenta l'activité politique de manière hagiographique, laissant de côté toute critique. L'Union soviétique stalinienne « patrie du socialisme » avait pris pour habitude d'inviter des personnalités occidentales, hommes de lettres et scientifiques, soigneusement sélectionnés pour leurs sympathies « de gauche » afin de leur montrer les succès de la construction du socialisme. L'objectif était clairement de les voir revenir enthousiastes dans leur pays d'origine. L'entreprise se révéla en générale efficace, en dépit de ratés parfois retentissants illustrés par le cas d'André Gide. Dans son *Retour de l'URSS*, il n'hésita pas à dire ce qu'il avait vraiment vu et compris après son séjour en Union Soviétique

→ ***Corrélats*** : *Cinquième colonne, diplomate, Gide, influence, intoxication, manipulation, MICE.*

Agitateur

L'utilisation de ce petit instrument de laboratoire auquel recourt le potache dans ses « manipulations » de chimie rend compte excellemment de l'activité de l'individu qui par métaphore a reçu son nom : il trouble un milieu donné. Au départ, le terme est plutôt péjoratif. L'agitateur « professionnel » tombe sous l'accusation d'être manipulé par « la main de l'étranger » afin de déstabiliser le pays et son ordre social. Mais précocement le terme est assumé par les organisations révolutionnaires qui organisent « l'agit-prop » comme une structure opérationnelle d'information. Le terme américain de « *brain storming* » a été parfois traduit en français par « agitation des méninges ». Un agitateur est-il donc un propagandiste ? Certainement. Est-ce un désinformateur ? C'est selon, en fonction du contexte, des objectifs et des méthodes choisies pour influencer l'opinion et les masses. Mais il est certain qu'il ne répugnera pas à désinformer.

L'agitateur exerce son activité au niveau politique et stratégique par des écrits, des pamphlets qui remettent en cause les idées établies, bouscule les idées reçues. C'est, comme Trotski, un intellectuel révolutionnaire tourné vers la pratique.

Au niveau tactique, l'agitateur est un simple militant formé à la manipulation des groupes et des foules dont il sait attiser les passions, canaliser les humeurs, diriger les mouvements vers des cibles.

Une chose est certaine, il utilise tous les procédés et tous les vecteurs permettant de modifier une situation, de changer les esprits, de passer d'un état à un autre. Il trouble, désoriente pour mieux réorienter.

Opportuniste, il tire parti de toutes les bévues de l'adversaire, il sait monter en épingle le moindre incident. Il « récupère ».

Dans le domaine de la morale ou de l'esthétique, les agitateurs exercent aussi une activité perturbatrice contre le conformisme, l'académisme, les idées reçues.

Selon l'importance de l'enjeu, la gravité du sujet et l'efficacité de son action, l'agitateur peut se hausser au niveau du révolutionnaire politique (Castro et Che Guevarra), du grand réformateur spirituel (Luther). À mi-chemin entre les deux, on placera le Mahatma Gandhi. Il peut n'être qu'un trublion un peu ridicule et vite oublié. Qui se souviendrait d'un Jean Edern Hallier si, sur la fin de sa carrière, il n'était entré en relation avec Fidel Castro et n'avait reçu de lui une importante correspondance avec Khrouchtchev lors de la crise des missiles de Cuba ?

→ ***Corrélats*** : *manifestation, masses.*

Al Jazeera

Chaîne d'information en continu en langue arabe créée au Qatar le 1er novembre 1996.par le cheik Hamad ben-Thamer-al-Thani avec le soutien des autorités. Elle se veut dès l'origine une sorte d'alternative à l'effet CNN lors de la guerre du Koweit. À cette époque, le monde arabe avait compris que l'information télévisuelle dépendait de la seule capacité des États-Unis. Les attentats du 11 septembre, puis la guerre d'Afghanistan propulsent la chaîne qui bénéficie de la fourniture par Al Qaida des vidéos d'Oussama Ben Laden. L'administration Bush l'accuse de complicité avec le terrorisme et de désinformation antiaméricaine. Mais la guerre d'Irak ne fait que confirmer le succès d'une chaîne qui ouvre des bureaux désormais partout dans le monde et diffuse désormais aussi en anglais. Disposant d'une bien meilleure connaissance du terrain, de la culture et des mœurs du monde arabo-musulman que les journalistes occidentaux, la chaîne rafle les scoops. Elle fait évidemment l'objet d'innombrables critiques de tous bords, à commencer par les gouvernements arabes eux-mêmes bousculés dans leurs habitudes de strict contrôle de l'information.

→ ***Corrélats*** : *AFP, BBC, action psychologique, amplification, CNN.*

Al Qaida

Existe-t-elle ou pas, cette organisation terroriste ? Qu'est-ce au demeurant ? Tout a été dit à son sujet à travers des millions d'articles, des milliers de livres contradictoires en sorte que seule une communauté d'analystes du renseignement et d'experts, eux-mêmes divisés sur leur évaluation est en mesure de démêler le vrai du faux. Combien de documents d'Al Qaida n'ont-ils pas été « retrouvés » par les forces spéciales, par la police sur des ordinateurs saisis et dont nulle autorité judiciaire n'a pu encore prendre connaissance ? Combien de complots ont-ils été ourdis dans les grottes de Tora-Bora (Afghanistan) promues par la presse en véritable cité souterraine du terrorisme ultramoderne, ce qui ne peut que faire rire ceux qui connaissent les lieux réels.

C'est devenu un signifiant maître, un mythe actif qui fait vibrer l'opinion publique à chaque fois qu'un gouvernement prononce ce NOM et à chaque fois aussi que l'un des chefs du mouvement adresse un message ou prononce une « fatwa ». Peu importe que le terme, somme toute anodin, désigne la base, la maison, l'asile où se sont regroupés, à partir de 1980, à Peshawar (Pakistan) sous la direction d'Abdullah Azzam (théologien jordano-palestinien), les combattants du jihad antisoviétique. Peu importe qu'Al Qaida soit une image de marque, une oriflamme sous l'obédience de laquelle se rangent les musulmans qui ont adhéré à l'idéologie salafiste la plus sectaire et la plus violente.

Disséminées dans le monde entier, les filiales d'Al Qaida agissent dans leur région en toute autonomie.

Sans égard pour sa véritable organisation, Al Qaida fait recette dans les médias et stimule les partis politiques. Comme toute organisation publiquement hors la loi, comme les anarchistes d'antan, elle utilise la désinformation mais constitue une cible de désinformation. Car bien des gouvernements sont tentés de manipuler leurs opinions publiques pour créer l'angoisse, discréditer leurs opposants, provoquer à leur profit un rassemblement national, ou encore rejeter sur cette organisation étrangère la responsabilité de leurs propres carences.

→ ***Corrélats*** : *Aznar, intoxication, manipulation, peur.*

Amalgame

C'est un des procédés favoris de la désinformation. Il consiste à juxtaposer différents faits, différents événements, chacun pouvant en soi être vrai, mais sans réelle relation entre eux, pour insinuer, par association, leur liaison objective. Dans le meilleur des cas, la désinformation se borne à instiller le doute ; au pire, elle affirme, fausses preuves et aveux extorqués à l'appui, la « vérité irréfutable » de collusions imaginaires. Les procès fameux des Templiers, de Jeanne d'Arc, plus généralement de la « sainte » Inquisition préfigurent les actes d'accusation dressés souvent avec une extrême violence verbale, par les procureurs des tribunaux révolutionnaires (Fouquier-Tinville sous la Terreur, Vychinski, lors des procès de Moscou) ou des commissions d'enquête (McCarthy aux États-Unis). L'amalgame permet d'élaborer des syllogismes meurtriers permettant de discréditer l'adversaire politique tenu pour responsable de complots imaginaires. L'amalgame permet de construire rétroactivement l'activité malfaisante d'un groupe ou d'un individu. L'opposant politique avait fait un voyage à l'étranger où se trouvait, au même moment, telle autre personnalité, elle-même convaincue de liens avec des services secrets étrangers. Plus grossièrement encore, toute critique, fut-elle modérée, sincère et plutôt bien intentionnée, à l'égard du régime en place ravale son auteur au rang de contre-révolutionnaire, d'agent d'influence de l'ennemi étranger, de complice au sein d'un vaste complot ourdi par les trotskistes, les impérialistes, les sionistes, etc. L'amalgame tire profit des préjugés, des ressentiments, des angoisses liées à la précarité des conditions de vie d'une population. Il contribue puissamment à fabriquer des boucs émissaires qui détournent le mécontentement à l'égard des authentiques responsables du malheur général.

→ ***Corrélats*** *: aveu, Boukharine, calomnie, chasse aux sorcières, manipulation, machination, montage, légendes urbaines, rumeurs.*

Amplification

Phénomène d'accroissement de l'importance d'une information en raison d'une diffusion spontanément ou délibérément intensifiée jusqu'à l'exagération. C'est aussi un procédé de propagande et de désinformation. Certains vecteurs tels que les chaînes d'information en continu contribuent à favoriser l'effet d'amplification. L'amplification est le résultat de la diffusion persistante et de la reprise d'une même information, toujours plus détaillée. L'effet varie avec le facteur temps. Intense, fulgurante, l'information enfle en quelques heures, mais elle peut aussi rapidement retomber soit par manque de consistance réelle, soit parce qu'elle ne présente plus d'intérêt. La désinformation peut ainsi lancer des rumeurs sur un massacre de paysans par l'armée comme le fit au Chiapas le sous-commandant mexicain Marcos qui utilisa pour produire l'amplification les ressources d'Internet. Au final il ne s'était rien passé dans cette région peu fréquentée par les journalistes. Mais le monde entier y a cru durablement. L'amplification produit l'exagération. Là où une personne seule et unique a commis un acte de violence aux effets limités l'amplification peut conduire à multiplier le nombre des acteurs et l'ampleur des dégâts.

Une « affaire » grave, un scandale peuvent faire l'objet d'une amplification progressive, à mesure que de nouveaux développements apparaissent, tenant en haleine le public. Il est recherché par les organisations non-gouvernementales pacifiques ou violentes. L'organisation environnementaliste Greenpeace s'est fait une spécialité de ces actions de petite dimension, réunissant peu de monde mais soigneusement mises en scène pour les médias prévenus par une véritable campagne de communication. Les images de CNN retransmettront le message dans le monde entier et chacun de la reprendre et de la *propager* par ricochet en donnant une dimension plus importante pour rendre la nouvelle plus « piquante ». Les Britanniques utilisent l'expression très imagée « *to sexy up* » pour désigner ce procédé d'enjolivement qui, lorsqu'il s'agit d'un cas grave, devient une opération de désinformation d'État comme dans le cas des rapports sur les capacités militaires de l'Irak en 2002-2003.

Toutes choses étant égales par ailleurs, et pour ne s'en tenir qu'au niveau des procédés, le terrorisme classique fonctionne sur le même mode. Il compte sur l'amplification médiatique pour donner une dimension disproportionnée à son action et à diffuser largement ses messages politiques. Ainsi en allait-il dans les années 1980 des conférences presse nocturnes du FLNC en des lieux secrets de la Corse mais où la presse était soigneusement « invitée ».

→ ***Corrélats*** *: calomnie, CNN, Peur, Rumeur, Timisoara, Watergate.*

Anarchisme

Ce mouvement idéologique très hétérogène s'est fondé sur le rejet de la propriété privée et de toute autorité temporelle (l'État) ou spirituelle (Dieu). Se refusant à tout centralisme et à toute hiérarchie, jugés autoritaires, le mouvement se caractérise par une grande fragmentation organisationnelle et territoriale qui a constitué une sérieuse vulnérabilité. Très précocement il a fait l'objet d'opérations de désinformation systématiques et de manipulations complexes.

Les groupes anarchistes ont manifesté un goût prononcé pour le slogan et le spectaculaire, principes de base de toute publicité. Ce faisant, ils s'inscrivaient dans l'ancienne tradition populaire du rebelle qui prend au riche pour donner au pauvre.

Du point de vue de la désinformation, l'anarchisme, dans son extraordinaire diversité, présente un triple intérêt : il invente la « propagande par le fait », utilise précocement l'information et les médias de masse, fait l'objet d'une contre-information d'État pouvant aller jusqu'à la manipulation. Il se situe donc constamment sur la frêle ligne de démarcation entre information, propagande, désinformation et contre désinformation.

1) **Diffuser une information révolutionnaire, créer un mythe romantique actif, voire apocalyptique : le « Grand Soir »...** Ce qui permet d'occuper le champ culturel de l'imaginaire populaire. Le Grand soir est une variante de « l'avenir radieux » du socialisme stalinien. Mais ce mythe eschatologique fut retourné par les adversaires afin de créer l'angoisse nécessaire justifiant la répression, et au-delà.

Contemporains de l'essor de la presse à grand tirage, les anarchistes se sont efforcés de retirer les bénéfices de l'amplification de leur action qui, ponctuelle et limitée, prenait une ampleur exceptionnelle, dont l'effet pouvait « frapper » les esprits sur une large échelle. En sorte qu'une action ciblée sur une importante personnalité incarnant l'appareil d'État avec peu de victimes était répercutée. Il n'était plus besoin de tuer en masse pour que l'horreur soit porteuse de rumeur. Plus haut placée se trouvait la cible, plus fort était le retentissement.

Mais l'anarchisme a également innové lorsque certains courants extrémistes (le nihilisme russe de Netchaev, les radicaux français comme Vaillant) prônèrent le recours à des attentats indiscriminés en recherchant un paroxysme de destruction matérielle et humaine (« taper dans le tas »). Cette déshumanisation s'accompagne de dérives vers la simple criminalité. Mais à l'inverse, l'anarchisme a pu fasciner de grands criminels qui ont idéologisé leur action. Il est bien vrai que comme de nombreux mouvements politiques violents, l'anarchisme a connu des dérives criminelles de droit commun.

À l'inverse, certains « bandits » ou « truands » populaires, de Cartouche et Mandrin à Bonnot, Ravachol et à l'époque actuelle, Jacques Mesrine se sont non pas convertis à la violence idéologique (cf. Georges Darien, *Le Voleur*, 1897) mais ont donné à leurs actes une coloration anti-étatique, imprégnée d'un anarchisme diffus. Ils ont pris conscience de lutter non seulement contre la police mais contre un appareil d'État servant à protéger les intérêts des « riches et des puissants ». Exploitant la rumeur puis les médias, ils ont construit une image d'eux-mêmes, à caractère largement mythique.

2) **Entrer en relation avec les médias de manière à disposer d'un effet d'amplification, dans un rapport d'attraction/répulsion**. Les anarchistes radicaux, en utilisant la propagande par le fait, recourent à un terrorisme directement en prise sur les médias avec lesquels ils entretiennent un rapport ambigu. Ils savent en avoir besoin mais ils les méprisent en tant qu'agents du pouvoir d'État et les exècrent en raison de la présentation, à leurs yeux, tendancieuse de leurs actes comme de leurs buts. Les groupes terroristes européens comme les Brigades Rouges (marxistes-léninistes), le groupe « Potere Operaio » (d'inspiration situationniste libertaire) ou la RAF (plus proche de l'anarchisme spontanéiste) témoignèrent du même profond mépris pour les médias tout en les utilisant : les « confessions » d'Aldo Moro étaient remises dans des poubelles !

3) **Se situer dans la lutte entre désinformation et contre-désinformation. La manipulation des organisations anarchistes et la désinformation à leur égard**. Les organisations anarchistes (libertaires, autonomistes) mal organisées ont toujours été perméables à l'infiltration d'agents provocateurs. Cela devint même pour leurs adversaires communistes un argument systématique pour discréditer leur action.

Les anarchistes, comme par la suite les utilisateurs du terrorisme, ont fait l'objet de manipulation visant à dénaturer le sens de leurs actions et à les présenter comme de simples bandits, voire même des psychopathes. La presse a battu le rappel des « honnêtes gens », suscitant délibérément une peur disproportionnée mais décuplant les tirages de la presse à sensation. Cette recette reste largement pratiquée à l'égard du terrorisme par les *tabloïd* contemporains.

Les groupes anarchistes peuvent également faire l'objet de manipulations provocatrices de la part des services de sécurité des différents États, soit à l'extérieur, soit encore à l'intérieur : les Russes, les Italiens, les Allemands.

Pour les uns c'est la déstabilisation du gouvernement et de l'État. L'essentiel est de produire un effet de sensation dans les médias afin de mobiliser et de manipuler l'opinion publique.

Pour les autres c'est une lutte pour le pouvoir : on utilise l'action terroriste pour déstabiliser la démocratie. Vers la fin des années 1960, les services secrets grecs et italiens s'efforcèrent de manipuler de petits groupes anarchistes pour servir des fins politiques qui n'avaient plus rien à voir avec la sauvegarde de la démocratie, au contraire. Un phénomène sensiblement identique se produisit à la même époque dans certains pays d'Amérique latine (Montoneros argentins, Tupamaros d'Uruguay). Il aboutit cette fois à la prise de pouvoir par des dictatures sanglantes.

Le courant libertaire et situationniste des années 1960 a pesé d'un grand poids dans les convulsions des années 1960-1970 parce qu'il avait compris qu'il convenait de se placer sur la charnière sensible entre pouvoir politique et puissance médiatique ascendante qui se trouvait proche de l'état de séparation et d'autonomisation, du moins dans certains États européens de tradition centralisatrice.

Internationaliste par principe, l'anarchisme entend détruire tout État considéré comme un instrument d'oppression violente non seulement contre les masses laborieuses mais, plus universellement, contre l'homme dont il réclame la liberté. Paradoxalement, ce refus de l'État et ce fanatisme de la liberté individuelle se retrouvent dans un anarchisme d'extrême droite aux États-Unis !

→ ***Corrélats*** *: infiltration, manipulation, Moro, provocation, rumeur.*

Antimissiles

Système d'armement destiné à détruire les missiles balistiques assaillants. Ce système fut particulièrement connu du public après le discours du président Reagan sur l'Initiative de Défense Stratégique (dite aussi « Guerre des étoiles »), en 1983.

Durant la guerre du Koweit de 1990, l'Irak utilisa des missiles Scud contre les forces de la coalition, l'Arabie saoudite et Israël. En urgence, les États-Unis dépêchèrent des batteries de Patriot afin de détruire les Scud.

Sur les écrans de télévision, les spectateurs de CNN purent voir dans la nuit, comme un feu d'artifice, de belles images des tirs d'antimissiles et des lueurs d'explosions qui paraissaient correspondre à la destruction des missiles assaillants. Durant la guerre et par la suite, cette thèse fut soutenue par les autorités américaines et relayée par les médias. Jusqu'au jour où les analyses techniques américaines émanant du MIT (Boston) démontrèrent que le système d'armes Patriot qui n'était à l'époque qu'une défense antiaérienne améliorée avait été incapable de détruire les Scud. On n'avait vu dans le ciel que les tirs ratés des antimissiles Patriot ou encore l'explosion accidentelle en vol des charges des Scud, mais point d'interception.

Il fallut alors en revenir à une analyse plus réaliste sinon plus rigoureuse. Elle considéra qu'il était préférable de faire croire qu'il existait un système de protection relativement efficace plutôt que donner le sentiment démoralisant de l'impuissance totale face à l'agression balistique. Le Patriot avait donc fonctionné comme une arme psychologique rassurante et un instrument politique permettant de souder la coalition anti-irakienne en évitant une intervention militaire d'Israël contre l'Irak. La désinformation sur son efficacité réelle avait permis d'obtenir un gain important dans la conduite de la guerre.

→ ***Corrélats** : apparences, artifice, CNN, guerre des étoiles, missile gap, moral.*

Apparence

Relève de l'apparence tout ce qui appartient au domaine du visible, de la perception sensible. Les apparences ont facilement mauvaise réputation en sorte que le bon sens commun recommande de ne pas s'y fier.

Elle s'oppose en général à la réalité et à l'authenticité des faits sur lesquelles elles nous trompent. Les apparences fondent la croyance non la connaissance. L'apôtre Thomas a besoin de toucher pour croire. Mais cela suffit-il ? En effet d'où proviennent les apparences ? Platon répond : de notre incapacité humaine, de notre propension à borner la connaissance au seul message de nos sens trompeurs. Ces illusions, ces fantômes d'information, ces simulacres de connaissance nous abusent sur la réalité et nous conduisent à des jugements erronés sans que nous en soyons conscients. On sera tenté de parler d'auto-désinformation.

Plus classiquement, la désinformation consiste à fabriquer des apparences si convaincantes, assurées de fausses preuves, fondées sur de faux témoignages, qu'elles passent pour vérité aux yeux de celui que l'on entend tromper.

La désinformation s'entend donc comme une construction délibérée qui, lorsqu'elle est menée par de vrais professionnels, consiste à exploiter l'imperfection du jugement humain en jouant de tous ses défauts, y compris de sa capacité à accepter des syllogismes sommaires. Par exemple : à Timisoara un charnier a été découvert. Nicolaï Ceaucescu était un dictateur sanglant, donc le charnier doit vraisemblablement lui être imputé.

Les « apparences étaient contre lui ». Ainsi l'innocent peut-il être victime d'apparences fortuites ou créées par une machination. Alfred Hitchcock a bâti l'essentiel de son œuvre cinématographique sur ce thème du faux coupable, victime de complots méticuleusement construits pour l'accabler mais dont l'innocence est connue du spectateur qui tremble pour lui. Hitchcock s'inscrit donc brillamment dans une tradition artistique qui, de la perspective du Quattrocento aux faux-semblants du baroque, joue de l'illusion visuelle pour le plus grand plaisir du spectateur.

La conception sceptique et, à l'extrême, cynique consiste à penser que tout ce que nous tenons pour réalité n'est finalement qu'un montage d'apparences et la vérité qu'une accumulation d'erreurs et de tromperies habilement mise en cohérence.

Cette position radicale finit par considérer que l'information n'est qu'une désinformation que l'on tient pour authentique. La désinformation ne peut que se réjouir d'un extrémisme qui lui ouvre tout grand le chemin et sert son activité de déni de l'information exacte.

La critique des apparences porte souvent sur les relations sociales et les rapports de pouvoir (cf. les moralistes français du XVIIe). Le courtisan est le flatteur d'un souverain qui érige sa gloire dans le paraître. Vanité de toutes les vanités ! Et pourtant, quand tout est perdu il faut « sauver les apparences » !

→ ***Corrélats** : apparences, authenticité, courtisan, illusion, image de marque, inversion, faux, leurre, Timisoara, trucage, Orson Wells.*

Archives

Aux questions angoissées sur un passé plus ou moins proche, sur l'exactitude des faits, la fiabilité de témoignages forcément subjectifs, il est souvent répondu que la réponse gît au fond des archives, comme la vérité nue au fond de son puits. Quand elles sont accessibles, ce qui n'est pas toujours le cas, sont-elles complètes ? Évidemment non ! Détruire les archives est l'une des premières tâches d'un gouvernement en fuite ou simplement d'un gouvernement qui doit céder la place par le jeu des élections. Les régimes totalitaires, lourdes bureaucraties, produisent du papier. Les interrogatoires sous torture font l'objet de relevés sténographiques qui sont envoyés aux destinataires ayant droit à en connaître. Plus la machine est lourde, plus nombreuses sont les traces.

Les Archives nationales sont là pour préserver mais aussi pour « réserver » une mémoire parcellaire. Ceci pose la question du droit à la consultation. Aux États-Unis, un amendement oblige de communiquer les archives sous certaines conditions. Certes des passages sont « caviardés » mais il est possible de constater l'existence « d'affaires » et de combler au moins partiellement, les vides.

Force est de constater que la France, État réputé démocratique, ne figure pas parmi les plus transparents. L'histoire en est affectée mais bien plus encore la cohésion nationale s'en trouve durablement endommagée. Contrairement aux États-Unis, la France ne parvient pas à liquider son passé. Le filtre des archivistes officiels qui trient les documents qui ont fait l'objet d'une classification « secret » peut constituer un maquillage par défaut, l'historien n'obtient qu'un accès partiel qui peut avoir été délibérément biaisé. De ce fait subsiste encore une partie cachée, porteuse d'un soupçon qui empoisonne la vérité. De surcroît, la législation établit des périodes d'ouverture qui varient selon la nature des documents demandés (trente, soixante ans !). La clause de préservation de la vie privée justifiée par la sécurité des personnes n'a rien d'un prétexte absurde, car il peut y avoir des représailles contre une famille. Mais elle ne fait l'objet d'aucune limitation. Les archives de la Stasi (services de renseignement de la RDA) furent très rapidement ouvertes aux citoyens qui découvrirent avec effarement leurs propres dossiers. À l'opposé qui, à ce jour, a produit les archives du régime de Saddam Hussein ? Les services de désinformation soviétiques, marquant un goût pour le retour sur le passé, ont recouru à la fabrication de fausses archives attribuées à telle personne ou telle organisation pour en instruire le procès ou en disqualifier l'action y compris après leur mort. Les archives ne sont jamais que ce qui reste, parcelles lacunaires, parfois révélatrices, très indicatives pour peu que l'orgueil intellectuel du chercheur n'ait prétention à tout leur faire dire et surtout pas la vérité absolue et finale.

➔ ***Corrélats** : faux, génocide, histoire, Katyn, mémoire, négationnisme, objectivité, preuve, repentance, révisionnisme.*

Armes de destruction massive

Sous cette appellation sont rangées quatre catégories de matières : nucléaire, radiologique, biologique et chimique d'où le sigle NRBC, susceptibles d'être délivrées par des vecteurs très hétérogènes allant du plus sophistiqué (le missile balistique) au plus rudimentaire un aérosol, voire une bonbonne de gaz. L'indéniable danger représenté par ces systèmes d'armes ne saurait masquer leur extrême diversité aussi bien en termes d'effets que de modalités de mise en œuvre. Toutefois l'ampleur de la menace favorise toutes les campagnes de désinformation qui peuvent jouer sur un des ressorts favoris le couple secret-peur.

De loin le plus dangereux, le nucléaire demeure le plus difficile à se procurer et à mettre en œuvre. La disparition de l'Union soviétique s'est accompagnée d'une sorte de psychose de trafic des armes nucléaires. Le risque n'étant pas nul, il a fait l'objet de mesures très sérieuses sur la base d'une bonne coopération entre les services de sécurité russes et occidentaux. Les tentatives, de petit niveau en général, ont été réprimées efficacement. Mais la rumeur fut considérable, alimentée souvent par certains organismes ou personnalités russes cherchant à tirer profit de l'angoisse d'une possible dissémination. On a alors parlé d'armes nucléaires miniaturisées, en valises ou sacs à dos. Fantaisies relayées par la presse et même des ouvrages à sensation. Vingt ans plus tard le résultat est là : l'arsenal nucléaire ex-soviétique est demeuré en place, sous bonne garde d'un gouvernement russe qui n'a aucune intention de jouer avec de telles armes.

L'importance de cette menace a été énormément développée durant les deux mandats du président américain Bill Clinton qui a fondé sa stratégie de lutte contre la prolifération de ce type d'armes en prenant en compte les « États voyous » (surnommés *rogue*) et les organisations terroristes susceptibles de se procurer clandestinement de tels moyens de destruction. Ces différentes entités malfaisantes sont officiellement soupçonnées de pouvoir conjuguer leurs efforts.

Cette orientation diplomatique et militaire a été reprise et fortement amplifiée par l'administration de G.W. Bush. Elle a servi à justifier l'invasion de l'Irak en 2005 et entraîné une polémique importante avec l'AIEA et les commissions mandatées par le Conseil de sécurité des Nations unies pour vérifier la situation sur le terrain. Le général Colin Powell n'hésite pas, pour contrer les rapports négatifs des inspecteurs à exhiber théâtralement à la tribune du Conseil de sécurité des fioles susceptibles de contenir de l'anthrax. De son côté le président Bush, constamment soutenu par le Premier ministre britannique Tony Blair accuse l'Irak d'avoir acquis clandestinement de l'uranium naturel au Niger.

Cette information fut insérée à la dernière minute dans le discours de Bush. La CIA avait averti qu'il n'y avait rien de concret. Constatant un sérieux manque de professionnalisme dans la désinformation la plupart des experts en ont ri : Comment pouvoir acheter clandestinement du minerai brut, opération très aisément détectable, pour en faire quoi ensuite, et dans quelles installations d'enrichissement ? Certains diplomates s'en sont publiquement indignés. Cela conduira à la divulgation de l'identité de l'un des agents de la CIA par la vice-présidence américaine, acte de forfaiture qui fut sanctionné par la condamnation du plus proche collaborateur du vice-président Cheney.

Dans ces domaines hautement sensibles, l'information est fondée sur des procédures d'acquisition secrète de l'information concernant des activités clandestines. Nul ne peut vérifier à 100 %. Tout devient manipulable, encore faut-il ne pas sortir de certaines règles tacites du jeu. S'en écarter, c'est courir le risque partagé de véritables règlements de compte entre services de renseignement et autorité politique. En témoigne l'évaluation de renseignement national (NIE, National Intelligence Estimate) de 2007 sur l'Iran dont la publication officielle prit délibérément à contre-pied les déclarations de la Maison Blanche sur l'avancée des activités nucléaires militaires de l'Iran.

Toutes ces affaires font apparaître le rôle de personnes qui par intérêt idéologique ou sordide propagent de fausses alarmes, exagèrent les dangers et n'hésitent pas à tromper ceux-là même qui peuvent servir leurs fins. Faux témoignages, faux informateurs, transfuges retors donnent argument à des gouvernements qui pensent trouver des justifications pour leurs propres desseins. Les effets de connivence peuvent se révéler hautement dangereux, pouvant mener jusqu'à la guerre comme en Irak en 2003.

Anxiogènes, très mal connues du grand public, les armes de destruction massive devraient durablement constituer un terrain de prédilection pour la désinformation.

→ ***Corrélats** : biologique, intoxication, manipulation, peur, transfuge.*

Arnett, Peter

(Riverton, Nouvelle-Zélande 1934)

Correspondant de guerre, il couvre la guerre du Vietnam pour Associated Press, puis rejoint CNN en 1980. Il est nommé directeur du bureau de Moscou où il couvre la période de la perestroïka (restructuration) engagée par M. Gorbatchev.

Sa réputation internationale coïncide avec « l'effet CNN » : lors de la guerre du Koweit de 1990-1991, Arnett est là, en direct. Maître du discours des apparences, il commente à chaud ce qu'il voit. Peu importe qu'elles soient trompeuses ! Ce n'est certes pas l'œil humain qui permet de connaître les effets destructeurs ou non d'un missile de croisière en fin de trajectoire. Arnett incarne ce nouveau style de reportage qu'a voulu créer Ted Turner (sorte d'emblème héroïque de la chaîne d'Atlanta qui lui consacre une partie de son petit « musée »).

Sa notoriété faisant boule de neige, il accède à la familiarité des grands, des personnalités « ténébreuses » qui lui accordent des interviews exclusives afin de faire passer leurs messages. En mars 1997, il s'entretient avec Oussama Ben Laden.

Arnett est alors accusé d'être manipulé, retourné, de devenir une sorte d'agent d'influence qui relaye la propagande de ceux qu'il interviewe. En 1999, il est renvoyé par CNN pour avoir publié une enquête erronée sur l'usage du gaz sarin par les forces américaines en 1970 au Laos.

→ ***Corrélats** : agent d'influence, CNN.*

Artifice

« *Qualis artifex pereo !* » « Quel grand artiste périt avec moi ! » se serait exclamé l'empereur Néron en se suicidant (d'après Suétone, *Néron*, 44).

L'homme de l'artifice est, à l'origine, l'artiste, le créateur du ressemblant, l'imitateur de la nature. Pourtant l'artificiel n'est pas seulement le dérisoire mais tout ce qui trompe sur la vraie valeur, ce qui se substitue à la réalité. Le maquillage en procède qui « gomme » les petits défauts, les cruelles atteintes de l'âge ou de la maladie.

Au-delà intervient la chirurgie esthétique, le lifting pratiqué par les chefs d'État afin de conserver leur image. L'artifice participe de la dissimulation, de l'illusion parce qu'il crée un supplément d'image, en superposition de l'apparence ordinaire.

Le signe monétaire constitue un artifice fondé sur une confiance garantie par l'État. La fausse monnaie n'est jamais qu'un comble d'artifice, hors la loi. Le faussaire est un artiste dont le savoir faire l'authenticité de l'œuvre d'art. Orson Welles avait démonté la démarche du faussaire qui imite l'imitateur de la nature. Par dérision à l'égard de l'académisme, le surréalisme avait revendiqué le faux comme une nouvelle valeur. Savador Dali a construit sa célébrité sur cette ambiguïté.

La perspective du XVIe siècle est artifice, comme la tri-dimensionnalité des images du monde virtuel de l'électro-informatique. Du trompe-l'œil baroque, on passe au leurre du cerveau tout entier.

Le feu d'artifice, physiquement inoffensif, émerveille et fascine. Bien que très ancien en Chine, il participe des jeux et des fêtes destinés à émerveiller le peuple. Éblouissement qui ne contentera pas longtemps les ventres creux mais permet de gagner du temps et de faire attendre le pain.

« Les paradis artificiels » de Baudelaire touchent à la fragilité des croyances de l'homme, à travers la vulnérabilité de ses sens.

La chimie intervient qui produit des colorants, des parfums et des saveurs artificiels. Il devient possible de créer des environnements artificiels qui abusent non plus l'inoffensif spectateur mais le combattant engagé au péril de sa vie.

Ramenés à l'imagination, les codes sociaux, les parades, pompes et oripeaux de la puissance travestissent la vérité. Ils créent des respects sans fondements, des réputations usurpées sur un théâtre d'illusions. La tradition moraliste, de Pascal et de La Rochefoucauld n'a cessé de dénoncer ce jeu des masques. Mais les praticiens de la désinformation et de la déception savent que le jeu des artifices n'est pas proche de cesser à produire ses effets efficaces.

→ ***Corrélats*** : *antimissiles, apparences, authenticité, courtisans, expert, faux-semblants, illusions, imposture, mensonges, ruse, usurpateurs, Welles.*

Assassinat de journalistes

Les professionnels des médias font souvent l'objet de pressions, d'intimidation, de menaces. Les journalistes sont parfois arrêtés sous l'inculpation d'espionnage. Suit une mascarade de procès prétendu légal à l'issue d'une détention prolongée, durant laquelle la torture sera utilisée pour obtenir des aveux. L'arrestation d'un journaliste étranger peut constituer un moyen de chantage auprès du gouvernement du pays d'origine. En Irak de nombreux journalistes ont été enlevés soit pour des raisons politiques, soit simplement pour obtenir une rançon. Certains furent exécutés car ces pratiques peuvent aller jusqu'à l'assassinat.

Il prend la forme d'une exécution sommaire réalisée par des truands payés par des commanditaires que la justice ne parviendra jamais à démasquer et moins encore à punir. De telles pratiques ont été courantes en Amérique latine dans les années 1970 mais elles perdurent. Tel a été le cas récemment en 2006 de la journaliste russe Anna Politkovskaia dont les reportages avaient mis en évidence les exactions de l'armée russe contre les populations tchétchènes. Un autre exemple est l'enlèvement et la mise à mort de David Perle du *Wall Street Journal* au Pakistan, assassiné par un membre important d'Al Qaida, Sheikh Mohammad.

Pour son propre compte, le crime organisé s'en prend également aux journalistes d'investigation qui osent chercher à comprendre en particulier les liens qui unissent des organisations criminelles au monde politique et la manière dont elles développent en toute complicité une puissante désinformation. Le journaliste menacé de mort est aussitôt accusé de mener une campagne de désinformation contre une personnalité respectable. Il fallut trente ans pour qu'enfin la justice fasse apparaître les liens entre Giulio Andreotti et la Mafia.

Ces pratiques constituent autant d'entraves majeures à la liberté de l'information. Lorsque le journaliste « avoue » des torts, accuse son gouvernement, sert la cause de celui qui le menace et le détient on se trouve en face d'une action de désinformation qui, elle-même, peut s'inscrire dans le cadre d'une plus vaste campagne tant à l'égard de l'étranger que de la population du pays.

→ ***Corrélats*** *: aveu, otages.*

Association

Mécanisme mental qui conduit une personne à relier entre eux deux événements sensoriels, deux informations brutes de manière à réagir soit par un acte élémentaire, soit par la formation de son jugement et la création d'une opinion.

On peut distinguer l'association libre, l'association suggérée, l'association contrainte.

La création du réflexe conditionné est fondée sur l'association. Le principe constitue une des bases de la psychanalyse freudienne. Le patient se voit demander d'associer librement tout ce qui lui vient à l'esprit, tout ce qui s'enchaîne dans le flux du discours (association de mots)

L'association constitue une structure fondamentale de l'information-communication

→ ***Corrélats*** *: conditionnement, montage, Pavlof, voix off.*

Authenticité

C'est la caractéristique d'un fait ou d'un objet qui est tenu pour conforme à ce qu'il prétend être. Elle s'oppose au faux, à la contrefaçon, au trucage et, même, à la fiction. Une information authentique s'oppose à la désinformation qui elle-même cherche à faire passer son message pour authentique. Est déclaré authentique un récit, une signature, un objet d'art, afin d'en garantir la vérité, la qualité et surtout l'indiscutable provenance.

L'authenticité est fortement liée à une valeur vénale. Un certificat d'authenticité est délivré par un expert qui doit être agréé afin de garantir la valeur d'un objet. Il y a accréditation auprès des chambres de commerce, et des tribunaux (graphologue).

Dans le registre psychologique, une émotion sera dite authentique par opposition à un comportement feint, soit pour se conformer au code social, soit pour tromper un adversaire. L'authenticité va de pair avec la sincérité en s'opposant au mensonge. La mondialisation du commerce a vu se développer des économies noires fondées sur les contrefaçons cigarettes, montres, parfums, DVD. En général toutes les marques de luxe,

(Cartier, Dior, Lacoste...) sont touchées par ce fléau. Entre 2007 et 2008 les saisies en douane ont augmenté de 35 % plus de la moitié des produits venant de Chine. Les revenus de cette contrebande à grande échelle atteignent chaque année plusieurs dizaines de milliards de dollars. Elles constituent pour les producteurs authentiques un énorme manque à gagner.

Dans le domaine de l'information l'authenticité n'est jamais facile à établir. Car la désinformation rôde qui a pu fournir une fausse information, utiliser un trucage, insérer un élément mensonger, et même procéder à une complète mise en scène de la réalité. L'examen d'une information passe donc par la vérification de sa source, ce qui suppose des méthodes comme le recoupement avec d'autres informations de même catégorie, venant d'origines différentes. Ce travail permet de détecter la désinformation. Mais il prend un certain temps. Or si l'événement constitue une information sensationnelle, il est rare qu'un directeur de rédaction prenne le risque de s'attarder trop à des vérifications de peur de perdre la primeur, de rater le « scoop » au bénéfice de la concurrence. Récemment, on a vu se développer une étrange polémique concernant des films de fiction qui se prétendaient basés sur des faits « authentiques ». Il est apparu que cette réputation publicitaire était une désinformation commerciale.

→ ***Corrélats*** *: escroc, expert, faux, image de marque, trucage, Wells.*

Autobiographie

Ce genre littéraire figure parmi les plus anciens. À toutes les époques les hommes plus ou moins célèbres ont éprouvé le besoin de regarder en arrière les actions de leur vie, d'en rendre compte à eux-mêmes mais aussi à une audience plus large. Ils se sont voulus mémorialistes de ce qu'ils vécurent et de ce qu'ils commirent. Parmi une foule innombrable d'ouvrages, bien peu en vérité demeurent. Tout dépend du sujet mais plus encore peut-être du talent de l'auteur dans ce qui peut apparaître, somme toute, comme un genre littéraire parmi d'autres. César, Napoléon (à travers Las Cases son mémorialiste), Chateaubriand, De Gaulle, Kissinger ont laissé des mémoires. Montaigne écrit une biographie intellectuelle de lui-même, aussitôt épinglée par Pascal : « le sot projet que Montaigne a eu de se peindre ». L'affaire devient philosophique.

L'autobiographie constitue donc une entreprise étrange faite de (faux) témoignages, de demi-vérités et de révélations partielles. L'ensemble est fondé sur le principe de la bonne foi dont tout le monde doute mais dont chacun se régale. C'est une vérité biaisée, livrée en pâture à la critique jalouse et à la contradiction indignée des autres témoins, ceux que l'on n'a pas convoqués et dans la bouche desquels l'auteur place des propos qu'ils nieront avoir jamais tenu.

Comble de l'art, l'autobiographe reconnaît parfois des erreurs, des fautes, confession emprunte d'une indulgente culpabilité soigneusement dosée à l'égard de sa propre personne. Édifiant un monument à sa gloire devant la postérité, prononçant un plaidoyer contre ses détracteurs, il en profite pour ruiner la réputation des autres. Il fausse, biaise, calomnie, se donnant le beau rôle. Il fabrique de la désinformation, usant de tous les procédés du faux-semblant : naïveté, caricature, exagération, insinuations… De son vivant, l'auteur se justifie et si ses souvenirs se révèlent être faux, s'il est pris en flagrant délit de désinformation, il lui est toujours loisible d'excuser une « mauvaise mémoire »

André Malraux a poussé le genre à l'extrême en publiant des *Antimémoires* (1967), c'est-à-dire une fiction de lui-même, de ses voyages, de ses rencontres, mêlant réalité et rêve.

Parfois des documents d'archives accompagnent, en annexe, ces ouvrages sans qu'il soit possible de connaître le processus de sélection de ces preuves forcément lacunaires. L'autobiographie se présente comme une sorte d'envers de la « science » historique. L'archive ne prouve rien, elle ne fait qu'illustrer, justifier la thèse et les arguments soutenus par l'autobiographe (néologisme ?).

L'autobiographie des personnalités tend à devenir un genre convenu : tout président américain vend ses mémoires à l'éditeur le plus offrant. Tout prétendant politique écrit un livre élaboré par son équipe de campagne, son *staff* de communication. C'est un marché comme un autre que la vérité fréquente rarement et dont l'inflation épuise la valeur comme l'intérêt du public.

Ce peut être une arme dans l'affrontement politique du moment surtout lorsque le manuscrit publié est réputé interdit dans le pays de l'auteur. Par exemple les *Mémoires* de Nikita Khrouchtchev servirent aux États-Unis dans le cadre de la dernière phase de la confrontation avec le régime soviétique. Elles furent transmises et présentées par Strobe Talbott, alors correspondant de Times à Moscou qui par la suite devint sous-secrétaire des Affaires étrangères de la première administration Clinton.

Autocritique

Procédé par lequel une personne dénonce publiquement les erreurs voire les crimes qu'elle-même affirme avoir commis. Si le mot est contemporain, fortement marqué par une pratique des régimes communistes on peut, au fil de l'histoire, trouver des procédés similaires, notamment dans la pratique de la confession publique. L'individu est supposé reconnaître librement ses fautes. Il peut même aller jusqu'à réclamer un châtiment. Sa démarche est supposée avoir valeur d'exemple et inciter d'autres criminels à retrouver une juste et saine vision du monde et du comportement social. L'autocritique est souvent obtenue par la coercition, la peur, ou un lavage de cerveau systématique. Elle a particulièrement bien fonctionné dans les partis communistes et notamment dans les pays d'Extrême-Orient où culturellement le sentiment d'appartenance au groupe (la famille, la communauté villageoise, le parti) prévaut sur la conscience de l'individualité. L'autocritique constitue la base du processus de « rééducation ». Elle a été pratiquée pour permettre les purges chroniques au sein même de l'appareil des partis communistes à travers le monde.

Dans les partis communistes qui n'étaient pas au pouvoir la coercition physique fut efficacement remplacée par des pressions morales, des campagnes de calomnie, des insultes et des vexations publiques destinées à briser la résistance psychologique de la personne incriminée, La plupart du temps ces militants sincères, par milliers, acceptèrent de se livrer à une auto-immolation dans le cadre de procès en interne du parti, faute de détenir le pouvoir d'État.

Selon un mécanisme rappelant les méthodes de l'Inquisition, et, surtout aux procès de Moscou de 1936-1938, quiconque, fort de la justesse de ses actes, refusait de faire son autocritique « prouvait » sa culpabilité, sa persévérance dans un déviationnisme intrinsèquement pervers, voire sa trahison. En France, après la Libération, les communistes résistants FTP (Francs-Tireurs et Partisans) comme André Marti et Charles Tillon firent l'objet au sein du PCF de campagnes de dénonciations calomnieuses d'une grande violence qui ne laissaient rien au hasard. Il s'agissait d'une opération de désinformation savamment orchestrée auprès de l'opinion des militants communistes et des sympathisants du parti, visant à prouver, comme toujours rétroactivement que la personne incriminée trahissait depuis les débuts de son activité au sein du parti. La condamnation des pairs (Thorez, Duclos) était relayée par les actes d'accusation haineux des jeunes responsables comme Annie Kriegel visant à les dessaisir de leurs responsabilités et à les déstabiliser psychologiquement, faute de pouvoir les liquider physiquement. L'objectif idéal était d'obtenir une repentance publique mais faute de pouvoir utiliser la violence, les résultats furent évidemment très inférieurs à ceux qu'obtenaient les Soviétiques.

→ ***Corrélats*** : *autodafé, aveu, Boukharine, inquisition, influence, lavage de cerveau.*

Autodafé

Cérémonie au cours de laquelle des personnes condamnées par l'Inquisition pour crime d'hérésie contre la foi catholique étaient condamnées à des peines allant de la simple flagellation jusqu'au bûcher. En Espagne, la dernière exécution de ce type eut lieu en 1783. Par extension le terme a fini par désigner le fait de brûler non plus des personnes mais des écrits. L'autodafé détruit le savoir, s'attaque au libre exercice de la pensée. Les ouvrages et les auteurs incriminés font en préalable l'objet de véritables campagnes de désinformation culturelles qui visent à dénaturer leur pensée. À l'arrivée au pouvoir d'Hitler, le Dr Goebbels, ministre de l'Information, de la Culture et de la Propagande, fit dresser la liste des ouvrages qui devaient être détruits. Y figuraient les écrivains juifs, communistes et socialistes mais aussi tous ceux accusés d'idéologie « décadente » : Thomas Mann, Brecht, les surréalistes... L'exécution de ces directives s'effectua souvent lors de rassemblements nocturnes d'étudiants nazis qui développèrent une sorte de terreur culturelle dans les universités d'Allemagne. En Chine, à partir de 1966 à l'instigation de Mao Ze Dong, soucieux de conserver le pouvoir, fut lancée la Grande Révolution culturelle prolétarienne caractérisée dans ses débuts par une mobilisation de la jeunesse étudiante qui se livra à la destruction systématique des bibliothèques et des ouvrages anciens. La manipulation des étudiants et la destruction symbolique des livres par le feu constituent une pratique généralisée qui plonge ses racines dans les rites carnavalesques de contestation primaire des autorités constituées et constitue un exutoire de l'énergie et du besoin de révolte réprimé par l'éducation et domestiqué par la culture.

→ ***Corrélats*** : *Goebbels, hétérodoxie, manipulation, masses.*

Aveu

Déclaration par laquelle une personne reconnaît sa culpabilité. Elle « passe » aux aveux. Au cours de son interrogatoire qui, par principe, ne doit pas être accompagné de violences physiques, un prévenu, assisté d'un avocat, accepte la responsabilité d'un délit.

Conduire un être humain à l'aveu constitue un processus très complexe, mettant en œuvre des procédés psychologiques très raffinés, parfois même mystérieux. Que se passe-t-il en effet dans l'esprit à ce moment-là qui fait basculer un individu complètement solitaire de la dénégation à la reconnaissance volontaire de sa coupable responsabilité ?

Dans les systèmes politiques totalitaires, l'aveu constitue un procédé politique fondé sur un processus complexe par lequel une personnalité affirme et revendique de manière apparemment volontaire sa culpabilité. Il accepte de se charger de crimes purement imaginaires, entièrement forgés par ses accusateurs. Il a saboté, espionné, coopéré avec les pires ennemis de son pays, reçu de l'argent… Tout y passe ! L'accusé ne donne pas une information brute. Il construit un scénario de mensonges conformes à ce qui est attendu pour servir au montage efficace d'une machination politique insérée dans un processus de lutte pour le pouvoir. Il devient un vecteur de désinformation qui proclame comme authentique une machination qui, en réalité, n'a jamais existé.

L'aveu est obtenu par la combinaison d'une contrainte physique et d'une insidieuse persuasion psychologique. De nombreux gouvernements ont formé des spécialistes des « aveux spontanés ». Le mécanisme des procès de Moscou, de Sofia et de Prague, (dénoncé par Arthur London) a été remarquablement exposé par quelques écrivains comme Arthur Koestler. Une génération plus tard, après l'invasion de la Tchécoslovaquie par les forces du Pacte de Varsovie et la pathétique autocritique d'Alexandre Dubcek, le sujet a été repris dans un film de Costa-Gavras de 1970 (*L'Aveu*) qui s'inscrivit dans un mouvement de critique du stalinisme soviétique parallèle à la dénonciation de l'impérialisme américain.

La substance des aveux porte sur des complicités avec les ennemis, sur l'espionnage, sur le sabotage économique, sur des complots contre les dirigeants, autant de crimes récents et imaginaires. Mais il y a plus, l'aveu présente en général un caractère rétroactif. Le criminel, le traître a nui depuis le début de son entrée au parti. Il n'a cessé de feindre pour pouvoir accéder aux plus hautes responsabilités et aggraver les dommages infligés au peuple.

→ ***Corrélats*** *: autocritique, manipulation, mise en scène ; Boukharine, autocritique, lavage de cerveau, rééducation, repentir, torture.*

Aznar Lopez, José-Maria

(Madrid 1953)

Leader du Parti populaire espagnol (PPE, droite), grand ami de G.W. Bush, dont il soutient la politique irakienne, M. Aznar est Premier ministre lorsque le 11 mars 2004 en gare de Madrid l'explosion de plusieurs bombes fait plus de cent morts.

L'événement constitue un cas d'école dans le domaine de la gestion de l'information à haut risque. En effet, l'attentat se situe trois jours avant les élections législatives. Immédiatement, le chef du gouvernement désigne l'ETA et cherche, sans plus de précautions, à faire accréditer en Espagne et à l'étranger cette thèse officielle. Il apparaît ensuite que c'est bien un groupe islamiste qui porte la responsabilité de l'acte terroriste. Une extraordinaire confusion s'en suit, mise à profit par le parti socialiste de M. Zapatero qui développe le thème d'une désinformation délibérément organisée par le gouvernement. C'est effectivement le PSOE (Parti socialiste ouvrier espagnol) qui inverse la tendance et remporte les élections sur fonds d'intense émotion publique. Par ailleurs, les socialistes ont inscrit dans leur programme le retrait des troupes espagnoles d'Irak. Or l'opinion n'a guère de sympathie pour le soutien très marqué apporté par M. Aznar à la politique irakienne de George W. Bush. Par la suite le PPE, en démentant toute tentative de désinformation, accusera le PSOE d'avoir développé une stratégie de désinformation contre le gouvernement afin de gagner les élections en tirant parti des attentats.

Quand on sait la préparation indispensable à une véritable campagne de désinformation, il est hautement probable que, surpris par l'événement, chacun des deux partis n'ait fait que réagir de manière plus ou moins maladroite. Il n'y a donc pas eu « désinformation ». En revanche, l'usage du terme avec ce qu'il comporte de puissance émotionnelle, quasi-magique (en l'occurrence de magie noire) a favorisé un mouvement d'opposition contre un parti au pouvoir soupçonné de disposer des moyens de production de la désinformation et d'avoir, à tout le moins, failli à son devoir d'information objective.

→ ***Corrélats*** *: manipulation, mensonges. 11 septembre.*

B

Ballon d'essai

Procédé par lequel un dirigeant qui envisage de prendre une décision importante cherche à savoir quelles pourraient être les réactions à l'égard de son initiative.

Pour ce faire il utilise un ou plusieurs canaux de différents niveaux, du très haut fonctionnaire, au parlementaire ou au journaliste touchant diverses audiences à l'intérieur comme à l'étranger. Ces vecteurs ont en commun de porter, à eux seuls, la responsabilité de leur suggestion et de pouvoir être désavoués si besoin est, par le décideur. En fonction de l'état des réactions, le projet est ouvertement lancé ou tombe dans le silence et l'oubli sans que son inspirateur ait à en souffrir.

En 1967, le général de Gaulle, après la sortie de la France du commandement intégré de l'OTAN, entendait faire évoluer la posture nucléaire stratégique de la France. Il demande au chef d'état-major des armées, le général Ailleret, de tâter le terrain en publiant un article « Défense "dirigée" ou défense "tous azimuts" » (*Revue Défense nationale*, n° 12, déc. 1967). L'idée est que les forces nucléaires de la France ne ciblent aucun pays en particulier, y compris l'Union soviétique. Il n'y a donc pas d'ennemi désigné, juste une capacité orientable en fonction de l'évolution des situations d'affrontement. L'article provoque d'innombrables réactions positives et négatives. Il contribua à marquer la posture stratégique de la France dans ce domaine vital.

→ ***Corrélats*** : *décideur, porte-parole.*

Bastille (prise de la)

Comme la propagande, la désinformation marque une prédilection pour les événements hautement symboliques surtout lorsqu'elle s'est employée à les fabriquer. Par une de ces ironies dont l'histoire est si riche la fête nationale de la France, le 14 juillet, combine mythe, rumeur et désinformation. Certes la réputation de cette forteresse parisienne s'était fondée sur une réalité. Les fameuses lettres de cachet permettaient aux monarques absolus de placer sans jugement en détention pour une durée indéterminée un nombre, au demeurant réduit, de pamphlétaires insolents, de fils de famille trop enclins au libertinage, de petits escrocs et de déséquilibrés. Pour peu que le prisonnier et sa famille en eussent les moyens, cette prison autorisait un certain confort.

L'adoucissement des rigueurs monarchiques à la fin du règne de Louis XV et sous Louis XVI fit tomber en désuétude la fonction répressive de la Bastille, où n'étaient plus détenus que quelques pauvres hères. Quant à la redoutable menace des canons braqués sur les quartiers populaires, elle se limitait à quelques bouches à feu mal entretenues, servies par un personnel, en l'occurrence d'anciens soldats invalides, qui, faute d'entraînement, avait perdu la main.

Qui ameuta la foule et dans quel but ? Qui laissa se développer la rumeur d'une foule de malheureux croupissant en d'infectes geôles ? Y eut-il seulement d'autre manipulateur-comploteur que le mécontentement populaire, la « vie chère », l'impopularité de la cour de Versailles et des « mauvais » ministres ? La foule s'attaqua-t-elle à un symbole ? Reste qu'un mouvement furieux, composé de criminels de droit commun libérés de prison quelques heures plus tôt, était déchaîné. De cette soif de justice expéditive et sanglante, le gouverneur de la place M. de Launay en fut la première victime alors même qu'il cherchait à apaiser les esprits. Ces comportements de foules surexcitées, infiltrées pas des agitateurs professionnels, où des criminels ordinaires recherchent les bénéfices du pilage et assouvissent des pulsions primaires, se retrouvent tout au long de l'histoire. Les mutilations notamment sexuelles jouent un rôle important. Les massacres de septembre 1792, d'une tout autre gravité, relèvent de la même logique.

D'innombrables gravures aussi fantaisistes qu'édifiantes ont amplifié ce petit événement lui permettant ainsi de se hausser au sommet de la grande histoire. Combien de victimes chez les émeutiers ? Une dizaine. N'importe. La légende était créée. « Faire tomber les bastilles », symboles du despotisme, devint une expression qui envahit les rhétoriques politiques libérales tout au long du XIXe siècle, en France et en Europe.

→ ***Corrélat*** *: amplification, Grande peur, Octobre, opinion, manipulation, masses, rumeur.*

BBC et BBC World

La British Broadcasting Corporation a été créée en 1922 par le gouvernement britannique. Elle est financée par un impôt que doit acquitter chaque propriétaire d'un poste de télévision. Son budget annuel est 4 milliards de livres sterling.

Aujourd'hui son audience mondiale est estimée à 233 millions d'auditeurs uniquement pour les informations. Son implantation est particulièrement importante dans les États du Commonwealth.

Le directeur de la BBC est donc un fonctionnaire de l'État totalement dépendant. La tradition politique veut cependant que la BBC démontre une liberté d'opinion et d'analyse conforme à l'esprit des institutions. Toutefois, en période de crise, la critique de l'action du gouvernement peut conduire à des tensions très fortes comme ce fut le cas lors de l'invasion de l'Irak par l'armée britannique aux côtés des États-Unis en mars 2003.

La BBC mit sérieusement en question la valeur des rapports de l'administration sur l'existence de missiles d'armes de destruction massive en Irak Ces documents avaient été rendus publics entre 2002 et 2003 afin de créer un état d'esprit favorable à l'action militaire. Les proches conseillers de Tony Blair furent, à juste titre, mis en cause, notamment Alastair Campbell devint la cible de la BBC pour avoir gravement exagéré les analyses faisant état des armes de destruction de l'Irak, qui étaient présentées comme capables d'un déploiement en moins d'une heure. Furieux le gouvernement Blair exigea du journaliste la révélation de sa source. Il s'avéra que c'était David Kelly microbiologiste qui avait été expert de l'ONU en Irak. Or Kelly en juillet 2003 est retrouvé mort près de son domicile. Même après une commission d'enquête officielle cette thèse du suicide n'a jamais donné satisfaction.

Le service BBC World (lancée en 1991), chaîne d'information en continu, est diffusé dans le monde entier proposant comme CNN des informations mais aussi des reportages et des débats de grande qualité sur tous les aspects de l'actualité internationale.

➢ ***Corrélats*** : *AFP, Al Jazeera, armes de destruction massive, CNN, déontologie, objectivité, VOA.*

Beaverbrook, Lord (né William Maxwell Aitken)

(Maple, Ontario 1879 - Mickleham, Angleterre 1964)

Homme d'affaires canadien, membre du parti conservateur, magnat de la presse, Beaverbrook a joué un rôle majeur dans la gestion de l'information et de la désinformation durant la Première puis la Seconde Guerre mondiale.

En 1917, il acquiert le *Daily Express* et fonde en 1921 le *Sunday Express*.

Bénéficiant de l'appui d'un libéral comme Lloyd George et d'un conservateur comme Churchill, il se voit confier en 1918 le premier ministère britannique de l'Information.

Avec son collègue Northcliff, autre grand patron de presse, Beaverbrook organise la propagande offensive et défensive face à l'Allemagne.

➢ ***Corrélats*** : *composante britannique.*

Béria, Lavrentiy Pavlovitch

(Géorgie 1899 - Moscou 1953)

Géorgien comme Staline, mais fils de paysans juifs, il entre précocement dans la police politique bolchevique, la Tchéka. En 1938, Staline le place à la tête de ce même organisme entre-temps baptisé NKVD (Commissariat du peuple aux Affaires intérieures). Il suit la voie de ses prédécesseurs en reprenant avec une férocité accrue les méthodes destinées à extorquer des aveux dans la logique des purges comme système de gouvernement.

Inlassablement, usant d'une méthode rodée et planifiée, Béria développe les campagnes de désinformation, utilisant tous les procédés d'intoxication et de calomnies contre des individus, des groupes, des minorités ethniques (les Allemands de la Volga). Il fait du Goulag un « État » pénitentiaire à l'intérieur de l'État soviétique. Durant la guerre, il dirige les campagnes de liquidation en dehors du territoire soviétique, particulièrement en Pologne où ses services entreprennent la liquidation des élites de ce pays. L'extension de son pouvoir inquiète Staline qui prévoie de l'éliminer dans le cadre de la campagne du complot des blouses blanches. La mort du dictateur en mars 1953 sauve Béria mais pour quelques mois seulement. Arrêté en juin 1953, sur ordre de Khrouchtchev, il est fusillé à la fin de l'année dans des circonstances mal éclaircies.

Le personnage de Béria pose le problème éthique du statut de la désinformation. Existe-t-il une désinformation moralement honnête dès lors qu'elle serait au service de fins respectables ? La désinformation n'est-elle justifiable que par le temps de guerre au service de la survie de la nation en danger ? À ce compte, Béria a déporté les Allemands de la Volga au nom de la survie du peuple russe et du régime soviétique face à la menace nazie.

→ ***Corrélats** : aveu, Boukharine, blouses blanches, complots, Kirov.*

Bestiaire de la désinformation

Métaphores et symboles d'animalité constituent un procédé de désinformation et de propagande laudative et dépréciative, dont la signification varie dans le temps et l'espace.

En fonction des espaces géographiques et des cultures, il existe un bestiaire extrêmement divers, antagoniste mais aussi contradictoire, toujours riche de sens au service de la désinformation qui jouera des ambivalences. Tel animal particulièrement prisé dans telle culture sera un objet de répulsion dans une autre. Le singe tant apprécié par la culture chinoise est tenu pour un être abject dans une large partie du monde musulman, sorte de caricature de l'homme. Mais il y a un siècle les Chinois étaient comparés à des singes par le mépris du colonisateur blanc.

Toutes ces représentations se révèlent ambivalentes, culturellement indécises. Avant d'avoir été stigmatisé comme le fourbe (intelligent), le renard a été célébré par la cynégétique pour son aptitude à se dissimuler dans des architectures de terriers complexes d'où il peut surgir pour attaquer ou trouver refuge et protection.

Dans la culture grecque antique, le poulpe est l'animal aux multiples tentacules qui échappe à la géométrie traditionnelle et dispose de l'aptitude à provoquer l'obscurité par les jets de son encre autant de propriétés que l'on retrouve exactement dans le ninja !

Pour son aptitude à changer et à se camoufler, le caméléon, tantôt apprécié, tantôt méprisé reste un symbole d'inquiétude. La « taupe » désigne un espion infiltré mais certains groupes révolutionnaires avaient fait de « la vieille taupe » le symbole d'une activité clandestine de sape du capitalisme. Même ambivalence à l'égard de carnassiers « faibles » comme la hyène et le chacal réputés – à tort – « charognards » ou encore le crocodile, tout comme le chacal, dont les Égyptiens avaient fait des dieux. Dans les cultures animistes comme l'hindouisme, la métempsychose aidant, tout animal est respecté voire vénéré.

Le bouc, symbole de sexualité, s'interprète en mode positif : l'exubérance de la création, de la fécondité et en mode négatif : instrument du Mal, créature de Satan, incarnation de la luxure dans le monde chrétien obsédé par le péché.

Plus généralement le bouc émissaire sert d'exutoire pour les communautés qui traversent une crise profonde remettant en question leur identité et leur stabilité. La violence se décharge sur l'emblème désigné du mal responsable. Autant dire que l'élaboration du groupe émissaire fait l'objet d'une manipulation systématique qui recourt à une désinformation active.

Fanatismes religieux et nationalistes déprécient un groupe social ou même un peuple en jetant sur cet « autre » un opprobre fondé sur un dégoût viscéral à l'égard de ce qu'il est censé aimer manger. Le porc est l'objet d'un même interdit dans la tradition islamique et juive. Le singe sert dans le discours antisémite à stigmatiser les Juifs qui se voient ainsi retranchés de l'humanité.

Les Britanniques au XIXe siècle affublèrent les Français du sobriquet de « mangeurs de grenouilles » et, se taillant « la part du lion », ridiculisèrent le coq gaulois et républicain qui ne pouvait rivaliser avec la puissance de l'aigle mono ou bicéphale des empires autrichiens, russes, et finalement de la puissance démocratique des États-Unis. Les Soviétiques, soucieux d'innover, firent entrer dans le bestiaire un nouvel animal : la vipère, assortie de l'épithète intéressante de « lubrique ». Cette sexualisation mériterait en soi toute une analyse sémantique (les Églises avaient déjà épinglé les arguments « intrinsèquement pervers » et les jugements de l'Inquisition abondent d'allusions sexuelles).

Connaisseur de ces préjugés, l'opérateur de la désinformation en tire le meilleur parti. Il travaille « en dessous de la ceinture », en s'efforçant d'exciter des phobies élémentaires, des angoisses primaires détournées à des fins de haine raciste ou xénophobe.

→ **Corrélats** : *corbeau, ninja, pogrom, renard, Reichstag, rumeur, taupe, traite, Ulysse.*

Bevan, John Henry

(1894 - 1978)

Sur ordre du Premier ministre Winston Churchill et sur les conseils du général Wavell, John Henry Bevan prend la tête de la London Controlling Section (organisme secret, créé en 1942, chargé de la conception et de la planification de la déception). C'est avec Dudley Clarke et l'apport de personnalités originales et inventives comme le major Peter Fleming (frère de Ian, le « père » de James Bond) et les écrivains Dennis Wheatley et George H. Wells, que Bevan conçut, planifia et mis en œuvre les grandes opérations de déception britanniques de la Seconde Guerre mondiale. Notamment « Bodyguard » qui trompa Hitler sur le débarquement de Normandie de juin 1944.

→ **Corrélats** : *Bodyguard, Clarke, composante britannique.*

Biologique

Ce domaine scientifique est particulièrement affecté par les rumeurs et constitue un terrain de prédilection pour la désinformation. Sans doute parce qu'il touche au vivant donc aux interrogations primaires de l'homme. De surcroît les activités biologiques scientifiques même publiques présentent un caractère progressif, des résultats parfois incertains, et des données malaisément compréhensibles du public.

Le nombre des organismes létaux est considérable et se divise en plusieurs catégories (bactéries, toxines, virus). Tous peuvent être dangereux mais ce ne sont que des organismes faisant partie du monde du vivant. La manipulation qui est faite quant à leur usage relève d'une autre dimension, celle de la désinformation à des fins totalement déconnectées de la recherche scientifique.

Sous Staline, après la Seconde Guerre mondiale, un imposteur scientifique Lyssenko développe, au nom de la « science prolétarienne », la biologie socialiste ou « biologie de classe », illustrant de façon caricaturale les méfaits des ingérences politiques dans le domaine de la recherche scientifique. Il revenait à la transmission des caractères acquis réfutant les conceptions « bourgeoises » de Mendel.

Les polémiques d'aujourd'hui sur les organismes génétiquement modifiés font étrangement écho à ces controverses d'antan, même si aujourd'hui les enjeux de rivalité économique l'emportent sur les idéologies sous lesquelles elles se travestissent pour la plus grande confusion de l'opinion publique. Le terrain est vaste pour les démagogues cherchant à se faire un nom et, à bon compte, se tailler une carrière politique.

L'alimentation, la chaîne ADN, le clonage, tous ces éléments mal connus du public favorisent le développement de l'angoisse du XXIe siècle, finalement comparable aux peurs eschatologiques médiévales. Cependant la préoccupation « bio » a envahi la sensibilité de l'homme contemporain. Il s'informe, on l'informe, on le désinforme. En raison de l'ignorance et de l'angoisse liée à ce domaine, il constitue traditionnellement un terrain de choix pour la désinformation. Une excellente exploitation des phobies puissamment ancrées dans l'imaginaire physiologique et culturel des populations : épidémie, propagation d'un mal invisible. La contamination figure au premier rang du « programme » de l'inconscient individuel et collectif (s'il en existe un !). On peut donc créer des paniques, mobiliser des masses, les « hystériser ». Ceci vaut pour les terroristes mais aussi bien pour ces régimes totalitaires qui créent des dérivatifs afin de contrôler et de dévier le mécontentement populaire sur des « boucs émissaires ».

Les armes biologiques font l'objet d'une littérature considérable qui demeura longtemps limitée à des cercles spécialisés. Après le 11 septembre, on a assisté à une inondation d'ouvrages, inversement proportionnelle à la matérialité des faits. Si alarmes et rumeurs abondent, les réalités sont rares, les confusions nombreuses. L'« agent orange » n'était qu'un produit chimique comme la plupart des défoliants. L'ampleur du risque en cas d'utilisation contribue à justifier l'inquiétude. L'absence de parades efficaces et rapides alimente les peurs du second millénaire.

« Ridgway-la-Peste » (surnom donné au général Matthew Ridgway) durant la guerre de Corée fut un thème de la désinformation communiste contre les forces américaines, accusées d'avoir utilisé cet agent contre lequel, à l'inverse de la variole, il n'existe pas de vaccin. De nombreuses campagnes de presse et des manifestations très violentes se déroulèrent dans les pays d'Europe occidentale, cherchant à ébranler l'Alliance atlantique naissante.

Entre 1970 et 1985, les campagnes sur les « pluies jaunes » (*Yellow Rain*) et les agents « orange », attribués à la société Monsanto, ont déclenché des rumeurs du Vietnam à l'Afghanistan. Utilisée, ici par les Soviétiques, là par les Nord-Vietnamiens, ou encore les Américains… chacun trouve l'occasion de rejeter sur l'adversaire la responsabilité d'emploi d'une arme jugée particulièrement pernicieuse. Information, désinformation, contre-désinformation sont alors si étroitement liées que le public s'y perd et que la vérité a bien du mal à se faire reconnaître. En revanche, l'intoxication des populations voisines lors d'un accident survenu dans l'usine sibérienne de Sverdlovsk en 1979, travaillant sur des souches d'anthrax, a été officiellement reconnue par les autorités soviétiques en 1987.

L'envoi de courriers contaminés par des souches actives d'anthrax immédiatement post 11 septembre répand la panique aux États-Unis. La dimension terroriste est certes envisageable (et envisagée) mais elle se heurte à deux obstacles : l'extrême difficulté d'emploi et le risque de propagation involontaire. On peut difficilement envisager de contaminer sa propre population ! Seules des sectes fanatiques et apocalyptiques peuvent envisager le recours à ces armes. Tel fut le cas de la secte Aum. Célèbre pour son attentat au gaz sarin dans le métro de Tokyo, la secte avait cherché auparavant à utiliser l'anthrax mais ses compétences étaient insuffisantes.

À la suite de la disparition de l'Union soviétique un certain nombre de scientifiques russes qui travaillait dans les laboratoires militaires sur la recherche biologique ont dépeint un tableau très alarmiste des programmes d'armes. Il est bien exact que des recherches approfondies mais relativement peu importantes sont conduites dans les laboratoires militaires de quelques pays qui souvent dissimulent ces programmes. Certaines portent sur les venins de serpents, d'araignées et autres poisons naturels. Mais nul ne peut formellement prouver l'existence d'applications militaires directes.

La convention d'interdiction des armes biologiques signée en 1993 ne parvient pas à s'imposer et risque de ne jamais entrer en vigueur sauf si un effroyable événement ne provoquait une réaction générale qui bousculerait les inerties et les blocages économiques.

→ ***Corrélats*** *: armes de destruction massive, imposteur, manipulation, peur, préjugé, rumeur.*

Bleuite

Le terme provient de l'appellation « bleus de chauffe » qui désignait, durant la guerre d'Algérie, les petits groupes de soldats musulmans de l'armée française formés pour être infiltrés au sein de la rébellion algérienne ou, bien encore, ils avaient été faits prisonniers puis « retournés ». Ils prétendaient avoir déserté ou s'être évadés pour rejoindre les rangs du FLN/ALN. L'existence de ces faux ralliés jeta un trouble extrême au sein, de l'organisation politico-militaire clandestine du FLN.

La « bleuite » est la « maladie des bleus de chauffe ». Elle désigne l'opération de désinformation entreprise par l'armée française en 1958 contre la willaya 3 (qui correspond à la Kabylie) dirigée par le chef kabyle Amirouche. Elle consista à lui faire croire qu'il était infiltré par les bleus de chauffe. Sa réaction fut d'une extrême violence et il fit torturer, puis exécuter ceux sur lesquels le soupçon était tombé. Cette campagne de désinformation qui exigea une minutieuse préparation fondée sur un renseignement précis constitue un exemple remarquable de stratagème qui aboutit à l'intoxication de l'adversaire. Celui-ci prend des décisions fatales (irréversibles) conduisant à la destruction de ses propres forces.

Ce type de procédé convient parfaitement pour déstabiliser ou, à tout le moins, affaiblir des régimes totalitaires et paranoïaques. Il s'avère redoutable face à des organisations clandestines violentes, dirigées par des personnalités particulièrement brutales, sectaires et enclines à user de la liquidation physique. Ces opérations de désinformation constituent un élément essentiel de la stratégie de contre-guérilla et de contre-terrorisme.

L'objectif est de créer le désordre, la suspicion dans les rangs d'un ennemi non étatique d'autant plus perméable qu'il fonctionne clandestinement dans une ambiance de secret et de méfiance. L'efficacité est d'autant plus grande que ce type d'organisation ne dispose pas d'une administration capable de gérer efficacement la circulation de l'information. Il en résulte que l'on ne désinforme pas de la même manière un État doté de forces armées régulières et une organisation terroriste. Les effets du travail de désinformation sont forcément différents en fonction de la nature de la cible.

→ ***Corrélats*** : *guerre psychologique, Cinquième Bureau.*

Blouses blanches (complots des)

En janvier 1953, des médecins pour la plupart juifs en charge de la santé des dirigeants du parti communiste sont accusés de fomenter un complot pour assassiner Staline et les principaux dirigeants de l'Union soviétique. Et Lavrentiy Pavlovitch Béria, responsable de la sûreté de l'État et ministre de l'Intérieur, lui-même juif n'aurait découvert cette machination ? Prétexte idéal pour éliminer celui qui, de purge en purge, avait acquis un pouvoir exorbitant pouvant inquiéter Staline lui-même ? Nul ne le sait car Staline meurt en mars 1953 et Béria, sauvant sa tête, récupère le pouvoir pour quelque temps.

Le complot des blouses blanches sur lequel il n'existe aucune donnée d'archives accessible appartient durablement à la tragique saga des luttes de pouvoir au sein de l'appareil stalinien.

Au total c'est l'antisémitisme qui l'emporta dans l'imaginaire populaire, ouvrant la voie à la rupture avec l'État d'Israël naissant, contribuant à renforcer l'enracinement de l'antisémitisme primaire, outil favori de l'autocratie russe la plus obscurantiste.

→ ***Corrélats*** : *Béria, complots, maladie.*

Bluff

Technique de jeu du poker par laquelle en fonction des annonces (demandes de cartes et choix du montant des mises) on donne à penser aux autres joueurs que l'on dispose d'une « main » plus ou moins favorable.

Le principe élémentaire du bluff consiste, en général, à désinformer en permanence, en faisant croire que l'on dispose d'une meilleure donne qu'en réalité. Mais à partir de cette base connue, les combinaisons sont innombrables et parfois on induit l'adversaire en erreur par sous-estimation de la valeur réelle des cartes dont on dispose.

Cette technique est devenue une sorte de modèle dans les affrontements économiques, sociaux et bien entendu diplomatiques et militaires. Quoi qu'il en soit, ces jeux qui ne sont pas seulement de hasard ont une importance dans la manière dont le décideur apprécie le risque et le manipule dans la gestion d'une crise.

Un des premiers exemples a été l'affaire de Suez en 1956. Le général Boulganine laissa entendre à demi-mots que pour arrêter l'action des forces françaises et britanniques contre l'Égypte, l'Union soviétique pourrait utiliser les moyens les plus puissants, faisant allusion aux nouvelles fusées intercontinentales. À l'époque Paris et Londres furent impressionnés et en conclurent à une menace nucléaire qui semble aujourd'hui n'avoir eu aucune réalité.

On a parlé de « poker nucléaire » dans les relations soviéto-américaines de la guerre froide lors des différentes crises, à Cuba en 1961, lors de la guerre du Kippour en 1973. Ce ne fut pas une simple métaphore mais bel et bien le recours aux subtilités de ce jeu, fondé sur une désinformation tactique (le coup) et stratégique (la partie dans son ensemble) afin de conduire une stratégie visant à dominer l'adversaire en l'incitant à faire de faux calculs et à prendre des décisions erronées. Après le lancement du Spoutnik en 1957, les Soviétiques eurent tendance à surévaluer les moyens dont ils disposaient provoquant une surréaction des États-Unis. En revanche les États-Unis et l'OTAN sous-estimèrent délibérément leurs capacités militaires au regard d'une supériorité des forces du Pacte de Varsovie en Europe et d'une menace.

→ ***Corrélats*** : *missile Gap, ruse, spéculation, tromperie.*

Bodyguard

Est le nom de code qui désigne sans doute l'opération de déception la plus importante de l'histoire, entreprise afin de favoriser le débarquement des Alliés en Normandie en juin 1944 (Overlord) en trompant tous les niveaux du commandement allemand.

Elle repose sur une vaste combinaison de manœuvres de nature variées visant différentes cibles de manière à concourir à un effet de recoupement produit par les Allemands eux-mêmes. Bodyguard fut organisée par la London Controlling Section placée sous la direction du colonel John Bevan, assisté de personnalités aussi diverses que le romancier Denis Wheatley ou le banquier Reginald Hoare. Bevan rendait compte autant que de besoin à Winston Churchill, ce qui lui conféra l'autorité nécessaire à l'efficacité d'une action aussi complexe que secrète.

Bodyguard fut subdivisée en deux grands plans (Fortitude North et Fortitude South) et comportait pas moins de seize différents programmes de fausses informations destinées aux services de renseignement allemands de manière à enraciner la conviction d'une opération de débarquement de grande ampleur dans le Pas-de-Calais.

Les Britanniques tirèrent parti de leur capacité de déchiffrage de la machine à crypter allemande Enigma, mobilisèrent leurs agents doubles dirigés par John Masterman responsable du MI5 pour le Double Cross Committee. Ils construisirent en Écosse une armée fantôme généreusement dotée en faux dépôts de stockage de munitions et de matériels, une raffinerie de pétrole dans le Kent, Tous ces préparatifs furent soigneusement inspectés en grande pompe par sa majesté le roi George VI, la presse et les actualités cinématographiques furent largement associées à cette entreprise de déception à très grande échelle.

Le chef suprême de la Wehrmacht, Adolphe Hitler, parvint ainsi à la ferme conviction que l'invasion porterait sur le Pas-de-Calais. L'effort de déception ne se relâcha pas après le 6 juin 1944 et le déclenchement d'Overlord. Au contraire, les services britanniques parvinrent pendant deux ou trois jours cruciaux à faire passer l'action de Normandie pour une opération de déception visant à détourner le gros des forces allemandes vers cette zone !

→ ***Corrélats*** : *Bevan, composante britannique, décideur, Enigma.*

Bouclier humain

Utilisation de prisonniers civils ou militaires afin de protéger ses propres forces militaires.

Ce procédé d'attaque très ancien consistait à faire marcher en avant des troupes d'assaut, femmes, enfants et soldats prisonniers afin de perturber la riposte des défenseurs. À l'époque moderne, il trouve son actualisation sous diverses formes défensives généralement en utilisant sa propre population.

Le bouclier humain permet de protéger notamment contre l'action des forces aériennes adverses des centres de commandement, de transmission et de conduite des opérations en les plaçant clandestinement à côté, voir à l'intérieur, de bâtiments civils émotionnellement sensibles comme des écoles ou des hôpitaux. Si la frappe a cependant lieu, il est alors possible d'en faire une exploitation médiatique en montrant l'horreur des bombardements contre des innocents. Ce procédé tend à être systématiquement utilisé (Irak, Bosnie, Liban) depuis une vingtaine d'années, c'est-à-dire la fin de la guerre froide, par des gouvernements cyniques qui manipulent les médias et les ONG. Le bouclier est en effet à la fois défensif : l'ennemi n'osera pas attaquer des sites civils ; et offensif : celui qui frappe des innocents, des enfants, des blessés, sera stigmatisé comme criminel de guerre. La désinformation exagérera le nombre des victimes. La propagande exhibera des cadavres. L'affaire est compliquée par le fait qu'il peut y avoir de réelles « bavures » involontaires. En 2008 et 2009 sur la frontière afghano-pakistanaise l'aviation américaine a multiplié les raids contre les talibans, faisant de très nombreuses victimes civiles.

Il est aussi possible, en situation de crise aiguë, de « retenir » des ressortissants étrangers comme le fit Saddam Hussein en 1990. Ce chantage aux otages risque fort de se retourner contre celui qui l'emploie en raison de son caractère odieux pour les opinions publiques du fait de sa médiatisation.

Dans ce domaine particulièrement confus où les médias deviennent un enjeu crucial, le combat entre désinformation et contre désinformation est permanent. Ici on accuse de frappes contre des innocents, là on dénonce l'utilisation de boucliers humains. Dans ce bras de fer, les démocraties médiatiques partent avec un handicap sur les dictatures sans conscience, mais elles disposent de moyens d'information assez puissants pour pouvoir le remonter.

→ ***Corrélats*** *: cadavres, manipulation, otages, Timisoara.*

Boukharine, Nicolaï Ivanovitch

(Moscou 1888 - 1938 Moscou)

Réputé brillant économiste, favori de Staline entre 1924 et 1935, il tombe en disgrâce peu après l'assassinat de Kirov en décembre 1934. Il est alors arrêté et figure dans les procès de Moscou parmi ceux qui reconnaissent des actes de sabotage, des complicités avec le nazisme, de complot trotskiste, et autres. Boukharine constitue un des exemples les plus frappants de l'efficacité de la technique de « l'aveu », qui combine la coercition physique et la persuasion psychologique afin de briser le libre arbitre et la volonté de résistance. Boukharine veut rester fidèle au Parti, à une conviction et avoue des crimes imaginaires par esprit de sacrifice à la Cause. Insulté, bafoué, repentant, Boukharine est exécuté.

→ ***Corrélats*** *: aveu, Béria, Koestler.*

Bourrage de crâne

Expression familière qui apparaît durant la Première Guerre mondiale en France. Elle qualifie péjorativement la propagande gouvernementale destinée à soutenir le moral de « l'arrière » qui doit « tenir bon ». La population française reçoit une information soigneusement triée par la censure, toujours positive et optimiste, qui parfois ment mais surtout déforme la réalité en écartant tous les éléments jugés négatifs. Le courrier des « poilus » est trié, parfois modifié ou grossièrement « caviardé », c'est-à-dire noirci à l'encre sur certains passages. La presse, totalement contrôlée multiplie les articles sur la démoralisation de l'ennemi, qui frappé par le blocus manquerait de tout.

La terrible réalité des pertes est dissimulée ou enrobée dans une logorrhée héroïsante, laissant, à côté de la douleur des familles brisées, un sentiment de scepticisme profond, voire d'incrédulité systématique à l'égard de l'information gouvernementale. Or les mêmes techniques seront reprises, à peine modernisées dès août 1939. Les campagnes de soutien du moral national rivalisent d'indigence et de grossièreté afin de faire croire à un Reich démuni, au bord de l'effondrement. Cette propagande mensongère, véritable désinformation interne a contribué à la démoralisation durant la « drôle de guerre », tant chacun avait le sentiment de l'énormité de ce bourrage de crâne.

Les procédés de la désinformation tels que répétition obsessionnelle et amplification caractérisent déjà le bourrage de crâne. Son aspect simpliste laissera progressivement place à des approches plus subtiles mais sans rien changer quant à l'intention et aux procédés eux-mêmes. C'est une forme de désinformation à l'égard de son propre camp dont les gouvernements démocratiques persistent de nos jours à user, de manière certes moins grossière, mais sans parvenir à se corriger une fois pour toutes.

→ ***Corrélats*** *: amplification, censure, lavage de cerveau, répétition.*

C

Cadavres

Comme les charniers, les cadavres constituent logiquement un outil privilégié de propagande et de désinformation. L'image du corps humain mis à mort, sa représentation, sa diffusion posent de considérables problèmes de gestion de l'information et de la communication.

Dans le monde de l'information la représentation de la mort violente occupe une place éminente et joue un rôle exceptionnel. Faut-il ou ne faut-il pas montrer les corps des victimes des actes terroristes ? Faut-il en faire la célébration ostentatoire, quasi-rituelle ? Faut-il cacher les cadavres mais lesquels, Les siens ou ceux de l'ennemi ? Pour ne point heurter les opinions ? Où et par rapport à quelles cultures ?

La représentation d'une personne tuée a été soumise à de vieux interdits éthiques puritains que l'on retrouve dans les codes de « décence » (code Hayes, 1928) qui furent très tôt imposés au cinéma de fiction hollywoodien. Les actualités militaires évitent de montrer les cadavres de soldats américains puis, de manière générale, ceux de l'ennemi. Les pacifistes considèrent au contraire qu'il faut exhiber sous son vrai visage la guerre et ne point chercher à l'édulcorer, l'aseptiser, la rendre « proprette ».

Un cadavre peut également constituer un éventuel acte d'accusation contre celui supposé responsable du meurtre. C'est une pièce à conviction hautement sensible qui fait l'objet de manipulation et de campagnes de désinformation. La représentation par les médias de cadavres ou de personnes horriblement blessées constitue-t-elle un acte involontaire en faveur de la propagande de l'ennemi ? Une démoralisation par le choc de l'horreur qui fait le jeu du terrorisme ?

On peut aussi exhiber les cadavres de personnes exécutées afin de servir d'avertissement, d'exemple. Dans l'Antiquité, l'esclave fugitif ou révolté était crucifié. Il restait pourrir sous les yeux des passants (et des autres esclaves). Ainsi les nazis pendaient-ils les partisans russes et diffusaient-ils largement les images des exécutions, forme de terreur à vocation exemplaire. Le cadavre d'un espion, d'un mouchard, d'un traître exécuté est souvent exhibé symboliquement toujours dans l'esprit d'administrer une leçon efficace.

Dans d'autres cultures et dans des contextes très différents, l'exposition des corps, des momies constitue un acte religieux Ces « cadavres exquis » sont réputés hautement respectables. Les reliques sont objet de vénération superstitieuse sinon de culte, prolongeant dans certains États le culte de la personnalité. Les momies de Lénine et Mao reçoivent depuis des décennies la visite rituelle de millions de personnes déférentes. Mais que dire, encore de nos jours, de la vénération du gros orteil de la statue de Saint Pierre au Vatican ?

La représentation et la retransmission de l'image des cadavres « élus », presque sanctifiés, sont supposées favoriser la cohésion socio-psychologique des masses. Le peuple s'unit devant le spectacle de ses morts (en général bien présentés). La propagande du parti baathiste irakien marquait une prédilection pour la diffusion de documents d'actualités exposant l'alignement des corps mutilés de Palestiniens supposés victimes des bombardements « sionistes ». Autre forme de mise en scène, la célébration des martyrs procède de cette démarche. Souvent les images font l'objet de trucages et d'une désinformation systématique exprimée par le commentaire de la voix *off*.

Le développement à grande échelle les attentats suicide a ravivé le débat : faut-il montrer les corps déchiquetés, les têtes encore reconnaissables au milieu des ferrailles tordues et des flaques de sang.

L'exhibition des cadavres mutilés par une foule en liesse cruelle est également susceptible de bouleverser les opinions sur le thème « que faisons-nous pour apporter la paix chez des peuples sauvages qui nous haïssent ». Telle fut la réaction américaine en Somalie en 1994. Cependant des scènes similaires en Irak ne provoquèrent pas une décision de retrait, l'enjeu étant d'une tout autre importance. L'impact de l'image des cadavres demeure donc énigmatique et ses répercussions sur l'esprit difficilement prévisibles.

➢ ***Corrélats*** : *choc, mise en scène, manipulation, montage, voix off.*

Cagoule

Sorte de masque qui du visage ne laisse à découvert que les yeux et la bouche. Dans certains cas la cagoule peut parachever un camouflage complet du corps. Les forces spéciales y ont recours en opérations. Elle peut aussi compléter un costume comme pour les adeptes du Ku Klux Klan. La cagoule sert à éviter l'identification de celui qui la porte car s'il entend donner le plus grand retentissement à son action, il cherche à préserver son anonymat et son appartenance à une société secrète.

En France, Eugène Deloncle fonde en 1934 la Cagoule (surnom donné au Comité secret d'action révolutionnaire). Cet avatar d'un fascisme français eut prêté à rire si des assassinats bien réels n'avaient été perpétrés (comme l'assassinat des frères Carlo et Nello Rosselli, deux intellectuels antifascistes italiens réfugiés). Accuser quelque personnalité politique d'appartenir à la Cagoule a constitué un moyen de désinformation destiné à le déstabiliser politiquement. François Mitterrand subit cette campagne de rumeurs, par définition invérifiables.

Le port de la cagoule a connu durant les vingt dernières années du XXe siècle un succès croissant tant du côté du banditisme et des milices (parfois des « escadrons de la mort » rebaptisés « ninjas » au Congo ou au Timor Oriental) que parmi les forces de sécurité. Dans ce dernier cas, il s'agit de se protéger contre d'éventuelles représailles. Dans l'ensemble, le développement de cet usage correspond à une réelle et grave dégradation du droit et des règles régissant la relation entre les parties en guerre et la police et le crime organisé.

➛ **Corrélats** : *camouflage, calomnie, masques, ninjas.*

Calomnie

Procédé visant à faire courir des accusations diffamatoires pour attenter à la réputation d'une personne, voire d'une société.

La calomnie constitue un procédé de désinformation traditionnel. C'est une arme agressive redoutable car elle bénéficie de l'effet d'initiative produisant un coup d'éclat qui frappe l'opinion. Il faudra à la victime remonter un handicap en démontrant son innocence et sa bonne foi. La calomnie fait l'objet, sous le terme de délit de « diffamation », d'une procédure pénal. Car face à cette agression la défensive n'est pas sans moyens : l'accusé peut avec bénéfice non seulement se disculper mais, retourner la situation en faisant porter à l'adversaire, même dissimulé, le poids d'une entreprise systématique de calomnie.

Mais en dépit des preuves apportées, des aveux et des excuses des calomniateurs eux-mêmes, il reste encore des années plus tard nombre de personnes pour croire que « quand même il n'y a pas de fumée sans feu » ! « Calomnions, calomnions, il en restera toujours quelque chose... », écrivait Beaumarchais.

Dans le domaine de la concurrence international cette forme de désinformation est couramment utilisée pour discréditer un rival, remporter un marché. Une campagne est lancée pour donner à croire que tel produit alimentaire est cancérigène, que tel matériel comporte un défaut de fabrication qui le rend dangereux.

➛ **Corrélats** : *Clearstream, diffamation, Dreyfus, faux, intoxication, manipulation.*

Camouflage

Procédé de dissimulation consistant à intégrer des objets inanimés ou des êtres vivants dans un environnement auquel ils n'appartiennent pas de manière à les rendre indiscernables.

Le camouflage constitue un procédé extraordinairement riche parce qu'il appartient à toutes les espèces vivantes. Pour agresser comme pour se protéger, le végétal et l'animal recourent au camouflage. Le caméléon est devenu l'animal symbolique mais d'innombrables espèces sur terre et en mer pratiquent le camouflage naturel.

Beaucoup moins bien doté par la nature, l'être humain a recours à des artifices techniques qui aujourd'hui atteignent des niveaux de sophistication élevés. Afin de contrer le camouflage, de nombreuses techniques de détection ont été développées, parmi lesquelles la captation à distance d'une source de chaleur, des ondes et vibrations. Le meilleur des camouflages est donc l'absence de tout signal, mouvement ou émission. Le camouflage constitue un procédé militaire autorisé qui ne saurait se confondre avec la transgression qui consiste à revêtir l'uniforme de l'ennemi pour le tromper.

Le camouflage peut aussi intervenir au sein même de l'information. La désinformation s'introduit au milieu d'un message ou d'une campagne d'information dans l'ensemble authentique en insérant une donnée fausse destinée à tromper sur un point particulier. Par exemple dans la biographie d'une personnalité on insérera un détail apparemment anodin sur sa présence dans tel lieu à telle époque. Ce détail pourra être repris par la suite pour étayer l'accusation d'avoir rencontré un agent ennemi ou criminel, etc. Au sein d'un environnement supposé fiable ce piège n'est guère repérable. Le procédé est aussi utilisé par la cryptologie qui camoufle un message secret au sein d'un texte apparemment anodin. Ainsi camouflée une fausse information peut conduire à de très graves erreurs.

Ceci est particulièrement vrai pour des documents scientifiques et techniques donnant les plans de fabrication d'un engin complexe, par exemple un nouveau type de moteur ou une arme nucléaire. On s'arrange pour faire passer au concurrent ou à la puissance étrangère visée les documents au sein desquels ont été insérés quelques éléments erronés qui vont égarer sur des fausses pistes ou conduire à la réalisation de matériels dangereux pour l'utilisateur. Nul n'est parvenu à ce jour à identifier l'origine des défauts des avions F-15 américains achetés à Lockheed par la Bundeswehr et qui les uns après les autres s'écrasèrent lors de leurs vols d'entraînement à la fin des années 1960.

→ ***Corrélats*** : *bestiaire, leurres, ninjas, ruse.*

Canard Enchaîné

Journal satyrique français fondé en 1915 – en pleine guerre au moment où la censure organisait le bourrage de crâne – par Maurice Maréchal, Jeanne Maréchal et Henri-Paul Deyvaux-Gassier.

Ce *Journal satyrique paraissant le mercredi* (comme l'indique son sous-titre), c'est-à-dire le matin du conseil hebdomadaire des ministres, constitue un phénomène unique dans la presse internationale que parfois certains pays ont cherché à reproduire sans véritable succès (le *Krokodil* soviétique). Il est animé par une idéologie libertaire contre l'État et son appareil gouvernemental. Il revendique une vieille tradition française d'antimilitarisme et d'anticléricalisme (contre « la crosse et le goupillon » et, bien sûr, « les barbouzes »).

Très populaire, proche du monument historique de la liberté de la presse, le Canard a survécu à tous les procès visant à le détruire par accumulations des amendes.

Cet hebdomadaire se situe sur la fine ligne de démarcation entre information et désinformation. Il dispose de journalistes « d'investigation » qui mènent des enquêtes et recoupent les sources pour éviter d'éventuelles manœuvres d'intoxication. Le Canard a été à l'origine de la divulgation de graves affaires d'État comme l'enlèvement et l'assassinat de l'opposant marocain Ben Barka en 1966.

Il reçoit des fuites provenant des administrations d'État et des grandes entreprises. Ces fuites pouvant, elles-mêmes, relever d'une entreprise de désinformation qui cherche à manipuler le journal, la vigilance et la responsabilité sont les garantes de la crédibilité d'une forme de journalisme unique en son genre.

→ ***Corrélats*** : *censure, fuites, intoxication, rumeurs, source.*

Canular

Il s'agit d'une sorte de version aimable et humoristique de la désinformation. Le principe est identique, qui consiste à faire croire à la réalité d'une fiction, à la vérité d'un mensonge élaboré avec soin de manière à présenter toutes les apparences de ce qu'il n'est pas. On parle de « poisson d'avril », de « *hoax* ». Le procédé exploite la crédulité mais aussi les préjugés, les superstitions qui créent un milieu favorable à la réussite du canular. La loi du genre veut que le faux soit rapidement avoué à ceux que l'on a abusés. Ce n'était qu'une bonne plaisanterie et la personne trompée s'amuse de sa propre crédulité, bien que parfois elle puisse rire « jaune ». Mais on constate à quel point la frontière est ténue. Orson Welles l'avait expérimenté, étant allé trop loin et trop bien. L'annonce du canular arriva trop tard pour enrayer la panique. Le canular n'est jamais bien loin de l'escroquerie qui permet de duper des personnes attirées souvent par l'appât du gain. Certains théories complotistes voisinent avec le canular tant l'affirmation est énorme. « Personne n'est jamais allé sur la lune » constitue une sorte d'inversion de l'invasion des Martiens. Mais les complotistes, eux, ne plaisantent pas.

➛ ***Corrélats*** *: complot, escroc, dupe, faux, intrigue, poisson d'avril, rumeur, Welles.*

Caricature

Dessin critique à l'égard de la personne ou de la situation qu'il représente. Déformation artistique ostensiblement revendiquée d'un sujet, d'une catégorie sociale ou d'une situation de manière à orienter la perception du récepteur dans un sens positif ou négatif.

La caricature est un outil de propagande souple et très efficace dès lors qu'elle s'assure d'une bonne diffusion soigneusement ciblée sur les audiences utiles. Elle peut servir à mobiliser des groupes, à créer ou à renforcer des idées. La caricature apparaît souvent dans un journal, sur des tracts ou des panneaux muraux. La représentation s'écarte délibérément du réalisme pour suggérer un point de vue. La caricature procède par simplification, généralisation, grossissement et accentuation de certains traits favorables ou dépréciatifs. Il est toutefois rare que l'on caricature les qualités d'une personne.

L'adjectif « caricatural » rend plus volontiers compte de l'exagération dépréciative... qui se révèle dans tout acte de communication, y compris le langage. Le terme finit alors par prendre une valeur péjorative devenant synonyme de présentation grossière dans un esprit partial, de mauvaise foi et de propagande. L'information fine et objective évite la caricature.

La caricature est un outil simple et très efficace de propagande dès lors qu'elle peut bénéficier d'une large diffusion. Elle travaille sur des archétypes fondamentaux, ceux la même qui structure le psychisme des masses. Elle utilise les inclinations primaires (positives ou négatives) par association directe ou allusive. Ceci explique le recours systématique au bestiaire allégorique. La caricature passe parfois pour un outil de propagande du pauvre (elle n'exige pas de gros moyens) à l'intention du pauvre dans la mesure où le dessin outré communique un message simple aisément accessible pour des audiences peu éduquées.

De surcroît le dessein permet de surmonter les obstacles linguistiques. Le dessin humoristique ou satyrique constitue une version légère de la caricature à laquelle il emprunte la plupart de ses techniques mais dans un esprit plus subtil et moins agressif. Elle constitue un outil de désinformation dès lors qu'elle prétend faire accepter un message trompeur par insinuation ou calomnie. Créant des archétypes manichéens, ce pur procédé peut servir aussi bien la cause de la liberté que les pires discours racistes. Surtout lorsque la caricature oppose une figure négative à une figure positive en jouant sur des composantes physiques et psychologiques élémentaires.

Elle s'adresse de préférence à une audience nationale mais peut également se hausser au niveau d'une dénonciation à laquelle sera sensible une audience transnationale car son langage visuel et schématique peut toucher de larges couches de populations culturellement hétérogènes. Elle peut servir à mobiliser des groupes et des communautés, en y implantant de nouvelles idées ou en renforçant des préjugés préexistants.

Elle se joue volontiers de la censure et des limites posées à l'irrespect des institutions, de l'autorité morale, de la vie privée des personnes, etc. Dans sa version extrême, elle scandalise, prétendant à raviver la bonne santé de l'esprit critique. Le journal français *Charlie Hebdo* a cherché à reculer les limites de ce genre de provocation, notamment à l'égard des présidents de la République. Jusqu'où aller trop loin ? Problème gravement posé par les caricatures du prophète Mahomet en 2005 dans la presse danoise. Il existe une culture universelle de la caricature mais aussi de fortes traditions nationales. Les dessinateurs britanniques y excellent conformément à un esprit de dérision humoristique, voire cynique profondément ancré dans les mentalités qu'illustre la dénonciation de la Révolution française, de la Terreur, de Napoléon l'Ogre – thème remarquablement récurrent que l'on retrouve, presque identique, dans la dénonciation du dictateur Saddam Hussein deux siècles plus tard. Manichéenne même lorsqu'elle se veut subtile, la caricature joue sur des sentiments primaires, des penchants élémentaires, des phobies inconscientes. Les Anglais dans l'hebdomadaire *The Economist* perpétuent cette tradition.

→ ***Corrélats*** *: bestiaire de la désinformation, calomnie.*

Carlos

De son vrai nom Illich Ramirez Sanchez, surnommé le Chacal (Caracas, Venezuela 1949).

Fils d'un avocat d'extrême gauche vénézuélien, il part en Union soviétique suivre une formation pour les futurs cadres dits politico-opérationnels. Carlos restera constamment en liaison avec les services secrets de RDA et de Hongrie.

Il est alors inséré dans la filière syro-palestinienne en tant que coordonnateur d'opérations terroristes de déstabilisation au Liban. C'est pourquoi la France devient une de ses cibles privilégiées : drugstore Publicis, puis ambassade de France à La Haye en septembre 1974. La prise d'otages lors du sommet de l'OPEP à Vienne le 22 décembre 1975 en fait un des hommes les plus recherchés. En 1982, il fait dérailler le train Toulouse-Paris et en 1983 sauter la gare de Marseille. Il trouve asile en Syrie puis au Soudan où est établi depuis peu Oussama ben Laden. Mais, lâché par ses commanditaires habituels, la STASI, eux-mêmes en pleine déroute, il en est extradé en 1994 vers la France où la justice le condamne à la détention à perpétuité.

Narcissique, histrionique et opportuniste, le personnage aura été un praticien de la désinformation au service d'une action révolutionnaire où le terrorisme devient une fin en soi. Doté d'un sens remarquable de la communication « Plus on parle de moi, plus je deviens dangereux et puissant » déclare-t-il, il attire les médias et inquiète les gouvernements dont il prétend connaître les inavouables secrets. En outre, Carlos manifeste une grande capacité à évoluer comme en témoigne sa conversion à l'Islam en 1975. En revanche, il est demeuré constant dans la tenue d'un discours anti-occidental, anti-impérialiste créant une étrange passerelle entre le terrorisme pro-palestinien des années 1970 et celui du salafisme violent des années 2000. Carlos, de sa prison, célèbre les attentats du 11 septembre 2001 en prenant l'instabilité chronique du Moyen-Orient comme support. Bluff, manipulation, outrance, désinformation auront été ses armes bien plus que la kalachnikov.

→ ***Corrélats** : agitateur, bluff, manipulation.*

Cassandre

Princesse troyenne prophétesse, elle annonce la perte de Troie. Pressentant la ruse d'Ulysse, elle tente de convaincre, en vain, ses concitoyens de ne pas faire entrer le cheval abandonné par les Grecs dans l'enceinte de la ville.

Elle emblématise la contre-désinformation. L'échec de son action totalement ignorée en dit long sur la capacité à lutter efficacement contre les séductions du stratagème et de la désinformation tant il reste vrai que les dieux rendent fous ceux qu'ils veulent perdre. Plus prosaïquement, l'homme d'action, le décideur n'aime pas les Cassandre dont l'avertissement contrarie son désir de faire aboutir le projet qu'il a conçu. Il veut aller jusqu'au bout, ne considérant que les obstacles extérieurs et tenant pour importuns ceux-là qui, de l'intérieur, annoncent l'échec ou le désastre.

→ ***Corrélats** : décideur, Troie.*

Cellule de crise

L'expression désigne un organisme temporaire, réuni dans l'urgence, parfois dans le secret, rassemblant tous les acteurs concernés et compétents, afin de prendre, en urgence, les mesures nécessaires de riposte face à un événement imprévu de dimension et de durée variable.

La crise de Cuba à l'automne 1962 constitue, à bien des égards, le prototype d'une situation très grave requérant un traitement en urgence et dans le secret. Kennedy apprend l'arrivée à Cuba de missiles susceptibles d'être équipés de têtes nucléaires. La cellule élabore alors des options pour permettre au décideur de sortir de la crise

Très à la mode, la cellule de crise est devenue une sorte de chaînon entre l'autorité gouvernementale et les médias. Parfois conçue comme un remède adopté juste à temps, qui dispense de la prévision, la cellule de crise s'installe désormais partout, de l'échelon le plus élevé au plus modeste, autant comme outil de communication que d'action. Elle se veut directement branchée sur l'information en temps réel : que se passe-t-il, comment répondre et surtout comment communiquer au mieux ?

La cellule remplit donc une double fonction : une action opérationnelle ainsi qu'une action politico-médiatique. La première consiste à traiter au mieux la situation d'exception en coordonnant les moyens d'intervention disponibles. La seconde cherche à en gérer la communication au mieux des intérêts de l'autorité politique dont la responsabilité est engagée. Les porte-parole jouent un rôle essentiel, qui crée l'image d'une réponse bien organisée : « Nous avons la situation en main », bref d'une réponse responsable. Elle organise le déplacement des autorités politiques de bon niveau sur les lieux en déterminant ou aller et qui rencontrer. Pour une personnalité politique la présence ou l'absence ou la présence trop tardive peut entamer sa popularité, sa crédibilité, bref son image.

Les échecs liés à la surprise (l'usine AZF de Toulouse en 2001 ou l'ouragan Katrina qui frappa la Nouvelle-Orléans en 2005) mettent en évidence le fait qu'aucune cellule de crise n'est en mesure de pallier l'impréparation et les négligences antérieures.

→ ***Corrélats*** : *image de marque, porte-parole, résilience.*

Censure

À l'origine, dans la Rome antique, le « censeur » fait partie de la vie politique. Il a pour mission de contrôler la moralité des actions entreprises par les détenteurs des pouvoirs administratifs et de la puissance militaire, consuls, tribuns et préteurs.

À l'époque contemporaine, la censure a mauvaise presse dans les États démocratiques et fait l'objet des plus vives attaques à l'égard de ces gouvernements qui répriment la liberté d'expression dans tous les domaines.

Ici encore la prise conscience joue un rôle fondamental. Elle se fait jour dans le constat de l'incapacité à pouvoir exprimer une différence, une divergence Les sociétés traditionnelles notamment religieuses s'en remettent à la parole de Dieu et du souverain son représentant voire son incarnation.

C'est donc à partir d'une rupture fondatrice de l'individu comme porteur d'une pensée autonome différente que se reconnaît l'existence d'une censure et que cette censure s'organise afin de museler les velléités d'expression d'une pensée autonomisée. Toutefois des groupes peuvent diverger entre eux sans pour autant qu'il existe une individualisation de la pensée. Par exemple les bonzes bouddhistes ne pensent pas individuellement mais agissent en tant que collectif d'expression divergente, dissidente ou carrément oppositionnelle.

Considérons quatre stades de développement :

1. Un état primitif « archéo-informationnel » où la censure n'a pas à exister faute d'autonomisation d'une pensée individuelle qui ne se singularise pas et participe d'une pensée culturelle collective. L'idée même d'en sortir reste inconcevable.

2. Le contrôle autoritaire de l'information par les pouvoirs temporels et spirituels en place quelle que soit leur nature monarchique, oligarchique et leur idéologie, à commencer par les autorités religieuses.

3. Un état qu'on appellera de transition fait de confrontations parfois violentes. C'est l'affrontement ouvert, clairement pensé de part et d'autre entre le contrôle des esprits par l'autorité dirigeante et les individus qui entendent exprimer divergences et différences. Elle se développe à travers les luttes pour la liberté de la presse puis des autres médias. Cette situation perdure dans de nombreux pays. L'équilibre peut s'avérer précaire et sujet à des remises en cause (cf. Russie)

4. Le développement d'une censure rampante, insidieuse, masquée. Elle correspond au développement de l'information dans les États entrés dans la démocratie médiatique, post-médiatiques, Il n'est plus question de censure ouverte, mais de manipulations roublardes entretenues par la confusion systématique entre pouvoirs économiques et influence médiatique. Cette censure biaisée privilégie le mensonge par omission, favorise la désinformation par l'euphémisme et recourt à tous les travestissements hypocrites du courtisan, du faux dévot et du diplomate. Le recours à la désinformation s'intensifie.

Ces étapes méritent d'être rapportées aux phases qui caractérisent la liberté de l'information mais aussi de la communication terroriste.

→ ***Corrélats** :*

Chasse aux sorcières

Ce terme désigne l'ensemble des activités de lutte contre une supposée infiltration communiste au sein du gouvernement des États-Unis. Le phénomène trouva son origine dans les révélations de l'activité d'un réseau d'espionnage introduit dans le laboratoire nucléaire de Los Alamos, qui transféra au bénéfice de l'Union soviétique des informations cruciales sur la fabrication des armes nucléaires. Inculpés parmi d'autres, les époux Rosenberg furent exécutés. Une campagne de presse mondiale chercha à les présenter comme innocents ce qu'ils n'étaient pas. La peur irrationnelle du communisme s'amplifia, se substituant aux précautions légitimes. Elle fut largement manipulée par la faction dure des Républicains alliée au populisme raciste, « petit blanc » des démocrates sudistes.

Le sénateur du Wisconsin Joseph McCarthy, démagogue brutal, trouva là une occasion pour se propulser sur le devant de la scène politique. Il s'employa par des accusations diffamatoires à créer un climat de paranoïa généralisé, n'hésitant pas à s'en prendre aux plus hautes autorités de l'État et de l'armée, ce qui précipita sa chute. L'opinion américaine fut soumise pendant deux ans à une véritable campagne de désinformation.

Toutes les professions, scientifiques et littéraires, les journalistes firent l'objet d'une investigation serrée de leur vie privée par le FBI. Président de la commission sur les activités antiaméricaines du Sénat, McCarthy fit comparaître de nombreuses personnalités qu'il n'hésitait pas à rudoyer. Quiconque osait défendre un collègue présumé suspect pouvait être tenu pour un sympathisant solidaire, voire un complice. Il risquait, à tout le moins, de perdre son emploi. Ainsi furent établies des listes noires. La délation était devenue une vertu civique et un moyen de protection. Des personnalités psychologiquement fragiles ou qui avaient eu dans les années 1930 des sympathies libérales ou socialistes cherchèrent à se dédouaner. Le metteur en scène Elia Kazan s'empêtra dans des déclarations douteuses et chercha par la suite dans son œuvre cinématographique *Sur les quais* (1954), à procéder à une sorte de justification ambiguë. Plus tard et comme toujours trop tard le cinéma rendit justice, avec *The Front* de Martin Ritt (1976), qui lui-même avait été placé sur liste noire, avec Woody Allen et plus récemment avec George Clooney, *Good Luck and Good Night* (2005).

Ce phénomène rappelait la « *red scare* » « peur des rouges » qu'avaient connue les États-Unis au lendemain de la Première Guerre mondiale dont furent victimes les anarchistes Sacco et Vanzetti. Il est remarquable de relever le caractère cyclique de ces poussées d'angoisse collective aux États-Unis où la désinformation prend pour bouc émissaire une minorité idéologique.

→ ***Corrélats*** *: complot, peur, manipulation.*

Choc

Ce phénomène de percussion physique est à entendre ici dans le registre psychologique. La communication brutale d'une information qui produit sur le récepteur un choc psychologique plus ou moins intense, parfois proche du traumatisme. On parle donc de « document-choc », du choc des photos, etc.

La violence idéologique utilise à travers le terrorisme ce phénomène afin de déstabiliser l'opinion et les autorités. Plus le choc est violent, plus la population devrait éprouver de crainte et d'angoisse ; plus elle devrait condamner la politique de son gouvernement ou à tout le moins le tenir pour coupable de négligence en matière de protection. Mais l'excès du choc peut engendrer des contre-réactions d'indignation. La presse populaire joue systématiquement sur cette ambivalence des réactions. Le spectacle des atrocités attribuées à tel groupe ou gouvernement servira à légitimer une opération militaire

La désinformation recherche systématiquement cet effet d'ébranlement en faisant courir de fausses nouvelles horrifiantes et, si besoin est, en truquant des documents visuels ou sonores. Les mises en scène d'État ont également pour but d'impressionner en produisant un choc émotionnel puissant. C'est dire que les complicités sont nombreuses pour produire des effets de choc au service d'intérêts particuliers.

Les démocraties médiatiques sont particulièrement sensibles à un effet qu'elles contribuent à produire en raison de l'amplification donnée à un acte. Les images du 11 septembre 2001 ont constitué un des chocs les plus puissants jamais enregistré. La répétition des mêmes images fut incessante, obsessionnelle durant des semaines.

Comment atténuer ? Comment parer ? Le peut-on et le doit-on ? Le débat reste ouvert donnant lieu parfois à de fortes tensions entre le pouvoir politique et les instances de diffusion de l'information.

→ ***Corrélats*** *: Hearst, opinion, peur, résilience, rumeur, scoop, tabloïd.*

CIA (Central Intelligence Agency)

Cet organisme relève directement de l'autorité du président des États-Unis. Créée en 1947, l'Agence est devenue au fil du temps une énorme bureaucratie comprenant environ 15 000 à 20 000 personnes, dont l'organigramme sans cesse réaménagé présente une grande complexité. Schématiquement, l'activité se divise en deux branches le renseignement et son analyse et les opérations secrètes ou « spéciales ». Son activité, qui ne doit pas s'exercer sur le territoire des États-Unis, repose sur une structure centrale située en Virginie et des « postes » ou « antennes », implantés partout à travers le monde, sous couvert des ambassades. La désinformation fait partie des activités secrètes en sorte qu'il est très difficile d'établir avec exactitude quelle est la part qu'elle occupe. Seuls des crises graves, des échecs retentissants permettent de se faire une idée approchée des campagnes montées par la CIA sous le vocable de « programmes ». S'ils visent en priorité l'ennemi (PHENIX contre le Vietcong au sud Viêt-Nam), ils touchent également les gouvernements alliés, en Amérique latine, au Moyen-Orient et en Europe occidentale. La CIA intervient clandestinement dans les affaires intérieures en s'efforçant de transformer en agents d'influence des journalistes, des parlementaires, des syndicalistes, des universitaires tous ceux qui disposent d'une capacité de décision ou qui, même modestement façonnent le jugement des élites et des cadres d'un pays. La déstabilisation d'un gouvernement jugé contraire aux intérêts des États-Unis s'accompagne toujours d'une intense désinformation (en Iran contre le Dr Mossadegh en 1953, au Chili contre Salvador Allende, en 1971-1973). La CIA fait parvenir à la presse de faux documents très alarmistes sur la situation économique. Elle organise de fausses fuites. Elle a pu aller jusqu'à introduire ses agents parmi les journalistes ou faire des journalistes ses agents. Pratique que, George Bush Sr, lors de sa prise de fonctions à la tête de l'agence en 1976, s'engagea à supprimer. Mais pour être efficaces, les opérations de désinformation supposent le soutien de la branche renseignement-analyse ce qui tend à réduire la distinction de principe entre branches.

Comme on ne prête qu'aux riches, la CIA est souvent présentée comme le plus puissant service secret américain alors que le budget de la National Security Agency chargée des écoutes électroniques, le devance aujourd'hui de loin. Par ailleurs, l'opinion a tendance à prêter à la CIA des capacités dont elle ne dispose pas vraiment. Les théories du complot tellement populaires au Moyen-Orient ou en Amérique latine incitent à voir partout la main de la CIA. Cette croyance, durablement forgée par l'action de contre désinformation menée durant la guerre froide par le KGB, est fondée sur un thème simple et indéfiniment répété : les agents américains sont partout.

→ ***Corrélats*** : *agents d'influence, DGSE, fuites, KGB, MI-6, Mossad, taupes.*

Cinquième Bureau

Dans les armées françaises, et à quelques particularités près dans le monde, la tradition d'organisation était une division en Bureaux, chacun chargé d'une fonction majeure : opérations, renseignement (le Deuxième Bureau), effectifs, logistique, etc.

En 1955, en raison du développement de l'action insurrectionnelle en Algérie, certains officiers qui ont étudié les opérations d'Indochine à la recherche des causes de la défaite française mettent l'accent sur le rôle primordial d'une arme nouvelle : la psychologie et ses applications à la propagande politique, à l'encadrement des populations. S'appuyant sur les écrits de Tchakhotine, mais aussi de Mao et de Lénine, ils suggèrent que les procédés mis au point par des partis totalitaires comme le Viêt-minh, une fois adaptés aux valeurs de la démocratie française, permettront de réussir là où les opérations militaires classiques se révèlent impuissantes.

Séduite, l'autorité politique de l'époque décide d'instaurer un Cinquième Bureau dit d'action psychologique. Leur existence sera brève en raison d'une dérive idéologique vers la droite radicale et le mélange avec un anticommunisme primaire inadapté à la réalité de la situation française. En Algérie, les membres du Cinquième Bureau s'autonomisent et finissent par organiser des manifestations à caractère politique. La Métropole devient la cible d'un complot visant au renversement des institutions. On les trouve derrière les événements du 13 mai 1958 qui signent la fin de la IVe République, puis dans l'opposition à la politique algérienne du général De Gaulle qui prononce leur dissolution dès 1961. Certains dirigeants des Cinquièmes Bureaux furent à l'origine du putsch des généraux et terminèrent leur carrière dans la dérive terroriste de l'OAS. Cette grave dérive a contribué à priver durablement la France du recours systématique aux opérations psychologiques devenues essentielles en raison de l'interpénétration des médias à l'occasion des opérations extérieures.

→ ***Corrélats*** *: Action psychologique guerre psychologique, influence, persuasion.*

Cinquième colonne

Appellation adoptée dans les années 1930 en France puis en Grande Bretagne et aux États-Unis pour désigner l'action réelle ou supposée d'agents de l'ennemi infiltrés au sein du territoire national. Sous toute réserve, cette expression pourrait renvoyer aux quatre colonnes d'attaque d'infanterie qui, aux XVIIIe et XIXe siècles, étaient formées afin de percer les positions défensives de l'adversaire.

Infiltrée, quasi immatérielle composée d'espions, de saboteurs infiltrés, d'agents d'influence, la Cinquième colonne a pour mission de saper le moral, semer le trouble et la confusion, de créer des sympathies collaboratrices, afin d'affaiblir leur volonté de résistance et puis le jour venu de déclencher une insurrection en faveur de l'État agresseur qui n'aura plus en face qu'une volonté politique en désarroi.

Le national socialisme parce qu'il représentait une idéologie de nature révolutionnaire a pu créer des réseaux de sympathie, manipuler et se doter en Tchécoslovaquie ou en Autriche de réseaux qui préparaient en sous-main l'arrivée au pouvoir de Hitler.

Cette notion constitue un des outils parmi les plus importants de la désinformation. La Cinquième colonne a pour mission de désinformer mais, à l'inverse, la dénonciation de l'action clandestine donc impalpable de la Cinquième colonne autorise toutes les manipulations d'opinion pouvant aller jusqu'à une désinformation d'État ou de niveau étatique. Parmi les plus célèbres exemples figure la campagne de désinformation orchestrée par le sénateur Joseph McCarthy au début des années 1950 qui prit le nom de « chasse aux sorcières ».

Des cinéastes de renom comme Leo McCarey (*Once Upon a Honeymoon*, 1942), Alfred Hitchcock (*Cinquième colonne*, en anglais *Saboteur*, 1942) participèrent à l'effort de guerre en convaincant l'audience américaine de la réalité des cinquièmes colonnes, susceptibles d'agir sur le territoire des États-Unis où il existait un parti nazi d'une puissance dérisoire au regard de ce que les nazis allemands avaient effectivement implanté en Autriche, Tchécoslovaquie, en Norvège et même en Suisse.

Durant toute la guerre froide, la dénonciation de l'infiltration communiste servit de prétexte à une intimidation, voire à une répression pouvant aller jusqu'au coup d'État militaire en Grèce, et en Turquie. L'Italie fut épargnée de justesse. Sur une plus grande échelle et avec des conséquences humaines effroyables, la lutte contre la Cinquième colonne communiste servit de prétexte en Amérique latine pour s'opposer aux revendications des catégories sociales les plus défavorisées.

De nos jours, le thème des cellules terroristes « dormantes » affiliées au salafisme violent, prêtes à conduire des actions terroristes a pu et peut encore faire l'objet de manipulations et d'une campagne de désinformation servant des intérêts électoralistes.

→ ***Corrélats*** *: agents, mémoire, manipulation, reconstruction, révisionnisme.*

Clarke, Dudley

(Natal, colonie britannique en Afrique du Sud 1899 - 1974). Colonel de l'armée britannique.

Quand ils ne sont pas de célèbres espions (et encore !) les hommes de la désinformation et de la déception demeurent inconnus. C'est leur lot ingrat, parfois difficilement accepté. Clarke mérite donc d'être exhumé de l'obscurité pour servir d'illustre témoin de la réalité des manœuvres stratégiques et des opérations tactiques de la déception durant la Seconde Guerre mondiale. Il n'a pas eu le souci comme T.E. Lawrence d'ériger un monument à sa propre mémoire, tout au plus une simple biographie, très prudente, respectueuse des limites à apporter à la révélation des secrets. Non pas tant des plans en eux-mêmes que des méthodes, des procédés qui restent utilisables et utilisés. En compagnie du colonel John Bevan, il fut désigné part le général Wavell pour diriger la « A Force » créée en mars 1941 qui allait devenir la London Controlling Section qui planifia l'opération de déception Bodyguard. Afin de compenser son infériorité face à l'Afrikakorps de Rommel, Wavell eut systématiquement recours à la déception en cela il suivait lui-même les leçons du général Allenby inspiré et conseillé par Lawrence durant la campagne de Palestine de 1917. Clarke fut son principal collaborateur ce qui l'amena aux discrètes responsabilités qu'il assuma jusqu'à la fin de la guerre. Il est à ce jour impossible de savoir avec certitude à quoi servirent les compétences de cet homme d'expérience de 1947 (il a alors 48 ans), début de la guerre froide jusqu'à sa mort.

→ ***Corrélats*** *: Bevan, bodyguard, composante britannique, Lawrence.*

Clearstream

Grave scandale qui secoue la Ve République à la fin du second mandat de Jacques Chirac.

En juin 2004, la justice française est informée par un courrier anonyme dans lequel la société bancaire de compensation luxembourgeoise Clearstream est accusée de procéder à des blanchiments d'argents et des transferts de fonds clandestins au bénéfice de personnalités de premier plan. La dénonciation s'accompagne d'une liste impressionnante de personnalités politiques de tous bords parmi lesquelles M. Nicolas Sarkozy ou encore M. Dominique Strauss-Kahn.

L'enquête révèle qu'il s'agit d'une opération de diffamation orchestrée au plus haut niveau de l'État avec la complicité de personnalités du monde industriel. L'analyse du dossier permet de relever tous les ingrédients d'une campagne de désinformation – assez maladroite – visant à intoxiquer la magistrature, la presse et à travers elles l'opinion à la veille d'une échéance électorale. La réussite d'une telle manœuvre laisse rêveur !

L'action de la justice conduit à la mise en examen du premier ministre sortant Dominique de Villepin à l'été 2007.

→ ***Corrélats*** : *action psychologique, embedding.*

Combat Cameras

Ce terme désigne les équipes de l'armée américaine (Terre, Air, Mer et Marines) qui sont en charge de filmer les opérations en accompagnant les unités sur le terrain. Loin de se borner à un simple enregistrement constatif, les médias font la guerre au sens où ils en produisent une représentation qui va influencer de manière décisive l'esprit des récepteurs.

Prenant en compte le bilan des graves déficiences médiatiques de la guerre du Vietnam, cette activité a connu un développement considérable depuis la fin de la guerre froide sur la base de deux principes : il faut d'abord répondre à une demande d'images sans cesse en augmentation, en outre, il est préférable de produire et contrôler ses propres images plutôt que se retrouver face aux images recueillies sans contrainte par des reporters extérieurs aux armées. Plutôt que de pratiquer une censure impopulaire et inefficace, il paraît préférable d'occuper le terrain médiatique en le saturant par ses propres images

L'essor des technologies légères de filmage a donné une impulsion considérable.

Quelle crédibilité accorder à ces reportages directs ? Quelle est la part de vérité ? Par définition il n'existe aucune indépendance par rapport à l'autorité gouvernementale. Les ComCam doivent rendre compte à l'OSD (Office of the Secretary of Defense, cabinet du ministre de la Défense) et au JCS (Joint Chiefs of Staff, comité des chefs d'état-major). C'est dire qu'il s'agit d'un outil à disposition de l'autorité politique qui va l'utiliser à son service pour atteindre les buts d'information (et de désinformation) qu'elle a pu se fixer.

→ ***Corrélats*** : *embedding, mise en scène et effet du réel.*

Communauté internationale

De quoi s'agit-il ? Comment et sur quels critères définir cette entité dont se réclame à sa manière et au gré de son intérêt chaque acteur national ? Il s'agit avant tout des Nations unies et de ses différents organes. Elle représente depuis 1944 l'unique institution légitime représentative de l'ensemble des États, à de rarissimes exceptions.

De fait, chaque diplomatie s'en prévaut pour justifier son approche et récuser celle de ses adversaires lesquels savent payer de retour. Inversement les instances internationales sont violemment récusées par ceux qu'elles condamnent sans disposer d'un quelconque pouvoir de coercition. L'émergence ces vingt-cinq dernières années de nombreuses organisations non gouvernementales a renforcé le poids de la communauté internationale en créant de nouveaux liens, de nouveaux réseaux d'influence susceptible de modifier la perception des décideurs et de façonner les opinions à travers le monde.

Pour les réalistes intransigeants, il ne s'agit que d'une sorte d'ectoplasme (« ce machin » avait dit De Gaulle qui par la suite entrevit que l'on pouvait en faire quelque chose) sans pouvoirs réels, manipulé au gré de majorités temporaires sur des dossiers spécifiques et des évolutions d'intérêts coalisés selon les circonstances. Les Républicains américains n'ont de cesse d'invoquer « leur » communauté internationale par-dessus la tête des instances censée la représenter.

Pour les réalistes machiavéliens, les différentes instances de la Communauté permettent de pousser des pions, de rallier des États, de former des coalitions diplomatiques utiles et bien sûr d'y développer des campagnes de désinformation.

La Communauté internationale ne serait en somme que l'équivalent mondialisé de l'opinion publique au niveau national, changeante, manipulable, sans autorité ni pouvoir de décision.

Il existe cependant d'authentiques partisans de la Communauté internationale qui affirment sa personnalité supérieure par-delà les acteurs nationaux et leurs intérêts. Ils voient en elle le garant des traités universels et perpétuels, le soutien d'une promotion lente mais continue du droit international, de la régulation des rapports entre États. Grâce à la Communauté internationale un certain nombre de valeurs fondamentales s'enracinent, qui assurent le respect des droits de l'homme et des libertés essentielles. Avec des résultats fort modestes, toujours insuffisants, elle contribue à réduire les injustices majeures entre les sexes, elle bride l'exploitation sauvage du travail des enfants, contribuant ainsi à la lente élaboration d'un concept réaliste de « sécurité humaine ».

Les instances de la Communauté internationale constituent, à l'évidence, une cible privilégiée de la désinformation. Son défaut d'organisation efficace au regard de sa bureaucratie pléthorique et le manque de rigueur qui en résulte favorisent toutes les manipulations, et l'injection de rumeurs. On peut chercher à l'intoxiquer ou bien en faire une tribune publique pour une opération mondiale de désinformation. C'est bien ce que fit le général Powell secrétaire d'État lorsque devant les caméras du monde entier il exhiba une éprouvette (vide) pour illustrer la menace biologique tandis qu'il présentait des preuves incertaines, images douteuses et écoutes téléphoniques sans véritable signification.

En même temps, cette Communauté internationale, à cause de son pouvoir d'attraction, peut aussi mobiliser les médias au service d'une véritable information, offre des forums qui sont autant de chambres d'écho permettant d'exercer une influence, de faire passer des messages à l'échelle mondiale et de faire prendre conscience d'un événement grave à l'opinion publique ne fût-ce que pour l'instant d'une action réparatrice, aussi limitée et insuffisante fut-elle.

→ ***Corrélats** : machiavélisme, opinion publique, sondage.*

Complot

Ce terme possède de nombreux synonymes tels que la conjuration de Catilina au Ier siècle avant J.-C., exposée par Salluste ou la conspiration des Égaux de Gracchus Babeuf, en 1796.

Le suffixe « com » suggère une entreprise concertée réunissant secrètement plusieurs personnes afin d'agir contre un ennemi et de servir leurs propres intérêts. Souvent ils se lient symboliquement par un serment solennel. Toute entreprise de subversion par un coup d'État, par des actions terroristes implique un complot. C'est pourquoi dans sa forme moderne, la loi française entend punir une « association de malfaiteurs liée à une entreprise terroriste ».

Durant les périodes révolutionnaires ou à l'occasion de profonds changements institutionnels, le complot constitue à la fois une réalité et une obsession ainsi qu'une forme de manipulation des opinions et un outil de provocation au service d'une stratégie de prise de pouvoir.

Loin d'avoir été épargnés par les tumultes révolutionnaires idéologiques, tant politiques que religieux, les Anglais durant plus d'un siècle vécurent dans une ambiance de complots. À ce point même qu'une « culture » s'est durablement établie à travers la célébration festive de la *Guy Fawkes Night* (du nom du responsable de la conspiration des poudres ourdie par les Catholiques, Guy Fawkes) par les enfants qui en font une cérémonie de réjouissance, réminiscence légère d'un bûcher.

Toutes les périodes d'incertitude engendrent cette psychose du complot de l'intérieur soutenu par l'étranger hostile. Le révolutionnaire parvenu au pouvoir sans légalité voit l'ennemi partout : complot des aristocrates contre la République française, menées de la CIA en Iran, au Chili, etc. On a pu parler de la superposition des « 13 complots du 13 mai 1958 » durant la période de transition entre IVe et Ve République, en pleine guerre d'Algérie.

Il est des personnalités éminentes qui privilégient le complot comme mode d'action politique. Louis Napoléon Bonaparte passa le plus clair de la première partie de son existence à comploter jusqu'à la réussite du 2 décembre 1851 qui allait faire de lui l'empereur Napoléon III.

Quasi éternelles, les théories du complot ont pris une importance croissante dans l'ère informationnelle. Le principe repose sur une explication d'événements exceptionnels et donc mystérieux par le complot révélateur de leur vérité cachée. L'explication des événements et de l'histoire par des complots constitue un travers du jugement humain, fortement prisé et relayé par ces médias surnommés « *tabloïd* ». Il fournit un déterminisme simpliste, une logique explicative à ce qu'il est difficile de comprendre. L'explication par le complot bénéficie d'une vertu d'évidence, rassurante en ce qu'elle désigne un bouc émissaire responsable de tous les maux. De ce fait la recherche pénible de responsabilités partagées et dérangeantes n'a plus lieu d'être. Quel soulagement ! C'est aussi la porte ouverte pour tous les négationnismes. La désinformation en fait donc un de ses procédés ordinaires de prédilection.

Le catalogue des thèses complotistes expose des dizaines de milliers d'ouvrages et des millions de messages électroniques qui se propagent et s'enflent par contagion et rumeur associative :

– les Juifs et les Francs-maçons se sont acharnés à diviser et affaiblir la France ;

– les États-Unis ont poussé Saddam à envahir le Koweit en 1990 ;

– le complot sioniste relayé par ses *lobbies* et la ploutocratie juive investirait le monde entier conformément au *Protocoles des Sages de Sion* ;

– l'administration Bush a organisé le 11 septembre 2001, et ainsi de suite.

La difficulté consiste à établir une ligne de partage rigoureuse et fondée entre la réalité d'actions clandestines hostiles et la rumeur qui court sur de telles entreprises. La désinformation procède à de telles manipulations afin de mettre en difficulté la diplomatie des pays adverses voire même à déstabiliser des gouvernements ou des hommes politiques. Être simplement soupçonné de travailler pour la CIA ou d'entretenir des contacts avec le FBS (ex-KGB) pèse lourd dans la réputation d'une personnalité.

Le tyran comme Denys de Syracuse sur lequel pesait l'épée de Damoclès, ayant pris le pouvoir par la force et la tromperie vit dans la crainte d'une entreprise similaire à son encontre. Il a donc sincèrement tendance à s'imaginer l'existence de complots contre sa vie. Cette propension sera évidemment exploitée par ceux de ses courtisans qui entendent se débarrasser de rivaux dans leurs permanentes disputes pour la faveur de l'autocrate. On entre dans le domaine de la contre-désinformation : on accuse son adversaire de complot afin de légitimer sa destruction.

Le recours systématique à l'accusation de complot caractérise les régimes despotiques ou totalitaires. L'invention de complots de toutes pièces constitue un système de gouvernement afin d'éliminer des personnes ou des factions ayant acquis trop de pouvoir. Ce peut être aussi une façon de manipuler l'opinion notamment en suggérant « la main de l'étranger » comme cause de toutes les difficultés, en réalité imputables au régime lui-même. La manipulation de l'opinion populaire pour en détourner le mécontentement sur des « boucs émissaires » constitue une manière remarquable de gouvernement par la désinformation permanente (en ce sens, on parlait de « révolution permanente »). Les services de police fabriquent des preuves, ou obtiennent des aveux par le chantage, la corruption ou la torture. On a souligné la pratique de l'épuration ou des « purges » dans les partis totalitaires. Celui que l'on veut éliminer est dénoncé comme un « agent provocateur ». Or ce système est extrêmement ancien. Peu de pays en sont exempts à un moment ou à un autre de son histoire.

À l'inverse est également vrai des régimes qui cherchent à briser toute opposition, fût-elle simplement réformatrice. La Russie tsariste multiplie les agents provocateurs (le pope Gapone en 1905). Les Juifs et, en général, toutes les petites communautés culturellement allogènes, ont souvent été les cibles de cette désinformation provocatrice et les victimes de déchaînements de fureur de masse. Se phénomène se retrouve en Asie où, fréquemment, les minorités chinoises se sont vues accuser de comploter afin de s'emparer du pouvoir.

Plus la liberté d'information est bridée, plus l'investigation critique est difficile, plus les théories du complot se développent. Cela dit dans les sociétés où l'information circule à flot, il y a aussi place pour toutes les explications fantaisistes ou délirantes par le complot.

Exposant cela, en ces termes critiques, l'auteur sera accusé de prendre parti. Les « complotistes » ne manqueront pas, immédiatement, de le lui reprocher afin de miner, dévaluer ses propos, quitte à l'accuser de faire partie d'une sombre machination visant à discréditer... les complots !

→ ***Corrélats*** *: Béria, blouses blanches, Boukharine, calomnie, conspiration, Fouché, infiltration, intoxication, négationnisme, 11 septembre, paranoïa, protocole, provocation, rumeur.*

Composante britannique

Si dans le monde occidental contemporain il existe une authentique culture de la propagande, de la déception et de la désinformation c'est bien au Royaume-Uni qu'elle trouve sa plus puissante illustration.

On se gardera d'en rendre responsable, comme le faisait le chauvinisme français, la perfidie intrinsèque d'Albion. Plus sérieusement, on constatera que la Grande-Bretagne, puissance insulaire, soucieuse de la solidité de sa défense autant que de l'expansion de sa prospérité a largement (mais pas toujours) misé sur la ruse et l'astuce, sur une capacité à affaiblir un ennemi momentanément plus puissant, sur les stratégies indirectes. Toute puissante sur mer, elle a su compenser ses faiblesses terrestres en se trouvant des alliés continentaux dont elle finançait l'effort militaire. Habile stratégie que la contre-propagande française stigmatisait en disant que l'or anglais finançait le sang versé par les Allemands, les Russes et autres Espagnols.

Cependant, l'argument ne s'épuise pas là. Souvent sur la défensive, repliée sur son insularité protectrice, la Grande-Bretagne a toujours su gagner, prendre le temps de manœuvres complexes afin d'affaiblir le potentiel d'ennemis initialement supérieurs : Philippe II, Napoléon, Hitler. En situation de péril les Britanniques parvinrent à créer des organismes temporaires, mobilisant les meilleures compétences du pays afin de faire face. Durant la Première Guerre mondiale, face à un puissant ennemi, suffisait-il d'aligner des navires de guerre, des divisions et de l'artillerie ? Disposant d'une longue expérience de la propagande par le biais de la caricature dans la lutte contre la France napoléonienne, les Britanniques qui, en Crimée puis durant la guerre des Boers, avaient précocement mesuré l'importance de la relation délicate entre les opérations militaires et la grande presse qui en faisait la « couverture », conçoivent immédiatement la nécessité d'organiser systématiquement une propagande anti-allemande. Lloyd George confia cette tâche à deux grands « patrons » de presse qui, installés dans la plus grande discrétion à Wellington House, présidèrent aux activités de contre-propagande et de déception (Beaverbrook et Northcliffe). Ils mirent à profit leur expérience du traitement et de la communication de l'information pour développer toutes les formes de la propagande en mode défensif comme agressif à l'égard de l'Allemagne de manière à attaquer le moral de la population soumise au blocus.

Durant la Seconde Guerre mondiale cette première expérience fut reconduite et amplifiée. Churchill, qu'inspirait un sens remarquable de la propagande déjà bien rôdé, reprit la formule antérieure en mobilisant les savoir-faire des scientifiques, des professionnels des médias ainsi que des intellectuels inventifs capables de construire des scénarios et des mises en scène. Ce fut le rôle de la London Controlling Section créée fin 1942. Au sein de cette organisation secrète Bruce Lockhart, officier de renseignement, fut nommé à la tête du département de la conduite politique de la guerre (*Political Warfare Executive*) où il recruta un intellectuel anticonformiste, membre actif du parti travailliste Richard Crossman. Ainsi travaillèrent de concert des praticiens imaginatifs et des intellectuels pragmatiques venant d'horizons très différents, Dennis Wheatley, John Fleming (frère de Ian, créateur de James Bond) et Dudley Clarke. Tous inventifs et profondément attachés à la défense de leur pays, ils utilisèrent et parfois inventèrent les instruments les plus subtils pour tromper l'ennemi en instillant propagande, désinformation et déception.

Du côté des compétences scientifiques, des hommes comme Reginald Victor Jones et Alan Turing créèrent des équipes talentueuses dans le domaine de la cryptologie (utilisation d'Ultra contre Enigma) et de la recherche opérationnelle qui produisit ses effets durant la dure bataille de l'Atlantique, faisant ainsi évoluer la recherche proprement scientifique. Le IIIe Reich fut ainsi constamment intoxiqué, désinformé, manipulé. En apportant son indispensable soutien technique, la cryptologie se combinait à la création littéraire des inventeurs des grandes opérations de déception, leur permettant d'élargir le champ des possibles.

Certes tout n'était pas simple. Les visions s'opposaient, les clivages politiques continuaient à jouer leur rôle. Les cloisonnements entre services, les rivalités de personnes et les incompatibilités de caractère persistaient comme partout ailleurs. Cependant la mécanique a fonctionné avec cohérence sinon harmonie, produisant des effets difficiles à évaluer quantitativement mais proches du décisif. Cette remarquable réunion des intellects ne s'est jamais produite en France en raison des déchirements politiques et de l'intelligentsia (profascistes, procommunistes…). En 1939, la création d'un ministère de l'Information confié à Jean Giraudoux échoua misérablement ! Seul de Gaulle, sincère admirateur des capacités britanniques, parvint brièvement, à travers la France Libre, à une activité similaire.

Par la suite, Richard Crossman posa de manière très critique la question de la propagande et de la désinformation en temps de guerre froide, de la confusion entre-temps de guerre et de paix et des risques inhérents pour les institutions et les valeurs démocratiques. Remarquablement, à de très rares exceptions près, aucun de ces hommes ne rechercha la célébrité, chacun préférant demeurer dans une tranquille et sage discrétion.

La tradition britannique a fait beaucoup réfléchir. Mais elle n'a été que peu suivie tant il est vrai que dans ces domaines chaque pays a tendance à s'abandonner à ses traditions culturelles, pour le meilleur et le pire.

➛ ***Corrélats*** : *Clarke, cryptologie, Enigma.*

Conditionnement

D'une manière générale, le conditionnement correspond à une opération de transformation plus ou moins importante d'un « objet » ou d'une « cible » de manière à ce que l'état final corresponde au mieux à l'utilisation recherchée. On peut conditionner un produit alimentaire, un animal, un être humain, une audience, une foule.

L'idée de conditionnement par des procédés techniques se retrouve dans deux domaines qui ont évidemment divergé : d'un côté les pratiques politiques et idéologiques de conditionnement du citoyen, de l'autre les techniques publicitaires de conditionnement du consommateur.

• Le conditionnement des individus

Parler de conditionnement physiologique revient à envisager un processus par lequel on crée chez un individu ou un animal des réflexes automatiques en réponse à la répétition des mêmes *stimuli*.

La psychologie recourt à des procédés persuasifs ou coercitifs visant à mettre une personne ou un groupe en état d'exécuter une action particulière qu'elle n'aurait pu ou pas même songé à réaliser si, précisément, elle n'avait pas été mise en condition.

Le conditionnement relève d'une combinaison entre un entraînement physique parfois libre, parfois forcé et un endoctrinement psychologique qui l'apparente au lavage de cerveau. Le corps est formé afin de pouvoir exécuter sans défaillance des actions difficiles mais l'essentiel repose sur une transformation de l'esprit, du mode de penser, de la manière de voir le monde, la société, les autres êtres humains et, bien souvent l'ennemi.

Traditionnellement, les entraînements militaires extrêmes réservés à des unités d'élite ont cherché à fabriquer des automates intelligents capables de surmonter la peur et la répugnance à tuer. L'usage du « *drill* » prussien mis au point par Frédéric II et son père Frédéric Guillaume permit de forger un outil redoutable. On oublie souvent de dire que cette mécanique se fondait aussi sur un endoctrinement mêlant la religion, le nationalisme et le culte du « roi-soldat ». L'entraînement des Marines américains, souvent caricaturé, relève du conditionnement.

Des exercices physiques rudes : jeûne, mortification, veilles prolongées et répétées forment la base de ces formations. Les États ou les organisations terroristes qui recourent aux opérations suicides doivent conditionner les êtres humains afin de leur faire accepter parfois avec enthousiasme de s'autodétruire sur leur cible. La réalisation du conditionnement suppose un encadrement très rigoureux et subtil effectué par des formateurs professionnels rompus aux techniques psychologiques permettant d'instiller une idéologie de manière à créer une capacité d'engagement plus ou moins radical, en fonction du but recherché. L'autocritique publique, l'émulation au sein du groupe, l'exemplarité sont autant de procédés.

La répétition de slogans ou de prières accompagnés des mêmes gestes favorise l'immersion totale de l'individu dans l'unité englobante de tous ceux qui exécutent les mêmes gestes et s'adonnent aux mêmes activités. Dès lors apparaît un second objet du conditionnement : la foule, les masses.

• Le conditionnement des foules

À mesure que s'élaborait la notion de « foule », puis de masses comme acteurs autonomes, les conceptions du conditionnement firent leur chemin parmi les psychologues et sociobiologistes du début du XXe siècle sur fond de « darwinisme social ».

L'étude des foules, conçues comme des organismes grégaires susceptibles de fonctionnement spécifique pouvant faire l'objet de manipulations purement techniques a fait son chemin. Les études sur les foules de Renan, Lebon, Tarde ont donné progressivement une réputation scientifique discutable à ces conceptions. La mobilisation révolutionnaire ou contre-révolutionnaire des masses paupérisées a utilisé et inventé en partie spontanément, en partie systématiquement tous les procédés de contrôle et de manipulation des foules. S. Tchakhotine a produit une étude très complète de ces procédés, leur attribuant un caractère systématique qu'elles n'avaient pas forcément.

Leur utilisation outrancière et dévoyée par les organisations et les gouvernements totalitaires, indifférents à toute rigueur scientifique, avant tout préoccupés de résultats concrets et d'efficacité dans l'affirmation de leur emprise sur les masses, a conduit à une condamnation quasi-universelle de ce type de pratiques. Cependant, le conditionnement reste encore utilisé par de nombreux États et par des organisations très différentes en nature pour servir leurs fins qui recourent directement ou indirectement aux médias.

→ ***Corrélats*** *: masses, manipulation, Pavlov, persuasion, Tchakhotine.*

Confession

Acte par lequel une personne dévoile à un tiers (le confesseur, mais aussi le policier ou le juge d'instruction – tant que cela existe) une activité qu'il avait dissimulée devant Dieu et ou devant les hommes, c'est-à-dire au regard d'une instance supérieure dont il a contrevenu aux impératifs et à la Loi.

La confession, les aveux sont obtenus au terme d'un processus d'interrogatoire (inquisition) normalement fondé sur des procédés purement psychologiques mais dans certains cas, à certaines époques, fondées sur la coercition physique et même la torture.

Les manuels de confession catholiques ont poussé très loin la subtilité afin de dépister le péché de manière à éviter toute dérobade de la part du confessant (mensonge par omission, par prétérition, ce qui peut relever de l'oubli que l'on prétendra sincère). Le confesseur dispose de manuels de formation dont les prescriptions font étrangement écho aux techniques de la psychanalyse dans un cadre évidemment laïc et purement clinique.

→ ***Corrélats** : aveu, complot, lavage de cerveau.*

Confiance

Acte psychologique, souvent accompagné d'un rituel symbolique par lequel deux êtres humains échangent leur foi. La désinformation vise à créer la confiance pour mieux en abuser.

Remarquablement polysémique, le terme latin *fides* inclut la confiance, la fidélité et la foi. On est de bonne ou de mauvaise foi. Cette relation contractuelle s'accompagne de cérémonies solennelles et de rituels où les mains jouent un rôle symbolique très important (cf. le mariage). L'assemblée des « fidèles » célèbre son culte. Le Fidaï musulman est le propagateur de la foi. On disait au Moyen Âge donner sa « foi » : le vassal jure entre les mains de son suzerain. La valeur de la monnaie fiduciaire repose sur la confiance à l'égard de qui émet le simple papier.

Qui manque à sa foi, à la parole d'honneur donnée est parjure, infidèle, apostat, « *takfir* » dans l'Islam. Il est voué à une exclusion mortelle, autorisant les pires châtiments. Et pourtant, en dépit de la force du lien et de l'importance de l'enjeu, la trahison reste fréquente.

La confiance est un fusil à un coup, une fois perdue elle ne se reconstitue pas. Créer la confiance est un des objectifs de la désinformation. Mettre en confiance c'est placer en position de vulnérabilité, c'est rendre crédule. Gagner la confiance c'est potentiellement, en faisant tomber la garde, créer les conditions de la trahison efficace ou de l'assassinat.

Elle forme le lien le plus fort entre tous ceux qui entreprennent une action en politique comme dans les alliances militaires. La fiabilité tend à devenir la qualité la plus importante au détriment de l'intelligence, de la compétence, de la disponibilité, etc. On connaît la formule : « Dieu je m'occupe de mes ennemis, prends soin de mes amis ». Mieux vaut un allié faible mais sûr qu'un puissant allié instable et susceptible d'imprévisibles retournements.

En cryptologie, le « tiers » de confiance est celui à qui l'on confie la clé de déchiffrement. La confiance est essentielle entre l'autorité gouvernementale et ses services secrets. Le manque de confiance d'un dirigeant dans ses propres services conduit à la multiplication des circuits d'information parallèles et au développement des cercles de conseillers intimes, en général rivaux. Cette situation favorise les rivalités et contribue au développement d'une paranoïa politique potentiellement dévastatrice. La désinformation peut en effet tirer parti de cette situation pour cibler des personnes, disséminer des rumeurs de complot. Si les dictatures poussent à l'extrême le manque de confiance. La situation est parfois terriblement proche dans les démocraties : Richard Nixon en fut l'exemple caricatural mais le président Mitterrand avait durant ses quatorze ans d'exercice du pouvoir poussé fort loin le jeu pervers entre confiance et défiance.

→ ***Corrélats*** : *cryptologie, imposteur, paranoïa, secret, Watergate.*

Confidence

C'est souvent trahir un secret ou faire croire qu'on livre une information « confidentielle » à quelqu'un qui ne devrait pas y avoir accès. Ainsi vont en mode plus prosaïque les ragots des commères mais aussi les rumeurs : « surtout le dites à personne ».

Cette faveur n'est généralement qu'un piège. La confidence devient alors une fuite manipulée pour que le récepteur du faux secret serve un but qu'il ignore. Mais à son tour le confident de cette désinformation n'en étant pas la dupe, ayant éventé le piège, va rechercher à en retourner les effets contre celui qui a prétendu le manipuler. Vraies et fausses confidences tordues et manipulées illustrent bien le processus parfois vertigineux qui caractérise la contre désinformation.

→ ***Corrélats*** : *Canard Enchaîné, fuites, Watergate, WikiLeaks.*

Contrefaçon

Selon un rapport relatif aux interventions douanières visant à faire respecter les droits de propriété intellectuelle aux frontières extérieures de l'Union européenne, présenté le 9 juillet par la Commission européenne, les douanes ont enregistré plus de 49 000 cas de marchandises de contrefaçon en 2008 par rapport à 43 000 en 2007. Au total, le nombre d'articles saisis pour violation des droits de propriété intellectuelle s'est élevé à 178 millions, soit une hausse de 56 % en comparaison avec 2007, ce qui est avant tout dû à l'augmentation du nombre des CD/DVD et des cigarettes retenus. Plus de la moitié des produits contrefaits provenait de la Chine.

→ ***Corrélats*** : *dupe, escroc, spéculation.*

Corbeau

Ce bel oiseau, intelligent selon les entomologistes, mais dupé par le renard chez Jean de La Fontaine occupe, en France du moins, une place honteuse et discréditée. En raison de son croassement disgracieux et répétitif, de sa couleur noire (hé oui, les préjugés racistes les plus bas restent au service de la désinformation), il a été assimilé à l'activité d'une personne qui se livre à des dénonciations anonymes à caractère calomniateur. Elles sont adressées par voie de lettres ciblées auprès des autorités de police ou de justice. Mais la diffusion peut-être plus large, répandue par tracts ou affiches à destination de tous. Le corbeau moderne utilisera Internet s'il sait dissimuler son identité électronique.

Cette métaphore semble avoir pris corps durant l'occupation allemande de 1940-1944. Le cinéaste Henri-Georges

Clouzot en a fait dès 1943 le titre d'un film au vitriol qui prenait pour base une affaire de dénonciation en milieu médical à Tulle quelques années auparavant. Mais dans le contexte de l'époque tout le monde comprit que Clouzot entendait stigmatiser la lâcheté des Français ordinaires sous l'occupation allemande. Tel n'était pas l'esprit de la Résistance victorieuse qui s'empressa de faire disparaître un film qui donnait de la France une image par trop désabusée.

La métaphore reste étrangement durable. Lors d'une « affaire » la source de dénonciation anonyme demeure un « corbeau ».

➔ ***Corrélats*** *: bestiaire, Clearstream, rumeur.*

Courtisan

L'homme de cour n'est lié à aucun régime, aucune idéologie, aucune époque. Il est intemporel parce qu'il cherche à séduire toute incarnation du pouvoir dont il peut espérer retirer un bénéfice personnel. C'est par excellence un agent de désinformation dans la mesure où son discours masqué vise à tromper celui ou celle à qui il est adressé.

Le courtisan utilise directement la flatterie en direction de sa cible, indirectement la calomnie pour éliminer ses concurrents. Il est des courtisans grossiers – mais les artifices les plus rudimentaires et les flatteries les plus lourdes marchent ! –, d'autres raffinés, qui manient savamment l'art du discours en sorte que leur compliment paraisse aussi sincère que naturel. Il façonne sa tromperie pour la faire coïncider avec ce que le puissant désirerait être sa réalité et croit être sa vérité.

Le courtisan est le parasite du pouvoir qui, en principe, devrait s'en méfier et mesurer le danger. Louis XIV en fit un système de gouvernement contraignant sa noblesse rebelle à se plier à l'ordre de la Cour. Mais par un étrange retournement, le démiurge devint aussi la dupe de son propre système finissant par succomber à l'organisation du culte de sa personne. Saint-Simon, lui-même homme de cour se voulant moraliste a laissé un surabondant témoignage de ce système. Dans les régimes totalitaires, le culte de la personnalité peut être considéré comme une sorte de courtisanerie de masse organisée par les organes d'information et de désinformation en faveur du chef suprême. Cela n'excluait d'ailleurs pas l'existence d'importantes coteries, plus traditionnelles autour du maître.

Le courtisan flatte et méprise à la fois car il rit de la dupe qui se complaît à se regarder dans le miroir déformant qu'il tend. La cohorte déchirée des courtisans en rivalité permanente crée ainsi un univers artificiel ou s'enferme à ses dépens le détenteur du pouvoir et de décision.

Le courtisan est bien plus qu'un opportuniste, il incarne l'opportunisme, lui qui poursuit sans conviction personnelle une même démarche, quels que soit le pouvoir en place et les changements de gouvernement. Admirons en France la séquence qui de 1789 à 1815 vit les mêmes hommes – Fouché, Talleyrand, Siéyès, Cambacérès et tant d'autres – flatter et soutenir une demi-douzaine de maîtres différents. Le courtisan trahit comme il respire, naturellement et sans conviction car son oxygène est le pouvoir, et sa morale la récompense.

Dans cette activité qui ne connaît point de répit, le danger est la disgrâce, l'éloignement, parfois la mort si le despote change d'humeur ou se laisse convaincre par d'autres courtisans.

➔ ***Corrélats*** *: apparences, culte, décideur, dupe, escroc, renard.*

Croix

« *In hoc signo vinces* » « Tu vaincras par ce signe » dit Dieu à Constantin en 312, à la veille de la bataille du Pont Milvius qui va faire de lui le premier empereur romain chrétien.

Certains emblèmes prennent une importance exceptionnelle dans l'esprit des hommes pour le pire comme pour le meilleur. Ces symboles constituent des signifiants puissants qui servent à la reconnaissance et au ralliement. Investis par des mythes fondateurs et des idéologies profondes, ils deviennent par eux-mêmes des outils de puissance. Les souverains, les ordres religieux (les chevaliers du Temple adoptent la croix de Malte) s'ornent de symboles qui marquent drapeaux et oriflammes. De Gaulle rassemble la résistance autour de la Croix de Lorraine. La croix figure parmi les plus universels, transcivilisationnels. Avant d'être le rappel du supplice de Jésus Christ, elle est en Inde, sous forme du svastika, l'intersection de tous les éléments, la terre, le ciel, l'eau, la rencontre entre la nature et l'homme… La croix gammée SS a cherché à trouver une sorte d'antériorité préchrétienne primordiale en utilisant la croix indienne svastika (mais inversée) et en se rapprochant de la croix des mythologies celtiques.

On constate une sorte de surenchère entre chaque symbole mais aussi entre symboles identiques ou très voisins en recréant des traditions, des héritages, des filiations réelles ou fabriquées. Les croix entrent en compétition, s'affrontent, se superposent : en pays celtique la croix chrétienne fusionne avec les emblèmes celtiques dans des syncrétismes obscurs et profonds, puis elle réapparaîtra des siècles plus tard comme emblème de contestation nationaliste. Dans la basilique Sainte-Sophie, à Istanbul, les gigantesques boucliers de l'Islam sont encore sur les anciens symboles du christianisme byzantin. Le croissant musulman s'est opposé à la croix chrétienne. Encore aujourd'hui les services médicaux du monde arabe adoptent le Croissant rouge non la Croix rouge en dépit de la coopération qui les réunit souvent sur le terrain.

Le port volontaire d'une croix, en raison de l'effet de signature, constitue une revendication d'identité et un signe de reconnaissance, qui signifie l'appartenance à un même groupe. Mais à l'inverse cette désignation par le port obligatoire a valeur d'exclusion comme ce fut le cas pour les Juifs en Allemagne nazie puis dans les pays occupés.

Ces analyses peuvent s'appliquer à d'autres symboles fameux, au demeurant assez proches, comme l'étoile. Dans les années 1960-1970, les mouvements révolutionnaires d'extrême gauche ont adopté l'étoile par référence à l'étoile rouge bolchévique qui elle-même prétendait représenter la lumière étincelante (l'*Iskra*, l'étincelle, journal du parti) en référant sans doute à une mythologie primordiale et élémentaire du feu purificateur.

Tout symbole puissant est manipulable. C'est donc une aubaine pour la désinformation trouvant là un terrain fertile pour ses opérations de mystification destinées à provoquer, attiser un affrontement, dresser une communauté contre une autre, semer l'inquiétude, la peur, l'indignation et la colère. Quoi de plus manipulable en raison des effets d'amplification optimaux qu'un symbole révéré part les uns, haï par les autres !

La profanation des monuments, des lieux de culte et des cimetières constitue de nos jours une préoccupation pour l'ordre public. Dans la plupart des cas, il s'agit d'une provocation grossière mais il convient toujours d'authentifier exactement les auteurs afin d'éviter le piège de la fausse signature. Un groupe raciste d'extrême droite peut espérer faire coup double en traçant des étoiles de David sur une mosquée.

→ ***Corrélats*** *: culte, image de marque, provocateur, Tchakhotine.*

Cryptologie

Art et science du langage secret ou encore de la dissimulation de l'information au regard d'un tiers exclu.

• Cryptanalyse et désinformation

On peut manipuler en prétendant avoir déchiffré et mis à jour les messages secrets de l'ennemi (affaire Zinoviev). On peut ainsi monter une provocation subtile d'autant plus imparable que la preuve de la supercherie restera pour longtemps introuvable. La seule défense est alors la dissuasion : quiconque jouerait à ce jeu se verrait rendre la monnaie de sa pièce !

Ainsi se crée un réseau entrecroisé de certitudes instables et de soupçon constants alimenté par les rivalités permanentes entre les organismes du même pays, du même camp. Qui informe, qui désinforme ? Qui croire ? À qui se fier ? S'il s'abandonne à ce jeu infernal, le décideur politique ou militaire finit par ne plus savoir sur quelles bases fonder son choix. L'entropie l'emporte sur l'information ! La désinformation a donc gagné la partie.

La cryptologie s'inscrit dans une logique d'affrontement qui ne revêt pas forcément un caractère violent mais correspond à une situation de compétition et de rivalité assez puissante pour éprouver le besoin de recourir à une communication protégée. La dissimulation de la teneur d'un message est liée à l'existence même du besoin de secret que les êtres humains dans leur interrelation conflictuelle ont éprouvé dès lors qu'ils accédaient au langage lui-même.

La simple dissimulation d'un message écrit ou « stéganographie » constitue un procédé élémentaire parfois très efficace qui ne procède encore à aucune opération sur la textualité du message. Cependant, à peine le langage est-il constitué et développés les moyens de communication que surgit l'idée de modifier le langage compréhensible pour le masquer. Il ne s'agit pas de tromper – objectif dévolu au faux message – mais de tenir secret, de réserver le message et d'exclure des tiers tenus pour superflus, importuns ou hostiles.

La demande de cryptologie repose donc sur un problème de communication entre différents acteurs appartenant à une même entité (une association, un État, une alliance). Car s'il n'était besoin que de partager une information au sein de son propre camp, le silence suffirait à lui seul à assurer le secret. Les langages anciens devenus incompréhensibles, bien que n'ayant aucunement l'intention de se dissimuler, tels que les hiéroglyphes égyptiens ou le linéaire B mycénien ont constitué spontanément des défis pour les savants déchiffreurs comme Champollion et Chadwick.

De plus en plus raffinée, totalement en phase avec l'âge informationnel qui lui confère un rôle croissant, cette discipline comporte deux branches, la **cryptologie** et la **cryptanalyse** : la première consiste à chiffrer son message de manière incompréhensible à l'égard de tout autre pour lui interdire la connaissance de ses propres intentions, plans et autres projets d'action que l'on partage avec autrui ; la seconde vise à percer le code, en dissimulant le fait que l'on est parvenu à ce résultat car un code éventé devient aussitôt un code abandonné...

Relevons le parallélisme de conception par rapport à toute entreprise d'obtention du renseignement (l'espionnage, le mouchardage...), au regard des sources qu'il faut masquer tant pour les protéger que pour maintenir leur activité. Car dès lors que l'adversaire découvre que l'on sait et de quelle manière on a pu accéder à l'information, c'en est fini. La ligne est coupée et la source tarie parfois au prix de vies humaines. Bien entendu la cryptanalyse exige en préalable que l'on ait connaissance de la diffusion du message, que l'on soit capable de l'intercepter et de mettre à plat l'énigme. Tout émetteur de signal est repérable. L'évasion consiste à n'émettre que très rapidement et à se déplacer rapidement pour émettre à nouveau de manière à échapper aux procédures de repérage et de localisation de l'émission par la radiogoniométrie.

Cryptologie et cryptanalyse correspondent aux deux modalités élémentaires de toute entreprise humaine, de tout calcul stratégique, de toute réflexion sur l'agir en situation d'affrontement potentiel, à savoir l'agression et la protection ambiguës quant à leurs intentions, ambivalentes quant à leurs procédés. Protéger un message ne dit rien quant à la nature de son contenu dont l'intention peut être agressive comme dans le cas du télégramme Zimmerman. À l'inverse, le cryptage relève d'une simple précaution destinée à réserver la confidentialité d'une relation commerciale ou amoureuse sans qu'une nuisance soit envisagée.

Intervient alors la notion très subtile, souvent mal comprise de « **clé** ». Une clé est faite d'une suite de lettres et de chiffres aléatoires qui permettent de masquer le texte clair. Le destinataire dispose lui seul de la clé qui va lui permettre de déchiffrer en toute tranquillité. Là réside le véritable secret partagé entre l'émetteur et le récepteur du message. L'idée est de confier la clé à un « tiers de confiance ». Soit mais qui et choisi selon quels critères ? Et quelles seraient les procédures de garantie. L'État cherche évidemment à préserver son droit de regard, d'ingérence. Ceci peut se comprendre en temps de guerre mais que se passe-t-il dès lors que temps de guerre et de paix tendent à se confondre ?

Le code de chiffrement se doit d'être « incassable ». Le chiffre de Gilbert Vernam créé en 1917 était encore utilisé en 1967 par Che Guevara pour correspondre avec Fidel Castro depuis son maquis de Bolivie. Mais il exige une clé très longue, mal adaptée aux communications entre personnes privées.

Le décryptement a pour but d'obtenir le texte clair sans le secours de la clé. En théoricien, il doit être impossible. Tout l'art consiste à mettre à jour la clé. Le moyen le plus simple consiste à l'obtenir par l'espionnage, la trahison ou encore le hasard (qui fit tomber un exemplaire d'Enigma entre les mains des douanes polonaises !). Mais il est possible de comprendre la logique psychologique ou numérique de la clé.

• Quelques créateurs

Le Grand Chiffre de Louis XIV résulte du patient travail d'une famille Antoine (1600-1682) et son fils Bonaventure Rossignol. Il ne sera déchiffré qu'en 1890. Et ce n'est pas par hasard que leur nom reste associé à l'instrument savamment ouvragé de tous les serruriers (protecteurs de code) et de tous les cambrioleurs (casseurs de code) qui vient à bout des serrures les plus complexes. Les besoins de la guerre favorisent des poussées dans l'invention. En 1918, un peu tard sans doute, l'allemand Arthur Scherbius met au point le principe de la fameuse machine Enigma.

En 1940, mesurant le danger immédiat, mais épargnés par l'occupation étrangère, les Britanniques procédèrent à une formidable mobilisation de leurs compétences scientifiques durant la Seconde Guerre mondiale en réunissant les esprits les plus brillants (pour les opérations de déception) pour la recherche opérationnelle et bien sûr pour la cryptologie et la cryptanalyse. Des mathématiciens comme Alan Turing et Claude Shannon jouent alors un rôle essentiel. Ce n'est pas par hasard si ce dernier figure parmi les fondateurs de la théorie de l'information !

• Quelques procédés

L'inversion : le verlan, puis l'argot, tous les jargons utilisés par la truanderie classique (pratiquement dans chaque pays) étaient destinés à créer une langue incompréhensible pour les « honnêtes gens » et la police qui s'adapta rapidement. Toutefois le chiffrement (*encryption*) « sauvage », mais parfois subtile, caractérise encore les bandes plus ou moins organisées qui utilisent un langage « codé » afin de se singulariser.

La substitution : bouleverser l'ordre des mots ou des lettres du clair en fonction d'une convention secrète.

La transposition : elle ne modifie pas l'ordre mais le remplace par un code plus ou moins aléatoire.

Tous ces procédés peuvent se combiner en fonction des opportunités offertes par les vecteurs.

• Quelques vecteurs

L'évolution est parallèle à celle des technologies disponibles. L'imagination des créateurs joue un rôle considérable. Le hasard vient s'ajouter qui favorise le succès.

Les grandes civilisations de l'Antiquité recoururent en permanence avec une ingéniosité remarquable : le disque de Phaïstos (Crète, 1700 av. J.-C.), la fameuse scytale de Lysandre (Sparte, ve siècle av. J.-C.), Énée le Tacticien dans son traité intitulé *Poliorcétiques* donne des indications pour chiffrer (IVe siècle av. J.-C.). Les écritures « sympathiques » se sont multipliées en recourant à toutes les ressources de la chimie. Beaucoup plus tard la miniaturisation photographique (microfilm) a permis de réduire à un simple point dans un message la totalité d'un document préalablement photographié clandestinement. L'adversaire ignore que le document a été dérobé et transmis.

Capter les informations cryptées, casser les codes de l'adversaire constitue en temps de paix comme de guerre une activité de niveau stratégique devenue permanente depuis le début du XXe siècle, tendance qui n'a cessé de se renforcer durant la guerre froide. Le réseau anglo-saxon Echelon intercepte les messages cryptés en vue de leur analyse.

• Quelques fictions

Cette activité mystérieuse a fasciné romanciers et cinéastes qui, avec plus ou moins de sérieux et de réussite, en ont fait le ressort d'une œuvre.

Edgar Poe est créateur de cryptologie dans le *Scarabée d'or* mais aussi dans la

Lettre volée, il élabore un des plus admirables exemples de stéganographie réussie, sans autre artifice que l'astuce, qui dissimule sous la visibilité quand l'apparence « crève les yeux ».

Les figurines de Conan Doyle, dans la nouvelle des aventures de Sherlock Holmes (*Les hommes dansants*, 1903) dont l'intrigue repose sur une énigme cryptographique.

Nombreux mais rarement convaincants sont les films dits « d'espionnage » qui utilisent comme un ressort dramatique la cryptographie. Directement centré sur le sujet, le film *Windtalkers* de John Woo (2001), qui met en lumière l'utilisation de la langue orale navajo, qui fut adaptée pour l'écrit et les besoins des opérations militaires et servit comme clé de protection des communications américaines dans la guerre du Pacifique contre les Japonais.

Comme à l'ordinaire, on constate que procédés et vecteurs ne sont en soi ni répréhensibles ni condamnables. Tout est fonction de l'intention et du but final recherché dans un environnement relationnel déterminé (conflit, affrontement, paix, guerre – froide ou chaude).

Finalement, tout dépend de ce qu'un gouvernement, un dirigeant, au plus haut niveau est capable de comprendre et de faire à partir des possibilités qui lui sont offertes. Churchill dut intervenir personnellement pour donner à l'équipe de Turing les moyens financiers nécessaires afin d'intercepter les messages allemands émis par la machine allemande Enigma. Dans un autre registre, dès 1942, certains officiers japonais commencent à avoir le sentiment que leurs messages au plus haut niveau transmis par la machine Purple sont connus mais la diplomatie nippone se refuse à admettre cette possibilité !

La cryptologie ne constitue en soi un bien ou un mal. Seule l'intention lui confère une valeur légitime ou non, justifiable ou condamnable. C'est une précaution afin de préserver la liberté de la communication entre les particuliers contre les tentatives des États pour tout savoir, pour s'immiscer dans toutes les activités. C'est protéger contre des ingérences malveillantes…

Ainsi revient sous une forme nouvelle, très sophistiquée, l'éternelle question de la liberté de la communication entre les activités humaines. La cryptologie renvoie au problème universel de la transparence et de la confiance dans les relations interhumaines. On touche à la métaphysique.

→ ***Corrélats*** *: Enigma, secret, Zimmerman, Zinoviev (faux).*

Culte

Généralement utilisé dans une acception religieuse, ce terme désigne un ensemble de pratiques visant à célébrer une entité spirituelle ou temporelle à laquelle une puissance exceptionnelle, surhumaine a été reconnue par une communauté fondatrice qui se soumet à sa propre création. Il arrive qu'elle finisse par en subir la domination oppressive. Remarquablement en anglais, le terme « *cult* » désigne souvent la secte elle-même, en référence à la notion d'adoration. On dit les adorateurs ou les sectateurs de la déesse Shiva.

Le culte prend des formes très différentes selon qu'il s'inscrit dans un environnement monothéisme ou polythéiste. Dans ce dernier cadre, le souverain fait souvent l'objet d'un culte particulier au côté des autres divinités invisibles. Dans l'Antiquité, le roi-pharaon s'identifie à Dieu. Il en va de même en

Perse, tandis qu'au tournant de l'Empire, Rome finit par adopter cette pratique contre laquelle la tradition de la République finissante incarnée par Caton le Jeune s'opposa farouchement comme une pratique orientale décadente. Le « sujet » perd de fait sa personnalité de vrai citoyen, se rapprochant de l'esclave adorateur d'un maître. Ainsi le considéraient les Grecs dans leur mépris des gouvernements orientaux « barbares ». Le culte de l'empereur est également rejeté par les Juifs et les Chrétiens.

Le culte de la personnalité du chef constitue une véritable composante de l'exercice du pouvoir dans ce que l'on a nommé à l'époque contemporaine le « despotisme oriental » mais les totalitarismes occidentaux l'ont pratiqué avec autant d'intensité.

Des personnalités religieuses font l'objet d'un culte particulier, sorte d'adoration superstitieuse qui parfois inquiète les autorités ecclésiastiques établies. Les reliques des Saints ont fait et font encore l'objet d'un culte particulier qui, en principe, ne doit pas se confondre avec l'adoration réservée à Dieu seul.

Les cultes prennent des formes extrêmement variées correspondant à la nature de la croyance. Dépouillement et austère simplicité s'opposent à la complexité des rituels et à la magnificence de la pompe des cultes orientaux. En mobilisant les foules, en les faisant adopter des modes de comportement répétitifs répondant à des codes rigoureux, parfois étrangement similaires (les flagellants de la Semaine Sainte catholique, de Séville à Mexico et ceux du jour l'Ashoura chiite, célébration du martyr de Hussein), le culte se révèle être un puissant outil de contrôle des esprits. Après avoir déchristianisé avec férocité, le gouvernement révolutionnaire français ressentit l'opportunité d'instaurer une sorte de substitution : le culte de l'Être suprême et de la déesse Raison.

Les cultes attestent la proximité du politique et du religieux tout en favorisant leur fusion intime. Ces deux volets de l'idéologie s'unissent dans une forme intégratrice faite de croyance et de pratiques rituelles. À la croisée des deux s'ajoute la dimension militaire puisque le souverain est aussi chef des armées. Rome se méfiait à juste titre de l'excessive popularité des Consuls victorieux. On a pu parler d'un culte de Napoléon Bonaparte auprès de ses troupes. L'ensemble procède de l'idée selon laquelle le « chef » dispose d'une relation particulière avec la divinité ou que sa présence à la tête du peuple lui confère une surhumanité et des pouvoirs surnaturels. Cette conception a fait l'objet de nombreuses interprétations anthropologiques et psychanalytiques : le chef de la horde primitive (Freud), le conducteur de la meute (Canetti). Le culte se trouve à la croisée des cultures puisque l'autorité monopatriarcale se retrouve aussi bien dans le bouddhisme et plus encore le confucianisme chinois. Charlemagne et par la suite tout empereur romain germanique établissent une relation directe avec Dieu qui autorise un hommage particulier rendu à leur personne dont la papauté prit ombrage. La monarchie absolue moderne en retirera ses principes fondamentaux, lui fournissant une assise exceptionnelle.

Cette puissance surnaturelle fait l'objet de toute une mise en scène – ce sont les cérémonies et la mobilisation des médias, afin d'incarner et de « prouver » cette vérité pour l'ancrer plus profondément dans l'esprit de chacun. Après son sacre, le roi est guérisseur en référence au Christ (en France les « écrouelles »). Ce caractère sacré du corps royal explique que toute atteinte, fut-elle minime, voue le profanateur au supplice le plus atroce.

Il en résulte aussi une certaine organisation du pouvoir et le développement d'un monde courtisan pratiquant la flatterie et l'hyperbole afin d'attirer les faveurs de la toute-puissance. Le tyran – et non plus seulement le peuple –, en perdant le sens de la réalité et avec elle la capacité à évaluer la dimension de son pouvoir d'action réel, devient alors cible et victime de la désinformation.

Au plan politique, quand celui-ci est distinct de la religion, ce qui est loin d'être le cas le plus fréquent, le culte et ses pompes constituent un instrument de rassemblement et de contrôle du peuple. Napoléon Bonaparte en fit un usage systématique afin de s'assurer le soutien populaire et fonder une nouvelle légitimité contre la tradition royale des Bourbons. Nazis, fascistes, communistes, les dictateurs du xxe siècle renouèrent avec cette tradition en l'amplifiant jusqu'au grotesque, précisément parce qu'ils avaient compris tout le bénéfice qui pouvait être retiré des nouveaux médias de masse. Staline, puis Mao pratiquèrent le culte de la personnalité, Mustapha Kemal Atatürk construisit son image de « père des Turcs » qui, aujourd'hui encore, reste omniprésente dans la société. Mussolini préfigure Stakhanov lorsqu'il moissonne et aligne plus de gerbes que le plus productif de tous les travailleurs agricoles. Mao, chaque année, traversait à la nage le fleuve jaune (Hoang Ho) selon une mise en scène soigneusement orchestrée. Ce n'était certes pas seulement pour démontrer sa bonne forme mais pour symboliser sa maîtrise sur la puissance du fleuve nourricier et meurtrier.

Le monde occidental semble avoir pris quelques distances à l'égard de ce type de pratique politique ostentatoire. En mode mineur, François Mitterrand que l'on savait atteint du cancer, prenait soin chaque année de gravir la roche de Solutré ! En mode majeur, la célébration du chef-père se poursuit encore d'un bout à l'autre du monde. Hier Saddam Hussein prétendait renouer avec les rois assyriens dans un régime laïc, cela tient lieu de religion d'État. Des dirigeants comme Nasrallah (Liban), Khomeini (Iran), Prabhakaran (chef des Tigres Tamouls au Nord du Sri Lanka) ont incarné ou incarnent encore cette puissance patriarcale devant laquelle l'obéissance va jusqu'au sacrifice de la vie. Tous sont les représentants ou les intermédiaires provisoires d'un dieu appelé à revenir et constamment garant de la récompense du fidèle dans l'autre monde à travers une mort consentie sur son ordre.

Où s'arrête la croyance sincère ? Où commence la manipulation ? Le culte de la personnalité d'un homme, auquel on attribue des pouvoirs surhumains tant intellectuels que physiques, relève de la propagande et la désinformation. Celle-ci s'emploiera en effet à faire courir des rumeurs confirmant les pouvoirs surnaturels du chef. Elle va s'efforcer d'exploiter la crédulité de l'être humain, son besoin d'un protecteur rassurant, le désir d'identification à un surmoi, de soumission à un idéal tyrannique. Elle travaille sur le mystère, l'inconscient, le non-rationnel et la faiblesse de l'homme, son plus puissant complice.

→ ***Corrélats*** *: manipulation, masses, mise en scène, occultisme, secte, tabou.*

D

Décideur et dirigeant

Entrent dans cette catégorie les personnes qui dans des domaines variés, mais par définition à un niveau de responsabilité supérieur, se trouvent en position d'engager une action majeure. Cette action sera celle que leur pays, leur entreprise ou leur communauté leur ont assignée afin d'atteindre un but déterminé. Le dirigeant est investi d'une mission consistant à répondre aux attentes, aux mobiles, aux intérêts de ceux qui l'ont mandaté d'une manière ou d'une autre. Il constitue donc par excellence une des principales cibles de la désinformation.

Tout décideur est entouré d'un dispositif supposé informer son jugement. Son entourage, ses conseillers, des services de renseignement, toute une administration réputée compétente dans chacun des domaines où la décision sera prise. Les avis sont souvent divergents, les analyses contradictoires. Le propre du décideur est de trancher. Lourde responsabilité solitaire, volontiers entourée de mystère. Du succès ou de l'échec dépend la réputation du décideur et le sort des intérêts qu'il engage. La réputation du décideur se fonde à court terme ou au long de l'histoire sur sa capacité à faire les choix qui conduiront à la réussite économique, au succès politique ou à la victoire militaire.

Pour atteindre ses fins de désorientation du décideur, la désinformation vise simultanément d'autres cibles, complémentaires et étroitement corrélées. Ce sont l'opinion publique et les médias qui la façonnent. Conjointement elles vont peser sur la décision. Une bonne manœuvre de désinformation consiste donc à prendre l'affaire par les deux bouts de manière à ce qu'ils se rejoignent sur l'erreur de la mauvaise décision comme les deux mâchoires d'un même piège.

La capacité de décision est parfois altérée par la maladie dont le décideur refuse souvent à admettre les effets de détérioration sur son jugement. Cette situation, infiniment délicate, crée un espace supplémentaire pour la désinformation qui saura jouer des anxiétés, des divisions de l'entourage, d'une ambiance de « fin de règne ».

Un chef d'État – ou d'entreprise – se doit d'être exempt de tout point de vue personnel, doit s'abstraire, ne céder à aucune affection, pouvoir sacrifier ses proches, y compris ceux qu'il aime… Ce doit être un monstre froid qui ne prend en compte que l'intérêt de ceux qui lui ont donné leur confiance et délégué ce pouvoir de décision.

Il est remarquable de constater que les décideurs prennent rarement toutes les précautions nécessaires pour se prémunir contre les actions de désinformation. La réalité du décideur, dans sa solitude, est faite d'une dangereuse subjectivité où se mêlent goûts, passions, préjugés et penchants. De ce fait, il se montre perméable aux agents d'influence, aux perceptions manipulées des entourages, en dépit de l'information soigneusement recueillie et communiquée par les services spécialisés, sous réserve que ceux-ci ne jouent pas leur propre jeu de pouvoir.

L'histoire reconnaît les décideurs à leurs capacités qui sans être surhumaines les rendent parfois inhumains.

→ ***Corrélats*** : *courtisan, dupe, intoxication, maladie, manipulation.*

Démenti

Déclaration par laquelle une personne ou un groupe nie avoir prononcé certaines paroles qui lui seraient donc attribuées à tort.

Le démenti constitue un désengagement par rapport à une intention, un jugement de valeur, une opinion personnelle émise parfois étourdiment, trop spontanément sous le coup de la colère ou de la fatigue comme une sorte de lapsus révélateur que l'on corrige *a posteriori*.

Le démenti défait une information. Il y a pleinement désinformation lorsque l'affaire a été montée de toutes pièces afin de pouvoir mettre en scène le démenti. La déclaration initiale n'est qu'un dérapage organisé soit pour tester les réactions (proche du « ballon d'essai »), soit pour créer la confusion sur un sujet, jeter le trouble dans les esprits, soit encore afin de donner au démenti une force particulière qui marquera bien plus que la déclaration elle-même. On pourrait dire : « Démentez, démentez, il restera toujours un soupçon ».

→ ***Corrélats*** : *ballon d'essai, porte-parole.*

Dénonciateur

Amateur ou professionnel, ses motivations peuvent être idéologiques ou purement vénales. Il agit dans tous les domaines : politique, financier ou religieux.

L'information peut être exacte, mais aussi constituer une calomnie ou une diffamation soigneusement organisées par les organes de désinformation. Il paraît louable qu'un journaliste dénonce la corruption d'un régime, les malversations d'un groupe d'intérêts. Reste à savoir d'où vient l'information et quelles sont les sources. Le journal n'a-t-il pas été manipulé par un dénonciateur qui cherche à faire passer une fausse information pour servir des intérêts hostiles ?

En situations de crise, des gouvernements lancent des appels à information, assortis de primes, nommées récompenses. Une personne est « mise à prix ». Il en résulte une grande confusion entre des dénonciations sincères, des espérances de gain, des trahisons et des mensonges destinés à se débarrasser d'un rival personnel, d'un concurrent encombrant. Tout dépend de la nature et de la dimension du contexte.

La dénonciation entre dans ce registre ambivalent. Le dénonciateur, le délateur et autre « sycophante » – que rétribuait la démocratie athénienne – est un corbeau, une « balance » dit l'argot des truands. À l'inverse, les régimes révolutionnaires font l'apologie du noble devoir de dénonciation des conspirateurs. Pire, quiconque, négligeant l'intérêt supérieur de la cause, n'aura pas rapporté ce qu'il sait, n'aura pas sacrifié, père, mère et amis, devient complice de l'ennemi.

Ne pas dénoncer constitue un crime par complicité « objective » qui vaut, emprisonnement, déportation, exécution. Elle fait tantôt l'objet tantôt d'un opprobre, tantôt d'une louange, toujours d'une exigence.

→ ***Corrélats*** : *agent, calomnie, corbeau, Clearstream, diffamation, indicateur, mouchard, source, traître.*

Déontologie

Dans toutes les professions et corps de métiers, ce terme désigne des règles de comportement, des codes de conduite qui ne sauraient être transgressés sauf cas extrêmes et exceptionnels parfois envisagés mais difficilement prévisibles, liés à une crise majeure.

La déontologie soumet la pratique à une éthique. « Fais ce que tu peux au regard de ce que tu dois ». « Science sans conscience n'est que ruine de l'âme » avait dit le médecin Rabelais qui connaissait les fondements du fameux serment d'Hippocrate. Il en est des métiers de l'information comme de la médecine. Il faut observer un devoir de confidentialité (le secret professionnel), respecter la vie privée de chaque individu. La métaphore entre les deux professions se matérialise lorsqu'il s'agit de tenir secret ou de rendre public l'état de santé d'un responsable politique. Dans plusieurs pays, la médecine s'est établie en ordre, dotée d'un conseil qui fait autorité, sans être jamais ni totalement rigoureux, ni parfaitement cohérent, ni exempt de critiques.

Pour l'information, une déontologie professionnelle s'est mise en place dans certains pays, vaguement, sans juridification stable, claire et contraignante, sans universalité. Les incertitudes demeurent et les décisions sont prises au cas par cas. Les règles varient selon le vecteur. Entre presse écrite, radio et télévision il n'existe aucun principe communément assuré. L'information stagne dans un état gris entre loi de la jungle et civilisation, entre tout est permis et tout doit être réglementé. La profession a encore tendance à régler ses comptes en interne, par la réputation entre professionnels. Jeune, le métier reste spontanéiste, volontariste, encore sauvage. L'âge de l'information est en pleine jeunesse. Il faudra du temps, celui de la maturité, pour que s'établisse une possible et acceptable régulation.

Que faut-il montrer, que peut-on montrer ? Qui va tirer parti d'une photo-choc, d'un court reportage sensationnel ? Qui rendra compte en « *prime time* » de l'attentat terroriste, de l'émotion des survivants, des victimes et de leurs proches ? Les *paparazzi* sont épinglés comme des hors-la-loi de l'information, anonymes et vénaux qui vendront cher le *scoop* au bénéfice d'un grand hebdomadaire ou d'un *tabloïd* qui augmentera ses tirages.

Elle est encore longue la route vers le droit et le respect de règles universelles pour l'information et la communication.

→ ***Corrélats*** : *assassinats, décideurs, maladie, paparazzi, scoop.*

Déstabilisation

Ce terme recouvre à la fois l'action entreprise et le résultat de cette action.

La déstabilisation prend pour cible un individu, une entreprise, un groupe financier ou un gouvernement. Les méthodes de déstabilisation sont psychologiques ou physiques. Souvent elles reposent sur une combinaison des deux. L'insinuation, les rumeurs, la menace même visent à instiller le doute, la méfiance et la peur. L'individu déstabilisé se trouve désormais en position de faiblesse, plus aisément contrôlable ou manipulable. Des OPA hostiles fragilisent une entreprise en créant l'inquiétude et la division parmi les actionnaires. Quant aux États et aux gouvernements, la déstabilisation peut venir de l'intérieur comme de l'extérieur. La manipulation des prix de l'énergie (chocs pétroliers de 1973 et 1979), la conditionnalité des prêts financiers, les exigences de remboursement à brefs délais (le Koweit à l'égard de l'Irak en 1990) et bien sûr les manœuvres de désinformation fragilisent les gouvernements et leurs responsables, en jouant de leurs dissensions. À l'intérieur, des campagnes de presse peuvent conduire à la démission totale ou partielle d'une équipe dirigeante. Le recours à l'action terroriste (Italie, 1967-1970) peut aussi contribuer à déstabiliser un pays en créant une discordance entre la représentation politique et l'opinion publique. Intelligemment employée en période électorale, une bombe détruit non pas seulement un immeuble mais la cohésion politico-sociale.

Le but de la déstabilisation varie en degré et en niveau. Il peut s'agir d'obtenir un gain limité tel que l'infléchissement ponctuel d'un comportement, une nouvelle orientation économique ou financière. Elle peut aller jusqu'à la recherche de la destruction totale d'une personne acculée au suicide ou d'un État réduit à la capitulation. Inversement, un gouvernement, un parti ou une entreprise crie parfois à la déstabilisation afin de rejeter la responsabilité d'une situation difficile dont on est soi-même responsable sur autrui, sur l'action de l'étranger, de l'ennemi...

Déstabiliser constitue probablement le procédé privilégié et l'effet principal recherché par la désinformation. Ce qui était assuré ne l'est plus. Au plan des finalités, la déstabilisation du jugement se distingue de la critique qui, elle, s'en prend aux faux savoirs et aux conformismes de la connaissance. La désinformation, elle, travaille dans le domaine de l'action hostile. Ce qui était établi est remis en question en vue d'obtenir non une correction du jugement pour atteindre à une meilleure connaissance, mais au contraire, à introduire un doute qui n'a rien de méthodologique !

→ ***Corrélats*** : *influence intimidation, manipulation.*

Deux cents familles

Ce thème de propagande fut lancé par le Parti communiste français au tournant des années 1920-1930 tandis que la Grande crise se développait. Il repose sur l'idée que le pouvoir et la richesse sont accaparés par un très petit groupe de capitalistes qui exploitent le travail de millions d'ouvriers, de paysans et d'employés. Ces familles qui contrôlent toutes les branches de l'industrie française sont supposées agir de concert au sein de la Confédération générale du patronat français. Des ententes suggèrent l'idée d'un vaste complot visant à la domination du pays. Cette inspiration va plus loin car elle insinue que les « Deux cents familles » ont partie liée avec leurs équivalents en Allemagne, en Grande-Bretagne. Le complot capitaliste contre le prolétariat revêt une dimension internationale.

Cette campagne, inspirée par Moscou, relève de la désinformation. Elle constitue un excellent exemple de ce qu'il est possible de réaliser en tirant parti d'une situation réellement critique et des erreurs d'un adversaire qui ne sait comment se tirer d'affaire. Cette campagne de propagande, correspondait à la nouvelle ligne politique décidée par l'Internationale communiste, inquiète de l'arrivée au pouvoir du nazisme en Allemagne à la faveur des divisions mortelles entre parti socialiste et parti communiste de ce pays. Elle s'inscrivait dans une logique d'union et de rassemblement préfigurant les alliances politiques qui allaient à partir de 1934 donner naissance au Front populaire.

Le cinéma joua pour la première fois en France un rôle de vecteur de propagande. De jeunes réalisateurs talentueux, portés par l'indignation à l'égard de la crise capitaliste de 1929 porteuse de conséquences sociales dramatiques, y contribuèrent. De tous, le plus éminent de l'époque fut Jean Renoir qui, avec son assistant Jacques Becker et le scénariste Carl Koch, ancien assistant de Bertoldt Brecht réalisa *La vie est à nous*, film de propagande « blanche » pour la campagne électorale du PCF à l'occasion des élections législatives de 1936 qui conduisirent à la formation finale du Front populaire.

→ ***Corrélats*** *: complot, insinuation, manichéisme, peur, simplification.*

DGSE (Direction générale de la sécurité extérieure)

Cette direction du ministère de la Défense cherche l'information en dehors du territoire national. Elle dispose à cette fin de moyens humains et techniques d'interception des communications d'autrui (adversaires mais aussi alliés et partenaires). C'est une affaire d'orientation, en fonction des besoins dictés par les circonstances mais conformément au plan stratégique de renseignement établi au niveau du gouvernement.

La DGSE dispose d'un service « action » susceptible de conduire des opérations « noires » mais aussi de réaliser des campagnes de désinformation dont les succès, par définition, restent ignorés. Elle peut être amenée à utiliser ses moyens afin de servir l'intérêt des entreprises nationales dans le cadre d'une compétition pour la conquête d'un marché très important, tout particulièrement lorsqu'il s'agit de ventes d'armes et de technologies sensibles.

Il s'agit là d'une dérive de moyens d'investigation militaires à des fins d'affaires commerciales et d'intérêts d'entreprises. Il se trouve que la réelle existence d'un véritable complexe militaro-industriel lié à l'État et d'activités de *lobbying* dans tous les pays démocratiques crée des réseaux de complicité, de transfert d'information sur les franges de la légalité.

En principe les domaines de compétence et d'action entre la DGSE et la DST (Direction de la surveillance du territoire)[1] sont nets. En réalité, depuis vingt ans, compte tenu de l'importance de l'intelligence économique et du terrorisme transnational, relations floues et concurrence entre sécurité intérieure et défense hors des frontières, se sont largement développées, exigeant de l'autorité politique un arbitrage souvent difficile à imposer.

→ ***Corrélats*** *: DST, intelligence économique.*

1. Devenue après fusion avec les Renseignements généraux, en 2008, la Direction de la Sécurité Intérieure.

Diabolisation

Procédé par lequel on présente l'ennemi comme une incarnation du Mal.

Cette pratique de désinformation apparaît tout au long de l'histoire. Un groupe, un gouvernement utilisent des faits, des récits et des rumeurs afin de présenter l'opposant comme une puissance maléfique. On provoque ainsi, principalement à l'intention de son propre peuple, un saut qualitatif hors de la raison et du jugement mesuré pour cristalliser les animosités selon des critères purement moraux. L'opération se fonde sur l'efficacité de constructions manichéennes en situation d'affrontement où la radicalisation des camps n'autorise plus l'exercice du jugement critique rationnel. Loin des nuances et des subtilités d'appréciation des raisons et des arguments des uns et des autres, c'est le discours de la force qui se veut juste. « Dieu est de notre côté ». Cette formule américaine caractérise l'esprit de croisade qui présida à la Seconde Guerre mondiale, à la lutte contre le communisme au Vietnam et fut, bien malencontreusement, utilisée par l'administration Bush lors du lancement de la « guerre contre le terrorisme » après les attentats du 11 septembre 2001.

Les États-Unis afin de se conformer à la volonté politique et idéologique de ne livrer que des guerres justes ont constamment pratiqué depuis un siècle cette diabolisation de l'adversaire. Les médias, notamment la caricature jouent un rôle éminent. Cette élaboration manichéenne a tôt fait de s'égarer dans les déviations d'un discours raciste. Ce n'est plus la Nation qui justifie le recours à la guerre comme le pratiquaient les États européens mais Dieu lui-même. Pour les États-Unis, Saddam Hussein devint en 1990 la figure du Mal et jusqu'en 2003 se trouva affublé de tous ses attributs.

Hitler a condensé sur sa personne l'animosité du monde entier. Rapidement il servit de figure emblématique du mal politique. En 1956, en préparation de l'expédition franco-anglo israélienne dite de Suez, Nasser est comparé à Hitler. Argument qui, à l'époque, n'emporta nullement la conviction des États-Unis et moins encore celle de l'Union soviétique.

La propagande et la désinformation s'emploient à faire basculer le récepteur dans une irrationalité qui mélangeant le passé avec le présent, brouille les référents. Elles produisent des artifices de raison, des apparences d'hostilité hypertrophiées temporairement utiles pour légitimer le déclenchement et la conduite de la guerre ou pour obtenir le soutien moral dans une certaine forme de gestion de crise. Toute perspective de règlement, toute négociation avec un adversaire est alors frappée du rappel infamant de « Munich », conférence durant laquelle les démocraties françaises et britanniques abandonnèrent la Tchécoslovaquie à Hitler. Incontestable défection proche de la trahison d'État, cet événement accède au rang de symbole et dès lors entame une vie nouvelle. Lourd d'une culpabilité historique qui jamais ne fut ni pleinement expliquée, ni assumée par un travail de deuil, ce manquement est utilisé par la propagande politique et la désinformation afin de faire fonctionner la mauvaise conscience dans des contextes sans aucun rapport avec ce qui fut la matérialité de la défection de Munich.

Afin de diffuser la diabolisation, les médias doivent en accepter le principe et jouer selon les règles de ce jeu très particulier qui, une fois mis en perspective historique, semble étrangement répétitif.

→ ***Corrélats*** *: caricature, conditionnement, manichéisme, manipulation, Munich.*

Diffamation

Proche de la calomnie, ce procédé de désinformation est d'usage courant. La diffamation consiste étymologiquement à nuire à la réputation d'une personne (ou d'un groupe) soit par des rumeurs, soit par des accusations directes à caractère « infamant » sur sa vie privée, ses activités professionnelles, voire ses écrits. La diffamation vise à déstabiliser la cible.

Une fois établie, ce qui est toujours très difficile, la diffamation est sanctionnée par le code pénal. Les procès en diffamation peuvent prendre un caractère spectaculaire permettant à la victime d'utiliser l'audience pour en faire une tribune idéologique où elle clame non seulement son bon droit mais la vérité de ses positions et transformer ainsi, par retournement, le procès de mise en accusation de ses accusateurs. La guerre froide fut riche en manifestations de ce genre (Kravchenko, les accusés du maccarthysme). Les journalistes qui mettent en cause une personne font souvent l'objet de poursuites de ce genre. Mais le procédé se retrouve de plus en plus fréquemment dans le domaine de l'entreprise lorsqu'il s'agit par exemple d'accuser un concurrent de plagiat.

Selon le principe de retournement et de réversibilité qui prévaut dans la pratique de la désinformation, une personne qui fait l'objet d'accusations incriminera ses adversaires de propos à caractère diffamatoire de manière à se prémunir. Le jeu consiste alors à brouiller le processus de l'action-réaction, de l'information-désinformation. Si l'information est présentée comme une manœuvre de désinformation, on introduit le soupçon sur la qualité initiale de l'annonce qui, dès lors, aura bien du mal à s'affirmer.

La création et le développement de la diffamation s'inspirent de la démarche de la désinformation dont elle constitue un outil tactique. Elle se prépare par un plan et se réalise au travers d'une campagne combinant les rumeurs et les accusations directes. Les niveaux de complexité sont variables mais l'astuce et la malignité se révèlent parfois étonnamment inventives. La création humaine n'est jamais en peine dans le domaine de la négation et de la dégradation d'autrui.

→ ***Corrélats*** *: calomnie, Clearstream, corbeau, déstabilisation, réputation, rumeurs.*

Diplomate

De Machiavel à La Bruyère, de Talleyrand à Bismarck et Kissinger, le ministre plénipotentiaire est dépeint comme l'incarnation efficace de la tromperie d'État. Il n'est que feinte, sourires et flatteries, engagements sans lendemains, promesses sans effets. Il est la désinformation agissante et efficace.

Encore cette noirceur est-elle justifiable par une finalité fidèle : tromper pour accomplir les desseins du souverain. Avec le temps le trait devient plus dur en s'appuyant sur l'action de redoutables figures de la diplomatie comme Talleyrand. La puissance de l'hypocrisie est telle qu'on la voit s'affranchir de celui qui l'emploie. De perfide, le diplomate se fait traître pour son intérêt personnel ou au nom de sa propre conception de l'intérêt.

Dès l'Antiquité, la tromperie et le mensonge organisés apparaissent comme des procédés essentiels dans les relations avec des altérités plus ou moins bien identifiées et par la suite entre les États constitués. Elle accompagne la force militaire, soit pour en accroître l'effet, soit au contraire pour réduire celle de l'adversaire en corrigeant les déséquilibres de potentiel. Le mensonge, la duperie sont monnaie courante entre adversaires mais aussi, en mode mineur, entre alliés. Encore faut-il mesurer la qualité de l'alliance et la nature des pactes contractés. Une alliance peut n'être parfois qu'une duperie de niveau stratégique (pacte germano-soviétique). Dans des situations complexes comprenant plusieurs adversaires, l'alliance avec l'un constitue le moyen par lequel on se débarrasse d'abord d'un ennemi commun pour se retourner ensuite soudainement contre l'allié de la veille. C'est pourquoi l'école réaliste des relations internationales considère qu'il n'y a pas d'amis mais seulement des intérêts et des complicités temporaires.

Jusqu'au XIXe siècle, la duperie institutionnelle d'État se limitait donc aux tractations diplomatiques entre gouvernements. Les discussions sur la conduite des affaires intérieures demeuraient à l'écart de la connaissance des peuples. Le besoin de mentir au peuple se faisait peu sentir et les instruments pour le faire restaient limités et occasionnels au travers de célébrations plus ou moins exceptionnelles. L'ère des médias introduit une rupture dans le jeu des perfidies étatiques.

Il ne s'agit plus seulement de tromper l'étranger dans le cadre des relations ordinaires. Certes le registre demeure mais il faut désormais aller bien au-delà : concevoir et réaliser une manœuvre générale, infiniment plus complexe et hasardeuse qui se doit d'intégrer le rôle des médias, à la fois pour se prémunir contre leur intrusion mais aussi pour tirer de leur intervention le meilleur parti possible.

→ ***Corrélats*** *: dupe, flatteur, machiavélisme, porte-parole, WikiLeaks.*

Dissident

C'est celui qui diverge, qui, par conviction intime, se refuse à accepter le dogme ou la « ligne générale ». Parfois qualifié de contestataire, de marginal, d'inadapté social, le dissident représente une figure d'opposition à la désinformation et à la propagande officielle. Raison de plus pour que la désinformation cherche à déformer ses propos et ternir sa réputation.

La dissidence est contemporaine de toute pensée constituée et de tout savoir figé par l'intransigeance dogmatique et l'intolérance. Le christianisme triomphant s'empressa de persécuter les « hérésies ». Calvin, à peine établi à Genève, fit dresser des bûchers. La Sainte Inquisition veilla à éliminer toute pensée religieuse et scientifique susceptible de remettre en cause des principes figés. Galilée, Descartes, Spinoza peuvent être tenus pour des dissidents.

Le terme a été systématiquement employé durant la guerre froide pour désigner les opposants idéologiques (sur des bases religieuses ou politiques) aux régimes communistes en Europe de l'Est, en Union soviétique et en Chine communiste. Mais dans toute dictature, quelle que soit sa coloration politique, celui qui, par la critique, affirme une différence, revendique le droit d'opinion est tenu pour dissident.

Le dissident ne doit pas être confondu avec l'opposant politique affilié à un parti en but à une répression d'État. Le dissident se caractérise par un individualisme qui fait sa force et sa faiblesse. Sans parti, il peut aujourd'hui se réclamer des droits de l'homme et entretenir des liens avec le réseau de soutien des organisations humanitaires et des États qui militent pour l'affirmation et le respect des libertés fondamentales. Sa faiblesse provient de la fragmentation voire des oppositions parfois acerbes entre dissidents. Alexandre Soljenitsyne fut un dissident éminent en rupture quasi-totale avec les autres dissidents de l'Union soviétique, qui s'opposaient à sa conception traditionnaliste de la Russie. Les journaux clandestins dits « samizdat » furent les vecteurs de la pensée dissidente dans toute sa diversité, sa richesse et ses contradictions.

La liberté de leur expression étant interdite ou fortement contrainte, ils font *de facto* figure d'opposants. La répression à leur égard a pris et prend encore des formes variées allant de l'intimidation légère à des procédés particulièrement retors. Ce peut être la détention en camp de rééducation ou, comme le pratiquèrent les Soviétiques, l'intervention médicale. En bonne logique totalitaire, le dissident est nécessairement un malade mental qui doit être détenu en psychiatrie et chimiquement traité. La désinformation les présente non seulement comme des déséquilibrés mais aussi des traîtres à leur patrie, des collaborateurs stipendiés par l'étranger. Leur émigration devient une désertion faisant d'eux des transfuges. L'affaire devient particulièrement épineuse lorsque l'intellectuel est un scientifique de très haut niveau comme Andreï Sakharov, père de la bombe H soviétique

Les États démocratiques sont-ils exempts de dissidence ? Leur attitude à l'égard de cette forme de contestation est-elle irréprochable ? La ligne de partage passe par l'usage de la violence physique à leur égard pour les faire taire par intimidation, internement ou assassinat. Mais parfois les pressions psychologiques et professionnelles, le chantage, la corruption, toutes les formes de déstabilisation peuvent être utilisées, systématiquement, afin de réduire au silence toute contestation de la version officielle.

Le dissident peut également faire l'objet de manipulations liées à des objectifs d'État et à des stratégies de confrontation. À partir de 1974, dans le cadre de la conférence d'Helsinki établissant la CSCE (aujourd'hui OSCE : Organisation pour la sécurité et la coopération en Europe), sous l'impulsion du président américain Jimmy Carter, les droits de l'homme deviennent un terrain d'affrontement diplomatique qu'investissent les dissidents comme le tchèque Václav Havel mais où ils sont utilisés, voire manipulés, pour des fins qui ne sont pas les leurs. Leurs propos, leurs positions sont alors déformés, exagérés, voire falsifiés par une désinformation qui se soucie peu de ce qu'ils disent mais en font un instrument de lutte contre l'adversaire. Ainsi les neo conservateurs américains firent-ils de la surenchère à l'égard des dissidents soviétiques notamment les *refuzniks,* juifs soviétiques qui réclamaient le droit à l'émigration.

→ ***Corrélats*** *: déstabilisation, hétérodoxie, lavage de cerveau, mensonge, rééducation, torture, Soljenitsyne, Zinoviev.*

Dissuasion

Ce mode d'action psychologique, qui s'est élevé au niveau d'une stratégie, en raison de la manœuvre de la puissance exceptionnelle de l'arme nucléaire, consiste à informer un individu ou un groupe du châtiment qu'il encourrait s'il accomplissait une action particulière.

Le principe se fonde sur la conditionnalité : « si tu fais ceci, il t'arrivera cela ». Son efficacité repose également sur la capacité de persuasion car la dissuasion constitue une « information suggestive » qui contraint le récepteur-cible à effectuer lui-même une évaluation de la situation conflictuelle, à mesurer le rapport entre le gain et la perte encourus du fait de l'exécution non improbable de la punition annoncée. Enfin, par une habile manipulation de l'information, le dissuadeur peut placer le dissuadé dans l'incertitude quant au moment et à l'ampleur de l'action de représailles qu'il envisage.

Reposant sur une information communiquée à – ou émise vers – un récepteur-cible, la dissuasion constitue donc un mécanisme très ordinaire qui va de l'éducation des enfants (« si tu fais telle bêtise… ») jusqu'au plus haut niveau des relations interétatiques lorsqu'il s'agit de dissuasion nucléaire.

• Dissuasion et déception

Une démonstration de force, des manœuvres, des parades constituent autant de signaux pouvant contribuer à la dissuasion

Si la dissuasion consiste à prévenir la guerre, elle s'exerce également dans la guerre, lors du déroulement des opérations militaires. Tromper sur l'état réel de ses propres forces, tout ce qui peut conduire au renoncement par l'adversaire d'une opération envisageable voire souhaitée relève de la dissuasion. Pour y parvenir tous les moyens sont bons, ce qui inclut la déception. On fera croire qu'une zone en réalité faiblement défendue (le volume des moyens disponibles étant, par définition, toujours limité) constitue un secteur particulièrement redoutable afin de dissuader une attaque sur ce secteur.

La réussite de ce genre d'opérations est toujours aléatoire et comporte une prise de risque considérable. Le message dissuasif peut être brouillé : l'information est mal communiquée, ou interprétée de travers, il est quasiment impossible d'être assuré que le message a été bien reçu et plus difficile encore de s'assurer que l'adversaire en tiendra compte. Parfois même, il est impossible de savoir si la dissuasion a réellement fonctionné ou si l'adversaire s'est abstenu d'agir pour de toutes autres raisons.

En outre, la dissuasion par des moyens classiques ne présente qu'une portée limitée dans l'évaluation du risque encouru. On peut se permettre de jouer et de perdre, quitte à récupérer par la suite. Seule la dissuasion nucléaire a pu fonctionner efficacement en raison du risque exorbitant de destruction que l'arme nucléaire fait peser sur le calcul de l'adversaire qui envisage une agression.

→ ***Corrélats*** *: chantage, persuasion.*

Distanciation

Effet de communication visant à éveiller la conscience critique du récepteur.

L'effet de distanciation (*verfremdungseffekt*) a été inventé, théorisé et pratiqué par le dramaturge Bertold Brecht qui pousse à l'extrême en récupérant dans une optique marxiste l'avancée esthétique du *kammerspiel.* De même que le travailleur subit l'aliénation économique, le spectateur est victime de l'identification aux personnages voulue par la fiction. Il convient donc de lui permettre de retrouver par les effets de la mise en scène et le jeu des acteurs la conscience de lui-même par rapport à l'œuvre de fiction et au message qu'elle porte. Ce retour à la lucidité équivaut à l'affranchissement économique du prolétaire. Les œuvres de Brecht prennent pour thématique majeure l'aveuglement du personnage principal dont le spectateur est le témoin conscient, telle Mère Courage qui sacrifie successivement ses enfants à l'ogre de la guerre sous le regard critique du spectateur.

→ ***Corrélats*** : *apparences, conscience, mise en scène.*

Diversion

C'est détourner l'attention de l'essentiel vers l'accessoire.

Ce procédé de désinformation et de déception doit permettre de manipuler les opinions publiques et, complices ou non, les médias eux-mêmes. Lorsque des événements authentiques, jugés défavorables ou gênants pour le pouvoir en place ou pour tel ou tel groupe d'intérêts suscitent le mécontentement, il est devenu courant de mettre en avant sur la scène publique une affaire ou encore de tirer parti d'une catastrophe naturelle sur laquelle l'attention très flottante de la population va se focaliser. Elle est ainsi distraite d'un problème central, direct et grave vers un intérêt qui peut être aussi grave mais plus lointain. La diversion dilue la concentration.

L'adversaire donne de l'importance à ce qui n'en a pas. Ceci vaut dans tous les domaines de l'action. Il est classique en stratégie militaire de parler d'opération ou de manœuvre de diversion visant à détourner l'attention de l'ennemi de la zone (voire du théâtre) où va porter l'action principale. Composante de la déception, la diversion consiste à utiliser des forces en petite quantité afin de tromper l'adversaire. Le but est de l'amener à porter l'essentiel de son effort et à concentrer ses moyens (hommes et matériels) au mauvais endroit. Cependant on fait porter l'attaque ailleurs précisément là où il ne dispose plus de forces suffisantes pour faire face.

→ ***Corrélats*** : *détournement, stratagème, transfuge.*

Dos

Le fuyard, le lâche tourne le dos. Une blessure dans le dos est tenue pour infamante.

Par-delà ce manichéisme archaïque de la face et du dos, s'effectue une transposition métaphorique. Le dos c'est l'arrière, ce sont les œuvres vitales. Dans le récit légendaire des Nibelungen, repris par Wagner et le cinéaste Fritz Lang, le héros invulnérable, Siegfried, ne peut être abattu que par un félon qui frappe dans le dos.

Du coup s'effectue une inversion de valeur : celui qui frappe dans le dos est le traître. Il cherche un dos qui lui est présenté non par lâcheté mais par abus de confiance. Le dos change de valeur. Il concerne la vérité et le mensonge, la loyauté et la fourberie dans l'affrontement. Sur ce vaste domaine apparaissent bien des subtilités propices aux rumeurs et à l'action de la désinformation. Pourtant la ruse est normalement admise dans le combat face à face. Dans le duel, l'esquive, la feinte et tous les procédés qui consistent à faire croire à une intention. La botte secrète « à l'italienne » dans l'escrime fait partie de l'art.

Le « coup de poignard dans le dos » constitue un argument idéal pour rejeter sur une autre autorité, un autre pouvoir la responsabilité dont on est chargé surtout lorsque le désastre est d'ampleur nationale. Ce fut le cas en Allemagne, à la fin de la guerre de 14-18, plus récemment aux États-Unis, à l'occasion du 11 septembre 2001. Il s'agit aussi de dévaloriser l'image de l'adversaire afin de restaurer la sienne propre par une manœuvre de désinformation. Préjugés et rumeurs se combinent pour permettre d'échapper à ses propres erreurs de jugements, à ses insuffisances et préserver, sans tache, sa réputation et son « honneur ». L'ennemi est accusé de fourberie et de l'emploi d'armes déloyales, rapportées à un code de l'honneur que l'on a soi-même défini selon sa culture de la guerre.

Xénophobie et racisme servent à étayer l'idée selon laquelle certains peuples, certains groupes affectionnent ce genre de coups dans le dos parce qu'ils seraient intrinsèquement fourbes : Carthaginois, Grecs, Italiens, Anglais, Asiatiques, Arabes ont été tour à tour affublés de ces attributs dégradants.

→ ***Corrélats*** *: Albion, Fides punica, machiavélisme, perfidie, 11 septembre, ruse, traître.*

Dreyfus (L'affaire)

Le point de départ tient à une petite affaire d'espionnage militaire entre services français et allemands. Elle éclate en octobre 1894 lorsque les services de renseignement militaire français découvrent l'existence de fuites au bénéfice de l'Allemagne. Sur la base de documents falsifiés le capitaine Dreyfus fut condamné à la déportation perpétuelle.

La révision intervient en 1899. Cette date n'est pas innocente au regard des évolutions techniques de diffusion de l'information. La photographie est déjà là ainsi que la presse populaire à grand tirage sans laquelle Zola n'aurait pu publier efficacement « J'accuse » le 13 janvier 1898 dans *L'Aurore* de George Clemenceau. En septembre 1899 Dreyfus est gracié mais une fois libéré il demande justice. Il faut attendre septembre 1906 pour qu'elle lui soit rendue, douze ans plus tard. Le cinéma faisait alors ses toutes premières expériences. Les studios Louis Lumière précédèrent à une « reconstitution » de la dégradation de Dreyfus dans la cour de l'École militaire à Paris. S'il y eut une « affaire » Dreyfus c'est bien parce que ce règlement de compte sordide entre services français rivaux accéda au niveau non seulement d'une affaire d'État mais d'une affaire publique. C'est le révélateur brutal de la vraie nature de la société française, de ses tensions et de ses contradictions... Faux, usage de faux, intoxications, rivalités professionnelles personnelles, aussi banales que sordides, préjugés antisémites mais aussi, à l'inverse, antimilitarisme primaire tout s'est trouvé convoqué, interpellé.

Quel succès pour le Reich allemand ! Si bien que, sans jamais apporter de preuves décisives, certains ont voulu croire à une subtile manœuvre de désinformation. La France déchirée ? Réduite à l'impuissance ? Non pas, puisqu'on la trouve unie en 1914 et que le directeur de *l'Aurore* devient en 1917 « le Tigre ». Et cependant la mémoire de l'affaire Dreyfus a durablement lézardé la société et la psyché nationales. L'État français de Vichy règle ses comptes de l'affaire Dreyfus en s'en prenant aux Juifs et francs-maçons mais aussi à la mémoire de Zola. Maurras et les antirévisionnistes de 1900 triomphent pour peu de temps

La réhabilitation de Dreyfus suscite encore d'étranges remous dans la relation entre politiques et militaires. La gauche française en 1998, au nom du devoir de mémoire à l'occasion du centenaire, exige des témoignages symboliques de la réhabilitation de Dreyfus. Tout se passe comme si de vieux comptes n'étaient pas encore réglés et des revanches jamais assez prises.

→ ***Corrélats*** *: calomnie, diffamation, faux, mémoire, racisme, révisionnisme.*

DST (Direction de la surveillance du territoire)

La notion de sécurité du territoire contre les actions hostiles fut reconnue à l'occasion de l'affaire Dreyfus en 1899. Mutation essentielle qui la fait sortir du domaine militaire pour l'intégrer dans le cadre de la protection intérieure relevant des autorités et de police et de justice. On évite l'exception et le secret qui caractérise le domaine proprement militaire.

Elle prend en compte les activités d'espionnage et cherche à définir le rôle de certaines personnalités susceptibles d'être des agents d'influence. Elle doit repérer et contrer, si possible en coopération avec le « cousin » DGSE (Direction générale de la sécurité extérieure), les opérations de désinformation conduite sur le territoire national mais aussi contre les intérêts français à travers le monde.

Durant la guerre froide, elle eut à se préoccuper des activités de la « mission économique et technologique » des ambassades soviétique et des pays satellites qui, par tous les moyens, s'efforçaient de pénétrer les secrets industriels dans le domaine électro-informatique. Elle protège donc le patrimoine national contre les enquêtes trop poussées des observateurs étrangers, à commencer par les États-Unis. Ce domaine relève de ce qu'il est convenu d'appeler « l'intelligence économique ».

A priori elle ne touche pas à l'information et ne produit aucune activité de désinformation. Mais elle veille sur les activités de désinformation hostiles en temps de paix. Il n'en va pas de même de la DGSE.

En 2008, le gouvernement a pris la décision de fusionner les activités de la DST avec celles des renseignements généraux (RG) pour former la DGSI (Direction générale de la sécurité intérieure). Cet instrument d'information du gouvernement traitait jusqu'alors de tous les phénomènes politiques et observait l'évolution de l'opinion publique dont il rendait compte aux préfets mais sans jamais intervenir. L'objectif officiel est de créer une synergie entre l'information et l'action policières, de mettre en place un organisme en charge de l'ensemble du renseignement intérieur et de la sécurité du territoire national contre les activités hostiles implantées ou cherchant à créer des cellules dormantes sur le territoire français.

Tous comme leurs homologues étrangers ces organismes, plus ou moins couverts par le secret d'État, présentent deux inconvénients majeurs : leur fidélité politique n'est pas garantie, ce qui explique la fréquence des fuites ; leur fiabilité ne l'est pas davantage eu égard aux actions d'intoxication dont ils sont les cibles de la part des services adverses.

→ ***Corrélats*** *: Canard enchaîné, DGSE, Dreyfus, fuites, intelligence économique.*

Dupe

C'est la victime de l'imposteur, de l'escroc, du courtisan, du diplomate, de la cohorte des flatteurs qui entendent vivre aux dépens de qui les écoute, les nourrit, les récompense. C'est la victime individuelle ou collective de la désinformation.

On parle de jeu de dupes pour désigner une situation où la dupe d'un trompeur trompe à son tour une autre dupe et ainsi de suite. Une situation où chacun fait des promesses à tous et à personne tant elles se contredisent. Les combinaisons diplomatiques fondées sur de faux engagements suivis de retournements soudains abondent tout au long de l'histoire. Dans la Chine antique, à Byzance, dans l'Italie de la Renaissance et plus récemment au Moyen Orient et dans les Balkans.

Les négociations financières et les compétitions entre les grandes entreprises entrent fréquemment dans ce jeu de la duperie. Les procédures de régulation et les codes de conduite ont parfois résorbé mais jamais annulé cette pratique sauvage, aussi sophistiquée qu'en soient les procédés, qui visent à faire tomber l'ennemi dans le « panneau ».

La situation devient parfois si complexe et si incompréhensible, que plus personne ne s'y retrouve. La distribution finale, quasi aléatoire du chaos ainsi créé résout une crise que l'on feindra d'avoir maîtrisée, afin de s'en attribuer le mérite.

Emblématique fut en 1630, en France, la « Journée des dupes », sorte de pièce de théâtre tragicomique de l'affrontement entre la reine mère Marie de Médicis, le cardinal de Richelieu, et Monsieur, frère du roi, Gaston d'Orléans. L'ensemble de ces intrigues se trouvait de fait soumis à l'arbitrage suprême du roi. Mais à ce moment précis le monarque, très gravement malade, n'était capable d'aucune décision. Sa mort paraissant proche, chacun des prétendants préparait à son profit la succession. Le soudain rétablissement du monarque mit un terme aux préparatifs de cette révolution de palais. Sous un angle différent, la duperie finit par produire des effets de consolidation du pouvoir de Louis XIII et de Richelieu. La déception n'a d'autre but que de construire la duperie en brouillant l'information, en faisant prendre le faux pour le vrai afin de déstabiliser l'adversaire, le concurrent, le rival.

→ ***Corrélats*** : *alliance, Clearstream, calomnie, complot, décideur, escroc, machiavélisme, renard, spéculation.*

E

Écoutes

Intercepter les communications de l'ennemi, déchiffrer ses télégrammes constitue une activité normale et légitime en temps de guerre. Mais cette pratique est devenue courante dès le temps de paix de manière à percer les intentions masquées d'un adversaire mais aussi d'un allié. Écouter clandestinement c'est bien sûr capter l'information mais c'est aussi mesurer l'existence et la quantité de désinformation mise en œuvre par d'autres États. Les États-Unis disposent des moyens d'écoute de la National Security Agency qui, couplés avec ceux de leurs alliés britanniques, canadiens, australiens et neozélandais forment le réseau Echelon.

La situation devient infiniment plus délicate dès lors qu'il s'agit des relations de pouvoir à l'intérieur d'un pays. Dans les États démocratiques, les écoutes devraient constituer un recours exceptionnel pour des cas très graves mettant en danger la sûreté de l'État (menace terroriste). Elles doivent faire l'objet d'une autorisation donnée au gouvernement par l'autorité judiciaire compétente. Dans la réalité, les écoutes servent d'instrument dans la rivalité entre le pouvoir politique et ses adversaires ou bien encore les médias de manière à pouvoir identifier leurs sources. La vie privée d'un rival sera placée sur écoute afin de trouver une défaillance dans ses goûts sexuels, dans ses affaires financières personnelles. Pire encore, les écoutes peuvent servir les intérêts privés d'une personnalité de haut rang qui arbitrairement s'arroge le droit de confondre ses activités avec la raison d'État.

Dans la mesure où ces opérations sont clandestines mais parfois aussi illégales, elles donnent matière à des manœuvres de désinformation qui peuvent être soit stratégiquement planifiées de longue date, soit tactiques, de simple opportunité. Comment vérifier l'authenticité ? Comment s'assurer de l'absence de trucages ?

En 2003 le général Colin Powell, alors ministre des Affaires étrangères des États-Unis, fait entendre au Conseil de Sécurité des Nations unies des fragments d'écoutes attribués à des responsables irakiens. Ce qu'on entend et comprend reste très vague, très ambigu mais l'interprétation du général Powell force le sens en concluant à des échanges à propos des programmes clandestins d'armes de destruction massive.

La manipulation des écoutes constitue sans nul doute un outil pour la désinformation. Toutefois l'utilisation de cet instrument peut se révéler une arme à double tranchant susceptible de se retourner contre le donneur d'ordre.

➔ ***Corrélats** : manipulation, Watergate.*

Embedding

Terme américain apparu lors de la guerre de 2003 contre l'Irak. Il désigne l'insertion de journalistes de toutes nationalités, accrédités par le ministère américain de la Défense, pour être intégrés au sein des unités en opérations. Ils peuvent ainsi rester au contact des troupes et participer en direct (*live*) aux combats, sous réserve de précautions de protection et de sécurité.

Cette formule a pris le relais des « *pool* » de presse qui avaient été mis en place en 1990 durant la guerre du Koweit. Elle est audacieuse parce qu'elle révèle la réalité immédiate de l'engagement militaire. L'information est directe, à chaud, en temps réel, sur le vif. Tous critères qui tiennent en haleine le spectateur, « comme s'il y était ». Formule astucieuse aussi parce qu'elle ne permet pas au journaliste de disposer d'une compréhension stratégique de la situation. Le reporter se retrouve « le nez sur le guidon », pris dans la situation de combat tactique tout comme le fantassin qu'il accompagne. De plus, son point de vue manque totalement de recul critique. Il est naturellement avec les « *boys* » et de fait ne peut que soutenir psychologiquement leur effort. Il tend à s'identifier à eux et retransmet cette relation au spectateur de télévision qui lui aussi voit la guerre avec les yeux de ceux qui combattent.

→ ***Corrélats*** : *Combat Camera Operations.*

Ems

La dépêche d'Ems constitue un des monuments de la désinformation car elle a fonctionné à double sens contre deux cibles : l'ennemi, le gouvernement français mais aussi le roi de Prusse lui-même, victime du stratagème ourdi par ses collaborateurs les plus proches et réputés les plus fidèles.

Au printemps 1870, le chancelier Bismarck juge le moment opportun pour une guerre contre la France d'où pourrait sortir l'unité allemande, son grand dessein politique. En cela, il dispose du soutien du général von Moltke, chef d'état-major qui estime avoir tout intérêt à tenter l'aventure en raison de l'impréparation militaire française. Profitant du problème de la succession au trône d'Espagne, il crée les conditions d'une crise avec la France où s'est formé un parti de la guerre autour de l'impératrice Eugénie. Mais ni Frédéric-Guillaume II, ni Napoléon III ne recherchent l'affrontement. Alors qu'un apaisement est en vue, Bismarck falsifie le message modéré rédigé par son propre souverain. Il en altère les termes de manière à lui conférer une tonalité provocatrice. *Stricto sensu*, il fabrique un faux qui a pour but délibéré de constituer « un chiffon rouge devant le taureau français » afin de l'emballer vers la guerre. Il s'agit d'un stratagème qui par l'action d'un tiers trompe l'émetteur et le récepteur, le premier devant être gagnant et le second perdant. Pari hautement risqué dont le succès s'est rarement reproduit. Mais aujourd'hui encore il donne à songer aux décideurs politiques et militaires.

→ ***Corrélats*** : *dupe, faux, stratagème.*

Enigma

Ce surnom a été donné à la première machine à crypter. Elle fut élaborée par l'allemand Arthur Scherbius immédiatement après la Première Guerre mondiale.

La machine se composait de trois éléments reliés entre eux par des câbles : un clavier, un brouilleur et un tableau d'affichage du texte crypté. Le brouilleur, pièce essentielle, est constitué d'un tambour rotatif qui pivote automatiquement à chaque frappe sur le clavier. Plus le nombre des rotors augmente plus la quantité d'alphabets possibles au départ du cryptage augmente. Un alphabet à 30 lettres, une machine à trois rotors produira donc 30 fois 30 fois 30 soit 27 000 possibilités d'alphabet crypté.

Seule une erreur humaine permit aux Polonais de mettre la main sur le principe de la machine. Le code Enigma fut « cassé » dès 1938 grâce à une coopération entre les services polonais et français. Mais rapidement, les Allemands utilisèrent la souplesse du principe d'Enigma et augmentèrent le nombre des rotors. C'est finalement Alan Turing et l'équipe installée à Betchsley Park, en Grande-Bretagne durant la Seconde Guerre mondiale qui maîtrisa complètement Enigma grâce à la machine Ultra qui permit aussi de casser les codes italiens et japonais. Cette performance ouvrait la voie non seulement à la connaissance des secrets de l'ennemi mais permit de lancer de grandes manœuvres de déception comme Bodyguard.

→ ***Corrélats*** *: Bodyguard, cryptologie, secret.*

Escroc

Variante du tricheur et de l'imposteur, du charlatan populaire et de l'usurpateur impérial, ce malfaiteur peut être un amateur temporaire ou un professionnel de long cours qui relève, en général, du droit commun. Il monte une machination, crée une mise en scène pour abuser de la crédulité d'une personne du bas en haut de l'échelle sociale. Pour réussir son affaire, l'escroc se targue souvent d'un savoir ou de pouvoirs de connaissance exceptionnels, destinés à impressionner la crédulité de ses victimes. Casanova a montré l'éventail assez sordide de son savoir-faire.

La crédulité ne connaissant pas les barrières sociales, l'escroquerie existe et prospère dans tous les domaines de l'activité humaine et à tous les niveaux de l'échelle sociale. On parle d'escroc de « haut vol » pour qualifier ceux qui, comme le « financier » Bernard Madoff, démasqué et emprisonné en 2009, opèrent dans le monde des célébrités les plus fortunées. Une personnalité très haut placée aura tendance à épargner voire à protéger celui qui l'a escroqué afin de ne pas apparaître comme la dupe qui s'est fait « rouler » ou pour éviter de courir le risque de calomnies et de rumeurs diffamatoires.

Certaines professions encourent la défiance de l'imaginaire populaire : les usuriers mais aussi les médecins – la tradition de Molière n'est pas éteinte – et les « arracheurs de dents » !

Un admirable exemple d'escroquerie est illustré par un conte d'Andersen, *Les Habits neufs de l'empereur*. Deux escrocs prétendent pouvoir tailler un costume merveilleux ayant pour propriété de rester invisible aux incompétents dans leurs fonctions et aux êtres stupides. Ils ont ainsi créé un piège à ministres et à courtisans. Tous se croient obligés de feindre et de louer ce qui n'existe pas. Jusqu'au jour où le roi lors d'une cérémonie s'exhibe devant son peuple couvert… de rien. Et chacun d'admirer quand retentit une exclamation d'enfant : « Le roi est nu ! ». L'ingénu, l'innocent, qui lui, n'a pas à craindre pour sa réputation dit vrai. Aussitôt se produit le dessillement qui gagne de proche en proche et d'une même voix la foule clame « le roi est nu ».

→ ***Corrélats*** *: courtisan, dupe, faux, imposture, renard, spéculation, usurpateur.*

Espion

Sous ce vocable devenu populaire au XXe siècle grâce au roman et au cinéma, on voit se créer un imaginaire fascinant et affabulant qui ne correspond guère au travail besogneux et rarement exaltant de l'agent de renseignement. Les romans de John Le Carré, qui était du métier, ont su restituer la dimension bureaucratique, sordide et paranoïaque de ce monde à part.

Certes son identité est masquée mais sa mission est de recueillir l'information chez l'adversaire au sens le plus large du terme c'est-à-dire tout « autre ». Pas forcément l'ennemi. En matière d'acquisition du renseignement (l'information cachée, voire le secret), il n'y a pas d'ami, pas même d'allié, il n'y a que des intérêts à commencer par la détention de la meilleure qualité d'information possible sur les intentions de son partenaire (ami d'un jour, ennemi de demain). L'espion dérobe l'information protégée et doit s'y prendre de manière à ce que son intervention ne soit pas décelée.

Le « bourrage de crânes » avait donné à penser que les « oreilles de l'ennemi » étaient partout. De la psychose collective on passa progressivement à une sorte de fascination bon marché où le sexe joue encore un rôle important. La belle danseuse Mata Hari en fut le prototype. Il existe ainsi des figures spectaculaires entourées d'une « légende » d'où la désinformation n'est pas absente. Le chevalier d'Éon, un travesti ; Richard Sorge, dont les informations furent écartées par Staline ; Baden Powell qui devint le fondateur du scoutisme britannique ; Lawrence d'Arabie ; Philby, Burgess et le groupe des physiciens nucléaires, dit « de Cambridge » font partie de l'affiche.

Toutefois, l'existence fort ancienne de l'espionnage correspond à une réalité infiniment plus prosaïque, rarement exaltante. Bien qu'il appartienne par excellence au monde de la dissimulation, l'espion ne fait pas de désinformation. Il a avant tout pour mission de s'emparer clandestinement d'informations jugées importantes – souvent hautement classifiées – et de les transmettre à son employeur. On peut schématiquement distinguer trois catégories d'espions : l'agent national, qui opère en territoire étranger sous couvert d'une fausse activité et d'une fausse identité (journaliste, touriste, étudiant), l'agent recruté sur le territoire étranger que l'on peut tenir pour un traître à son propre pays, indépendamment de ses motivations qui peuvent être parfois désintéressées et, enfin, l'espion international, sorte de mercenaire susceptible de travailler dans n'importe quel pays pour le compte de qui fait appel à ses compétences.

L'espion n'appartient au domaine de la désinformation qu'à partir du moment où il entre dans le cycle vertigineux du double, puis du triple jeu (*double, triple cross*). Démasqué, arrêté, il est « retourné ». Mais ses premiers employeurs, sachant bien qu'il a été soumis à cette pression, peuvent lui suggérer de faire semblant de jouer le jeu. Les Britanniques se sont livrés avec engouement à ce « sport » durant la Seconde Guerre mondiale, parce que dans l'adversité cela constituait une arme génératrice de grands effets à peu de coût. La guerre froide a été très friande de ce type de complexité, qui s'est finalement révélé hasardeux, trop peu fiable, sujet à toutes les manipulations.

Le rapport d'un espion ou les documents qu'il livre, surtout s'ils contrarient la croyance ou l'intérêt du décideur, peuvent être tout simplement mis de côté, au prétexte que l'agent s'est laissé intoxiquer, pris au piège d'un faux document. Ainsi Staline ne veut pas donner foi aux rapports de Richard Sorge sur l'invasion de l'URSS et la neutralité du Japon. Ainsi les Alliés négligent les documents microfilmés par « Cicéron » qui, à l'ambassade d'Ankara, a accès aux dépêches secrètes envoyées par Berlin à l'ambassadeur von Papen.

Comme la taupe, l'espion peut-être retourné. Une fois démasqué, il lui est demandé de travailler contre son employeur en fournissant des informations truquées visant à intoxiquer. Mais il peut être retourné sans qu'il en soit conscient, On prend soin de le laisser dans l'ignorance de la falsification des documents qu'il transmet. Dans le cas de l'espionnage scientifique les conséquences peuvent prendre une dimension exceptionnelle. Communiquer à l'adversaire les schémas légèrement altérés d'un missile balistique ou d'une arme nucléaire le conduira sur une fausse piste lui faisant perdre du temps et énormément d'argent.

L'autre forme de désinformation liée à l'espionnage procède d'un retournement de situation. Un gouvernement prétend avoir découvert un espion, plus fréquemment tout un réseau travaillant pour une puissance étrangère. Les personnes arrêtées aussi innocentes soient-elles font l'objet d'interrogatoires, sont parfois soumises à la torture pour extorquer les aveux fictifs qui serviront de pièces à conviction lors de mises en scène de procès publics. Cette campagne de désinformation peut servir à éliminer des adversaires politiques (Union soviétique, 1936-1938 ; Révolution culturelle, 1966-1971 ; Cuba). Elle peut se limiter à une sorte de prise d'otage destiné à des marchandages avec le gouvernement adverse afin d'obtenir un échange dans des conditions favorables (Iran, 2009-2010). L'existence de véritables espions (le cas – encore controversé – des époux Rosenberg et de certains membres du *Manhattan Project* pour la fabrication des armes nucléaires) a donné prétexte au développement de campagnes de désinformation parvenant au plus haut niveau du gouvernement comme le montre le cas extrême du maccarthysme. Voir partout la main de l'étranger, de la CIA ou du KGB, a constitué un prétexte idéal pour désinformer, manipuler l'opinion nationale et internationale et justifier de sanglantes répressions.

→ ***Corrélats** : aveu, bourrage de crâne, CIA, intoxication, KGB, manipulation, secret, sorciers, taupe.*

Euphémisme

Procédé rhétorique, proche de la litote, visant à atténuer par embellissement l'effet psychologique produit par l'utilisation du terme réellement approprié pour caractériser une situation.

L'euphémisation des situations d'affrontement de toutes natures n'a cessé de se développer dans le monde occidental par substitution d'un terme à un autre de manière à anesthésier les sensibilités et à apaiser les passions. L'euphémisme tend à devenir un procédé de désinformation parce qu'il travestit la perception de la réalité sous des circonlocutions lénifiantes et parfois bêtifiantes, se rapprochant de ce que l'on nomme parfois le « politiquement correct », lequel, à force de s'imposer, pourrait s'apparenter à une forme diffuse de désinformation par travestissement de la réalité. Bannir les expressions grossières et méprisantes, parfois racistes est une chose, leur substituer une artificialité interprétative des événements en situation d'affrontement en est une toute autre. Car les faits demeurent têtus, fût-ce désagréablement.

Les exemples abondent dans de nombreux pays au point que l'on s'est amusé à créer des recueils de cette translation du vocabulaire : mouvements sociaux pour grève ; mise en examen et non plus inculpation. Le sous-développement a cessé d'exister le jour où cette expression jugée dégradante s'est vue substituer pays en voie de développement, nouveau pays industrialisé, pays émergents.

La guerre fait l'objet d'une euphémisation d'une exceptionnelle inventivité : projection de stabilité, prévention d'un désastre humanitaire, imposition ou rétablissement de la paix (*peace enforcement)*, opérations extérieures au lieu de guerre. Loin d'être innocentes ces formules visent à contourner le droit international, les principes de la charte des Nations unies de manière à minimiser et justifier plus facilement des interventions militaires qui ressemblent fort aux agressions d'antan. La revendication d'un droit d'ingérence humanitaire a le mérite de poser plus crûment la question de l'usage de la force même si les mobiles restent sujets à controverse.

→ ***Corrélats*** : *porte-parole, présentateur.*

Euromissiles

Désinformation et contre-désinformation se sont affrontées durant presque dix ans (1978-1986) entre les États-Unis et l'Union soviétique ainsi que leurs alliés de l'OTAN et du pacte de Varsovie.

À l'origine se trouve la création et le déploiement des SS-20 soviétiques, missiles balistiques dotés de trois charges nucléaires, disposant d'une portée dite « intermédiaire » soit 5 500 km de distance. Ces missiles ne pouvaient atteindre les États-Unis mais ils plaçaient sous la menace d'annihilation l'ensemble de l'Europe occidentale. On parla aussitôt de tentative de « découplage » au sein de l'alliance atlantique et de manœuvre visant à « finlandiser » l'Europe occidentale préférant une sorte de neutralité peureuse au risque de la destruction massive. L'idée d'un chantage soigneusement organisé avait d'autant plus de poids qu'à cette époque l'Union soviétique concrétisait un peu partout dans le monde la théorie dite du « grand frère » socialiste. Le Kremlin soutenait ouvertement la répression en Pologne entreprise par le général Jaruzelski et décidait d'intervenir directement en Afghanistan pour asseoir le pouvoir du « camarade » Babrak Karmal. À Washington les faucons républicains fustigeaient la coupable faiblesse du président Carter et maniaient un thème de désinformation : le déclin de la puissance américaine face au « *clear and present danger* ». Ce fut pourtant Jimmy Carter qui, au sommet de la Guadeloupe en 1979, prit un accord (dénommé « double décision » ou « *dual track approach* ») avec Giscard d'Estaing, H. Schmidt et J. Callaghan pour le déploiement des Pershing 2, tout en engageant des négociations pour limiter de tels déploiements.

L'élection de Ronald Reagan entouré d'une équipe très agressive accéléra la volonté de déploiement des Pershings. L'Union soviétique répliqua en cherchant le talon d'Achille de l'Alliance atlantique : les mouvements pacifistes, les partis communistes, les anti-nucléaires. Des manifestations monstres en Europe occidentale (Italie, Allemagne) se déclenchèrent prenant pour slogans la paix et le fameux « plutôt rouges que morts », qui avait déjà été utilisé en 1955 lors des manifestations pacifistes hostiles à la formation de la Bundeswehr intégrée dans l'OTAN. En France, François Mitterrand lors d'un discours au Bundestag en janvier 1983 avait apporté son soutien aux Américains et il constatait, lors d'une intervention au Palais Royal de Bruxelles, en octobre 1983 que le « pacifisme est à l'Ouest et les euromissiles sont à l'Est ».

Tirant parti de ces tensions, en mars 1983, Reagan lançait alors le programme de « guerre des Étoiles », IDS (l'Initiative de défense stratégique) qui prétendait rallier les antinucléaires au nom d'une défense antimissiles futuriste utilisant des armes de très haute technologie mais, somme toute, infiniment moins dangereuses que les armes nucléaires.

L'affaire des Euromissiles se termina avec l'arrivée au pouvoir de Mikhaïl Gorbatchev qui décida d'entamer avec Washington des négociations directes (FNI : Forces nucléaires intermédiaires) sans les Européens. Par une ultime ironie de la désinformation incessante, les faucons européens dénoncèrent ces pourparlers « munichois ». Et s'enflammèrent lors de la signature du traité FNI de 1988 accusant les États-Unis de renoncer à la protection des Pershing 2 contre le démantèlement des SS-20.

→ ***Corrélats*** : *guerre des étoiles, missile gap, Munichois.*

Expert

S'il n'est pas le détenteur de la vérité, l'expert est du moins reconnu comme le possesseur d'une opinion qualifiée, fondée sur un savoir qui garantit son professionnalisme. Ce n'est ni un scientifique pur, ni un créateur, mais un homme de l'art, compétent sur le savoir-faire des autres, sur une situation ou un dossier complexe. Réputé objectif, il est capable d'aller au-delà des émotions, des partis pris, de l'apparence.

L'expert est donc consulté pour donner des avis fondés afin d'orienter la décision ou de régler les litiges. Ce n'est pas un homme de loi mais il assiste les tribunaux afin de fonder leur jugement. En raison de l'autorité dont il dispose, l'expert constitue une cible pour la malversation. Il est achetable. C'est pourquoi s'est généralisé l'usage de la contre-expertise qui permet aussi de pallier les sincères défaillances de tout être humain.

L'avis de l'expert permet donc de disposer d'une information fiable, sinon parfaite, de répondre aux interrogations, de dissiper nombre d'incertitudes et d'obscurités. Son estimation permet de distinguer le faux de l'authentique quand il s'agit d'une œuvre d'art. L'expert s'oppose souvent aux idéologues. La Chine maoïste balançait entre « être rouge ou être expert », entre l'enthousiasme politique et la rigueur technique. La révolution culturelle donna la préséance aux « rouges » puis, devant les énormes dégâts créés par leur incompétence, le gouvernement se trouva dans l'obligation de réhabiliter l'expertise.

Bien entendu, il existe de mauvais, voire de faux experts, autoproclamés, comme les médecins de Molière. Cette profession dont les contours et les critères de qualification restent flous dans de nombreux domaines est particulièrement perméable aux escrocs et autres simulateurs qui s'arrogent un savoir sans le détenir. En revanche, il existe – discrets, dissimulés, efficaces – de véritables experts en désinformation. Dans l'ombre, ils fabriquent les campagnes qui égarent le jugement des hommes.

→ ***Corrélats*** : *apparences, authenticité, dupe, escroc, faux, imposteur.*

F

Faux

La substantification de ce qualificatif désigne un document, voire une simple donnée, falsifié afin d'induire en erreur le jugement de celui qui en prend connaissance.

Le faux consiste souvent en une imitation ou en l'altération d'un original véritable. Il peut être aussi un pur artefact, une création sans référent qui se présente comme authentique. C'est ce que fait principalement la désinformation. Fabriquer un faux répond à deux grandes catégories de motivations. La première qui relève du droit commun est purement vénale, simple escroquerie pour obtenir de l'argent. La seconde, de nature politique au sens large, cherche à égarer le jugement d'un adversaire ou à monter contre lui une « affaire » destinée à le discréditer ou ruiner sa réputation. Le faux vise parfois à mettre en grave difficulté une personne (Dreyfus), un groupe (les Juifs) ou encore une population toute entière abusée par son propre gouvernement. C'est un des outils ordinaires de la désinformation, mais aussi du crime de droit commun le plus trivial, à commencer par de fausses œuvres d'art et la fabrication de fausse monnaie. Activité à laquelle n'ont pas répugné certains gouvernements. Autant dire que le faux change non de nature mais de statut lorsqu'il est réalisé par un État.

Quel que soit le domaine considéré, la falsification peut confiner à un art si parfait et produire un choc si intense que l'esprit public peut encore en rester ébranlé. En dépit de l'assurance attestée et reconnue de la falsification, certains faux continuent à jouir d'une crédibilité comme les *Protocoles des Sages de Sion* dans une partie du monde musulman. Des auteurs contemporains continuent à penser et à écrire que le télégramme Zimmerman était un faux fabriqué par les Britanniques afin de provoquer l'entrée en guerre des États-Unis contre l'Empire allemand.

Il est remarquable que la pratique du négationnisme soit parvenue à ouvrir cette brèche logique afin d'introduire des thèses « révisionnistes » dans des domaines aussi sensibles que l'extermination des juifs, la traite des esclaves, ou certains aspects de la colonisation… Bref on pourrait dire : « Falsifiez, falsifiez, il en restera toujours quelque chose ! »

La fabrication et l'usage de faux, tout comme le faux témoignage, sont punis par les codes pénaux des États.

Bien que de même nature, le faux d'État et le faux individuel relèvent d'ordres et de niveaux si différents qu'il en résulte un traitement très contrasté. Dans des affaires d'État particulièrement importantes, le faux peut prendre une importance extrême dès lors que la révélation de sa source implique les plus hautes autorités.

La désinformation constitue une sorte d'industrie étatique du faux au niveau des relations internationales et de plus en plus fréquemment dans le cadre des relations intérieures entre le gouvernement, les médias et la société civile.

➔ ***Corrélats*** : *apparences, calomnie, canular, Clearstream, complot, Dreyfus, Ems, illusion, Protocoles des Sages de Sion, Zinoviev, Welles.*

Fides Punica

Durant les guerres contre Carthage où les alliances jouèrent un rôle considérable, les Romains menèrent une campagne de désinformation de très longue durée visant à accréditer l'idée d'une perfidie intrinsèque à la nature et à la culture du Carthaginois, engeance orientale, intrinsèquement fourbe et perverse.

Face à de tels ennemis les traités et les engagements diplomatiques, souvent garantis par des échanges d'otages, ne sont donc plus fiables. À l'inverse, Rome se pose alors en garant du droit et des liens noués – ce qui évidemment ne fut pas le cas. L'historiographie romaine, notamment Tite-Live, abonde en exemples de Romains héroïques, tel le consul Régulus acceptant de se sacrifier au nom du respect de la parole donnée. Inutile de dire que les Romains ne manquèrent pas d'utiliser ruses et tromperies mais l'histoire fut écrite par le vainqueur et non par Carthage vaincue et détruite.

Cette dépréciation morale de l'adversaire se retrouve à travers les siècles (la « perfide » Albion) dans tous les conflits durables entre deux groupes, nettement identifiés, soucieux de marquer leur différence foncière. C'est aussi une manière de justifier ses propres erreurs et ses défaites : seule la fourberie de l'ennemi lui a permis de vaincre, tandis que l'on est soi-même victime de sa loyauté à l'égard des engagements pris et respectés.

➔ ***Corrélats*** : *dos, Ganelon, traître.*

Fouché, Joseph

(environs de Nantes 1759 - Trieste 1820)

Prêtre défroqué, régicide, il dirige avec férocité la Terreur à Lyon en 1793. Accusé, à juste titre, de corruption par Robespierre, il se retourne contre lui et organise sa chute le 9 Thermidor 1794. Il devient alors ministre de la Police, poste qu'il occupera sous le Directoire (1799), le Consulat et l'Empire. Quand Napoléon, inquiet de ses liens avec l'Angleterre, l'écarte en 1810, il conspire à nouveau au profit de la monarchie bourbonienne, ce qui lui vaut d'être à nouveau ministre de la Police de Louis XVIII qui, excédé par ses intrigues, finit par l'exiler en 1816.

Fouché constitue un des plus parfaits exemples (avec Talleyrand et plus tard dans un autre contexte Béria) de ce qu'un homme totalement immoral, maître en fourberie, en double et triple jeu (voire plus) peut acquérir de pouvoir durant les périodes de tumultes révolutionnaires. Il sait exploiter les inquiétudes du despote qu'il sert en courtisan méprisé mais en agent indispensable.

Il organise la police avec un sens aigu de la centralisation, qui correspond à l'établissement du système préfectoral, tout en multipliant les réseaux occultes. Sous son « règne », le « mouchardage » déjà classique devient une institution. Fouché a su monter des machinations, ourdir de faux complots, manipuler les conspirateurs royalistes, mais aussi républicains, multiplier les agents provocateurs, laisser faire des attentats pour en retourner les effets contre leurs auteurs, parfois pour servir un de ses maîtres, toujours pour favoriser ses propres desseins. Ainsi parvient-il au faîte des honneurs et de la richesse.

Supervisant la censure napoléonienne, Fouché ne recueille l'information que pour mieux désinformer, tromper, feindre et fausser. À ce niveau, on serait tenté de parler d'artiste.

→ ***Corrélats*** : *Béria, courtisan, faux, intoxication, manipulation, mouchard, traître.*

Francophonie

Si, à l'origine, le terme désigne le simple usage de la langue française par plusieurs groupes ou pays au-delà des frontières du territoire national, le terme s'est chargé d'une valeur politique et symbolique considérable qui lie information, culture et puissance.

Il est incontestable que la compréhension et l'usage d'une même langue créent une communauté de perceptions, d'échange, une « familiarité informationnelle ». On « s'entend », on se comprend. Cela n'implique certes pas que l'on soit forcément d'accord. Il peut exister autant de conflits au sein d'une même communauté linguistique que d'accords entre gouvernements usant d'une langue différente. Ce qui change, c'est l'étrangeté, l'extériorité, la plus ou moins grande capacité à faire circuler des idées et à les répandre largement. Ceci est capital à l'ère de l'information, où la puissance des idées joue un rôle de plus en plus éminent.

La France est particulièrement sensible à ce facteur d'influence parce qu'elle vit douloureusement la réalité d'une perte de rang et de prestige. Au XVIIIe siècle et encore largement au XIXe, les élites mondiales parlent le français, reconnu comme langue de la diplomatie. En témoigne encore le fait que c'est toujours la « langue de travail », avec l'anglais, aux Nations unies, dans les institutions européennes et dans l'Alliance atlantique.

Toutefois l'irrésistible essor de l'anglais marginalise l'usage du français et voit les élites s'en détourner. Cette dépossession s'accompagne d'un sentiment angoissé de l'invasion de l'anglais sur le territoire national. La réponse est une stratégie culturelle de promotion de la francophonie, de réaction hostile à l'usage de la langue anglaise, ce qui aboutit au repli sur quelques zones « assiégées » (l'Afrique de l'Ouest, le Québec, la Wallonie). Tandis que le monde des affaires s'en remet à l'anglais, le secteur culturel est le théâtre d'un affrontement entre partisans du français intégral et ceux qui privilégient la circulation des idées et des conceptions françaises en recourant au truchement des langues les plus internationalement pratiquées, l'anglais, l'arabe, voire le chinois.

Il n'est pas question ici, à strictement parler, de désinformation mais de stratégie d'influence. La langue est le véhicule par lequel on communique ses idées, sa vision du monde, pour la faire comprendre, partager, voire même adopter par des cultures différentes. La désinformation abuse l'esprit en le mystifiant, à son insu. La langue gagne les esprits en distillant insidieusement des perceptions nouvelles qui modifient la vision du monde de l'auditoire.

→ ***Corrélats*** : *influence, vecteurs.*

Fuite

Information communiquée par une source anonyme en direction de la presse ou de la justice. L'objectif affiché est de dévoiler un fait dissimulé par celui qui en était le détenteur et en général l'acteur plus ou moins responsable.

Dans les démocraties médiatiques, cette pratique est devenue courante. Elle se hausse à la hauteur d'un art, car rapidement sa manipulation est devenue exceptionnellement complexe. À la fuite d'une véritable information est venue s'ajouter la fuite de désinformation consistant à transmettre un fait mensonger sous l'apparence d'une fuite.

À force de se généraliser, la fuite est devenue en une génération une sorte d'outil de gestion des tensions et des affrontements au sein du pouvoir lui-même. Son usage permet de mettre dans l'embarras un service rival, de miner la carrière d'un adversaire, y compris au sein du même parti, afin d'obtenir son poste ou de l'éliminer de la compétition…

La vie politique démocratique s'en trouve polluée. Les médias qui reçoivent ces informations par des canaux discrets doivent (ou devraient) donc fonctionner un peu comme la police utilise ses indicateurs, en vérifiant la qualité de la source, par contre-enquête et recoupements. Car c'est sur les médias qu'*in fine* repose la décision de disposer ou non de la fuite, selon qu'ils la jugent digne d'être rendue publique ou bien, comme c'est souvent le cas, qu'elle relève de la plus basse calomnie et ne mérite pas d'atteindre sa cible.

Le vecteur souple, rapide et de portée mondiale que constitue Internet a favorisé le développement d'une nouvelle forme de fuites qui ne passe plus par le relais des médias traditionnels mais dispose de son autonomie. Ainsi s'est créé WikiLeaks, qui a entrepris de recueillir et de divulguer toutes les informations que les gouvernements cherchent à tenir secrètes ou dont ils ne livrent que des versions tronquées et aseptisées. WikiLeaks se veut une machine d'information et de contre-désinformation. De plus en plus d'anciens journalistes devenus sceptiques quant à la marge de liberté d'expression des médias institutionnels, fussent-ils privés, développent ces centres de recueil et de *dispatching* d'information (Plenel et Mediapart). La communication officielle des gouvernements tend donc, de plus en plus, à être prise de vitesse, prise à contre-pied, prise en flagrant délit de désinformation. Au début des années 1980, c'était le bilan que les États démocratiques occidentaux faisaient des régimes communistes vis-à-vis de leur information. Trente ans plus tard, ces mêmes démocraties politiques connaissent une crise de crédibilité et de confiance dont les conséquences politiques peuvent se révéler considérables.

→ ***Corrélats*** *: calomnie, Canard enchaîné, corbeau, déstabilisation, intoxication, Pentagon papers, source, Watergate, WikiLeaks.*

G

Gaffe

C'est une erreur involontaire, un acte manqué, un lapsus « révélateur » qui dévoile l'intention de son auteur et le place dans l'embarras comme s'il s'était auto-démasqué.

Freud a analysé largement ce type de glissement inopiné, y trouvant une manifestation de l'inconscient qui se révèle de manière intempestive, en dépit des précautions du sujet.

La désinformation a immédiatement compris le parti que l'on pouvait tirer, selon un processus similaire à celui des fuites, de la fabrication délibérée d'une fausse gaffe.

Lors d'un essai de voix radiophonique le président Ronald Reagan en 1982 choisit d'annoncer le déclenchement de la guerre nucléaire contre l'Union soviétique. Or une fuite fait connaître ce petit événement dans un grand quotidien italien… en pleine crise des euromissiles. Récemment, le président G.W. Bush semble avoir utilisé ce procédé afin d'inquiéter l'Iran sur ses intentions militaires.

Le but est de plonger l'adversaire dans la perplexité, l'incertitude, bref de le déstabiliser dans son analyse de la situation. Mais ce jeu est risqué car une mauvaise interprétation de la gaffe peut conduire à une sur-réaction, voire à une opération préemptive de celui qui se croit vraiment menacé.

→ ***Corrélats*** *: bluff, dissuasion, fuites, intoxication.*

Ganelon

Personnage de la *Chanson de Roland* (poème épique et chanson de geste écrit dans la seconde moitié du XIe siècle). Baron de la cour de Charlemagne, sa trahison conduit au massacre de l'arrière-garde de l'empereur des Francs par les Sarrasins dans le défilé pyrénéen de Roncevaux. Il importe peu que cet événement n'ait jamais eu l'ampleur épique que lui a conféré la chanson de geste et que les Sarrasins n'aient été finalement que des montagnards basques. La poésie épique tient parfois de la désinformation, à moins qu'elle ne la préfigure.

Dans l'imaginaire guerrier occidental, Ganelon incarne le comble du félon, qui trahit en informant l'ennemi et qui, de plus, désinforme son propre camp en détournant l'attention de Charlemagne des appels de cor de Roland.

Indirectement, le poème conforte le mythe de l'invincibilité de la chevalerie incarnée par Roland, qui ne peut connaître la défaite que par la trahison. Mythe, pérenne dans toute l'histoire militaire, qui se retrouve dans la thématique du « coup de poignard dans le dos ».

→ ***Corrélats** : dos, traître.*

Génocide

Acte par lequel une population, un groupe ethnique, une communauté religieuse ou culturelle fait l'objet d'un massacre systématique visant à sa disparition (à supprimer son existence) physique intégrale. L'accusation de génocide sera utilisée pour une campagne de désinformation afin de discréditer un adversaire dans le cadre d'une guerre ou du développement d'une crise majeure. Dénoncés à juste titre, les responsables d'un génocide auront tendance à se dire victime d'une désinformation destinée à dresser contre eux la communauté internationale. L'amplification médiatique peut tantôt contribuer à vérifier le phénomène, tantôt à brouiller l'évaluation de la situation sur le terrain.

La pratique du génocide est ancienne et diversement répandue dans le monde : Indiens d'Amérique du Sud durant la conquête espagnole (décimés par le travail forcé (*mita*) et par la grippe), Indiens d'Amérique du Nord, Indiens d'Amazonie, Aborigènes d'Australie, Arméniens de Turquie (qui, à partir de 1915, ont fait l'objet de massacres et de déportation forcée), Juifs et Tsiganes d'Europe, Tutsi au Rwanda, Tchétchènes...

L'aveu final d'un génocide nié ou passé sous silence et de la désinformation l'ayant couvert peut n'être fait que des décennies, voire des siècles plus tard quand ne demeurent que les descendants des rares survivants.

Comme le terrorisme, le mot ne fait l'objet d'aucune définition universellement acceptée. L'étymologie crée l'embarras, « *genos* » renvoie à une antique et vague notion de « race », particulièrement mal venue. En fait, il s'agit de la « lignée ». Le dictionnaire Larousse considère qu'il y a génocide à l'égard de tout ou partie d'un groupe donné. Privilégiant l'intention exterminatrice, nous avons suggéré qu'on pouvait parler de génocide dès lors qu'un groupe, peu importe sa nature et sa dimension, faisait l'objet de mesures de destruction systématique prenant pour cible ses capacités de reproduction, pour l'essentiel les femmes en âge de procréer et les enfants de sexe féminin appelés à enfanter. Il va de soi que lorsque l'extermination touche, sans discrimination, l'ensemble des membres du groupe l'intention génocidaire est patente. De ce point de vue, le phénomène quantitatif joue un rôle important. Il est relativement facile de liquider un groupe homogène, démographiquement peu nombreux et géographiquement concentré.

Les motivations de l'entreprise génocidaire sont variables. La plus puissante et la plus redoutable est la volonté d'appropriation de la terre de l'autre, de l'espace vital, dans une optique de colonisation de peuplement et de confiscation au profit de l'envahisseur, des richesses naturelles du territoire.

Tout génocide est l'occasion d'âpres polémiques, souvent passionnelles, portant sur la nature du massacre, sa globalité, son caractère systématique et prolongé. Dans ce débat s'affrontent information, torsion de l'information et désinformation.

Aujourd'hui l'accusation de génocide constitue une véritable manœuvre politique visant à accuser, à justifier une intervention, à discréditer les actions de son ennemi. Terroriser une population par des actions atroces ne signifie pas forcément que l'on cherche à la supprimer intégralement. La raison et la justice exigent que l'on distingue des degrés dans l'horreur. Mais ce souci d'objectivité peut lui-même être détourné par des entreprises révisionniste ou négationniste menées par des groupes d'intérêts ou encore des communautés idéologiques. Dans le cas de l'extermination des Juifs d'Europe, certains États comme la Libye ou l'Iran cherchent à en tirer partie à des fins de propagande anti-israélienne dans le monde musulman.

Le flou qui entoure le terme constitue en lui-même un élément de manipulation des opinions. Plus le terme se charge d'une valeur d'opprobre, plus il est utilisé, manipulé et, de ce fait, l'abus du terme conduit forcément à sa dévaluation. Pour déjouer la désinformation, l'analyse critique doit se poser imperturbablement les mêmes dérangeantes questions propres à la démasquer : Qui a intérêt à mentir, à amplifier ? Pour obtenir quels avantages moins au regard du passé que des affrontements présents ?

→ ***Corrélats** : mémoire, négationnisme, Radio des Milles Collines, oubli, repentance, Timisoara.*

Gide, André

Écrivain français qui, ayant acquis une célébrité pour ses attaques contre la morale traditionnelle et le conformisme des mœurs, se rapprocha, comme de nombreux intellectuels de l'époque, des vues du Front populaire. Lors d'un voyage au Congo, il avait dénoncé l'iniquité du système colonial. Très bien vu de la gauche unifiée, il fut invité à visiter l'Union soviétique. Mais à son retour, loin de vanter les réalisations de la patrie du socialisme, cet esprit libre eut l'audace de dire la vérité. Il publie *Retour de l'URSS* (1936), suivi de *Retouches à mon Retour de l'URSS* (1937) dont le retentissement fut considérable et lui valut une dénonciation haineuse du parti communiste français.

La démarche de Gide constitue un exemple remarquable de la « révélation », du déchirement du voile de mystification. D'abord englué dans le groupe des « amis de l'URSS », comme le furent les Amis de la Chine ou de manière extraordinairement caricaturale les amitiés franco-albanaises, Gide décide par simple honnêteté intellectuelle d'exercer son esprit critique, d'en finir avec l'imposture, sans pour autant basculer vers un extrême opposé. Il se borne à dire ce qu'il a vu, à dépouiller la réalité de son travestissement idéologique, à sortir des apparences fabriquées, à démonter la mise en scène. Refusant de se taire et de, par le silence, de se faire complice, il contrarie l'inversion de la désinformation organisée en système d'État-mensonge. Il refuse le monde manichéen qu'exigent partisans et adversaires du communisme.

→ ***Corrélats** : apparences, mensonge, révélation.*

Goebbels, Joseph

(Rheydt 1897 - Berlin 1945)

Le ministre de la Culture et de l'Information d'Hitler figure certainement parmi les plus tristement célèbres de tous les manipulateurs de l'information. Il contribua à déconsidérer la propagande traditionnelle en confondant à travers elle information et désinformation, vérité et mensonge. L'action de Goebbels a puissamment contribué à donner au terme propagande le sens péjoratif de désinformation et de mensonge d'État qui s'y attache aujourd'hui.

Il fit de l'information dévoyée par l'idéologie un outil de contrôle des masses. Il comprit, en même temps que des intellectuels remarquables comme Walter Benjamin ou Tchakhotine, la relation profonde, à un moment donné de l'histoire du développement des sociétés, entre des outils technologiques et l'état psychologique des individus. À des fins inhumaines, il tira la logique extrême et cynique de tout ce que l'on pouvait faire des masses à l'âge des médias de masse.

Le talent personnel de l'homme, son sens de l'organisation du plan stratégique de propagande pour endoctriner et mobiliser le peuple sont indéniables. Goebbels a cherché à fusionner l'art et la propagande afin d'aboutir à une culture de nature totalitaire entièrement au service de l'idéologie du IIIe Reich. Excellent organisateur de la communication de masse, doté d'un sens du slogan mobilisateur, il chercha à s'entourer des meilleures compétences artistiques allemandes (Fritz Lang qui refusa, Leni Riefenstahl qui accepta) mais aussi en mobilisant l'héritage culturel allemand (Wagner), auquel il fit subir toutes les distorsions possibles. L'art subit une déformation totalitaire visant à le mettre au service d'une idéologie radicale.

Goebbels s'est voulu l'inspirateur d'un art nouveau, d'une esthétique rompant avec l'art dénoncé comme décadent. Cynique tacticien et manipulateur, il poussa au plus loin la mise en scène de la réalité de manière à confondre le message idéologique et la vérité, étant sans doute lui-même étranger à cette différence. Il tenait le peuple allemand pour une entité supérieure tout en le traitant comme une masse manipulable, tout en croyant lui-même à la valeur des messages qu'il transmettait.

Excellent orateur, fasciné par Hitler, il lui emprunte sa gestuelle (la scansion dans le discours). De plus en plus exalté à mesure de l'évolution de la guerre, il a cherché, non sans succès, à mobiliser le peuple allemand dans une perspective de guerre totale. Il s'est suicidé avec toute sa famille en même temps qu'Hitler.

→ ***Corrélats*** : *autodafé, guerre psychologique, masses, mensonge, mise en scène, Nuremberg, Riefensthal, Tchakhotine.*

Goéland (pauvre)

Il était une fois un oiseau breton dont l'image fut captée lors du naufrage du pétrolier Torrey Canyon en 1967. Cet incident, qui se situa au large des côtes des îles Sorlingues (Angleterre), constitua la première catastrophe pétrolière de l'histoire.

Le piteux état du malheureux volatile enduit du fuel de la marée noire fut exhibé *ad nauseam* sur toutes les chaînes de télévision. Répétition et amplification firent leur office. Mais la désinformation se situe plus tard. Au tout début de 1991, lorsque la guerre du Koweit prit la forme d'une déroute pour l'armée de Saddam Hussein, les Irakiens furent accusés d'avoir, dans leur retraite, incendié les puits de pétrole, crevé les conduites, créé une gigantesque marée noire. On vit alors réapparaître le même pauvre goéland souillé de fuel dans une région où cette espèce est plutôt rare !

Ainsi en est-il fréquemment lorsque les chaînes de télévision se retrouvent par rapport à un « sujet » plus ou moins surprenant et urgent en panne d'images illustratives. On « cale » ce dont on dispose en archives : les mêmes blindés israéliens entrent donc pour la énième fois depuis 1982 dans des territoires improbables au Liban. Peu importe que ce ne soit ni le lieu exact, ni la bonne date, faute de pouvoir montrer des faits authentiques, on suggère, on fait associer, on impressionne un spectateur pris par la vitesse du passage d'une image qu'il n'a guère le loisir de repérer, moins encore d'analyser. Le message truqué passe en force, très proche d'une désinformation « sauvage » et improvisée.

→ ***Corrélats*** *: bestiaire, faux, manipulation, montage, répétition, scoop.*

Grande Peur

Phénomène de rumeur qui saisit la France rurale à l'été 1789. Il a été minutieusement décrit et analysé par les historiens mais n'a jamais été expliqué.

Force est de se contenter d'hypothèses interprétatives. La récolte de grains qui n'a pas encore été faite est réputée mauvaise, situation créatrice d'anxiété. De Paris, où les États généraux se sont réunis en mai, où la Bastille vient d'être prise, proviennent des informations confuses. Le bruit court que des bandes de brigands menacent. Qui ? Pourquoi ? La rumeur du complot des aristocrates circule. Les paysans s'ameutent, s'arment. Point de brigands. Ils se portent alors sur les demeures seigneuriales et détruisent les registres attestant des droits féodaux. Dans certains cas le château brûle avec. Parfois même ses propriétaires sont massacrés.

Simultanément, durant la nuit du 4 août, l'Assemblée nationale constituante abolit les droits féodaux (déclarés rachetables) et les privilèges. En septembre, de lui-même, le calme est revenu. La moisson est faite dans une France rurale où la propriété a changé de mains.

Cet événement de grande ampleur qui a touché la quasi-totalité du territoire français se fonde sur une action de masse spontanée, sans instigateur et sans véritables chefs, comme les jacqueries traditionnelles. Cette action violente a été déclenchée par l'angoisse irraisonnée, mais pas irrationnelle, et enfin par des objectifs, somme toute assez réalistes puisque les droits féodaux ne seront jamais rachetés. Le simple journalier agricole, le petit métayer, paysans de misère ont-ils été manipulés par le riche « laboureur », soucieux de profiter du changement de régime ? Une manœuvre de désinformation a-t-elle été organisée ? Par qui ? Faute de certitude, on en revient à l'adage : « À qui le crime profite-t-il ? ».

→ ***Corrélats*** *: Bastille, complot, masses, peur, rumeur.*

La guerre de/pour l'information

En 1914, le premier acte de belligérance britannique consista à couper les câbles télégraphiques sous-marins intercontinentaux de l'Allemagne. La transmission des messages était gravement perturbée, sujette à interception. L'information apparaissait clairement comme une cible stratégique du plus haut niveau.

Ce terme très récent est issu de l'abondante littérature militaire américaine, méconnue d'un public non spécialisé, qui entend parler de « cyberespace », de luttes dans les dimensions virtuelles électro-informatiques, aux contours mal identifiés. En fait l'expression n'est pas stabilisée – tout comme, on l'a vu, la conception de l'information. Elle recouvre des réalités très diverses en fonction des différents contextes d'utilisation de l'information dans une perspective d'affrontement.

On fait donc entrer dans cette catégorie la guerre électronique, la guerre des transmissions, les attaques informatiques par des « pirates », les opérations psychologiques, l'intelligence économique, les éventuelles attaques terroristes contre tout ce qui circule en flux denses, les agressions sur les points névralgiques que constituent les sources d'information, de communication physique – les terminaux – et de flux financiers qui dépendent de l'électro-informatique. Parfois dans une acception très élargie, la guerre de l'information du point de vue civil s'identifie à l'intelligence économique, qui consiste à disposer de l'information sur les marchés ainsi qu'à lutter en mode offensif et défensif contre les concurrents. Le mode offensif peut utiliser la propagande noire ainsi que la désinformation afin de non seulement tromper les rivaux pour la conquête d'un marché mais aussi pour faire circuler des rumeurs sur leurs compétences. À tort sans doute, mais tels sont, inévitables, les balbutiements qui caractérisent les débuts de la formation d'un vaste domaine de réflexion et d'activités conflictuelles.

La « guerre de l'information » se mène donc dans l'espace électro-informatique mais elle ne se réduit pas à la guerre électronique qui, depuis un siècle se déroule dans le spectre des fréquences radios et dans la dimension électro-magnétique. Si elle se développe effectivement dans un espace physique impalpable, elle se traduit finalement par des effets de destruction physique bien réels des forces de l'adversaire, à commencer par ses moyens d'information et de conduite des opérations. Dans la logique dite de « système des systèmes » – guerre réseau-centrée –, l'essentiel consiste effectivement à anticiper sur les procédures décisionnelles de l'adversaire, à pénétrer son cycle d'information-décision mais *in fine* ce sera afin d'activer les capacités de frappes destructrices par des armes réelles, correctement orientées sur les bonnes cibles du champ matériel de la bataille.

Le but demeure l'acquisition de la supériorité, à la fois par l'information et dans le domaine de l'information. L'idée fondamentale est d'adapter la stratégie militaire à l'ère informationnelle en sorte que le passage d'un mode de production à un autre engendre une transition parallèle – mais pas forcément simultanée – d'une forme de conduite de la guerre à une autre. La puissance ne repose plus sur le nombre et la masse mais sur l'acquisition, la transmission et l'utilisation de l'information.

Il ne s'agit donc plus, seulement, de détruire le gros des forces de l'ennemi mais de briser en priorité, dès le début de l'affrontement, sa capacité technique à conduire la guerre, à annuler sa maîtrise de l'information. La rapidité à pénétrer son système de gestion de l'information, l'entrée dans sa « boucle décisionnelle » de manière à devancer chacune de ses actions et à anticiper sa réaction assure la supériorité. Les premiers théoriciens ont écrit dès les années 1980 mais c'est après la guerre du Koweit que leurs écrits ont reçu une diffusion plus large. Cette conception, aujourd'hui dominante dans les armées de nombreux pays, a été formulée au tournant de 1980 par un colonel de l'United States Air Force (USAF), John Boyd. Elle a été reprise – ce n'est pas par hasard puisqu'elle se pose aujourd'hui comme l'arme décisive – par l'USAF qui en 2007 a créé un « cyber-command », entièrement consacré à la guerre informatique, de manière à pouvoir se protéger et bien sûr attaquer les systèmes informatiques et les communications réseaux centrées de l'ennemi. Mais on peut aussi tromper les systèmes adverses, c'est donc un champ d'action immense qui s'ouvre pour la déception.

Pour y parvenir il est indispensable de disposer des moyens techniques de supériorité dans le processus d'acquisition et de transmission de l'information. Cela suppose donc l'avancée dans tous les secteurs de pointe, notamment l'espace. En cas de conflit majeur entre deux grandes puissances, il paraît essentiel pour chacun d'éliminer les moyens de communication, de renseignement, de navigation, etc. de l'adversaire. Ici interviennent le brouillage mais aussi la désinformation, en introduisant dans le système adverse de fausses données qui, là encore, conduiront aux mauvaises décisions : celle par exemple de tirer sur ses propres forces.

Depuis 2000, les services concernés ont constaté la multiplication des « attaques » dissimulées de certains États. En réalité, il s'agit de tests de capacités, les siennes, autant que la défense de l'adversaire. Elles se livrent entre alliés ou entre puissances rivales. La Chine ne cesse d'être accusée de mener des opérations contre le Pentagone ! Une part de tapage médiatique, une ardente lutte psychologique visant à accuser l'adversaire de pratiques clandestines mais aussi la réalité d'une compétition engagée dans la perspective d'un affrontement futur, qui constituerait la forme la plus moderne de la guerre. En 2007, la petite Estonie a fait l'objet d'une agression majeure de niveau stratégique qui a paralysé ses systèmes d'information durant plus de 24 heures. De ce fait sa vulnérabilité devenait totale.

→ ***Corrélats*** : *guerre psychologique, intelligence économique, pirates.*

Guerre des étoiles

Le 22 mars 1983, le président des États-Unis Ronald Reagan prononce un discours annonçant la création d'un bouclier spatial (astrodome) destiné à protéger le territoire américain et celui de leurs alliés qui en feraient la demande, contre une attaque nucléaire par des missiles balistiques.

L'objectif annoncé est de rendre « impuissantes et obsolètes » les armes nucléaires. Pour ce faire, Reagan lance un vaste programme de recherche technologique qui comporte des systèmes de détection et de destruction basés dans l'espace. Rayons lasers, canon à particules accélérées, constellations de microsatellites « tueurs », d'immenses radars d'alerte avancée et de guidage orienteront les batteries de missiles anti-missiles basés à terre.

Le raisonnement se veut simple, accessible au citoyen ordinaire : élimination d'un tiers des missiles en phase de lancement, un second tiers durant leur parcours exoatmosphérique, enfin le reste des assaillants sera détruit durant la phase finale de rentrée dans l'atmosphère. Vision grandiose qui se veut rassurante, étant par nature essentiellement défensive. Amplifié par la référence immédiate et délibérée au récent succès des films de George Lucas, *Star Wars*, l'impact médiatique fut considérable dans le monde entier. Rares étaient les experts capables d'expliquer qu'il n'y avait rien de très nouveau et surtout rien d'immédiatement réalisable, tant l'ampleur du défi était énorme. Vingt-cinq ans plus tard, dans des conditions expérimentales, les États-Unis parviennent, de temps à autre, à réussir l'interception d'un seul missile. Aucune arme n'est déployée dans l'espace. Seule la recherche a régulièrement progressé, bénéficiant d'une manne d'environ une centaine de milliards de dollars, ce qui reste modeste au regard du budget annuel du Pentagone.

→ ***Corrélats*** : *experts, illusion, leurre, mise en scène.*

Guerre psychologique

Exprimé sous d'innombrables vocables depuis les anciens traités chinois et indiens de stratégie, ce terme retrouva une forte notoriété en raison de l'usage qu'en firent certains officiers de l'armée française à la fin de la guerre d'Indochine et durant la guerre d'Algérie afin de désigner les procédés de persuasion dont ils avaient fait l'expérience au Vietnam.

L'enseignement était double. Ils avaient constaté les techniques d'encadrement du Viêt-minh sur les populations locales. Celles-ci constituaient une adaptation des procédés élaborés par les communistes chinois dans les années 1920-1950 pour encadrer les masses. En second lieu, ces officiers avaient subi directement, en leur qualité de prisonniers, les procédés de contrôle des esprits, de redressement et de rééducation par l'auto-critique, fondés sur la coercition physique – déjà connus en Corée, toujours pratiqués en Chine, dans les camps de « rééducation » – dénommés péjorativement « lavage de cerveau ». Le communisme chinois ne conçoit la mise en captivité qu'accompagnée d'une action de transformation (rédemption) de l'individu.

Se fondant sur cette expérience, encore trop proche pour être convenablement décantée et adaptée, ces officiers français entreprirent de reproduire tant bien que mal ces procédés. Ils en montrèrent l'efficacité et, involontairement, les limites. De telles méthodes fondées sur la négation de l'individualité humaine restent incompatibles avec les valeurs et les normes de fonctionnement d'une démocratie – aussi tourmentée que la France –, sauf à ne l'utiliser que très ponctuellement comme le firent les Britanniques.

Pour ces raisons, l'expression reste considérée avec suspicion en France. Les Anglo-saxons qui utilisent les termes *psychological warfare, psychological operations, political warfare*, c'est-à-dire la conduite des opérations psychologiques ou politiques en temps de guerre, ne rencontrent pas ce problème. La guerre psychologique qui utilise la propagande noire et la désinformation vise l'ennemi et ne doit en aucun cas être dirigée vers son propre camp. Les opérations psychologiques se développent en temps de guerre mais aussi durant la préparation de la guerre qu'un gouvernement tient pour imminente et inévitable.

Toutefois chacun se retrouve sur une même difficulté créée par les situations d'affrontement non déclaré lorsqu'il s'agit d'une guerre froide, ou d'une lutte contre des groupes « révolutionnaires » utilisant la guérilla ou le terrorisme, parfois les deux. Les Britanniques utilisent également l'expression de « combat pour la conquête des "cœurs et des esprits" » (*Hearts and Minds*). Il s'agit de faire basculer d'un côté ou de l'autre les hésitants, les tiers, les neutres et dans le cas de la guérilla, les populations qui constituent l'enjeu principal des opérations. On entre alors dans le domaine de ce qui fut appelé durant le XXe siècle la « guerre révolutionnaire », parfois tenue à tort pour un équivalent de la guerre psychologique. Elle n'en est cependant qu'une composante car seule la combinaison de l'action physique de violence armée et des opérations psychologiques permet d'obtenir le succès. La difficulté consiste à placer les deux en cohérence et d'éviter tout ce qui les opposera. Une implacable coordination au plus haut niveau politico-stratégique est indispensable. Elle est rarement mise en œuvre, ce qui a pour conséquence, au mieux une efficacité limitée, au pire des ratés parfois graves. Les opérations de guerre psychologique se révèlent alors dommageables pour celui qui, sans précautions, y a recours.

→ **Corrélats** : *action psychologique, autocritique, aveu, Cinquième Bureau, Hearts and Minds, lavage de cerveau, manipulation, masses.*

H

Haut-parleur

Cet instrument – dont le principe, l'amplification du son, est d'une grande simplicité technique – s'est inséré dans la vie quotidienne des ménages : les fêtes et les spectacles ainsi que les manifestations et les meetings politiques. Immédiatement la propagande et la désinformation ont compris le parti que l'on pouvait tirer de cette action mécanique sur le psychisme des foules. Le haut-parleur n'est en soi ni bon ni mauvais : il peut servir, par exemple, à avertir à temps à distance. Bref tout est dans l'intention de son utilisateur.

Le haut-parleur a un ancêtre : le porte-voix sans alimentation électrique ou mieux encore avec une simple pile, arme par excellence de tous les propagandistes, agitateurs et autres excitateurs de l'esprit public et des émotions de masse.

Modeste en sa banalité, il a constitué et représente toujours un vecteur privilégié de l'action psychologique. Il projette le son à longue distance. Couplé à une source électrogène, il devient mobile et son emploi présente une grande souplesse.

Il mobilise les foules dans les manifestations dont les objectifs sont différents. Il amplifie, suggère une puissance qui n'est que sonore (c'est affaire de décibels) mais influe sur la psychè humaine. Plusieurs porte-voix disséminés au long de la foule, bien répartis sur le parcours d'une manifestation, seront plus efficaces qu'une unité centrale aussi puissante fut-elle. C'est pourquoi il est en général conseillé de combiner les deux.

Il s'est substitué au chœur des voix humaines dans les manifestations syndicales des pays occidentaux. Ailleurs, il est davantage utilisé afin de doper la voix de manifestants en général sincèrement très motivés par la gravité d'un événement.

À l'inverse, le haut-parleur favorise la démobilisation en faisant pénétrer la propagande par-delà les lignes de front afin de décourager le combattant d'en face (son action est vaine, vouée à l'échec, susceptible de conséquences bien plus graves qu'envisagées, etc.).

On constate qu'il existe en fait deux écoles : l'une qui privilégie l'effet de médium, l'autre qui considère que le message porté par le haut-parleur décide de tout. Le haut-parleur ne vaut qu'à travers la qualité des messages diffusés vers les bonnes cibles au moment opportun. Ni trop tôt, ni trop tard. Plus encore que le message transmis, c'est la force d'intervention sensorielle de ce médium « dur » qui touche : il exalte les passions, électrifie mais peut aussi apaiser par des appels au calme, par des avertissements mesurés. Comme tout vecteur technique, le haut-parleur n'est ni bon ni mauvais mais neutre. Il est utilisable pour le meilleur comme pour le pire, tout dépend du but politique et de l'intention qui y fait recourir. Le haut-parleur sert parfois à exciter les foules, à développer une exaltation factice, à exaspérer la tension jusqu'au point de déchaînement recherché.

L'utilisation de la musique peut contribuer à réduire le niveau de tension afin de créer un environnement sensoriel apaisant. Des hauts parleurs diffusant de la musique « *cool* » furent utilisés à Panama en 1989 par l'armée américaine pour apaiser les populations et réduire la tension lorsque le général Noriega fut déposé par une intervention militaire américaine.

L'emploi de ce vecteur par des autorités responsables comme de bien d'autres doit obéir à un sévère contrôle de pertinence et d'adéquation par rapport au contexte d'emploi. Les bavures culturelles, historiques, religieuses peuvent se révéler désastreuses en choquant ceux à qui s'adresse un message pourtant bien intentionné. Cela s'est vérifié dans le cas des opérations de maintien de la paix menées dans des pays à forte diversité ethnique comme la Bosnie ou le Kosovo.

→ ***Corrélats*** : *action psychologique, manifestations, manipulation, masses, musique, Nuremberg, vecteurs.*

Hearst, Randolph

(San Francisco 1863 - Beverly Hills 1951). Patron du *New York Journal* et *New York Evening Journal* et rival acharné de Pulitzer.

Hearst est un fabriquant de désinformation. Faux événements, fausses preuves... Il recourt à tous les trucages, à tous les procédés, notamment des caricatures grossières : l'Espagnol hideux et grimaçant apparaissant un couteau sanglant entre les dents. L'image fut reprise en France en 1920 contre les communistes. Mais plus finement, il joue du détournement d'une photographie authentique par l'effet d'une légende qui, sans en fausser la réalité, en altère le sens.

Ses journaux lancent des campagnes dont la grossièreté manichéenne étonne un siècle plus tard mais dont l'efficacité immédiate donne à réfléchir sur la valeur de la simplicité.

Son plus gros « coup » reste la guerre hispano-américaine. Le 15 février 1898 le cuirassé Maine saute en rade de La Havane. La presse de Hearst, aussitôt, amplifie l'événement, attribue à l'Espagne une responsabilité qu'elle n'a pas. Mais grâce à Hearst, les États-Unis vont « libérer » Cuba. Le succès de l'homme tient largement au fait qu'il s'est inscrit dans la logique de l'impérialisme montant du président Théodore Roosevelt. Plus tard, il a été accusé de sympathies pour les régimes totalitaires fascistes et nazis dans un contexte politiquement moins favorable. Le cinéaste Orson Welles le prit pour modèle dans *Citizen Kane* (1941). Hearst s'acharna à détruire la carrière du film devenu aujourd'hui une référence culturelle mondiale.

→ ***Corrélats*** : *faux, manipulation, provocation, scoop, simplicité, Welles.*

Hearts and Minds (cœurs et esprits)

Cette expression britannique – attribuée, lors de la campagne de contre-insurrection en Malaisie en 1951-1954, à Sir Gerald Templer commandant les forces britanniques – désigne l'ensemble des activités et des procédés par lesquels un gouvernement, un parti, toute entité politique constituée, s'efforce d'infléchir l'état d'esprit de la population. La lutte entre information et désinformation, entre opérations physiques et opérations psychologiques, joue un rôle vital.

La conquête des cœurs et des esprits constitue un terrain d'affrontement essentiel de tout conflit idéologique et militaire. Cette action psychologique se développe dans trois directions : raffermir le moral de sa propre population, ébranlée par de dures épreuves (bombardements, invasion, défaites momentanées...) ; raffermir le soutien national à l'égard d'opérations extérieures dont la nécessité est mise en doute (Vietnam, 1964 ; Afghanistan, 2008) ; s'efforcer de rallier les populations étrangères incertaines, travaillées par des propagandes hostiles. Ce traitement psychologique joue un rôle essentiel dans le contre-terrorisme et la contre-insurrection, il vise à trouver le meilleur équilibre entre la rationalité et la sensibilité émotionnelle.

Comment conduire une telle manœuvre ? En recourant à quels vecteurs et à quels procédés ? Sachant qu'il faut lutter ouvertement contre la désinformation adverse – c'est la tâche (négative) majeure, reste à savoir si l'on développe en plus une action grise ou noire, si l'on prend soi-même le risque d'une désinformation organisée. Cette décision est fonction de la nature de la situation : temps de paix, temps de guerre, du lieu (territorialité) de l'affrontement, du degré de proximité du lieu (Irlande, Irak, Afghanistan...) et bien sûr de l'audience-cible à laquelle on s'adresse.

Pour conquérir, conforter ou reconquérir les cœurs et les esprits, la propagande est indispensable. Elle doit se fonder, pour un acteur démocratique, sur des pratiques correctes, légitimes, cohérentes avec les objectifs affichés.

→ ***Corrélats*** *: action psychologique, Lansdale, moral, persuasion, résilience, VOA.*

Hétérodoxie

C'est ne pas penser selon la « *doxa* », l'opinion communément admise, voire même le dogme établi.

C'est un agent de désinformation volontaire ou irresponsable, voire mentalement instable qui s'attaque à la vérité établie. Il est forcément au service de puissances maléfiques ou malfaisantes. L'hétérodoxe n'a pas raison ou tort, il diverge, créant ainsi un risque de fractionnement de la communauté (souvent péniblement rassemblée) et d'affaiblissement par rupture de la cohésion idéologique. L'hétérodoxe ose opposer une conception différente, rivale, une autre interprétation... de la religion, de la manière d'organiser une société et de la gouverner. Il se fait hérétique, dissident et opposant potentiel.

La lutte contre l'hétérodoxie relève à la fois d'un acte de survie d'un système idéologique constitué et de lutte pour le pouvoir, tant matériel que spirituel. La hauteur de l'enjeu explique la radicalité de la réaction qui combine une condamnation de principe et l'appel à un rejet symbolique, souvent assorti d'une contrainte physique.

Le principe de toute démocratie consiste à accepter l'hétérodoxie, à lui reconnaître un droit à l'existence et à l'expression, un caractère légal admissible, de l'incorporer au sein même du fonctionnement des institutions, voire même de la protéger. Les institutions sont suffisamment stables, le consensus assez puissant, pour permettre d'accueillir la diversité des opinions. Toutefois l'acceptation de principe n'a rien d'évident, rien d'assuré. Il n'existe pas de ligne rouge, et en situation de crise, l'arbitrage gouvernemental constitue l'ultime solution qui peut n'être pas acceptée. La voie est alors ouverte pour la discorde civile.

La ligne de partage fondamentale passe par la prohibition de la violence. Ce dépassement est particulièrement difficile. Quand bien même est-il réalisé, il ne met pas un terme absolu à toutes les manœuvres psychologiques, à base de désinformation, qui déstabilisent les équilibres politiques et peuvent déboucher sur le recours final à la violence dès lors que le niveau de tension ne semble plus acceptable pour les parties en situation d'affrontement.

→ ***Corrélats*** *: dissidence, inquisition, superstition.*

Histoire

Cette discipline pratiquée dans le monde entier, reconnue dans certains pays comme une science, s'efforce, sur la base des archives disponibles, d'établir la réalité des événements passés, la compréhension des enchaînements qui ont conduit les gouvernements et les décideurs à agir. L'histoire devrait constituer un des instruments de lutte contre la désinformation. Sa recherche patiente devrait permettre de mettre en évidence les tromperies et de révéler les manœuvres occultes. Bien que, par définition, elle arrive trop tard.

L'histoire reste lacunaire, car une partie du processus décisionnel étudié n'a pas fait l'objet d'une trace écrite et parce que les archives, elles-mêmes, ne sont pas toujours intégralement consultables. Le cas le plus remarquable fut l'ouverture désordonnée des archives soviétiques pendant quelques années sous Boris Eltsine. Les historiens occidentaux purent accéder à des éléments permettant de préciser certains moments clés du début de la guerre froide et des relations entre Moscou, et les partis communistes durant les débuts du Kominform. Mais cette latitude cessa au bout quelques années et les archives se refermèrent, laissant encore des pans entiers de mystère.

La discipline historique vit au contact de l'État et l'a souvent servi dans le cadre de ce que l'on appelle parfois avec soupçon « l'histoire officielle ». L'ouverture tardive des archives permet parfois de se rapprocher de la vérité, de « rétablir les faits », notamment sur les massacres d'État, les répressions délibérément excessives (les massacres de Sétif, Guelma et Kherrata en Algérie en 1945).

L'historien s'érige volontiers aussi en juge d'un « grand tribunal » qui aura à trancher du vrai et du faux, à démasquer les coupables, à désigner les victimes. Il devient un gestionnaire de la mémoire, amené à se prononcer, à trancher dans un contexte où son avis, son jugement rendu, peuvent faire l'objet de manipulations. Le génocide arménien, l'extermination des Juifs, la colonisation demeurent sujets à des controverses qui pèsent encore politiquement, en sorte que la désinformation peut parvenir à loger le doute, à diffuser des contre preuves, etc.

La manière dont les manuels scolaires d'histoire traitent certains événements peut constituer un motif de controverses parfois virulentes entre certains pays. Tel est le cas de la guerre sino-japonaise de 1937-1945. La Chine critique encore durement les ouvrages japonais pour la manière dont ils omettent ou présentent de manière édulcorée l'action des armées nippones, sans vouloir reconnaître les atrocités commises.

L'histoire peut aussi faire l'objet de « relectures » rétroactives, falsificatrices. De temps à autre surgissent de faux documents qui donnent lieu à des ouvrages erronés. La supercherie est souvent démasquée. Mais qui sait lorsqu'elle ne l'est pas. Bien des affaires demeurent mystérieuses alimentant une littérature « complotiste ». Depuis sa création, l'encyclopédie Wikipédia constitue à la fois un instrument de connaissance historique mais forme aussi un terrain d'affrontement entre des certitudes encore mal assurées.

➔ ***Corrélats*** *: complot, mémoire, négationnisme, révisionnisme, repentance.*

Huxley, Aldous

(Godalming, Royaume-Uni 1894 - Los Angeles 1963). Écrivain britannique.

Brave New World (*Le Meilleur des mondes*) ne traite pas de la désinformation mais de la décérébration, que l'on peut considérer comme le stade ultime de la désinformation. Il envisage la manipulation des individus par la génétique mais surtout l'usage de tous les psychotropes susceptibles d'infléchir le jugement et de modifier les comportements. Huxley réagit contre l'embrigadement, l'uniformisation et l'emprise mortelle de la technologie sur l'individu. On trouve explicitement dans ses écrits la corrélation entre le sexe, la drogue et l'information comme systèmes de contrôle de l'humanité. Il témoigne avec d'autres de l'importance du fait nucléaire. C'est un intellectuel résistant à l'égard de ce qu'il perçoit lui aussi comme le viol de l'individu par un totalitarisme d'État recourant à la science. À ce titre, il participe d'un courant informel, non coordonné, de lutte contre la désinformation. Il écrivit à Orwell (voir extrait ci-dessous) mais ne travailla jamais avec lui.

> "Within the next generation I believe that the world's leaders will discover that infant conditioning and narco-hypnosis are more efficient, as instruments of government, than clubs and prisons, and that the lust for power can be just as completely satisfied by suggesting people into loving their servitude as by flogging them and kicking them into obedience."

Recherchant les voies de la libération de l'individu dans le domaine de la connaissance, Huxley s'intéresse à tous les vecteurs susceptibles de favoriser et de développer l'acquisition de l'information entendue comme savoir. De ce fait, il se tourne vers l'occultisme, vers les philosophies orientales gnostiques, progressivement son objectif initial semble s'être dilué. Mais comme ces intellectuels phares dans une époque, il aura contribué à éveiller la conscience des risques liés à la gestion systématique de la désinformation comme moyen de contrôle des masses, de gestion des opinions, dans l'obéissance passive des décisions de gouvernement. L'influence, disons plutôt le choc intellectuel, d'Huxley a conduit à une création artistique considérable (*Orange mécanique* d'A. Burgess et son adaptation au cinéma par S. Kubrick dont le succès fut considérable). Huxley a également influencé les gurus (qui ne l'ont pas compris) de la libération par les hallucinogènes comme Timothy Leary. La désinformation a tôt fait de récupérer ces démarches hasardeuses mais répandues, populaires donc manipulables. Leary fut accusé de liens avec la CIA, ce qui ne veut rien dire, mais joue un rôle dans le jeu incessant de l'information-désinformation-contre désinformation.

➔ ***Corrélats*** *: Gide, Orwell, Pasolini, Tchakhotine.*

Hypnose

La désinformation soucieuse de disposer d'une panoplie aussi large que possible de moyens d'influence sur l'esprit humain prend en compte tous les phénomènes parapsychologiques qui permettent de dominer l'esprit humain. Plus qu'à une action singulière à l'égard d'un individu isolé elle va rechercher à développer une action vers l'hypnose des foules. Une manipulation à grande échelle des masses utilisant des vecteurs et des procédés propres à aliéner la conscience de l'individu, par un transfert de personnalité vers une « conscience de masse », constitue une forme d'hypnose redoutable. De telles activités sont repérables dans certaines cérémonies religieuses où se produisent des hallucinations collectives.

L'hypnose est un procédé de captation temporaire de la conscience par lequel une personne est endormie, par suggestion, au moyen d'un flux magnétique, parfois d'une drogue légère, de manière à libérer son subconscient. La finalité initiale est curative : libérer d'une angoisse, d'une inhibition douloureuse en en révélant les causes profondes. À la fin du XIXe siècle, Breuer, puis son disciple Sigmund Freud, parmi bien d'autres médecins, utilisèrent cette méthode afin de traiter des cas de troubles mentaux, particulièrement l'hystérie. La psychanalyse en est directement issue. Remarquablement, l'école française de Charcot à Nancy – qui pratiquait l'hypnose pour supprimer les résistances conscientes du malade et introduire par « suggestion » les éléments réparateurs – a servi de modèle pour la mise en place des fondements de la publicité. En 1911, aux éditions Dunod, le très respecté professeur Gérin publiait un traité de « publicité suggestive » (*Commerce et Industrie. Les procédés modernes de vente : la publicité suggestive. Théorie et technique*) où il écrivait : « Le rôle de la publicité suggestive sera justement de prendre toutes les précautions pour éviter que le cerveau travaille ».

Comme toujours, selon le principe de réversibilité, ce procédé supposé bienveillant connaît un envers malveillant à des fins de manipulation qui dépassent le seul individu et le cas clinique. Sous hypnose, une personne peut révéler des secrets, ce qui peut constituer une méthode d'interrogatoire indolore.

Le médium n'est pas une personne souffrante mais un « vecteur » qui, placé sous hypnose, est susceptible de révélations sur les activités d'autrui, sur l'avenir, sur la localisation de certains objets. Tout ce qui dégage un flux d'énergie est tenu pour interceptable et restituable par le médium.

Hitler, utilisant tous les procédés de manipulation des masses, a été considéré comme un hypnotiseur des masses, préalablement conditionnées. Toutefois, l'hypnose des foules suppose un dispositif considérable, une mise en scène savamment orchestrée afin de produire cet effet de congruence des individus en un seul corps surréel.

La critique en a été faite par Tchakhotine mais aussi par le psychanalyste marxiste antistalinien Wilhelm Reich, qui a utilisé le concept de libido (pulsion de désir) pour expliquer la manipulation des masses et, par la critique, présenter une méthode de libération.

Les praticiens de la désinformation, sans jamais souscrire à une théorie plutôt qu'à une autre, tirent parti de ces possibilités d'action, de ces outils d'influence. Médiums et voyants peuvent aussi être placés auprès du décideur afin de l'influencer.

→ ***Corrélats** : conditionnement, illusion, manipulation, masses, médium, miracle, mise en scène, révélation, Tchakhotine.*

I

Illusion

Phénomène psychophysiologique de perturbation des perceptions ou des croyances. Il renvoie à la situation de l'homme dont les sens et le jugement sont abusés par des apparences soit naturelles (comme les mirages) soit délibérément fabriquées par effets lasers, ou environnements truqués par hologrammes en 3D. L'illusion est aussi trouble de l'esprit qui substitue à la réalité ce qu'il aimerait qu'elle fût conformément à son désir, ses attentes, ses passions et ses ambitions. La désinformation peut se caractériser comme la communication d'une information illusoire.

L'illusionniste, variante du magicien (on dit magicien « blanc » par opposition au sorcier « noir »), est maître dans l'art d'abuser les sens de l'homme. On le dit aussi, sans connotation péjorative, « manipulateur » des objets, notamment les cartes. Il provoque l'étonnement, l'émerveillement. C'est un art fictionnel auquel le spectateur, l'auditeur, le lecteur, consciemment charmés, s'abandonnent par plaisir. Méliès, un des inventeurs du cinéma, était illusionniste, magicien, sans que pour autant le spectateur, sorti de la salle obscure, puisse croire à la réalité d'un voyage sur la lune… et pourtant. Durant la Seconde Guerre mondiale, les Britanniques n'ont pas hésité à faire entrer dans leurs organismes en charge de la déception militaire des illusionnistes professionnels.

Grande ou petite, individuelle ou collective, créée par l'individu lui-même ou provoquée par une intervention extérieure, l'illusion est partout en l'homme et autour de lui. Tout idéal, toute utopie désintéressée : la paix, la justice universelle, la fraternité entre les hommes sont illusion, peut-être. Mais elle motive l'individu comme elle mobilise les foules assemblées pour le meilleur ou le pire. Elle s'identifie à l'espérance de gain pour le chercheur d'or. La quête du Graal, de l'Eldorado, le désir de retour à l'âge d'or et dans tous les paradis perdus sont autant de mythes supposés expliquer l'inexplicable. Au sein de ces brumes de l'esprit une certitude se dégage : l'illusion pousse l'homme à agir. C'est bien sur cela que compte la désinformation : provoquer une décision conduisant à une action qui peut être nuisible pour son auteur en le poussant à l'erreur.

Les nombreuses œuvres de fiction qui inscrivent, exposent et réfléchissent ces mythes sans pour autant les reprendre à leur compte les utilisent pour montrer l'écart entre l'espérance initiale et la matérialité du résultat final. C'est finalement l'essence de la fiction, de tout récit. Peu importe, finalement, ce à quoi l'homme croit, ce sur quoi il s'illusionne, seule compte l'action qui en procède.

Car le ressort des intrigues se résume à montrer l'homme en action. Explicitement, Balzac, Cervantès, Dickens, Malraux, Poe, le cinéaste Jean Renoir et bien d'autres ont revendiqué l'illusion comme titre emblématique de leurs œuvres (*Illusions perdues*, *La Grande illusion*…).

L'expert en désinformation sait bien tout cela, qui va s'efforcer de créer une illusion mobilisatrice, motivante. La mise en scène politique du réel constitue aussi l'organisation manipulatrice quasi-artistique d'une illusion qui, par imprégnation de l'esprit des masses, les conduit à l'action. La désinformation peut créer l'illusion d'une supériorité qui s'avérera fausse ou d'un danger sans fondement. Il peut en résulter une action militaire (Irak, 2003), le lancement d'une course aux armements (missiles, armes nucléaires), des erreurs de stratégie.

➛ ***Corrélats*** : *apparences, artifice, escroc, intoxication, intrigue, manipulation, mise en scène, tricheur.*

Image de marque

La marque est ce qui nomme, identifie, désigne et valorise. Toute symbolique en procède. C'est l'instant définitif, presque fatal de l'appartenance. On est « marqué à jamais » par une scarification rituelle, un serment ou une initiation, bref, tout ce qui inclut dans une communauté d'appartenance en raison de la reconnaissance des mêmes valeurs. La publicité s'est entièrement fondée sur le marquage symbolique. Elle en fait un objet de désir et de propension à la consommation. Vanter la qualité, la fiabilité, ne sert que de prétexte, d'enrobage. La marque, le nom figurent partout en haut des tours, dans les stades, sur les maillots des sportifs. Elle se substitue à l'objet qu'elle couvre de son nom : un frigidaire, un kleenex, etc.

Aussi gare à la contrefaçon qui abuse, qui fait passer le faux dérisoire pour l'authentique ! Ce n'est pas seulement un marché de dupes, c'est bien plus encore une manière de tourner en ridicule qui croit, par la marque, se valoriser.

La marque symbolique attire, mobilise l'imaginaire, capte le subconscient et fait vendre. Se produit dans l'image de marque une puissante fusion entre le symbolique primaire et l'imaginaire le plus délirant. Il faut, coûte que coûte, faire impression. La marque est en effet impression au double sens du terme. Elle crée un affect bon ou mauvais (faire « bonne impression ») et s'inscrit, s'imprime dans l'imaginaire.

Le terrorisme moderne vit de cela : l'image créée, l'impression dans la chair et les esprits de son action. Lui aussi travaille son image de marque à travers des symboles et des emblèmes. Tout comme un homme politique fabrique et soigne son image. Son agenda intègre en permanence un souci obsessionnel de la présence réussie, de l'apparition opportune. L'image de marque est en butte à toutes les attaques, celle de l'événement, de la réalité, du scandale, de la calomnie et de toutes les opérations de désinformation. Il faut alors rétablir l'image, remonter une mauvaise pente, faire de la contre-désinformation.

La photo de certaines personnalités (Che Guevara, Einstein, John Lennon) est imprimée sur des vecteurs simples mais de grande diffusion : posters, tee-shirts, *mugs* et autres tasses à café. Ainsi leur image de marque, dépassant la simple célébrité, accède-t-elle au niveau du mythe qui peut rester actif pendant plusieurs décennies. La lutte est permanente et inventive pour captiver, indépendamment de tout jugement de valeur, l'imaginaire durablement (photos et posters de Ben Laden, de Che Guevara).

L'image de marque concerne aussi les États dont le prestige se renforce ou se dégrade sur la scène internationale. L'URSS « patrie du socialisme » voit, au fil du temps, se détériorer son image de marque. Les images « choc » négatives de l'action américaine au Vietnam contribueront à la défaite tant à l'intérieur qu'à l'extérieur tandis que la réputation des États-Unis, défenseurs de la liberté se voyait ternie. La désinformation trouve là un terrain de prédilection en ébranlant les perceptions, voire en les inversant. Mais son action, à elle seule, ne saurait suffire. Il lui faut utiliser un terreau d'arguments fondé sur les maladresses, les manquements graves de l'État concerné qu'elle saura exploiter par effet de multiplication et d'amplification.

L'affrontement permanent des images est attisé par le recours à des vecteurs plus nombreux, plus rapides et plus puissants, mieux disséminés. Comme ce fut le cas en Irak lors du scandale des sévices infligés par les gardiens américains aux prisonniers irakiens de la prison d'Abu Graib en 2004 et plus tardivement les révélations sur la condition des détenus de la base de Guantanamo.

→ ***Corrélats*** *: apparences, choc, illusion, mise en scène, porte-parole, réputation.*

Imposture

L'imposteur est un comédien dont la scène est le réel. Il peut usurper une identité qui n'est pas la sienne, se prétendre prince dans un pays lointain ou grand savant.

L'imposture scientifique constitue un domaine particulièrement riche dans la mesure où la vérification reste difficile et où la marge entre l'erreur sincère et l'escroquerie délibérée est ténue. Proposer de faire de l'or ou de guérir du cancer permet de recueillir des fonds auprès de dupes appâtées par le gain ou de malheureux espérant survivre miraculeusement.

C'est tenir la place d'un autre homme mais, plus encore, d'un autre système de valeurs ; c'est prendre un masque pour orner favorablement son visage, dissimuler sa véritable nature et ses desseins hostiles à l'égard de la dupe que l'on crée. C'est l'incarnation vivante, emblématique et agissante de la désinformation.

Redoutable perturbateur, il en impose en endossant avec aplomb (plus populairement « culot ») les défroques de la vérité, de la vertu, des valeurs reconnues. Il insinue toujours, calomnie, sans en avoir l'air. Comme l'escroc, il promet monts et merveilles et dispense des conseils fondés sur des ressources imaginaires ou, mieux encore, des relations extraordinaires avec l'au-delà. Il peut n'être qu'un simple individu, un escroc agissant pour son intérêt personnel comme Tartuffe. Mais il se fait aussi le porteur masqué d'une idéologie, l'agent d'influence d'une coterie, et de groupes d'influence. Au demeurant, l'image du Tartuffe sert le dessein idéologique de Molière visant à contrer l'influence grandissante du parti « dévot » qui sévit auprès de Louis XIV.

L'imposteur agit à tous les niveaux. Agent provocateur, il s'infiltre dans les organisations terroristes, parmi les révolutionnaires et dans les sphères de pouvoir politique et économique. Il n'est pas seulement un agent de l'étranger mais l'acteur efficace des partis, un pion dans l'art des « combinazioni » et intrigues qui se résolvent parfois en révolutions de palais.

Plus haut il se hisse dans les entourages du pouvoir, plus puissante et dangereuse est sa frappe. Ce peut être Raspoutine et tant d'autres faux mages dont l'imposture ne fut jamais démasquée, jamais dénoncée. Confondre l'imposteur n'est pas chose facile surtout si la confiance d'un puissant le protège. L'accumulation de preuves peut s'avérer insuffisante.

→ ***Corrélats*** *: agent d'influence, dupe, escroc, faux, intrigue, machiavélisme, médium, mise en scène.*

Incendie du Reichstag

Il s'agit d'une des plus énormes opérations de désinformation reposant sur une provocation clandestine.

Le parlement allemand brûle fin février 1933, juste avant les élections législatives de mars. Sur les lieux la police arrête immédiatement une seule personne, un déséquilibré Van der Lubbe, communiste hollandais, pyromane notoire. Le gouvernement qui dispose déjà d'une grande partie de la presse invoque un complot communiste. Le KPD (Kommunistische Partei Deutschlands) est interdit, ses chefs arrêtés, ses militants arrêtés, déportés, torturés. La voie du pouvoir total est ouverte pour Hitler qui reçoit du Reichstag un vote légal à la majorité des deux tiers.

On finira sinon par entrevoir la vérité, du moins par comprendre la machination lors du procès de Dimitroff, communiste bulgare responsable du Komintern en Allemagne, mais évidemment trop tard. Partant de la Chancellerie, les sbires de Goering auraient emprunté une galerie souterraine menant au bureau du président du parlement (à l'époque Goering), permettant ainsi d'entrer dans le parlement où ils auraient pu à leur aise installer en grosses quantités les matières incendiaires.

Il est remarquable de constater que le débat d'historiens reste ouvert. Jusqu'en 2000, la thèse de la manipulation par Goering semblait acquise. Elle a été remise en cause en 2001 par Irvin Kershaw qui a repris la thèse d'une action individuelle de Lubbe, certes amplifiée et manipulée par les nazis qui trouvèrent là un prétexte idéal juste avant les élections.

Reste qu'il y eut bien campagne massive de désinformation visant à accréditer durant les jours puis les semaines qui suivirent la thèse d'un complot communiste contre la sécurité de l'État.

Sans prétendre prendre parti, le théoricien de la désinformation peut se borner à constater qu'il n'est pas besoin de créer l'acte déclencheur, s'il est fortuit c'est encore mieux, même si cela suppose une excellente réactivité sur événement. Il suffit que l'on dispose d'un organisme capable de savoir exploiter l'événement et saisir l'occasion par les cheveux.

→ ***Corrélats*** *: complot, Kirov, machination, provocation.*

Incrustation

Procédé qui permet de fabriquer des images truquées (numériques) en insérant dans une authentique prise de vue de la réalité un élément hétérogène, par exemple un arbre « magique » dans une forêt.

Dans le cadre d'un film de fiction, il est clair qu'il s'agit d'un trucage. Le spectateur le sait mais apprécie l'effet d'étrangeté ou comique (*Forrest Gump* de Robert Zemeckis, 1994 ; *Jurassic Park* de Steven Spielberg, 1997) S'il s'agit d'une émission de chansonniers clairement identifiée comme un jeu, une supercherie avouée dès le départ, cela ne porte guère à conséquences, sauf à ne pas aller trop loin dans la charge. Mais qu'en est-il si rien n'est dit, si le travail de trucage est soigneusement gommé, si l'émission se veut sérieuse, s'il s'agit de présenter un reportage sensationnel et authentique ?

De nature différente, les images de synthèse relèvent de la même logique dès lors qu'elles sont utilisées pour s'insérer dans un reportage ou un film recourant à des supports classiques où de véritables personnes et de véritables acteurs, en chair et en os sont représentées sur le support qu'il soit encore le film de celluloïd ou numérique.

→ **Corrélats** : *Apparences, montage, trucage.*

Indicateur

Au départ rien de plus banal et de plus tranquille. Un indicateur des rues n'est qu'un modeste fascicule, à peine un livre, outil d'information au service d'un paisible « usager » désireux de s'orienter. Mais, curieusement ce petit instrument rudimentaire de repérage restait introuvable pour le touriste en visite à Moscou ou à Pékin jusque dans les années 1980.

Un indicateur est donc un vecteur d'information, une source de renseignement. L'agent de police à qui l'on demande son chemin est un indicateur au même titre que le panneau qui parfois fait défaut. Désinformer c'est fournir de fausses indications afin d'orienter dans la mauvaise direction.

À travers ce rapprochement, se découvre l'ambivalence entre l'objet et le sujet, entre l'instrument passif et le sujet humain actif. Tout le reste, considérable, en découle.

L'innocent et « gentil » informateur a en effet son envers : le dénonciateur, l'espion, agent double, mouchard, « informateur », infiltré, transfuge, traître, « marchand d'amis », faux frère. Tous ces termes ont en commun de désigner une personne qui prélève de l'information dans son camp et la livre secrètement au camp rival ou ennemi afin de nuire aux intérêts de ceux qu'il « donne ». L'indicateur (mouche, mouchard, encore les images du bestiaire) est proche du traître. L'indicateur est la plupart du temps motivé par l'argent mais aussi par un possible chantage, parfois l'esprit de vengeance

Sans doute se trouve là l'explication de cet opprobre qui frappe l'indicateur. Au regard de quel honneur, de quel code ? De quelle loi du silence (la fameuse « omertà » méditerranéenne) ? Curieusement dans un monde de crime organisé, s'impose, rigoureuse, une morale du comportement. Voila qui suggère que même la désinformation pourrait être soumise à une sorte de code de bonne conduite. Des châtiments cruels accompagnent la punition de cette activité comme s'il existait un code pénal occulte régissant le secret. On fait un exemple pour dissuader de futurs dénonciateurs. Il s'agit de faire comprendre que l'espérance de gain se mesure au risque du pire. Dans les guerres de contre-insurrection, où le renseignement joue un rôle majeur, l'indicateur indigène, le simple interprète peuvent décider du succès ou de l'échec d'une opération.

Protégée avec soin par ses employeurs, cette source est susceptible de retournement. Comme tous les agents de renseignement, comme tous ceux qui agissent dans le secret, l'indicateur peut changer de camp et, au service du nouvel employeur, intoxiquer le précédent.

→ **Corrélats** : *mouchard, retournement, source, secret, traître.*

Infiltration

Opération qui consiste à faire pénétrer (introduire) un corps ou agent étranger à l'intérieur d'un groupe constitué (parti, organisation) supposé homogène ou d'un territoire tenu pour hostile.

La notion « d'agent » prend tout son sens en indiquant la nature allogène de l'élément introduit. En médecine, le procédé de la vaccine vise à guérir ou à créer des immunités. Une agression terroriste peut prendre pour mode d'action l'infiltration d'un agent biologique de manière à contaminer un environnement en vue de créer la panique et des pertes plus ou moins importantes.

Dans le domaine du renseignement offensif (espionnage), du contre-terrorisme ou de la contre-criminalité on infiltre un agent, ou parfois plusieurs, à l'intérieur du groupe que l'on entend neutraliser ou détruire. L'agent infiltré a pour mission soit de prendre connaissance de son organisation et de ses projets d'action (renseignement), soit de l'intoxiquer, soit encore de favoriser son auto-destruction en y répandant le soupçon d'une infiltration qui peut se révéler imaginaire. Là encore, il suffit, en insinuant, de faire croire. Une des tactiques de la désinformation consiste précisément à infiltrer une information fausse, une croyance sans fondement au sein d'un corpus de connaissances cohérent et vrai.

Dans le domaine du renseignement et des opérations spéciales, on ne « désinfiltre » pas, on « exfiltre ». L'agent infiltré qui a terminé sa mission ou qui risque d'être démasqué sort du milieu d'action et revient à son service d'origine.

→ ***Corrélats :*** *biologie, bleuite, indicateur, intoxication, provocation, retournement, rumeur, taupe.*

Influence

Influencer n'est pas tromper, n'est pas désinformer. C'est l'inflexion des perceptions et du jugement de ceux qui vont décider et agir.

L'influence agit de manière indirecte, contournée, feutrée. Elle ne choque pas comme la propagande, laquelle dispose d'un fort pouvoir d'influence. C'est exercer une pression plus ou moins amicale, la victime reconnaît qu'elle s'est laissée influencée, aveu d'une impuissance du jugement.

On parle de plus en plus de « stratégie d'influence » pour désigner l'ensemble des actions politiques, économiques, culturelles développée par un État afin de créer avec un autre État des relations qui lui soient favorables. Pour ce faire il peut passer des accords de coopération, d'assistance, accorder des prêts avantageux, créer des infrastructures, former des élites. La stratégie d'influence des États-Unis sur l'Europe n'a cessé de se développer à partir de 1947, début de la guerre froide. Elle s'est poursuivie dans les pays émancipés de la tutelle soviétique. Le début du XXIe siècle voit le développement d'une importante stratégie d'influence de la Chine sur le continent africain.

Afin de contrer l'influence exercée par un État, un rival pourra recourir à la désinformation afin de discréditer l'action adverse. Il fera courir des rumeurs sur les arrière-pensées du rival, sa volonté de dominer l'économie du pays aidé, d'exploiter ses populations, d'épuiser ses ressources minières et énergétiques.

→ ***Corrélats*** : *agent d'influence, francophonie, manipulation.*

Insinuation

Le procédé consiste à suggérer une information négative, sans formuler explicitement une critique. C'est travailler dans l'implicite, à la frontière du conscient et du préconscient. C'est laisser entendre et faire croire.

La désinformation utilise volontiers ce type de procédé qui, comme un venin secrètement injecté, diffuse lentement doutes et soupçons, au demeurant souvent infondés. On peut distinguer deux types de cibles : directes (l'insinuation vise un individu ou un groupe auxquels on attribue malfaisances et vices) et indirectes (l'insinuation manipule une personne afin d'en détruire une autre).

Elle n'a pas même besoin de construire une campagne. Il suffit, par la rumeur, de laisser entendre en donnant à penser. En ce sens elle se rapproche du stratagème.

L'insinuation n'affirme rien, mais suggère tout. Son pouvoir de suggestion est fascinant, voire hypnotique car c'est un moyen remarquablement efficace pour toucher le psychisme et infléchir la décision. Tel est l'art destructeur que Shakespeare a attribué à Iago lorsqu'il s'adresse à Othello le Maure, afin de le détruire, lui et son épouse Desdémone. La dupe vulnérable de par ses passions, l'esprit fragile qui se laisse pénétrer va désormais effectuer, de soi-même, le travail de destruction. Il faut bien entendu étudier de très près le terrain psychologique, les vulnérabilités des cibles (jalousie, cupidité, envie, irascibilité…).

Les tyrans, les despotes, les détenteurs jaloux d'un pouvoir ou d'un bien qu'ils entendent à tout prix conserver sont des cibles idéales pour l'utilisation de l'insinuation. Leur esprit anxieux est déjà prêt à entendre ce qu'ils redoutaient. Les résultats s'avèrent dévastateurs pour l'entourage, et parfois, finalement, pour celui a accueilli l'insinuation.

→ ***Corrélats*** : *calomnie, déstabilisation, dupe, intoxication, intrigue, euphémisme, paranoïa, réputation, rumeur, soupçon, stratagème, traître.*

Instrumentalisation

Littéralement, c'est le processus par lequel un groupe ou un État détourne insidieusement ou même secrètement le fonctionnement ordinaire d'un organisme ou d'une institution afin de les mettre au service des objectifs qu'ils cherchent à atteindre.

Très voisine de la manipulation qui concerne davantage les individus ou les groupes. Elle repose sur le fait que la cible n'est pas consciente de la déviation de trajectoire qu'on lui a fait subir. Il appartient à la désinformation de créer les conditions psychologiques favorables. La contre-désinformation dénoncera cette entreprise. Mais, comme on l'a souvent remarqué dans cette étude, la dénonciation d'une instrumentalisation peut servir à s'opposer au cours normal des activités de l'organisation concernée. Un gouvernement pourra accuser les États-Unis d'instrumentaliser le Conseil de sécurité des Nations unies. Un autre prétendra que l'AIEA (Agence internationale de l'énergie atomique) est instrumentalisée par les puissances occidentales, la France, le Royaume-Uni et les États-Unis ; que tel service secret ou tel syndicat sont instrumentalisés par un parti politique. Dans tous les cas il s'agit de jeter le discrédit sur l'organisme visé en déniant son impartialité.

L'instrumentalisation a connu son heure de gloire durant la guerre froide. Mais les habitudes étant prises, la désinformation a poursuivi le développement de ce processus.

→ ***Corrélats*** : *manipulation, déstabilisation.*

Intelligence économique

L'espionnage économique a une longue histoire. Pendant des siècles les militaires se sont mis à la recherche des technologies de pointes développées par différents pays, y compris les alliés. La CIA s'est efforcée de connaître le développement du nucléaire français. Dans les années 1970, le touriste japonais photographiant les vitrines des magasins de mode était soupçonné d'être un agent.

À la fin de la guerre froide, on constate le développement d'un courant de pensée qui affirme l'abolition de la distinction entre état de guerre et état de paix à travers la « guerre économique » et l'intelligence économique visant la compétition plus ou moins correcte entre les entreprises au sein d'une économie mondialisée. Ainsi, via la concurrence des économies et la recherche de la prospérité, la « guerre » serait permanente et ubiquiste. Il existe donc un volet agressif visant à s'emparer des secrets du concurrent et un volet défensif pour protéger le patrimoine d'un État ou d'une entreprise.

L'accès aux données devient de plus en plus délicat à travers le cyberespace permettant des attaques et des intrusions dissimulées. Le phénomène ne cesse de se développer au point de créer un nouvel espace d'affrontement. La désinformation trouve là sa place soit en diffusant de fausses informations sur la qualité et les compétences des concurrents, soit en accusant d'espionnage économique ou de désinformation les adversaires. Dès 1995, la CIA et la NSA furent accusées d'utiliser le réseau Echelon afin d'intercepter des données économiques au bénéfice des entreprises américaines qui pouvaient ainsi intervenir sur le marché convoité en connaissant la démarche des concurrents étrangers.

La délimitation entre les « secrets » d'une entreprise privée et le secret d'État s'estompent au nom de la protection du « patrimoine national ». Il est remarquable que la DST ait développé un secteur consacré à la lutte contre les activités d'espionnage industriel durant la guerre froide. Les ambassades soviétiques comportaient un département économique excessivement nombreux dont les membres se consacraient à la collecte par tous les moyens des savoir-faire technologiques des États occidentaux. Il s'agit là d'une activité d'espionnage d'État. Peut-on la mêler à des préoccupations de protection économique qui s'apparentent à une sorte de protectionnisme agressif ?

Il est moins acceptable que se développe une tendance visant à mettre les moyens des services de renseignement de l'État à disposition des entreprises privées afin d'éliminer un concurrent pour la conquête d'un marché international.

Quoi qu'il en soit, depuis vingt ans, l'intelligence économique n'a cessé de croître et de prospérer aux confins entre la défense et la sécurité intérieure.

→ ***Corrélats*** : *DST, secret, spéculation.*

Internet

Voici déjà longtemps, dans les années 1970, que les grands laboratoires de recherche scientifique comme le MIT (Massachusetts Institute of Technology) de Boston, la DARPA (Defense Advanced Research Projects Agency) du Pentagone ainsi que le CERN (European Organization for Nuclear Research) de Genève ont recherché des moyens de communication nouveaux correspondant aux possibilités offertes par le développement rapide de l'électro-informatique. La création d'Internet a mis à disposition d'un nombre croissant d'utilisateurs un nouveau vecteur dont la désinformation a su tirer profit.

Dans un moment d'exaspération à l'égard de ses critiques, un dirigeant politique français crut devoir déclarer en 2009 : « Internet constitue un danger majeur pour la démocratie ». Tel n'est pourtant pas l'esprit de ce vecteur qui, depuis ses origines, s'est voulu une avancée de la libre parole et de la transmission de la connaissance à travers le monde. Ainsi en revient-on à un principe fondamental : un vecteur n'est ni bon ni méchant, tout dépend des finalités qui président à son usage. Néanmoins dans l'âge de l'information, Internet, de par ses propriétés remarquables, constitue une « révolution dans la révolution ». La souplesse et la facilité d'emploi, la rapidité de la communication, la formation d'une toile de dimension mondiale en font un outil exceptionnel de propagande et de possible désinformation. Qui pouvait rêver d'un aussi puissant moyen de propagation de rumeurs et de critiques fondées ou non ?

• En quoi la communication est-elle affectée ?

L'irruption rapide d'Internet, son ampleur, sa diversité créent, au regard de l'information une tendance de fond : la « réindividualisation » (réappropriation individuelle) et la « démassification ». Elle va dans le sens du « panmédiatisme » mais aussi de la possible réappropriation par l'individu de l'information par le biais d'une sélection critique, celle de ses goûts (on peut les conditionner) mais aussi celle de ses intérêts, plus difficiles à cerner de l'extérieur. Internet parachève le phénomène déjà perceptible de sortie des médias de masse vers l'information individualisée, ciblée, productrice de rassemblements d'informés qui se fédèrent librement.

En quoi cela affecte-t-il notre vie quotidienne, à savoir la manière dont nous travaillons, dont nous consommons, dont nous interagissons ?

En quoi cela affecte-t-il les producteurs et les contrôleurs traditionnels de l'information tels que l'État, les grands groupes financiers, mais aussi les nouveaux producteurs d'information à savoir les organisations ONG humanitaires ou violentes ? Qui, de tous ces acteurs, tire le meilleur parti de cette décentralisation portée par une mutation du rapport au temps et à l'espace ?

Internet est devenu un outil économique et financier à travers lequel circulent des milliards de dollars. C'est donc un moyen de spéculation et bien évidemment de manœuvres de désinformation économique. C'est aussi une forme de dépendance considérable des individus dans leur vie privée, dans leur existence professionnelle. Internet n'est pas encore à la disposition de tout le monde : de fortes disparités géographiques et sociales persistent. Les plus défavorisés pourraient se trouver écartés de cette chance et retomber dans la misère particulière des laissés pour compte de l'âge de l'information.

Mais c'est aussi un théâtre d'affrontement : un espace où l'on espère gagner et risque de perdre. Quoi au juste ? L'influence sur l'état des cœurs et des esprits qui affecteront les comportements et les pressions sur l'autorité politique, donc la décision finale.

On comprend le désarroi des appareils d'État, des organisations lourdes et des bureaucraties ankylosées face à ce déferlement d'inconvénients pour leur discours officiel mais aussi d'opportunités qu'ils savent encore mal exploiter. Ce n'est certes pas un hasard si Internet a été immédiatement utilisé par les ONG, humanitaires ou violentes, afin de diffuser leurs messages. L'utilisation d'Internet est presque immédiatement familière aux organisations militantes – indépendamment de leurs objectifs – car elle correspond aux techniques de la guérilla : concentration soudaine, surprise, action, disparition, réapparition, changement de terrain (de thèmes). Internet permet de créer des forums temporaires qui font leur œuvre dans les esprits avant même qu'il soit possible de vérifier la véracité de l'information. Les journalistes sont également pris de vitesse et doivent suivre, n'arrivant que trop tard pour attester de l'existence du fait ou constater son caractère fictif.

Sur les forums, à travers les « chats », dans les commentaires sur les « blogs », se livre une étrange bataille, nouvelle en ses formes bien que traditionnelle en sa nature. La nouveauté profonde tient à ce que le traditionnel s'insère dans un environnement différent qui valorise et amplifie cette intervention. Hier, propagande et contre propagande se développaient en « contre » mais en parallèle s'interpellant sans se rencontrer directement. Caricaturons : s'il y avait rencontre entre distributeurs de tracts ou colleurs d'affiches, les adversaires passaient directement au pugilat plus ou moins violent. Aujourd'hui, la rencontre Internet forme un théâtre d'affrontement virtuel dont l'issue immatérielle détermine le moral des combattants. Ceci se produit dans les espaces de guerre directe de plus en plus rares et dans les zones grises de violence recourant aux modes d'action dégradés mais bien réels et très opératoires que constituent le terrorisme et la guérilla.

En 1995, le sous-commandant Marcos, chef de l'armée de libération zapatiste – doué, sous sa cagoule, d'un sens exceptionnel de la communication politique – réussit un coup de maître en faisant croire pendant plusieurs semaines que l'armée régulière mexicaine massacrait les paysans du Chiapas. Il suggérait le spectre du génocide. Il s'avéra finalement qu'il n'en était rien mais la « communauté internationale », dûment désinformée, s'était mobilisée contre ces atrocités, jugées possibles car venant d'un régime peu regardant en matière de répression. L'année suivante, l'association Greenpeace lançait une campagne contre Shell-BP concernant les dangers de certains de ses produits. Des stations-services furent attaquées. Il s'avéra que l'information était erronée et Greenpeace présenta ses excuses pour cette campagne de désinformation involontaire. On peut, sur de nombreux terrains et dans bien des circonstances très différentes, multiplier les exemples qui permettent de constater combien le préjugé de départ pèse sur la capacité à accepter ou refuser l'information et la désinformation. En 2007, durant deux jours l'économie estonienne fut paralysée par une attaque massive sur Internet qui satura l'ensemble du réseau, rendant impossible toute transaction. Suivit une campagne d'information-désinformation pour établir d'où provenait l'agression, le gouvernement estonien accusant la Russie qui, bien évidemment, répliqua en retournant ces accusations comme un regain de provocation de la part de Tallin dans un contexte diplomatique fort tendu. MM. Ben Laden et Zawahiri diffusent leurs messages via internet, même s'ils ne négligent pas le transfert de la bonne vieille bande-vidéo (voici encore une vérification de l'axiome : un médium n'en supprime jamais un autre). Depuis 2008, la guerre d'Afghanistan voit se développer sur Internet une guerre de l'information-communication. Les Talibans sont capables de déverser un flot d'informations tantôt exactes, tantôt absolument fausses, essentiellement dirigé vers les pays de l'OTAN mieux dotés en Internet que les guerriers du Waziristan. Il suffit d'implanter le germe de la discorde auprès d'internautes de pays où l'on doute sérieusement de la nécessité de cette intervention militaire.

Mais il existe aussi d'innombrables rumeurs sur l'espionnage de la « toile » par le Pentagone, par le réseau Echelon, par tous les services secrets. En 1998, Bill Gates fut accusé de collusion avec la NSA (*National Security Agency*, responsable de toutes les écoutes électroniques) tout simplement parce que les logiciels édités par Microsoft sont vendus à des utilisateurs qui ignorent les conditions de fabrication du produit alors que les services américains en auraient été informés. Un monopole s'est constitué grâce au contrôle des noms de domaines (DNS) par une sorte d'annuaire qui enregistre les identités des accédants.

Finalement les seuls à avoir osé défier le monopole américain sur l'Internet sont les Chinois en s'affranchissant du DNS américain. Pékin a créé à grands frais un système à deux étages qui permet l'accès dans la représentation par idéogrammes tout en le contrôlant. Cela institue de ce fait, une remarquable censure, étant donné que l'internaute est privé des informations qui circulent en dehors du système de reconnaissance des identités. C'est aussi une forme de repérage des tentatives pour tourner le système. Cet ensemble de dispositions porte le nom de « bouclier doré ».

La désinformation trouve-t-elle son compte dans cette lutte pour la domination sur l'information ? On se gardera, une fois encore, de confondre censure et désinformation. La perversité intrinsèque de la désinformation tient, en grande partie, à tirer profit de la liberté de l'information, non de sa limitation. Le système chinois de régulation de l'Internet permettra

– de diffuser de la désinformation en direction du public chinois ;

– de contrer efficacement les informations venues de l'étranger. À ce jour, l'essentiel de l'activité recensée porte sur les préoccupations majeures du gouvernement chinois : le Tibet, Taïwan, plus récemment le Xijiang ;

– il est à prévoir des développements bien au-delà de ces zones proches du territoire chinois.

→ ***Corrélats*** : *action psychologique, rumeurs, vecteurs.*

Interrogatoire

Obtenir la vérité ou obtenir les aveux qui sont attendus.

Cette procédure parfaitement légale a tôt fait de constituer dans les régimes dictatoriaux un simple passage pour obtenir des aveux allant dans le sens souhaité, sans aucune préoccupation à l'égard de l'authenticité des faits. Il faut produire de la matière pour une campagne de désinformation.

La torture est la forme la plus rudimentaire, rarement la plus efficace. Elle va souvent de pair avec la persuasion psychologique assortie de techniques de pression.

→ ***Corrélats*** : *aveu, Boukharine, torture.*

Intimidation

Procédé de domination par lequel une personne, un groupe, voire un État exerce une pression plus ou moins directement menaçante sur un individu ou un groupe afin de troubler son jugement, de modifier son comportement, d'affaiblir sa volonté pour aboutir à une sorte de renoncement à ses propres intérêts.

On peut intimider par la menace d'une action physique violente, d'une dénonciation mais aussi en suggérant des sanctions, des difficultés de carrière professionnelle. L'intimidation recourt volontiers à la désinformation en faisant état de jugements négatifs imaginaires, de critiques portées par des sources dont on tait soigneusement l'origine d'autant plus qu'elles n'existent pas ou qu'elles sont délibérément amplifiées. En 2002-2003, les fonctionnaires de l'administration américaine firent l'objet de mesures d'intimidation afin de cesser de produire des analyses qui démentaient l'existence d'armes de destruction massives en Irak.

L'intimidation constitue un procédé contribuant à la déstabilisation psychologique d'une personne, du simple employé au dirigeant du niveau le plus élevé. En 1938, Hitler obtient ainsi la capitulation du président E. Benes et entre sans coup férir en Tchécoslovaquie. Parallèlement, il est parvenu à convaincre la France d'une infériorité militaire qui n'existe pas réellement. Exhiber des matériels de guerre modernes et puissants lors de visites ou de grandes manœuvres vise à produire cet effet. La parade des missiles balistiques ou la réalisation d'essais nucléaires vise à intimider les États voisins. La Corée du Nord s'est fait une spécialité de ce jeu dangereux mais, somme toute, relativement efficace. Parmi les procédés de désinformation la stratégie dite « du bord du gouffre » consiste à faire croire que l'on est prêt à toutes les extrémités dès lors que l'on n'a plus rien à perdre. En 1970, le président Nixon, afin de peser sur le Nord Vietnam, n'a pas hésité à se présenter comme une sorte de fou capable de tout afin de marquer des points dans la négociation secrètement menée en parallèle par Henry Kissinger pour mettre fin à l'engagement américain en Indochine.

→ ***Corrélats*** : *bluff, chantage, déstabilisation, illusion, intoxication, manipulation.*

Intoxication

Partant de la notion de toxicité d'un produit (ce peut-être une mauvaise information) qui empoisonne, on constate une grande richesse sémantique.

Procédé quasiment identique à la désinformation consistant à injecter une fausse nouvelle ou à créer chez un individu une conception inverse de la réalité. Pratiquée en temps de paix et de guerre, elle vise à fausser le jugement des décideurs et à perturber l'action des organes.

L'intoxication constitue une activité ordinaire des services secrets notamment à l'égard de leurs homologues. On cherche à faire croire à un faux secret. Les agents doubles constituent les vecteurs humains privilégiés.

Une variante est « l'auto-intoxication » qui consiste à se persuader de la vérité et de la réalité d'une situation fictive. Aveuglés sur eux-mêmes, par orgueil et démesure (*ubris* en grec), certains dirigeants exigent que leur soit présenté un tableau de la réalité conforme à leurs désirs, à leurs préjugés et à leur désir de domination. Dans ce cas, ils refusent les conseils dissonants, rejettent les informations contraires, méprisent les rapports dérangeants, n'entendent plus que flatteurs et courtisans. Constatant qu'ils n'admettent plus rien hormis ce qui les satisfait, les bureaucraties d'État risquent souvent de céder à la tentation de fausser leurs propres études de manière à satisfaire le chef, le décideur, l'autorité supérieure dont dépend leur carrière, leurs crédits.

La désintoxication ne constitue pas un symétrique exact de l'intoxication. Passons sur l'aspect socio-médical qui consiste à obtenir l'abandon par un sujet des pratiques nuisibles à sa santé par addiction à l'égard d'un produit toxique (drogue, tabac ou alcool). Voyons ce que suggère la métaphore. Une idéologie intoxique le mental d'un individu ou d'un groupe. C'est « l'empoisonnement psychologique » selon Tchakhotine. Comment ramener le sujet à la réalité ou à une vision du monde jugé conforme par des autorités ? Mais à quelle réalité et qui décide légitimement de la conformité ? Le lavage de cerveau dans les camps de « rééducation » peut prétendre relever de la « désintoxication » afin de ramener le sujet à la « juste » conception du monde, des rapports de classes, de la lutte entre impérialisme et socialisme. Bref, la désintoxication pourrait n'être que le passage d'une idéologie à une autre sans forcément toucher à la réalité.

→ ***Corrélats** : bleuite, courtisan, décideur, influence, lavage de cerveau, Tchakhotine.*

Intrigue

Ce terme, à lui seul, exprime l'essence de la désinformation.

« Intriguer tend toujours à "faire croire" quelque chose à quelqu'un ; toute intrigue est une architecture de mensonges » écrivait en 1939 André Malraux, repris dans la préface de l'édition du livre de Poche de 1972 des *Liaisons dangereuses* de Choderlos de Laclos. Ce n'est sans doute pas un hasard si le terme comporte un triple sens à la fois : la trame d'une œuvre de fiction, une entreprise de tromperie délibérée et incidemment une relation amoureuse. Complot politique et passions amoureuses se rejoignent dans la même volonté de créer une machination ou un stratagème destiné soit à s'emparer de quelque chose ou de quelqu'un soit de déposséder une personne de la puissance et de la prospérité dont elle dispose. « Un ministre est un intrigant qui a réussi » disait Talleyrand, expert en la matière.

Être intrigué désigne un état d'intérêt à l'égard d'une situation perçue comme étrange. On joue et déjoue ; on noue et dénoue. Les intrigues caractérisent les cours anciennes et modernes où chacun entend obtenir les faveurs du souverain au détriment de ses rivaux. Mais les intrigues de palais visent parfois à la conquête du pouvoir ou, à tout le moins, à provoquer la disgrâce d'un ministre pour lui en substituer un autre, champion d'une coterie opposée.

La construction d'une intrigue est si voisine de l'élaboration d'une campagne de désinformation qu'elle tend à se confondre avec elle. Elle choisit des cibles, crée des liens, les tisse, fabrique une galerie de masques et distribue des rôles d'imposteurs. L'intrigue se développe par succession de pièges où, au final, devrait tomber irrémédiablement la victime choisie.

→ ***Corrélats** : complot, courtisan, dupe, Fouché, imposteur, insinuation, Les liaisons dangereuses, mensonge, stratagème.*

Inversion

Cette notion régit la relation entre la réalité et les apparences, entre l'information et la désinformation, entre la désinformation et la contre-désinformation.

Dans la caverne platonicienne la vérité, celle de l'idée, est inversée pour se transformer en apparence, illusion des sens qui abusent l'esprit. C'est par ce même raisonnement que Marx dénonce « l'idéologie allemande » de Kant à Fichte et Hegel dans la philosophie en reprenant la métaphore de la *camera obscura*, l'appareil photographique dont la plaque sensible *met le sujet à l'envers*. L'idée, l'esprit ne sont que des constructions qui inversent le matérialisme et autorisent une supercherie intellectuelle occultant la réalité des rapports de production qui sous-tendent l'organisation sociale et l'expression politique

L'inversion constitue donc une sorte de principe de fonctionnement de la désinformation qui se fait l'envers de l'information lorsqu'elle prétend dénaturer la vérité en la flétrissant d'une accusation de mensonge. La contre-désinformation s'efforce de réduire l'effet. Mais l'inversion devient infinie, vertigineuse, tout devenant l'envers de tout. Elle se rapproche de la technique classique de la mise en abyme propre à la fiction, véritable genre dans lequel ont excellé des auteurs comme Borgès et toute une école latino-américaine. Si dans l'art, le spectateur jubile au plaisir de sa déstabilisation par le jeu esthétique, il en va autrement quand il s'agit de rapports de forces politiques ou militaires.

Le sujet perd tout repère, ne sait plus à quoi croire ni à qui se fier, il devient une proie égarée. Dès lors la désinformation a gagné.

→ ***Corrélats*** *: apparences, distanciation, dupe, faux, illusion, imposture, To be or not to be, tricheur, Welles.*

K

Karmen, Roman

(Odessa 1906 - Moscou 1978). Réalisateur d'actualités.

Cinéaste officiel du régime soviétique, il a filmé les principaux événements qui se sont déroulés entre 1930 et 1960, tant en Union soviétique que sur les champs de bataille du monde entier. Il filme les combats de la guerre civile espagnole et l'invasion japonaise de la Chine. Accompagné d'un seul opérateur équipé d'une caméra légère, Karmen prend des risques considérables en plein combat. Cela ne l'empêche pas pour autant, quand c'est possible, de créer des reconstitutions de toutes pièces avec la complicité des gouvernements : l'assaut irrésistible des soldats soviétiques contre les positions allemandes en 1943, le cortège lamentable des prisonniers français après Điîn Biên Phū. Il filme aussi le travail des ouvriers héroïques dans les nouvelles aciéries contribuant à l'édification de la puissance du socialisme soviétique. Tout cela est reconstitué, joué, mis en scène. Ce n'est plus la caméra légère, saisissant des instants fugacement tragiques, mais une combinaison de prises de vues par plusieurs caméras, comme à Hollywood. Le montage aidant, le spectateur perd tout point de vue sur la réalité de ce qui lui est donné à voir. La plupart du temps c'est l'effet d'évidence de l'actualité qui l'emporte, Karmen ayant su masquer toutes les traces de la manipulation dont il était le démiurge omnipotent.

→ ***Corrélats*** *: montage, mise en scène.*

Katyn

Site forestier à proximité de Smolensk (Russie) où furent découvertes, par l'armée allemande en 1943, d'immenses fosses contenant les cadavres de centaines d'officiers de l'armée polonaise. Berlin s'empressa d'en faire la publicité. Tandis que de leur côté, les autorités soviétiques rejetèrent la responsabilité du massacre sur les armées nazies.

Mais il s'avéra que cette liquidation avait été entreprise par les services soviétiques du NKVD (Commissariat du peuple aux Affaires intérieures) sous l'autorité de Béria qui voulaient liquider les élites polonaises.

Katyn n'est qu'une partie, devenue emblématique, d'un massacre général portant sur au moins vingt mille « cadres » de la société polonaise. Cette responsabilité a été officiellement admise par M. Gorbatchev puis B. Eltsine, qui en 1993, à Varsovie s'inclina devant le monument à la mémoire des victimes de Katyn. Pourtant, aujourd'hui encore le gouvernement russe refuse de donner accès à la totalité des archives concernant le massacre de Katyn. Du point de vue de Moscou, la question des excuses et des compensations n'est pas à l'ordre du jour. Un des plus importants cinéastes polonais, Andrej Wajda a réalisé un film en 2007. S'il est abusif de parler de génocide, il s'agit cependant d'une entreprise d'extermination d'une catégorie sociale visant à démembrer une société constituée.

➔ ***Corrélats*** *: Béria, génocide, manipulation, Timisoara.*

KGB

Si le KGB, relique de l'Union soviétique, a été dissout en octobre 1991, laissant la place au FSB, il demeure encore l'emblème d'une manœuvre formidable d'espionnage et de désinformation tous azimuts. Successeur de la Tchéka, créée par Lénine dès décembre 1917 et du GUEPEOU, dissoute en 1934-laissant place entière au NKVD.

L'originalité de cet « organe » est l'association entre sécurité intérieure et extérieure. Ses effectifs réels n'ont jamais pu être déterminés précisément (500 000 personnes étant tenu pour une estimation basse). L'extrême proximité du pouvoir politique a constitué un facteur de puissance mais aussi de désorganisation – donc de perte en efficacité – permanente, du fait des purges. Chargé de la garde des frontières, de la répression intérieure des « menées de l'étranger », de la surveillance des stocks d'armes nucléaires, de l'espionnage et de la désinformation le KGB est devenu un État dans l'État. Ses chefs sont parfois liquidés, parfois accèdent au pouvoir suprême. Ces chaos n'ont pas empêché la mise en place d'un puissant système de « mesures actives », c'est-à-dire de la conception et réalisation de campagnes de désinformation tant chez les alliés du Pacte de Varsovie que chez l'ennemi direct, les États-Unis, les pays de l'OTAN, les Neutres et les États communistes qui divergeaient par rapport à Moscou (Yougoslavie, Chine, Roumanie, Albanie). Pour le reste les méthodes, les procédés ne diffèrent guère de ceux de la CIA – qui initialement s'est inspirée des Soviétiques. L'originalité du KGB tient à l'importance accordée à la désinformation tenue pour une arme essentielle. Les thèmes des campagnes, soigneusement validés par l'autorité politique visent à créer la confusion chez l'adversaire, à créer des rumeurs rassemblant les opinions. Elles sont relayées par l'information ouverte diffusée par les médias de manière à les faire passer, naturellement pour des faits authentiques. Bien que l'actuel gouvernement russe fasse aujourd'hui preuve de retenue à l'égard des États occidentaux, il ne s'est pas privé de mener de vastes campagnes à l'égard de « l'étranger proche » : États baltes, Biélorussie, pays du Caucase, notamment la Géorgie, de manière à contrer l'influence des États-Unis et de l'OTAN élargi, et reconquérir progressivement une emprise sur ces territoires qui devraient réintégrer la sphère d'influence traditionnelle de l'Empire russe ou de l'Union soviétique. L'action tire parti des vecteurs nouveaux situés dans le Cyberespace pour faire pénétrer et enraciner les thèmes correspondants aux intérêts de la Russie moderne.

➔ ***Corrélats*** *: Béria, CIA, DGSE, MI-6, Mossad, faux.*

Kirov (Sergueï Mironovitch Kostrikov, dit)

(Viatka 1886 - Leningrad 1934)

L'assassinat de Kirov donna lieu à une campagne de désinformation de très grande ampleur qui précipita la vague des purges au sein du parti puis de l'armée entre 1935 et 1936. Officiellement et surtout après sa mort, il était l'enfant chéri de Staline. Le cas de Boukharine, qui pour sa part fut éliminé de manière différente, démontre amplement l'extrême fragilité des faveurs d'un dictateur dès lors que son protégé est susceptible de lui faire de l'ombre.

Ce favori d'un temps dont la popularité créait un rival pour Staline fut assassiné le 1er décembre 1934. Aussitôt arrêté, son meurtrier fut chargé de toutes les complicités qui arrangeaient les projets d'épuration de Staline. On ne peut que citer l'étonnant document que constitue son *Histoire du Parti Communiste Bolchevik de l'URSS* publié en 1938. Cet ouvrage constitue à lui seul un monument de désinformation, quelques extraits parlent d'eux-mêmes : « Arrêté sur le lieu du crime, l'assassin s'avéra adhérent d'un groupe contre-révolutionnaire clandestin, composé de membres du groupe antisoviétique Zinoviev, à Léningrad. L'assassinat de S. Kirov, – tant aimé du Parti et de la classe ouvrière, – provoqua chez les travailleurs de notre pays une colère extrême et une profonde douleur. [...] Les dépositions faites par les membres de ce groupe contre-révolutionnaire montrèrent qu'ils étaient liés avec les représentants d'États capitalistes étrangers, qui les subventionnaient. [...] On établit bientôt l'existence d'un autre centre contre-révolutionnaire clandestin le "centre de Moscou". L'instruction et le procès mirent en lumière le rôle abject de Zinoviev, de Kaménev, d'Evdokimov et des autres dirigeants de cette organisation, qui cultivaient chez leurs partisans l'esprit terroriste, qui préparaient l'assassinat des membres du Comité central et du gouvernement soviétique. » Ce « fabuleux » ouvrage d'histoire disparut en Union soviétique avec la déstalinisation de 1956 mais il fut largement repris et diffusé dès le milieu des années 1960 par la Chine (et l'Albanie) au nom de la lutte contre le révisionnisme de Khrouchtchev dans un effort pour rétablir la vérité.

Mais cet acte permit le déchaînement d'une importante campagne de désinformation visant à lancer les purges envisagées de longue date par l'autocrate, connues sous l'appellation de « procès de Moscou ». Elle servit de prétexte à l'élimination des « vieux bolcheviks », compagnons de Lénine, Kamenev et Zinoviev.

→ **Corrélats** : *amalgame, aveu, Béria, Boukharine, langue de bois, Zinoviev.*

Koestler, Arthur

(Budapest 1905 - Londres 1983).

Romancier et essayiste hongrois naturalisé britannique.

Son plus célèbre roman *Le Zéro et l'Infini* est une évocation et un démontage extrêmement pertinent du processus de l'aveu, dont le personnage principal est clairement Boukharine.

Koestler participe de ce courant remarquable et somme toute assez restreint d'intellectuels qui prirent de véritables risques pour dénoncer, sur le moment, les systèmes totalitaires, leurs manipulations et leurs possibles incidences sur les sociétés démocratiques.

→ **Corrélats** : *Gide, Huxley, Orwell, Pasolini.*

Kominform

Au début de la guerre froide, c'est sous ce nom de « bureau d'information des partis communistes » qu'en 1947 Staline reconstitua le vieux Komintern qui avait été dissous durant la Seconde Guerre mondiale. Sous la direction idéologique de A. Jdanov, l'organisation prend en charge, outre les traditionnels pays et partis « frères », les États d'Europe centrale et de l'Est nouvellement tombés entre les mains de l'Armée rouge. Le Kominform relance également la propagande en organisant de vastes campagnes de désinformation dirigées contre les États-Unis, contre la RFA et l'OTAN. Ses agents renforcent le « centralisme démocratique » dans les partis communistes d'Europe occidentale, notamment en Italie et en France, en imposant la liquidation politique de figures marquantes du communisme « résistant » contre l'occupation nazie. Il est également en charge du soutien financier par le biais d'innombrables associations de coopération et d'amitiés touchant toutes les professions libérales : avocats, journalistes, médecins, etc.

L'organisme est dissous par Khrouchtchev en 1956 mais les activités du KGB prendront la suite d'un riche héritage au service de la désinformation.

→ ***Corrélats*** *: aveu, Euromissiles, influence.*

Kravtchenko, Victor

(Iekaterinoslav 1905 - New York 1966)

Ce fonctionnaire soviétique demande en 1943 l'asile politique aux États-Unis. Il publie en 1946 un livre *J'ai choisi la liberté* qui pour la première fois expose le système concentrationnaire soviétique lequel, plus tard, sera connu sous le nom de goulag. Il dénonce également la collusion entre Staline et Hitler lors de la signature du pacte germano-soviétique.

Le livre est immédiatement dénoncé par tous les partis communistes et une partie de la gauche socialiste comme une opération de désinformation derrière laquelle il ne peut y avoir que la CIA. C'est l'occasion d'un procès retentissant à Paris en 1949. À cette occasion, Kravtchenko est dénoncé, insulté, menacé. Son suicide en 1966 fit l'objet de toutes les spéculations.

Il ne fait guère de doute que son témoignage a été exploité par les gouvernements occidentaux dans le cadre de la guerre psychologique intense qui a accompagné la guerre froide. Ce premier témoignage radical illustre bien le processus complexe de la relation entre information et récusation de celle-ci par une campagne de désinformation visant à détruire, par déconsidération, l'information authentique fondée sur des faits difficiles à vérifier par inaptitude à accéder aux lieux où ils se déroulent et aux archives qui les attestent.

→ ***Corrélats*** *: diffamation, Gide, Soljenitsyne, VOA.*

L

Langue et langue de bois

Cet appendice qui joue un rôle essentiel dans la communication humaine fait l'objet de nombreuses métaphores. Comme la main droite, la langue évoque la vérité et la confiance, on parle de « langue fourchue » pour désigner le fourbe qui tient un double discours à des fins de tromperie. C'est déjà une manière de pointer la désinformation. S'y oppose la langue « droite », celle de la vérité, de la franchise, de celui qui tient sa parole.

Le beau discours orné des Grecs eut tôt fait d'acquérir cette réputation de duplicité. Ulysse est un trompeur ; Périclès un séducteur. Le rude Lacédémonien et le frustre Romain s'en défient.

Le bégaiement a longtemps été perçu comme une mystérieuse incapacité à parler droit (vrai). Pour remédier au défaut physiologique de sa langue infirme, Démosthène s'emplit la bouche de coquillages, s'astreint à une réforme physique qui fait de lui le plus grand orateur d'Athènes. Mais on a parfois la « langue trop bien pendue ». Arracher la langue est le châtiment de celui qui a trop parlé, qui a dévoilé un secret ou qui pourrait le faire, de celui qui blasphème. La tête de l'avocat romain Cicéron est suspendue aux rostres du forum pour avoir condamné Pompée. La mutilation de la langue était encore avérée dans certains pays du Moyen Orient comme l'Irak au début du XXIe siècle. Les organisations criminelles y recourent encore pour rappeler la loi de l'omertà.

La langue de bois désigne un discours rigide, logiquement clos, sans nuances, sans doute ni critique, tendant à se substituer à la réalité en niant les évidences les plus avérées. Les partis totalitaires et surtout communistes se sont fait une spécialité de ce type de rhétorique fermée sur elle-même, n'apportant aucune information mais se bornant à exposer comme vérité la distorsion de la réalité par l'idéologie. À force de formules toutes faites, de raisonnements préfabriqués s'est constitué un métalangage avec ses formules consacrées, ses scansions, ses tropes, ses figures de discours stéréotypé. La langue de bois n'est pas seulement une désinformation, c'est aussi la désinformation qui s'affiche comme réalité.

Cette ossification de la langue, c'est-à-dire, par métonymie, de la pensée n'est pas l'apanage des seuls régimes despotiques. Elle caractérise les vastes bureaucraties économiques et militaires qui, comme l'OTAN ou l'Union européenne, doivent élaborer des documents diplomatiques sur la base d'un consensus laborieusement établi entre 15 voire 27 positions différentes afin de trouver un accord sur la formulation finale. Le texte résultant se déroule comme une liturgie peu compréhensible du grand public et des non spécialistes. S'est développé un art du décryptage de ces documents convenus visant à faire comprendre les enjeux réels, les divisions masquées, les lignes de clivage… et à suggérer les possibilités d'action.

→ ***Corrélats*** : *Huxley, lavage, mouchard, parole, Ulysse, Zinoviev.*

Lansdale, Edward

(Détroit 1908 - Mc Lean 1987), général américain.

Se spécialise dans les opérations psychologiques de désinformation et de propagande « noire », mais en temps de guerre et principalement de guerre civile dans des régions de géographie difficile et de cultures lointaines comme la jungle des Philippines (contre les Huks en 1950) et celle du Vietnam dès 1955 avec l'arrivée au pouvoir de Ngô Đình Diêm dont il fut l'un des proches conseillers. Lansdale apparaît comme une sorte de Lawrence d'Arabie mais en version américaine. Son action est fondée sur le renseignement de terrain au contact des populations locales, en étroite coopération avec elles. Il prend pour principe directeur d'utiliser les croyances et les superstitions des habitants afin de les exploiter contre l'adversaire, à l'époque, communiste.

Une de ses campagnes les plus fameuses est « la technique de l'œil de Dieu » : fondée sur des messages diffusés par tracts ou hauts parleurs. Les ennemis sont nommément interpellés comme cibles de la colère de Dieu qui s'abattra sur eux s'ils ne changent pas de camp…

Lansdale eut recours à des astrologues, des « mages », des sorciers locaux afin de monter des opérations déstabilisantes pour la psychè de l'adversaire qui, en dépit de l'idéologie communiste, n'est pas affranchi des croyances traditionnelles. En 1964, l'US Army produisit sur les conseils de Lansdale un rapport sur la manipulation des techniques magiques au Congo. Le vaudou fit aussi l'objet d'études très approfondies par rapport à la zone Caraïbe.

Le rationalisme français comprend mal ces démarches qui sont finalement plus proches de la spiritualité américaine encline à croire en l'existence efficace de puissances immatérielles dans l'au-delà. Les conceptions de Lansdale échouèrent dans le cas de Cuba où sa campagne pour présenter Castro comme l'Antéchrist tourna court. La situation avait été mal analysée.

Lansdale manifeste une connaissance intuitive et pragmatique de l'utilisation des procédés et des vecteurs d'information et d'influence modernes : la publicité, le cinéma. Il entra directement en relation avec le réalisateur Joseph Mankiewicz pour infléchir l'esprit du tournage d'*Un Américain bien tranquille*, 1958, tiré du roman de Graham Greene qui se situe à Saïgon du temps de la présence française. Le cinéma lui rendit généreusement la monnaie car Francis Coppola s'inspire directement de Lansdale pour construire le personnage de Kurtz (bien plus que du personnage du roman de Joseph Conrad) dans *Apocalypse Now*, 1979.

→ ***Corrélats*** : *action psychologique, guerre psychologique, hypnose, illusion, médium, mise en scène, suggestion, superstition.*

Lavage de cerveau

Procédé par lequel, par une insidieuse persuasion, la plupart du temps assortie de contrainte, l'état d'esprit d'un être humain subit une modification partielle ou totale. À sa représentation ordinaire du monde et de la réalité se substitue une autre image qui expulse la précédente du système de valeurs morales et des pratiques comportementales. On désinforme un être humain pour le recharger pas une autre information contraire à la précédente. Autant dire que de sujet, il est ravalé au rang d'objet d'une opération quasi clinique. De ce point de vue la propagande blanche peut être tenue pour une forme de désinformation « douce ».

Les opérateurs suicides, ou bombes humaines, sont persuadés de changer de référentiel à l'égard de la vie humaine, y compris la leur.

La mutation du psychisme s'articule sur un va-et-vient entre les pressions et l'endoctrinement d'un individu isolé devant son ou ses « formateurs » et son insertion dans un groupe où chacun, ayant subi le même traitement, est censé réagir comme lui. La dynamique de groupe et le mimétisme achèvent d'absorber le « nouvel » homme dans un collectif de semblables.

Les camps de rééducation marxistes-léninistes ont pratiqué le lavage de cerveau afin de retourner le prisonnier pour en faire un complice, un délateur, un agent de propagande qui sera éventuellement liquidé une fois qu'il aura servi le but assigné.

Bien souvent le lavage de cerveau s'accompagne de divers procédés de coercition physique, proches de la torture. Privation de sommeil, de nourriture, chantages affectifs affaiblissent les capacités de résistance. Les procédés comme la répétition psalmodiée des mêmes slogans, la lecture des mêmes textes, le chant des mêmes hymnes peuvent conduire à une sorte d'abêtissement de l'intellect que l'on retrouve dans les pratiques de « formation » de certaines sectes. La coupure au monde extérieur, familial et de l'environnement social traditionnel, par réclusion volontaire ou internement forcé, est indispensable pour modifier profondément l'état mental d'un individu.

Les critiques radicaux de la publicité et de la communication radio-télévisuelle parlent de « lavage de cerveau ». Ils visent le recours à des mécanismes identiques (répétition, slogans, *jingles* et formules incantatoires) destinées à conditionner le spectateur-consommateur. Il s'agit bien, à force, de faire pénétrer dans le cerveau humain un signal-réflexe conduisant à la désignation d'un produit, d'une marque, d'une société de distribution.

Le cas du lavage de cerveau permet de vérifier que le domaine physique ne s'oppose pas au domaine psychologique. Désinformation et propagande exercent des effets par toutes sortes de moyens qui, complémentaires, convergent vers un unique but : peser sur la décision.

→ ***Corrélats*** : *aveu, autocritique, Huxley, Pasolini, rééducation, slogan, torture.*

Légendes urbaines

Cette expression est la traduction de l'expression anglo-saxonne « *urban legends* ». Elle désigne des récits sans fondements matériels qui circulent dans des communautés populaires plus ou moins vastes.

Le terme « populaire » devient de plus en plus inapproprié car un public réputé cultivé se laisse trop souvent investir par ces légendes. Elles s'enracinent en effet dans des représentations traditionnelles associées aux contes, aux mythes primordiaux, aux tabous symboliques inculqués dès l'enfance.

Elle s'apparente à la rumeur mais présente un caractère plus élaboré, plus créatif. Dotée comme d'une vie propre, sujette à amplification et à variations, elle peut durer assez longtemps pour fonder une croyance qui s'enracine dans l'imaginaire, à ce point que personne n'en remet en question l'authenticité. Elle s'impose d'elle-même contre toute rationalité. Il n'y a rien à discuter. C'est un fait acquis avec lequel on vit, décide et agit.

Créer une légende urbaine constitue donc un procédé de désinformation classique qui exige une soigneuse préparation et une étude du terrain où implanter et développer le récit. Si l'opération est bien faite il n'y a plus qu'à laisser se propager la légende évidemment négative à l'égard de l'adversaire-cible. Le XXe siècle, particulièrement la guerre froide, a été riche en machinations de ce type : traite des blanches, égorgement des nouveau-nés chrétiens par les rabbins juifs, trafic d'organes de jeunes enfants au bénéfice des cliniques américaines, propagation délibérée du SIDA, lâchers de serpents par l'armée française au-dessus du plateau du Larzac. Elles créent des boucs émissaires contre lesquels se déchaînera la fureur des foules affolées, mais peuvent aussi servir à intoxiquer l'ennemi, à créer des peurs collectives contre lui.

Il est extraordinairement difficile de rétablir la vérité, de construire une rationalité face à ce procédé puissant. En outre ces légendes sont véhiculées par une presse dite « populaire » (*tabloïd*) mais de plus en plus via Internet où les légendes se construisent et pullulent plus rapidement qu'auparavant.

→ ***Corrélats*** : *apparences, calomnie, Lansdale, peur, preuve, rumeur, superstitions, tabloïd, tabou, traite.*

Les Liaisons dangereuses

Roman épistolaire écrit en 1782 par un officier d'artillerie Pierre Choderlos de Laclos (Amiens 1741 - Tarente 1803).

Il n'existe pas de traité de désinformation, ni officiel (cela se comprend), ni même indépendant. Ce sont les œuvres de fiction qui montrent la voie, suggèrent les procédés, indiquent des méthodes, sans toutefois fonder de principes. S'il fallait, pour la France, en choisir une seule, le roman de Choderlos de Laclos mériterait cette distinction. Ce n'est certes pas un hasard si l'auteur était expert dans l'art d'assiéger et de réduire les places fortes. Tout dans ce roman est transposition de la stratégie militaire à la « stratégie amoureuse », conçue comme une entreprise de force, manipulatoire, cyniquement, totalement « real politicienne ». Le langage amoureux y est lui-même imprégné de la métaphore militaire.

Les lettres mensongères de Valmont et de Madame de Merteuil, les combinaisons, masques, tromperies et le jeu avec le temps constituent un véritable traité de désinformation.

Le terrible châtiment final des deux intrigants qui s'entredéchirent à mort n'est pas de pure morale comme on l'a cru. C'est aussi un sérieux avertissement pour ceux qui s'engagent dans cette voie et doivent à l'avance peser les risques de telles entreprises de désinformation qui peuvent se retourner contre eux.

→ ***Corrélats*** : *dupe, intrigue, masque.*

Leurre

Le terme désigne tout ce qui fait illusion, crée une apparence fallacieuse qui contribue à troubler la perception de la réalité, à fausser l'appréciation de la situation et à inciter à la décision erronée. Instrument de la déception, le leurre se donne à voir pour mieux tromper.

Les leurres sont de deux catégories, soit matériels soit purement psychologiques, les deux pouvant se combiner.

• Leurres matériels

Les leurres physiques simples et ultra-sophistiqués relèvent de la déception de par leur caractère essentiellement militaire, en temps de guerre mais aussi en période de paix. Ils s'adaptent techniquement aux capacités de repérages et d'identification dont dispose l'adversaire (du moins le suppose-t-on sans jamais en être complètement assuré).

La fumée, le nuage de poussière, les feux de bivouacs de nuit tout ce qui dissimule, tout ce qui donne faussement à voir et à croire.

Les « fausses signatures » d'avions remplacés par de simples ballons ou des bandes d'aluminium qui affolent les radars.

Les armes en carton-pâte : faux chars, faux missiles, les faux hangars aériens... parfaitement vides. L'imagination est inépuisable dès lors qu'on lui fournit les moyens de sa réalisation.

Ainsi en va-t-il à notre époque des mesures et contre-mesures électroniques qui équipent les avions et les missiles censés les abattre. Pour sécuriser durant l'engagement un hélicoptère de combat, on doit leurrer les auto-directeurs infrarouges du missile sol-air de l'ennemi.

On peut aller jusqu'à de faux essais d'armes nucléaires comme le fit la Corée du Nord en octobre 2006 et, en partie sans doute, le Pakistan, en mai 1998.

Il est possible de tromper en organisant des visites et en autorisant des inspections destinées à faire croire à l'existence de moyens puissants dont en réalité on n'exhibe que des échantillons.

• Leurres psychologiques

Les leurres psychologiques qui relèvent davantage de la désinformation sont par nature immatériels, ce sont des jeux de langage : flatteries, déclarations mensongères, fausses assurances et autres fourberies diplomatiques. Le discours crée un monde d'apparences séduisantes.

Un faux document relève de l'interface entre le matériel et l'immatériel : il a bien fallu le produire, le rendre tangible et crédible. Mais ce leurre n'est porteur que d'une information sur un plan secret, une intention stratégique. En ce sens, il relève davantage de la seconde catégorie.

On croit parfois que c'est l'art du faible, du renard, de Louis XI, de Machiavel devant la matérialité de la force supérieure de la « brute », du barbare surarmé. Autant de stéréotypes, pensera-t-on. La pratique des rapports de forces internationaux prouve instantanément que tous ces artifices continuent d'avoir cours et que la désinformation les utilise systématiquement.

→ ***Corrélats*** *: apparences, faux, illusion, Mincemeat, Potemkine, preuve, ruse, renard, Ulysse, vérification.*

Lobby

Ce terme d'origine anglo-saxonne désigne un groupe d'influence visant à promouvoir les objectifs et les intérêts particuliers qu'il représente.

Aux États-Unis la pratique du *lobbying* est permanente et légale. Elle fait parti du jeu démocratique. Elle est donc en principe transparente. En réalité, c'est un terrain d'influence et de contre influence, en recourant à tous les moyens, notamment à une désinformation systématique. Chaque lobby, en effet, cherche à influencer en sa faveur les membres de l'exécutif et, plus encore, les membres du Congrès, Sénat et Chambre des représentants. Les *lobbies* s'affrontent sur des affaires très villageoises comme sur des dossiers d'importance internationale. Le principe est que face à un *lobby* antijaponais se formera un *lobby* projaponais. De même pour le *lobby* pro-Taiwan face au *lobby* de la Chine continentale. Curieusement cette pratique légale, quand bien même elle ne s'accompagne ni de tentatives de corruption, ni de chantage, a très mauvaise presse en France où un *lobby* est réputé suspect de manœuvres occultes. La question du *lobbying* a pris une tournure encore plus agressive lorsqu'il s'agit de l'action d'Israël sur la vie politique et les décisions des États. Aux États-Unis le *lobby* pro-israélien dominé par l'AIPAC (*American Israel Public Affairs Committee*) est parfaitement organisé, visible au travers de ses représentations, nombreuses, intelligentes, bien introduites, efficaces. Deux facteurs polluent cette activité. D'abord la difficulté de créer un contre *lobby*. Ensuite, très habilement, le *lobby* pro-israélien a su ces dernières années, en liaison avec les néo-conservateurs américains, faire valoir que ceux qui mettent en avant l'existence agissante d'un *lobby* pro-israélien, voir d'un lobby *juif*, sont soit antisémites, soit servent objectivement la cause de ceux qui cherchent la destruction d'Israël. Cette lutte idéologique bat son plein aux États-Unis depuis que des personnalités comme l'ancien président Carter ou certains universitaires (John Mearsheimer et Stephen Walt) ont entrepris d'établir un examen critique des relations entre leur pays et Israël.

Le *lobby* juif, qui a joué un rôle important dans l'invasion de l'Irak en 2003, a fini par développer des conceptions « complotistes », à répandre des rumeurs sans fondements qui desservent ses propres objectifs. Un *lobby* fait l'objet forcément de critiques mais il ne suffit pas de monter un contre-*lobby* uniquement consacré à défaire l'influence adverse. Pour être politiquement efficace, tout *lobby* se doit de démontrer des qualités positives qui l'emportent sur celles de ses éventuels rivaux et adversaires.

Le monde musulman, trop disparate, et le monde arabe, trop divisé, ne savent pas s'organiser en *lobbies* efficaces pour exercer une contre-influence. Les argumentaires se prêtent facilement à la critique tant il est vrai que s'y mélangent le rejet du sionisme, le refus de l'existence de l'État d'Israël, le soutien à la « cause palestinienne », terme trop vague pour être politiquement fondé.

La désinformation s'infiltre avec facilité dans ce jeu d'influence et de contre-influence. Un *lobby* recourt parfois à de faux arguments, fournit des preuves douteuses, revendique un droit et une vérité discutables. Le jeu de la contre-désinformation soit pour rétablir la vérité, soit pour retourner la vérité de l'adversaire en possible mensonge fonctionne en permanence dans le monde du *lobbying*.

→ ***Corrélats*** : *agent d'influence, complot, inversion, manipulation, rumeur.*

Lointain

« A beau mentir qui vient le loin » dit un proverbe. La qualité de l'information repose sur un rapport entre l'espace et le temps. La capacité à être sur place et celle de transmettre l'information recueillie constituent un facteur important d'objectivité et, cependant, la présence ne suffit pas à la connaissance. La désinformation a appris à appâter et recevoir les médias.

La distance ne s'est pas forcément réduite. Certes par avion on accède plus rapidement à un théâtre d'affrontement. La capacité de retransmission est devenue infiniment plus rapide. Encore faut-il s'affranchir des contraintes bureaucratiques. Le journaliste « *free lance* » constitue une espèce précaire et instable, en raison des difficultés d'accès et des problèmes de sécurité dont témoigne l'augmentation des morts dans les rangs de la presse.

La désinformation d'antan pouvait se satisfaire de « bobards » invérifiables, colportés par la rumeur et par des pseudo-journalistes n'ayant jamais visité le pays dont ils parlaient. La présence sur place ne suffit jamais à garantir la qualité de l'information. Les journalistes parqués dans les hôtels protégés, évitant de s'aventurer sur le terrain ont fait l'objet de critiques virulentes, au sein même de leur profession dans les années 1950-1975. Une nouvelle génération est apparue désireuse d'être en proximité de la réalité, de l'événement. C'est cette présence que les États cherchent à gérer au mieux en situation de guerre.

Il convient de faire la part entre la protection, bien nécessaire du secret militaire, surtout à la veille d'une opération et en présence des médias. Les États occidentaux, s'efforcent, non sans énormes difficultés, à trouver des solutions mutuellement acceptables (*pool* de presse, *embedding*, Combat Cameras Units...) permettant de concilier le secret opérationnel et l'exigence de reportage des médias.

L'extrême proximité de l'événement sur le terrain ne garantit pas non plus la compréhension complète de ce qui se passe. Le journaliste ne dispose plus que d'un point de vue tactique. Il rapporte de la guerre l'équivalent de ce que son collègue en métropole pourrait dire de l'incendie d'une usine ou d'un squat de mal logés... Rares sont ceux qui sont capables de prendre la *distance critique* nécessaire pour mesurer de loin la situation stratégique et insérer l'information tactique de terrain dans le cadre général de la guerre.

→ ***Corrélats*** : *confiance, embedding, opinion, paparazzi.*

Lawrence T.E.

(Tremadoc, Pays de Galles 1888 - Bovington 1935)

Incarnation de l'ambiguïté, Lawrence fut un maître de la déception, de la désinformation jusque dans l'image de lui-même qu'il construisit à travers une sorte d'autobiographie qui, de son vivant, contribua à créer sa propre légende, *Les sept piliers de la sagesse* (publiée en 1922). Sa mort accidentelle survenue dans une situation d'obscure retraite dans l'armée acheva de créer le « mythe Lawrence d'Arabie ». Archéologue, espion, agent double qui sert les Arabes contre les Turcs mais toujours au profit du Royaume-Uni, Lawrence accorde la plus haute importance à la guérilla et à la déception, qui selon lui n'est pas un « hors-d'œuvre », subordonnée à la « vraie » guerre de choc et de masse. Guerilla et déception constituent des instruments décisifs au service de toute manœuvre stratégique de grande envergure.

Comme son contemporain Basil Liddell Hart qui contribua puissamment à sa notoriété, il éprouve alors la plus forte aversion pour les conceptions de la guerre frontale, sans combinaison manœuvrière, fondée sur l'écrasement par le feu des concentrations d'artillerie. Il voit dans Foch ou Pershing les disciples de Clausewitz, qui cherche la bataille décisive alors qu'elle est devenue impossible en raison du rapport des forces. Les offensives massives aboutissant au massacre de troupeaux humains le révulsent. Lawrence préconise donc la ruse, la surprise, les mouvements nombreux et rapides de petites unités légères. Il idéalise le mode de combat arabe au point d'en faire un mythe. Les Bédouins, indisciplinés et pillards, pratiquaient spontanément une guérilla traditionnelle fondée sur le *rezzou* (la razzia) et sans esprit de système, celui-là que Lawrence s'efforçait de mettre en œuvre. Lawrence s'est fait l'apôtre de la stratégie d'approche indirecte et des manœuvres tactiques de contournement, utilisant le mouvement, la ruse, les opportunités du terrain, tout ce qui fonde la déception.

Dans le mythe stratégique qu'il élabora, il réduisit délibérément le rôle des forces de l'armée du général Allenby. Or, lors de la campagne finale de Palestine, elles seules pouvaient emporter la décision face aux Turcs même si, sans l'apport des Arabes, elles n'eussent pu atteindre leurs objectifs dans des conditions aussi favorables et aussi complètes.

→ ***Corrélats*** *: action psychologique, faux, manipulation, Sun Zi.*

M

Machiavélisme

La substantiation dérivée d'un nom propre ne constitue pas un phénomène culturel fréquent. Soucieux avant tout de restaurer les vertus civiques des cités italiennes, le Florentin Nicolas Machiavel (1469-1527) se dresse contre la désinformation généralisée qui empoisonne la diplomatie de son temps.

Cependant, il reste célèbre avant tout pour son ouvrage *Le Prince* qui lui valut une immense mais injuste réputation. Parce que ses références centrales sont le prince César Borgia et son père le pape Alexandre VI (Rodrigo de Borja), une lecture superficielle n'a pu voir dans ce petit livre qu'un résumé de préceptes et de recettes permettant d'établir et de conserver le despotisme.

La fourberie, la cruauté, l'assassinat, toutes les formes de dissimulation et d'imposture, donc les procédés de la désinformation, sont les outils du Prince.

Peu charitable à l'égard du vice, Rousseau avait perçu que Machiavel n'était en rien ce partisan cynique de ce qui allait progressivement devenir la *real politik*. Il le croit même obligé de dissimuler son amour de la liberté. Ce que relève finement R. Aron dans sa préface de 1962 : « Le prince ne se doit point soucier d'avoir le mauvais renom de cruauté pour tenir tous ses sujets en union et obéissance ». Toutefois, de nombreuses formules décontextualisées ont contribué à engendrer durablement la notion péjorative de « machiavélisme ». Les apparences trompeuses, la feinte, la fourberie, la désinformation systématique se résument dans l'épithète machiavélique.

Il est vrai cependant que Machiavel reste foncièrement pessimiste quant à la nature humaine où il trouve humanité et bestialité. Le Prince doit donc traiter l'homme mais aussi la bête, le premier par la loi, la seconde par la force. Pour cela il construit une sorte de bestiaire du Prince qui doit se faire renard et lion. « Car le lion ne se peut défendre des rets, le renard des loups ; il faut donc être renard pour connaître les filets et lion pour faire peur aux loups. »

→ ***Corrélats*** *: bestiaire, masque, mensonge.*

Machination

C'est-à-dire la conception, la planification et la mise en œuvre d'une activité secrète visant par tous les moyens à semer le trouble et le chaos, à détruire sans violence physique. La désinformation n'est que machination. Les cibles peuvent être un individu, une organisation, un peuple entier.

La métaphore de la machine ne vient pas là par hasard. Elle évoque la construction et la complexe combinaison de rouages et d'engrenages. Ce savant agencement, dont l'avancée reste imperceptible mais inexorable dans le temps, précipite la destruction de la cible. C'est un travail d'ingénieur, de metteur en scène. L'horlogerie est une machination qui exige de la précision. Elle est d'ailleurs précocement mise au service des « machines infernales », des bombes à retardement qui servent pour les attentats ciblés. La désinformation procède ainsi par étapes, s'enchaînant l'une après l'autre une fois l'effet obtenu. Il peut y avoir des grippages (des ratés) qu'il convient de réparer, d'autant plus facilement qu'on aura su les anticiper. La cybernétique en introduisant les principes de la thermodynamique et les rétroactions en boucles (*feed back*) a contribué à affiner l'art de la machination. La grande incertitude en la matière n'est pas tant liée à l'avancée du savoir disponible qu'à la compétence des personnels qui sont en charge du montage de la désinformation. Et là, le critère d'efficacité reste à prouver.

Il apparaît que cette conception gît au plus profond de la pensée humaine, présentant un caractère universel unissant, pour le pire, les civilisations. Les anciens traités de stratégie chinois et indiens apprennent à élaborer les machinations qui permettront au moindre frais de réduire l'ennemi à l'impuissance et de forcer sa capitulation. Ruse, stratagèmes, désinformation systématique constituent les armes de cette entreprise. Or l'Occident n'est pas en reste. La tragédie grecque prend pour principe dramaturgique la destruction d'un homme, voire d'une Cité, voulue par les Dieux et exécutée par une machination fatale rigoureusement programmée étape par étape.

→ ***Corrélats*** : *complot, dupes, Fouché, Liaisons dangereuses, machiavélisme, ratés, ruse, stratagème.*

Majorité silencieuse

L'origine de cette expression est parfois attribuée à Richard Nixon qui dans sa campagne présidentielle de 1968 l'avait systématiquement utilisée afin de l'opposer aux manifestations spectaculaires mais supposées « minoritaires » contre la guerre du Vietnam. Fraction quantitativement indéterminable de l'opinion publique, la majorité silencieuse renvoie à la notion de « pays profond », traditionnaliste et conservateur qui ne proteste ni ne conteste parce qu'il est attaché au *statu quo* et à la permanence des valeurs. Comme elle est silencieuse par définition, il est commode pour les hommes politiques de prétendre s'exprimer en son nom pour défendre ses intérêts. Autant dire qu'elle constitue un instrument de prédilection pour les campagnes de désinformation, qui peuvent s'appuyer sur un irréférable référent.

Faut-il la mobiliser ? Quand et comment ? Questions délicates, parfois lourdes de conséquences qui se posent lors des crises civiles où la légitimité des pouvoirs en place se voit remise en question par des manifestations importantes voire des troubles plus graves encore. La majorité silencieuse peut descendre dans la rue pour manifester sa puissance réelle contre la minorité des agitateurs de la surface sociale. De Gaulle en appela à cette majorité en mai-juin 1968 en faisant organiser une manifestation monstre en faveur des institutions et du gouvernement de la Ve République.

Les médias s'efforcent de capter ce pays « profond », banal et quotidien. Ils tendent à s'identifier à lui pour pouvoir lui renvoyer sa propre image supposée authentique puisque visible et audible. « Vous êtes ce que nous vous montrons de vous ». L'orientation de l'information des grandes chaînes de radio et de télévision vise à coïncider avec ce pays « profond » en multipliant et amplifiant la pratique du « micro-trottoir ». Il en résulte une grande pauvreté intellectuelle, celle qu'épinglait ironiquement le sémiologue français Roland Barthes comme la redondance du signifiant et de la dénotation. Le discours devant le micro et la caméra du témoin représentatif de la majorité silencieuse (le citoyen « lambda », the « *average citizen* » disent les Américains) ne fait que reproduire, par une sorte de degré zéro du commentaire redondant, ce qui est représenté par l'image télévisuelle. Le réel n'est que l'image du réel et réciproquement. Cette tautologie non seulement n'apprend rien sur le sens mais barre tout accès à la compréhension par l'analyse critique.

→ ***Corrélats*** *: apparences, langue de bois, manipulation, opinion publique, sondage.*

Maladie

Le roi est malade, le président se meurt d'un cancer… L'état de santé des dirigeants et décideurs constitue un extraordinairement champ d'action pour la désinformation. Les rumeurs vont « bon train » pour créer le soupçon quant aux capacités réelles d'un dirigeant. Même phénomène pour les chefs terroristes, pour les criminels de guerres en « cavale » : combien de fois depuis 2002 a-t-on annoncé la mort de M. Ben Laden ! La maladie des décideurs constitue aussi une redoutable réalité et le catalogue est interminable de « ces malades qui nous gouvernent ».

La maladie donne parfois lieu à des explications par le complot. Le président ukrainien Youchenko, soudainement frappé par un mal étrange et spectaculaire fit courir le bruit qu'il s'agissait d'une tentative d'empoisonnement par les services secrets russes. Ces soupçons justifient des répressions brutales et l'éviction de rivaux politiques.

La célèbre conférence de Yalta de février 1945 fut une étrange réunion de vieillards en piteux état. En face, le Reich restait sous l'autorité d'un Hitler hémiplégique abasourdi par la syphilis. L'alcoolisme ronge aussi nombre de dirigeants de Bismarck à Boris Eltsine.

En France, sous la Ve République ont succédé au général de Gaulle très fatigué par l'âge, trois présidents atteints de leucémie ou de cancer : Pompidou, Mitterrand, Chirac. Seul Valéry Giscard Estaing qui se portait à merveille fit exception.

La tradition confucéenne de respect de la vieillesse, synonyme d'expérience, conduit la Chine, communiste ou non, à conserver ses dirigeants quasiment jusqu'à la mort. Cette situation médicale entraîne en général deux conséquences : la réduction de la puissance de travail (deux à trois heures efficaces par jour pour Ronald Reagan à partir de 1986) et l'augmentation de l'influence de l'entourage immédiat. La tension conduit fréquemment à des luttes de pouvoir et des révolutions de palais rampantes, chacun des membres de l'entourage cherchant à se placer au mieux pour la succession. Alors comment remédier à cette défaillance physique et forcément psychologique du décideur ?

Par le raccourcissement des mandats, ce qui ne résout pas tout. En instaurant la transparence grâce à des bulletins de santé régulièrement publiés ? Excellent principe, jamais vraiment respecté dès lors que la situation devient critique. Secret d'État et secret médical font bon ménage. D'autant que nul n'a jamais osé définir les critères médicaux qui autorisent à gouverner et à décider. Une maladie fatale n'altère pas forcément les capacités de travail et de décision mais où situer le point de non-compétence du dirigeant dont la présence est jugée indispensable ?

→ ***Corrélats*** *: blouses blanches, complot, courtisans, décideurs, rumeur.*

Manichéisme

De la riche doctrine zoroastrienne, via Manès, l'Occident n'aura conservé que la conception simpliste d'un monde binaire.

La propagande de masse refuse de s'embarrasser de nuances et de subtilités. Elle présente la réalité en noir ou blanc, bien ou mal, de manière à induire des choix radicaux et sans nuances n'autorisant pas le compromis. C'est un procédé de radicalisation répondant à une logique simplificatrice d'affrontement visant à exclure dialogue, négociation et compromis. « Qui n'est pas avec moi est contre moi ». Certes la décision d'où procède l'action est nécessairement simplificatrice mais ceci ne doit pas faire oublier le processus d'information, d'analyse et de recherche des options possibles.

→ ***Corrélats*** *: décideur, diabolisation, munichois, peur.*

Manifestation

Manifester c'est exposer au grand jour sous les yeux de l'opinion et des médias, un problème, une revendication, un besoin qui n'a pas été entendu, compris, admis par les voies de la concertation. Son principe repose sur le rassemblement d'une quantité de personnes, la plus grande possible, afin de témoigner de l'ampleur de la distorsion entre la position dominante, celle de l'autorité gouvernementale ou patronale et le sentiment de la « base », de ceux qui veulent se faire entendre. Elle prétend par le nombre, l'ampleur et l'intensité affirmer une légitimité extraordinaire et par son impressionnante spectacularité, par son retentissement, faire pression.

La manifestation est organisée ou spontanée. Dans ce dernier cas, elle dégénère fréquemment en émeute. Organisée par un ou plusieurs partis, syndicat, ou associations elle est autorisée, réglementée. L'autorisation légale favorise son déroulement sans heurts mais peut mal tourner en raison de l'action d'éléments dits incontrôlés ou provocateurs.

Toute manifestation est devenue l'occasion d'une possible manipulation incluant vrais et faux « casseurs », les débordements par des éléments incontrôlés et le recours aux provocateurs. Le parcours fait désormais l'objet de tractations avec les autorités afin que tout se passe pour le mieux. Dans les pays européens, les manifestations sont entourées d'un arsenal de précautions qui les banalisent et les neutralisent. La « dureté » (notamment l'affrontement avec les forces dites « de l'ordre ») ne constitue plus un critère. C'est l'effet de nombre, la durée du cortège, l'éventuelle répétition des manifestations et leur amplification médiatique qui envoient un signal politique de désapprobation, lequel se répercute à la table des négociations.

La manifestation devient un objet médiatique, un instrument de communication national et international parce que les médias par milliers en assurent le reportage, la retransmission planétaire amplificatrice. De ce fait, il devient de moins en moins nécessaire de réunir un très grand nombre, il suffit que la manifestation soit bien organisée en vue de l'effet médiatique recherché.

La manifestation tend à devenir une action publicitaire utilisant les vecteurs disponibles afin de retentir plus fort ou bien encore de compenser la faiblesse des effectifs par l'intensité du bruit (haut-parleurs et animateurs, sorte de « DJ manif »). Le prolétaire des années 1900 ne se reconnaîtrait plus dans cette mise en scène bon enfant qui s'apparente aux kermesses publicitaires. Ce type de procédé a gagné jusqu'aux campagnes électorales qui, précocement aux États-Unis, ont formé des caravanes de cirque.

Mais il existe encore une part du monde, la plus vaste, où descendre dans la rue n'est pas un rituel négocié mais une prise de risque contre un interdit ou une tolérance mal assurée. La manifestation n'a rien à voir avec cette cérémonie tranquille, encombrante (pour la circulation) mais bien un événement grave dont l'effet, l'utilisation constituent le véritable enjeu politique.

Dans le monde entier cependant une manifestation « monstre » qui se répète régulièrement à intervalles brefs met au défi les autorités sommées de fournir une réponse ou de se démettre. Un gouvernement « tombe » devant la rue s'il ne parvient pas à créer un contre-courant. Si les forces chargées du maintien de l'ordre passent du côté des manifestants, c'en est fait de l'autorité gouvernementale.

Insuffisamment contenue, elle peut dégénérer en révolte et en révolution. Trop réprimée elle devient un symbole de martyre (métro Charonne, place Tien'anmen, Libye) qui pèsera lourd dans les mémoires et les évolutions politiques de l'avenir. La meilleure parade est la contre-manifestation des « majorités silencieuses » (cf. la contre-manifestation gaulliste sur les Champs-Élysées le 30 mai 1968). Mais tout dépend de l'intensité de l'affrontement et des relations culturelles, en un pays donné, à la violence protestataire.

Une manifestation peut être par une imprévisible dégénérescence le début d'un coup d'État, l'étincelle d'une révolution. Les manifestations de la période révolutionnaire française commencent avec la prise de la Bastille. Elles devinrent chroniques pour faire pression sur le roi (journée du 10 août 1792) puis sur les élus de la Convention. La manifestation violente devant l'Assemblée nationale prend les apparences du coup d'État populaire permanent, manipulé par des puissances et des intérêts déclarés ou occultes. Le sans-culotte, agitateur permanent, émeutier occasionnel, devient une catégorie sociale particulière qui vit de sa capacité à manifester. Il propage les rumeurs, enfle les alarmes, excite le voisinage, exaspère les foules. On pourrait comparer ce statut aux « Bassidji » iraniens d'aujourd'hui, que l'on peut jeter dans la rue pour infléchir les décisions politiques. Car la désinformation accompagne la manifestation à l'intérieur où circulent les bruits exaltants ou effrayants ; à l'extérieur où son ampleur, son déroulement, ses incidents alimentent toutes les rumeurs contradictoires.

→ ***Corrélats** : agitateur, guerre psychologique, haut-parleurs, manipulation, masses, peur, provocation, rumeur.*

Manifeste

Est « manifeste » ce qui apparaît et se révèle. Le terme s'associe à la lumière qu'il projette.

Un manifeste est donc une déclaration éclatante qui n'est pas forcément politique et qui souvent s'insérait dans la sphère culturelle. Cette apostrophe cherche à attirer l'attention, réveiller les esprits, ouvrir les yeux... Fruit d'une construction intellectuelle soigneusement élaborée, reposant sur une recherche approfondie ce document est court, concis, exempt d'une complexité superflue. Souvent il émane d'un collectif plus que d'un individu isolé. N'exprimant qu'une quintessence, il doit pouvoir se diffuser rapidement tout en visant à créer une impression intellectuelle forte. Manifeste pour la défense et illustration de langue française, manifeste romantique, surréaliste, *Manifeste des Égaux* de Gracchus Babeuf (1796), *Manifeste du parti communiste* de Marx et Engels (1848).

Différent du pamphlet et de la satire, le manifeste, s'il constitue la dénonciation parfois provocatrice d'un état antérieur des choses, se veut avant tout une force de proposition d'édification d'un autre système esthétique, social ou économique.

Le manifeste est donc un « éclat » informationnel dans un environnement sociologique et culturel donné dont il vise à ébranler les fondements pour leur substituer une autre conception, une autre façon d'appréhender la réalité.

→ ***Corrélats*** *: révélation, simplicité, tract.*

Manipulation

Ce terme voisine étroitement avec la notion même de désinformation. On admet, par convention, qu'il lui est subordonné en tant que mode d'action. L'étymologie, une fois de plus se révèle riche, qui suggère la prise en main dissimulée, symbole de puissance. Un illusionniste, un tricheur sont des manipulateurs au sens strictement matériel du terme. Le jeu de leurs mains façonne une apparence trompeuse.

La manipulation consiste à utiliser une personne, un groupe, une foule en les faisant agir, à leur insu, ou par contrainte dans le sens souhaité par le manipulateur. Elle n'implique pas nécessairement que le manipulé agisse contre ses intérêts. Il se pourrait en effet que finalement, par lui-même, l'homme ou le groupe visé ait fini par prendre les mêmes décisions et s'engager dans un sens identique. Mais la manipulation consiste à placer le décideur sur des rails invisibles de manière à éviter tout autre choix possible (y compris certains autres encore plus mauvais). C'est donc un guidage dissimulé qui ne laisse évidemment aucune part à l'exercice d'un libre arbitre. L'important est que le groupe manipulé croie à cette liberté restant dans l'ignorance de la manœuvre dont il a été l'objet.

Le terme fait l'objet d'un emploi de plus en plus fréquent, inflation qui tend à créer la perception d'une sorte d'état de manipulation généralisé, permanent et réversible. Voilà qui, à merveille, fait le jeu de la désinformation qui peut tabler sur un scepticisme intégral, une mécréance généralisée où se dissout l'information vraie dès lors que l'incrédulité se fait générale.

Une information peut également faire l'objet d'une manipulation parce qu'elle est présentée dans un contexte qui en détourne le sens bien que par elle-même elle n'ait pas fait l'objet d'un trucage technique. Tout commentaire extérieur constitue une manipulation potentielle. *In fine*, le but est d'infléchir le jugement de l'audience quelle que soit sa dimension.

Les techniques de manipulation sont variées, recourant à l'insinuation, l'intimidation, la déstabilisation, la persuasion, la séduction… Elles visent des individus et des groupes de toute nature et de toute dimension.

→ **Corrélats** : *confiance, décideur, intoxication, intrigue, lavage, masses.*

Maquillage

Procédé classique qui consiste à transformer un visage mais aussi une situation.

S'il est entendu que l'acteur est maquillé pour les besoins d'un film, surtout lorsqu'il faut produire des effets de monstruosité physique, il n'en va pas de même dans la réalité des actualités télévisuelles où le maquillage sert à produire une impression de « naturel ». Le présentateur de télévision prend un soin extrême de son maquillage de manière à effacer tout effet de corps (une transpiration) qui révélerait une humanité physique, sorte d'émotion du corps. Un crime se maquille en accident ou en suicide (parfois l'inverse). La désinformation maquille les faits de manière à leur donner une signification qu'ils n'avaient pas dans leur réalité brute. Comme toujours, une désinformation hostile suggérera qu'un événement authentique n'est que le résultat d'un habile maquillage.

→ **Corrélats** : *masques, mise en scène, présentateur, trucage.*

Maskirovka

Comme le terme l'indique (*maskirovka* peut se traduire par déguisement, camouflage, dissimulation) c'est l'art du masque, trait culturel transhistorique et universel !

Officiellement désigné comme « méthode de sûreté », le terme désigne la conception soviétique de la déception qui consiste à tromper par tous les moyens l'adversaire quant à la nature, les plans et l'action des forces armées. Son objectif est de créer les conditions de la surprise. Le maréchal Joukov fait état du secret exceptionnel entourant les plans de désinformation destinés à tromper l'ennemi au niveau stratégique.

Elle comporte également un secteur « passif » l'ensemble des mesures de camouflage, d'imitation, de duplication.

La *maskirovka* inclut toujours la désinformation aux trois niveaux : tactique, opératif et stratégique – cette dernière relevait de l'état-major général. En raison de son importance, elle était, en principe, coordonnée avec un service particulier du KGB en charge de la désinformation politique. Même si le terme a une acception principalement militaire, la conception léniniste d'un affrontement permanent tend à abolir la distinction entre temps de guerre et de paix. Cette tendance a été renforcée pendant la guerre froide en raison de l'usage de stratégies indirectes afin de déstabiliser politiquement l'adversaire.

Certaines campagnes de niveau politique ont été révélées par les gouvernements eux-mêmes durant la période de MM. Gorbatchev, puis Eltsine (notamment les thèmes de trafics d'organes de nouveau-nés en Amérique latine, la fabrication du virus du sida par les laboratoires militaires des États-Unis).

→ **Corrélats** : *déception, masques, Potemkine.*

Masques

Il existe deux catégories de masques : visible et extérieur, invisible et intérieur. Tout le monde se masque, le guerrier, le diplomate, le courtisan, l'amoureux. Pour produire quel effet ? Pour servir quel but ? La désinformation peut se définir comme un art subtil du masque invisible.

Descartes avait pris pour devise « Je m'avance masqué ».

Comme la cagoule, le masque garantit l'anonymat, c'est-à-dire le secret de l'identité ou la réalité des intentions. Il peut permettre un instant d'usurper l'identité de quelqu'un en contrefaisant la voix, l'allure... Nul n'a jamais su qui exactement était l'homme au masque de fer. Dans les sociétés claniques qui pratiquent la vendetta, il est important de ne pas savoir qui est l'auteur du préjudice.

Sous le masque tout est permis : rapt, viol, assassinat. Le masque est licence carnavalesque, libération de l'instinct, affranchissement de l'ordre social. Il permet aussi de se faire passer pour tout autre que soi. Sous le masque, le sorcier, le chaman peut communiquer avec les « esprits » bien ou malfaisants. Le masque du démon était un instrument de supplice dont les pointes acérées étaient enfoncées sur le visage du condamné à mort pour sorcellerie.

Pour les moralistes critiques de l'homme et de la société, comme La Rochefoucauld, les relations de pouvoir ne sont que jeu de masques, stratégies de tromperie. Le tyran antique, le despote oriental, le « prince » machiavélique érigent le masque en méthode de gouvernement. À l'inverse, d'autres systèmes politiques, au nom de la transparence et de la démocratie, prétendent agir à visage découvert. Pris la main dans le sac de la tromperie et du mensonge certains chefs d'État se voient confondus. Ce comportement jette le discrédit sur la légitimité de la démocratie et la fiabilité de l'information qui y circule. Que vaut-il mieux ? Le masque qui s'assume ou la transparence qui ment ?

Dans la guerre, le masque est à la fois ce qui protège, dissimule et terrifie. Le casque grec constitue une figure de terreur où par association se retrouve la figure de Gorgone dont le regard pétrifie, c'est-à-dire neutralise l'ardeur de l'adversaire, le prive de sa « *virtù* », le cœur-courage. Pour ne plus avoir à soutenir le regard mortel du masque, il tourne le dos et fuit. On relève une même fonction chez les guerriers mongols, les « tergis », ennemis puis alliés de Gengis Khan et parmi les chevaliers teutoniques du moins tels que représentés par S.M. Eisenstein dans Alexandre Nevski.

Le casque peut aussi servir de repère : les aigrettes, panaches et autres décorations du casque constituent des « signaux » de ralliement et d'information sur la situation dans la confusion de la mêlée. C'est alors un outil de communication. Inversion remarquable au regard de la déception.

➛ ***Corrélats*** *: cagoules, diplomate, machiavélisme, ninjas, usurpateur.*

Masses

Qui donc a inventé ce terme de « masses » si ce n'est un spécialiste de la désinformation ? Sans doute la sociologie du XIXe siècle a-t-elle élaboré une sorte de passage épistémologique de la foule à la masse. Cependant le concept reste anonyme, bien conforme à la réalité sans visage de cet objet informe, suggérant une pâte amorphe qui peut se travailler. C'est l'agrégat où disparaît toute individualité. On dit les « larges masses », parfois « les masses populaires ». C'est la plèbe, mais sur le tard de l'Empire romain, dans son acception décadente de foule oisive et déjà manipulable. Cette masse se substitue au peuple politique, « *mob* » dans la méprisante acception anglaise. Ce n'est plus une assemblée d'êtres humains mais une bête, un monstre doté de sa vie propre qui fait peur, fascine et suscite l'intérêt dès lors qu'on le voit agir, provoquer des ruptures politiques soudaines. Car cet agrégat dispose d'une force exceptionnelle, d'une énergie erratique qu'il est possible d'éveiller, d'orienter, de diriger. Les masses se forment spontanément, réunies par la peur, le dénuement ; elles font peur aux possédants, petits et grands. Sauvages et haineuses, les colères des pauvres amassés s'expriment par des mutilations de la tête ou du sexe (dépeçage de Concini, maréchal d'Ancre, massacres des aristocrates, comportant parfois une exagération archaïque : mordre le cœur arraché, etc.).

Bien que les rassemblements protestataires paysans aient toujours existé, Taine, Lebon, Zola découvrent avec la Révolution française puis les soulèvements du XIXe siècle ces mouvements de masse urbains, faits de chômeurs, de travailleurs temporaires, de mendiants professionnels, concentrés dans l'espace et focalisés sur des demandes élémentaires comme le pain, les subsistances. Les masses se déchaînent contre des boucs émissaires grossièrement définis : accapareurs, spéculateurs, usuriers juifs, libanais ou chinois et elles se font ou se délitent au gré de la rumeur. Quel instrument pour la désinformation !

Les révolutionnaires professionnels ne sont guère plus tendres pour cet animal amorphe, bon à tout, prêt au pire. Les marxistes classiques lui opposent le prolétariat organisé en authentique classe ouvrière consciente. Mais ils ont compris l'immense potentiel énergétique, à disposition de qui saura exciter, orienter la « brute aveugle ». On y infiltre à la fois des propagandistes et des agents provocateurs. Même mission : canaliser, diriger le flux déchaîné sur une cible vouée à la destruction. Quand cela arrange on vante la « juste colère » des masses qui exige une prompte justice, ce qui dans la réalité signifie aussi bien une purge limitée qu'une liquidation de grande ampleur.

Encadrées, conditionnées, contrôlées, manipulées, les masses constituent la chair à canon de toutes les révolutions, de tous les coups d'État « démocratiques populaires ». Le maoïsme, après la prise de pouvoir en Chine en 1949 et surtout durant la révolution culturelle, a su tirer profit d'une utilisation politique du terme « larges masses ». La critique des politiciens révisionnistes et des experts arrogants par les masses, qui ont toujours raison car elles sont supposées détentrices d'une sorte de connaissance essentielle de la vérité politique, permet de conserver le contrôle du pouvoir en éliminant les adversaires de tous bords.

Serge Tchakhotine a développé la psychologie des masses et montré comment s'en emparer, les contrôler, les manipuler au service de buts politiques. Elias Canetti dans une synthèse transdisciplinaire novatrice, *Masse et puissance* (1960) étrangement mise à l'écart, cherche à donner à la masse une généalogie dans la notion de « meute », petit groupe « d'hommes excités qui ne désirent rien plus violemment qu'être plus nombreux ».

Il est remarquable que soit opérée une coordination étroite entre masses et médias, chacun étant générateur de l'autre. Pas de médias sans audience de masse, pas de masse sans les médias qui, les

« informant », les inspirent, les orientent cependant que masquée, s'active la désinformation de masse. Il n'est pas jusqu'à l'économie qui n'ait pris en compte la notion au travers de la « consommation de masse » fondée sur l'usage de la publicité comme outil de stimulation des appétits à défaut de besoins.

→ ***Corrélats*** : *manipulation, panem et circenses, peur, pogroms, provocation, Tchakhotine.*

Médium

Le terme exige un retour vers les racines de la communication et de la recherche de l'information. Avant de se transformer en outils techniques visant à fabriquer le cerveau collectif des masses, devenu l'opinion publique, le médium est d'abord un être humain singulier. Un *intermédiaire* doté de propriétés exceptionnelles lui permettant, sous certaines conditions et dans un environnement soigneusement organisé, de se faire l'intermédiaire passif entre le monde des vivants et l'au-delà. Toutes les conditions sont ainsi réunies pour favoriser l'action efficace et imperceptible de la désinformation.

On parle aussi de spirite. Une personne est placée sous hypnose par un mage, par un médecin afin de communiquer avec l'au-delà, dans le monde des esprits avec l'espoir de leur soutirer de l'information, des conseils, etc. Très sérieusement, les militaires américains ont utilisé des médiums pour localiser les radars irakiens lors de la guerre de 1990-1991. Tout appareil qui émet des ondes est susceptible d'une interception humaine télépathique. Les États-Unis, la Russie, la Chine, peu sensibles à l'inconscient freudien, prennent cependant très au sérieux les possibilités offertes par ce domaine étrange de la parapsychologie auquel leurs budgets de défense consacrent chaque année des sommes non négligeables. Le rationalisme français conduit à des écarts de compréhension culturelle. Fiction, obscurantisme, sans doute. Il est bien vrai que dans ce domaine, la part de l'escroquerie pèse lourd. Mais « l'esprit fort », l'incrédule n'a pas partie gagnée. Les rois antiques consultaient la pythie de Delphes ou la Sibylle de Cumes (à qui l'on doit le terme « sibyllin »). Les hommes politiques modernes de Georges Clemenceau à Ronald Reagan ne craignaient pas la fréquentation des spirites, pour ne rien dire des voyantes.

→ ***Corrélats*** : *escroc, hypnose, sorcier, suggestion.*

Mémoire et commémorations

Le transfert des cendres du maréchal Pétain de l'île d'Yeu à Douaumont a suscité en France des débats aussi vains que passionnés. Plus récemment, au début des années 2000, le Premier ministre japonais Koizumi a suscité l'émotion en se rendant chaque année au sanctuaire Yasukuni situé à Tōkyō où sont enterrés de nombreux officiers supérieurs de la Seconde Guerre mondiale, parmi lesquels des « criminels de guerre » comme le maréchal Tojo. Car dans la conception shintoïste, le mal fait par les vivants disparaît avec leur mort. Conception que les Chinois, nationalement indignés, récusent avec virulence. De célébrations en commémorations symboliques, l'Allemagne n'en finit plus de se réconcilier non avec son passé mais avec elle-même, avec ses ennemis, avec les victimes des crimes de ses dirigeants. Pour inaugurer l'Ostpolitik, le chancelier social-démocrate Willy Brandt fait en 1970 le voyage symbolique d'Auschwitz en Pologne communiste. Plus tard, Allemands de l'Ouest et Allemands de l'Est, RFA et RDA auront à régler les innombrables contentieux du régime Honecker.

De leur côté, les adversaires du IIIe Reich entendent bien tourner la page, chacun à sa manière et selon sa culture historique. Les 11 novembre, présidents français et chanceliers allemands se recueillent à Verdun, le 8 mai sur les plages du débarquement et partout s'érigent des mémoriaux consacrés à l'édification des jeunes générations. Faut-il ici parler d'une manipulation de la mémoire, non certes d'un révisionnisme, mais d'une sorte d'euphémisation du passé ?

Le travail de deuil de la faute historique commise est-il possible ? Est-il seulement souhaitable ? Si chacun veille à ne pas attiser, avec la haine, la demande de revanche, faut-il pour autant organiser l'indifférence de commémorations d'habitude, à mesure que disparaissent les acteurs-témoins ?

Dans un monde de l'instantané où les informations se succèdent à une cadence accélérée, on aura jamais autant accompli le devoir de mémoire. Serait-ce précisément parce que l'on a bien conscience du travail de l'oubli qui confine à l'amnésie ?

« Pardonnez, pardonnez, il en restera toujours quelque chose... »

→ ***Corrélats** : Dreyfus, histoire, négationnisme, repentance.*

Mensonges d'État et États-mensonges

Dans l'exercice de ses fonctions, au nom de l'intérêt de l'État, un dirigeant peut être conduit à mentir. Dès lors qu'il s'agit du domaine international et des rapports de force entre États, ruse, dissimulation et tromperie pourront même être considérées comme autant d'outils légitimes de l'affrontement diplomatique.

Mais deux autres cas de figure se présentent soulevant des problèmes encore plus graves parce qu'ils touchent aux rapports internes entre un gouvernement et la population. S'il est couramment admis que les dictatures pratiquent systématiquement le mensonge d'État, dans le cas d'une véritable démocratie l'affaire est d'importance puisqu'il y va de la confiance et du soutien du libre citoyen électeur.

Le premier est la désinformation d'État à des fins de manipulation des médias et de l'opinion en relation avec l'action extérieure. Les dirigeants afin de justifier des choix contestables et forcer une adhésion qui pourrait faire défaut truquent délibérément l'information. Ce peut être aussi pour retirer des bénéfices intérieurs pour un parti ou pour une personne en provoquant une adhésion artificielle au nom de l'intérêt national. Tout opposant devient un traître. Le patriotisme et le sentiment du danger « soudent » la communauté nationale autour de ses chefs.

Le second est l'usage de l'autorité et du prestige de la fonction gouvernementale pour mentir à des fins strictement personnelles qui peuvent être électoralistes (Nixon-Watergate), financières (Berlusconi, Chirac...) ou sexuelles (Clinton-Lewinsky). Toutefois en raison de la position exceptionnelle du dirigeant concerné, le mensonge revêt forcément une dimension politique.

• « L'État-Mensonge »

Ont existé et existent encore des États qui ont fait du mensonge une sorte d'institution. Ce fut le cas de la plupart des gouvernements totalitaires. C'est le fondement de l'État « orwellien » qu'incarna de manière stupéfiante la RDA de Heinrich Honecker. La désinformation s'est intégralement substituée à l'information. Les membres de cette société vivent comme dans la caverne de Platon où tout est image inversée. Le mensonge est devenu réalité et la réalité est présentée comme un mensonge instillé par des puissances hostiles, des traîtres et des saboteurs qui pratiquent la désinformation systématique. Ainsi vit encore la Corée du Nord. Mais c'est à peine si, en raison du filtre de la censure omniprésente, le citoyen entend même parler de l'existence « d'autre chose ». À force, les dirigeants eux-mêmes sont victimes de l'intoxication qu'ils ont organisée. Tous les repères sont perdus.

Il est communément admis qu'il existe une distinction fondamentale entre les démocraties et les États totalitaires ou despotiques. Le totalitarisme fait du mensonge un système de gouvernement, les démocraties n'y recourent que comme à un outil tactique, d'opportunité. Or cette distinction tend à s'atténuer dangereusement. Car dans les démocraties, la relation entre les médias, les différentes instances du pouvoir politique et le pouvoir judiciaire est devenue de plus en plus complexe et retorse. De ce fait le recours à la désinformation s'est gravement intensifié.

MM. Bush et Blair déclarent la guerre à l'Irak sur la base de fausses preuves faisant état de programmes de fabrication d'armes de destruction massive dont les équipes d'inspection de l'ONU ne trouvaient aucune trace. Un expert britannique, David Kay se suicide à force de pressions exercées pour l'amener à ne pas faire état de ses convictions trop solidement étayées sur l'absence d'armes de destruction massive en Irak. Est-ce de la désinformation ? Dans ce cas le problème n'est pas seulement d'avoir faussement accusé l'adversaire mais d'avoir utilisé de fausses informations afin d'obtenir l'acquiescement de l'opinion et le soutien des médias abreuvés de « preuves ». On constate l'utilisation de la CIA par le président Bush et une manipulation du renseignement qui débouche directement sur la tribune des Nations unies et la scène internationale. La manipulation d'État en direct sur la télévision.

Le Conseil de sécurité des Nations unies devient une tribune médiatique sur laquelle se développe une manœuvre d'État à l'intention du monde entier. Jamais les médias n'avaient donné autant d'importance aux réunions du Conseil que durant cette veille de guerre contre l'Irak où le général Colin Powell, ministre des Affaires étrangères exhiba des « preuves », fit entendre des interceptions – incompréhensibles – de la NSA en charge de l'écoute des dirigeants irakiens. Mais une fois l'Irak occupé et Saddam Hussein vaincu, force fut de constater l'inexistence de tels programmes dont la réalité resta introuvable. La Maison Blanche accusa alors les services renseignement de s'être trompés.

A contrario, on fera valoir les discours de Churchill, actes de propagande stratégique, pour rallier les Britanniques dans un contexte il est vrai sans grande ambiguïté. Mais où les voix en faveur d'un compromis avec Hitler auraient pu s'affirmer. La situation en 1940-1941 étant particulièrement désastreuse, le Premier ministre opte pour le jeu de la sincérité. Il reconnaît n'avoir momentanément rien d'autre à offrir que « *blood, sweat and tears*... » et d'ajouter « *We will never surrender* ». Que fait là Churchill ? Il dit la vérité en la rendant tranquillement héroïque et modestement sublime tout en affirmant qu'il n'existe d'autre choix qu'une résistance résolue et sans compromis. Pour autant par la suite le chef du gouvernement britannique n'épousera pas les buts de guerre absolus des États-Unis et considérera avec une grande prudence la destruction de l'Allemagne, eu égard à la puissance montante de l'URSS stalinienne.

Si l'on reconnaît que, de plus en plus, la désinformation constitue un instrument de gouvernement, un outil de pouvoir personnel, qui n'a pas cédé à la tentation ? Qui n'y cédera pas ? Doit-on désespérer ? Sans doute. Il est cependant permis de distinguer des degrés dans l'usage de cette arme. Pourrait-on envisager, comme pour la guerre, d'imposer des limites à ce mal nécessaire, envisager une sorte de « droit à la désinformation » et de « droit dans la désinformation » de manière à réguler le non dit, cette pratique non existante qui par définition s'affranchit de toutes règles.

→ ***Corrélats** : armes de destruction massive, complots, déstabilisation, intoxication.*

Mesures actives

Le terme a été créé afin de singulariser les actions menées par les services de désinformation du KGB soviétique. En principe, les mesures actives se distinguent des mesures « passives » de camouflage des forces armées mais cela n'épuise pas le sujet. En effet les Soviétiques comme tous les régimes totalitaires n'ont jamais voulu séparer temps de guerre et de paix, au contraire.

Or cette conception, sur laquelle, avec des ajustements en principe soigneusement mesurés et appropriés, s'alignent de plus en plus les États démocratiques, ne laisse pas d'être préoccupante pour la qualité et la fiabilité de l'information.

En conséquence, les « mesures actives » non militaires, organisées par les services de l'intérieur, donc de niveau politico-stratégique, mais toujours liées au rapport de force politico-militaire, visaient par la propagande noire et la désinformation à injecter le soupçon, le trouble, la confusion chez les adversaires, les neutres, les opinions publiques particulièrement volatiles du Tiers-Monde et la communauté internationale.

Durant la guerre froide, ces deux dernières audiences constituèrent un véritable champ de bataille de la désinformation et de la contre-désinformation, dans le cadre de la stratégie indirecte vis-à-vis des États-Unis. Comme toujours, la nouvelle doit partir d'un pays qui pourrait constituer une victime mais qui n'a immédiatement rien de commun avec l'émetteur réel de la campagne, ni alliance, ni partenariat : l'Inde, la Malaisie, le Paraguay, etc. De part et d'autre, les campagnes de désinformation se succédèrent afin de discréditer l'ennemi et parfois de couvrir ou de détourner l'attention à l'égard de ses propres activités. Les mesures actives visaient à désamorcer et à retourner les campagnes d'information adverses surtout lorsqu'elles touchaient juste.

Parmi les nombreux exemples où voisinent très habilement les « rumeurs urbaines », on relèvera la tentative pour faire croire que les laboratoires militaires américains ont conçu le virus du SIDA ou encore le trafic d'organes d'enfants pour alimenter les besoins des cliniques privées américaines. Quand bien même durant la période des présidences Gorbatchev puis Eltsine, les responsables soviétiques et russes ont reconnu que les services secrets étaient à l'origine de ces campagnes, les rumeurs n'ont jamais tari complètement.

« Calomniez, il en restera toujours quelque chose » figure parmi les lois de fonctionnement de la désinformation.

→ ***Corrélats** : KGB, manipulation, maskirovska, rumeurs.*

MICE

Acronyme d'origine anglo-saxonne pour Money (argent), Ideology (idéologie), Coercion (Coercition, Chantage), Ego.

Ces quatre termes sont censés résumer l'ensemble des raisons qui conduisent une personne à accepter de se faire recruter par un service de renseignement étranger et à devenir un agent travaillant contre les intérêts de son pays en livrant les informations secrètes auxquelles il a accès ou en devenant l'agent d'une campagne de désinformation qui procédera à travers lui par intoxication, insinuation ou influence.

L'argent se passe de commentaire, relevant de la corruption par l'appât du gain. Ce peut être lié au mode de vie de la personne, à ses besoins d'argent liés à des dettes engendrées par le jeu, à l'entretien d'une liaison amoureuse dispendieuse.

L'idéologie correspond à une conviction personnelle. La personne se trouve en rupture avec la politique de son pays, de son gouvernement dont les buts et surtout le système de valeurs lui répugnent. Ailleurs sont ses convictions. Il adhère à une autre idéologie, celle d'un autre pays, d'une organisation non-étatique.

Le chantage est ambivalent. Il constitue une arme menaçante contre une vulnérabilité. Celle-ci sera innocente ou coupable. Un homme est faible parce qu'il veut protéger sa vie, celle de sa famille, de ses proches, de ses intérêts. La même personne est vulnérable en raison de ses vices, de ses fautes. Elle s'adonne au jeu, à la drogue, à des liaisons amoureuses « indignes », incompatibles avec sa réputation, sa carrière, etc. Il convient pour le maître-chanteur d'évaluer au mieux ce à quoi sa victime accorde le plus de prix, ce qu'elle redoute au plus profond de son être en cas de révélation. Cela peut avoir trait à sa réputation ce qui relève déjà du quatrième élément.

L'ego constitue une motivation forte dès lors qu'elle correspond à une frustration éprouvée par le sujet à l'égard de la reconnaissance de ses mérites et de ses compétences. Cette personne se caractérise par une forte estime de soi-même (on emploie volontiers la formule vague mais indicative « d'ego surdimensionné » pour désigner cette infatuation). Ses mérites n'ayant pas été suffisamment reconnus dans son pays d'appartenance, le sujet, habilement flatté par les agents extérieurs, croit trouver enfin et ailleurs la reconnaissance qui lui faisait défaut. Il coopère à travers des échanges culturels, des colloques qui le valorisent jusqu'à ce qu'il finisse par livrer des secrets. La visibilité de cette activité attire en principe l'attention des services de protection qui s'emploient, par divers procédés, à limiter les dommages.

→ ***Corrélats** : agent, espion, sexe.*

Mincemeat

Nom de code (à traduire à peu près par « chair à pâté ») de l'opération de déception organisée par les Britanniques visant à tromper les services allemands sur le débarquement en Sicile.

Pour y parvenir, ils échouèrent, le 30 avril 1943, un cadavre d'officier britannique muni de documents « secrets » sur une plage espagnole. Compte-tenu des liens entre le gouvernement franquiste et le Reich, il était assuré que les documents seraient transmis aux Allemands. L'identité de cet « officier » a été forgée de toutes pièces de manière à pouvoir résister à une enquête et à présenter tous les caractères de fiabilité. Les documents faisaient état d'une opération de déception en Sicile alors que le débarquement du gros des forces aurait lieu à la fois en Sardaigne et dans le Péloponnèse. Convaincus, les Allemands dégarnirent la défense du littoral sicilien et le vrai débarquement fut un succès.

→ ***Corrélats*** : *Bodyguard, intoxication.*

Miracle

« Acte contraire aux lois ordinaires de la nature et produit par une puissance surnaturelle » écrit Émile Littré, peu suspect de cléricalisme. Soucieuse d'exploiter toutes les crédulités, la désinformation peut chercher à faire croire à des événements miraculeux afin de renforcer le prestige d'un homme politique. Il échappe « par miracle » à des attentats. Ses partisans suggèrent ainsi l'idée d'une protection surnaturelle. Une naissance inattendue dans un couple royal hanté par le spectre de la stérilité de l'un ou de l'autre des conjoints présentera le rejeton comme « l'enfant du miracle ». Maligne, la rumeur publique, le bon sens populaire ne manqueront pas de matérialiser grassement l'origine très naturelle de cet événement. Les souverains sont « guérisseurs ». Le roi de France, après la cérémonie du sacre qui l'avait uni à Dieu guérissait des écrouelles à sa sortie de la cathédrale de Reims. À la limite, dans un monde athée, les pouvoirs de Staline relèvent du miracle issu de son propre génie. Le président Mao, âgé, traversait à la nage le Yang-tseu-kiang non pas seulement pour attester de sa bonne santé mais pour donner l'idée de sa surhumanité quasi miraculeuse. Mise en scène assortie d'une légère supercherie : il ne paraissait qu'au départ et à l'arrivée.

Comme pour tous les phénomènes parapsychiques, il est toujours très délicat de se prononcer sur la réalité d'une guérison. On sait combien les phénomènes d'autosuggestion peuvent créer une maladie purement nerveuse et, par contre coup, trouver une résolution psychologique permettant une délivrance des effets somatiques. Le miracle a son envers « noir » dans l'action tout aussi efficace que suspecte des mages, sorciers et autres magnétiseurs. La désinformation trouve là un terrain fertile. Elle prendra soin de dénoncer non pas tant l'escroquerie (elle n'agit certes pas pour rétablir la vérité mais pour substituer une tromperie à une autre) que l'action de puissances occultes, dangereuses, subversives de manière à se débarrasser de l'influence parfois politique d'encombrants guérisseurs ou plus simplement d'adversaires politiques trop chanceux.

L'Église d'aujourd'hui prend grand soin de s'assurer de la réalité d'un événement surnaturel et a établi des critères rigoureux afin de qualifier la nature miraculeuse d'un événement. Croire ou ne pas croire ? Dans de très nombreux pays, y compris en Europe la célébration des apparitions de la Vierge Marie (Częstochowa en Pologne, Fatima au Portugal, Lourdes) mobilise des foules de croyants en attente de nouvelles guérisons miraculeuses. Rares sont les religions qui ne concèdent aux miracles une place dont les esprits forts diront toujours qu'il ne s'agit que d'une manipulation sans vergogne, d'une désinformation institutionnalisée de la crédulité des pauvres gens.

→ ***Corrélats*** : *culte, escroc, maladie, médium, mise en scène, imposteur, sorcier, superstition, Raspoutine.*

Mise en scène et effet de réel

Création d'une situation dramatique reposant sur une combinaison complexe de procédés utilisant des acteurs professionnels ou non au sein d'un environnement naturel ou artificiel afin de créer des relations ayant valeur signifiante pour un spectateur. Toute mise en scène s'adapte aux capacités techniques des médias qui appuient son travail et sont en mesure de le retransmettre et de le diffuser pour l'amplifier.

Si la mise en scène est unique, en tant que concept, elle se décline selon trois modes de représentation :

• Les œuvres de fiction

Elles visent à impressionner un public conscient de se trouver en face d'une création. Toutefois le spectateur a tôt fait d'oublier cette relation. Il est d'autant plus soumis à la croyance temporaire – celle de la durée du spectacle – que, de par leur puissance assertive, images et sons prétendent avoir valeur de preuve.

S'y apparente, en prise avec l'actualité immédiate, le film de propagande qui, plus ou moins, se déclare comme tel. Le film de fiction peut aussi, venant bien plus tard, prétendre à redresser les torts de la désinformation d'antan, à faire justice, à donner la vérité sur le passé en « rétablissant » les faits, en faisant apparaître ce qui était caché, le non dit (le « docu drame », « Holocauste » de 1978, les films sur les Mutineries de 1917, et aujourd'hui sur les troupes indigènes, de « couleur »). Se prétendant révélation, elle se résume parfois à un règlement de comptes avec le passé. Toutes les représentations antérieures ont menti, c'était du bourrage de crâne, de la désinformation, voici aujourd'hui la vérité à travers une fiction qui, en reconstituant les faits, délivre leur vérité. Peu ou prou c'est l'équivalent du travail de l'historien qui, revenant sur les archives du passé, révèle les faits dans leur exactitude, jusqu'alors inaccessible.

Il n'y a guère de modèle général, rien que des cas particuliers à examiner singulièrement avec la plus grande prudence. Une désinformation peut se substituer à une autre sans que la vérité y gagne jamais.

• Les « actualités »

Elles sont supposées montrer la réalité, sans fard. Mais elles peuvent faire l'objet d'innombrables manipulations. Celles qui sont traditionnellement admises : le montage, l'association des images avec une bande-son qui comprend parfois des sons réels, un commentaire « *off* » ou une musique, parfois une combinaison des uns et des autres. Le spectateur « fait confiance » et, l'effet de réalité aidant, oublie les procédés de construction. L'image ainsi créée vaut comme preuve. « C'est vrai puisque vous le voyez de vos yeux » ! Elle tend à se substituer à la réalité dont elle n'est que le compte rendu.

Le film d'actualité s'introduit comme transmission de réalité alors qu'il n'en est, dans le meilleur des cas, que l'interprétation et, dans le pire, la facticité délibérément manipulée. Comme dans la fiction, lieu de plaisir, le récepteur est « saisi » par l'effet de réel mais le « théâtre » est différent. Car le spectateur est là pour être informé et se faire un jugement sur pièces de l'objectivité des faits.

• La fabrication d'une image de la réalité à travers une mise en scène du réel ou le réel comme mise en scène

C'est pourquoi offrir aux médias une mise en scène, une image fabriquée est devenu une pratique courante. Les armées américaines parfois assistées par des conseillers directement issus de Hollywood et désormais dotées de *Combat Camera Team* (caméra de combat) ont multiplié ces fabrications de réalité et acquis un savoir-faire impressionnant. Depuis la pose du drapeau sur le sommet d'Iwo Jima (1945) jusqu'à la statue de Saddam Hussein à Bagdad (2003), recouverte d'abord par un drapeau américain, puis irakien, enfin jetée à bas et traînée parmi les cris de réjouissance d'une foule dont un cadrage serré masquait difficilement les rangs clairsemés tout est mise en scène, organisée et planifiée par avance.

En Iran, depuis 2004 les étudiantes voilées de noir manifestent devant les sites nucléaires suggérant un possible bouclier humain, avec en prime des banderoles rédigées en langue anglaise ! pour assurer la communication internationale !!! Les journalistes se retrouvent de plus en plus souvent face à des témoins « spontanés » qui ne sont que les acteurs parfois professionnels d'une mise en scène d'État.

La fabrication de réalité se substitue au réel. Point n'est besoin de trucages car cette mise en scène ne masque rien. Elle est réalité. Point d'acteurs, point de figurants mais de vrais dirigeants face au rassemblement de citoyens authentiques. Bien sûr il y a des caméras, des haut-parleurs mais un réalisateur gouvernemental fabrique en direct une image authentique. Est-ce vraiment nouveau ? Toutes les cérémonies et célébrations (deuils et réjouissances), tous les événements exceptionnels, notamment les « grands » procès, procèdent de ce principe, avec le souci de montrer tel détail et d'en escamoter un autre. Tout cérémonial est mis en scène d'État par l'État et pour l'État. En nature, le procédé ne change pas. La différence provient du dosage et de la diffusion qui en sont faits au regard des pratiques ordinaires de la vie politique. Élisabeth Ire d'Angleterre, Louis XIV non seulement recourent à ces mises en scènes à grand spectacle pour renforcer leur image de marque et leur popularité mais haussent la représentation de leur personne en système de pouvoir. Les dictateurs totalitaires ont toujours recouru à ces montages visant aussi à les doter de capacités exceptionnelles : Mussolini lie la gerbe en faisceau, torse nu, Staline conduit le tracteur… Le Chef, le Führer, le Duce sont au-dessus du commun des travailleurs auxquels ils montrent la voie.

Cette rhétorique de l'emphase a été reprise en mode dégradé, plus *soft* dans les démocraties médiatiques. Le président Mitterrand intronise son septennat par une cérémonie au Panthéon, en 1981. Prise de pouvoir par la gauche socialiste rassembleuse du peuple, de la mémoire, des luttes, etc. convoquant les « esprits » de Rousseau, Jaurès et même Jean Moulin dont Malraux avait fait transférer les cendres lors d'une étonnante cérémonie funèbre. Bush en tenue de pilote sur le porte-avions annonce la victoire et la fin de la guerre d'Irak.

Hier, la mise en scène restait cantonnée à des cérémonies, à des moments exceptionnels, des réjouissances, commémorations, inaugurations tendant à devenir de plus en plus fréquents et, de ce fait, perdant en exceptionnalité. Aujourd'hui, le politique tend à devenir une mise en scène permanente : chaque discours, chaque visite, chaque poignée de mains ont pour destination des médias omniprésents qui vont répercuter, diffuser, amplifier. L'agenda d'un chef d'État, d'un ministre, de tout homme politique se doit d'intégrer sa médiatisation et malheur à celui qui ne sait pas attirer les chaînes de télévision ! Gare aussi au faux pas, à la gaffe, à toute expression d'un affect sincère. Les médias des démocraties restent à l'affût.

L'homme politique se fait acteur gestionnaire de son image de marque. Pour ce faire il s'entoure de professionnels. Nous ignorons si c'est sur le conseil d'un communicateur inspiré ou en raison d'une intuition profonde de la situation que Boris Eltsine, en 1993, se jucha sur un char afin d'en finir avec les tentatives de rétablissement d'une dictature communiste et, par un contre coup d'État, établir la démocratie. Toujours est-il que les conseillers en communication, dont s'entourent les moindres hommes politiques, rêvèrent d'un tel « scoop » en plaçant leur patron sur un tel trône, qui en Bosnie, qui au Rwanda. Effet médiatique tel que le blindé lui-même a changé d'image devenant le symbole de la bonne cause alors que depuis Budapest, Santiago du Chili et Tian'anmen il était devenu l'emblème de la répression par des dictatures impitoyables. Merveilleuse aubaine pour l'industriel de l'armement qui trouve là une occasion en or pour célébrer son produit. La mise en scène politico-militaire tourne comme une vis sans fin.

→ ***Corrélats** : aveu, distanciation, Karmen, Nuremberg, Riefensthal, To be or not to be.*

Missile Gap

Cet événement-phénomène mérite une attention particulière parce qu'il constitue un exemple très remarquable de désinformation mutuelle en temps de paix entre deux adversaires déclarés, donc en situation d'affrontement, en l'occurrence la guerre froide.

En février 1957, l'Union soviétique parvient grâce à une fusée de longue portée à placer sur orbite un satellite artificiel nommé Spoutnik, capable d'émettre un signal rudimentaire « bip-bip », qui fera cependant l'admiration générale en raison d'une campagne médiatique d'amplification. En célébrant sur un mode tonitruant cette indéniable réussite technologique N. Khrouchtchev suggère que son pays est capable de lancer des fusées pouvant atteindre le territoire des États-Unis. Ces « fusées » de longue portée, transformées en missiles balistiques pourraient être dotées d'une charge nucléaire vouant les États-Unis à l'apocalypse nucléaire. C'était déjà la menace qu'avait confusément agitée son collègue le maréchal Boulganine durant la crise de Suez de décembre 1956.

La réaction américaine est immédiate, fortement médiatique. L'opinion et les politiciens fantasment un Pearl Harbour nucléaire. Les États-Unis disposent-ils de moyens au moins équivalents ? Mais que fait donc ce gouvernement pour nous protéger ?

Ce sera un des thèmes de la campagne de John F. Kennedy contre Eisenhower. Devenu président, il annonce (à la jubilation du complexe militaro-industriel encore en formation) le lancement d'un « *crash program* » destiné à combler l'écart stratégique – contre lequel Ike (surnom d'Eisenhower) à sa sortie de charge l'avait mis en garde – et qui trouvera là une occasion de s'affirmer durablement.

Sur la base des rapports alarmistes d'un Congrès désinformé (rapport Gaitskell), les États-Unis répondirent sur un mode aussi rapide que disproportionné. De fait, en l'espace de quatre ans, leurs capacités dépassaient de très loin celles des Soviétiques. Trente ans plus/trop tard, les archives font apparaître que Khrouchtchev tout comme Boulganine avaient délibérément « gonflé » les capacités soviétiques : le nombre des fusées était très limité. Le montage d'une tête nucléaire sur un missile constituait un objectif qui ne fut atteint que dix ans plus tard.

Tel fut cependant l'arrière-plan politique et stratégique de la crise des missiles de Cuba, laquelle constituait un effort pour rapprocher les missiles soviétiques des États-Unis, tandis que ces derniers s'installant en Turquie rapprochaient leurs propres forces balistiques ; une façon comme une autre de reconnaître que les capacités intercontinentales étaient encore loin de la maturité proclamée et souhaitée. Le rapport des forces nucléaires était alors déjà de 1 à 5 en faveur des États-Unis. Plus ou moins bien informés, les Soviétiques mesurèrent les risques et jouèrent la prudence.

→ ***Corrélats*** *: intoxication, leurres, manipulation, Patriot.*

Montage

On parle d'un « coup monté » pour désigner une machination, un stratagème, une manœuvre de déstabilisation. La désinformation constitue un montage tout comme une chaîne de montage est conçue afin d'assembler divers éléments permettant de produire un objet fini utilisable. Chaque pièce par elle-même ne sert de rien. Le montage c'est l'objet. Ainsi en va-t-il du processus de fabrication d'une campagne de désinformation qui associe diverses pièces pour former un tout destiné à abuser les cibles choisies.

Le mot renvoie aussi à un procédé cinématographique consistant à couper des morceaux de pellicules du film impressionné lors du tournage et à les assembler par collage. Ce procédé classique dans toute œuvre de fiction prend évidemment une valeur signifiante très grave dès lors qu'il s'agit de traiter de la réalité telle qu'est censée la capturer la caméra de l'opérateur.

Le montage peut être délibéré et visiblement ostentatoire, souligné par le son, la musique, etc. Tel est le cas de l'œuvre du réalisateur soviétique S.M. Eisenstein. Outre leur caractère de chef-d'œuvre de construction et de technique, ses films tels *Le cuirassé Potemkine*, *Octobre*, *La Ligne générale* ou encore *Ivan le Terrible, Alexandre Nevski*, constituent avant tout des œuvres de propagande.

L'idéologie contrarie l'art et réciproquement. D.W. Griffith inventeur du montage narratif parallèle a consacré son premier grand film *Intolérance* à l'apologie du Ku Klux Klan.

Au-delà, il faut tenir compte du degré d'éducation et de familiarité du spectateur à l'égard du film, de sa propension à croire ce qu'il voit. On a beaucoup étudié, analysé, critiqué Eisenstein, on ne s'est jamais posé la question de son audience réelle. Qui voyait ses films ? Dans quelles circonstances ? Quel était le degré d'éducation du public ? Peut-on croire que les masses du prolétariat conscient se bousculaient pour voir ses films ?

Le montage peut être dissimulé afin de faire passer la rapide juxtaposition des images pour la réalité de l'événement en masquant habilement les coupes. Plus grave encore, la réalité peut faire l'objet d'une mise en scène qui facilitera le montage final pour renforcer l'effet de vérité. Le spectateur ne peut plus que s'incliner devant une réalité qui a été artificiellement fabriquée. Il s'agit donc de désinformation.

Tout dépend de la finalité. Jusqu'à quel point entend-on tromper ? C'est toute la problématique du trucage. La numérisation a aujourd'hui dépassé, sans le supprimer, le laboratoire de montage. On procède autrement, de manière plus rapide, plus souple, avec une capacité de tromperie encore plus grande.

→ ***Corrélats*** : *complot, illusion, Karmen, mise en scène, musique, trucage.*

Moral

Une armée ou un peuple qui face à l'adversaire a mauvais moral, risque fort la défaite. Sans doute les conditions matérielles jouent-elles un rôle important mais l'aspect psychologique reste dominant. Entre « l'arrière » et les troupes engagées la relation est permanente, au point de s'ériger en facteur déterminant. Le combattant qui se sent peu soutenu et même désavoué par son propre peuple perd l'essentiel des raisons de se battre. Plus il subit de défaites et de pertes, plus le désaveu augmente. Inversement un soutien puissant, même s'il ne suffit pas, tant s'en faut, à garantir le succès, permet d'encaisser plus facilement les dommages, de se récupérer. Le succès relève le niveau du moral.

Pour toutes ces raisons, propagande et désinformation visent à attaquer le moral adverse et à renforcer celui de son propre camp. La propagande extérieure ne peut toucher qu'un moral déjà affaibli. À l'âge de l'information, surtout dans les démocraties hautement médiatisées, les guerres se gagnent et se perdent d'abord chez soi.

De ce point de vue, il est essentiel de bien distinguer entre le moral de l'arrière et le moral des combattants, celui-ci se répercutant sur celui-là.

Ceci renvoie à la nature de la guerre, à la différence entre une guerre de nécessité qui en cas d'agression mobilise forcément la population directement concernée et une guerre optionnelle, extérieure, lointaine dont les objectifs pourront paraître incertains, discutables. Sitôt qu'apparaissent les premières difficultés, la valeur de l'enjeu paraîtra insuffisante, disproportionnée au regard des inconvénients, des pertes humaines, du coût financier excessif,

Saper le moral est aussi le rôle des agents d'influence de la Cinquième colonne, soit en présentant l'ennemi comme séduisant, soit en créant une sorte de dépression collective qui affaiblit la volonté de lutter. En 1939, la France était déchirée par des querelles politiques intestines largement exploitées par des pays étrangers (Allemagne, URSS). En 1965, les jeunes appelés américains envoyés au Vietnam ne parvenaient pas à comprendre le caractère nécessaire d'une guerre lointaine justifiée de manière abstraite (la théorie des dominos) ou tautologique « *Your country needs you* » (« Votre pays a besoin de vous »).

Or, cette logique a fonctionné durant la Première Guerre mondiale dans tous les États, à l'exception remarquable de l'Empire russe. La cohésion nationale, le « moral » patriotique étaient si élevés que cet argument a suffi pour mener une des guerres les plus meurtrières de l'histoire. Il est vrai que furent déployées toutes les méthodes de contrôle de l'arrière par le bourrage de crânes, la censure et la répression du « défaitisme ».

Aujourd'hui, dans l'ère informationnelle, le facteur moral est devenu si fondamental qu'il entre dans l'élaboration des stratégies militaires dans la plupart des États occidentaux. Le moral joue également un rôle essentiel dans la conduite de la lutte anti-terroriste fondée sur la communication.

→ ***Corrélats** : action psychologique, bourrage de crâne, censure, Cinquième colonne, croix, Hearts and Minds, influence, mythes.*

Moro, Aldo

(1916 Maglie - 1978 Rome)

Durant la très grave crise politique italienne du tournant des années 1968-1975, surnommées « années de plomb », l'enlèvement et l'exécution d'Aldo Moro constitua un événement majeur, sujet à toutes les entreprises de désinformation provenant de tous les acteurs qui pouvaient avoir un intérêt à présenter la situation sous l'angle conforme à leurs intérêts.

Aldo Moro, secrétaire général de la Démocratie chrétienne se trouvait au cœur du processus de re-stabilisation politique de l'État italien qui subissait les opérations de déstabilisation de l'extrême droite et de l'extrême gauche, tous recourant à l'arme terroriste, plusieurs étant manipulés par les services secrets. Au milieu du chaos, le citoyen ordinaire et les partis politiques, notamment les communistes, voyaient en lui l'homme d'un compromis historique entre droite et gauche afin de sauver la démocratie italienne d'un coup d'État, d'où qu'il vienne.

C'est ce personnage clé que les Brigades rouges parviennent à enlever au cours d'une opération très dure. Il restera détenu durant plusieurs semaines (55 jours) jusqu'à son exécution. Aucun service ne parvint à localiser le lieu de sa détention ni parvenir à trouver des indices sur ses ravisseurs. Les Brigades rouges organisèrent une mascarade de procès populaire afin de lui extorquer un repentir politique. Régulièrement des enregistrements furent communiqués à la presse par les ravisseurs et cet enlèvement qui prit la forme d'une campagne de propagande quant à leur identité politique et de désinformation quant à la nature de leurs buts et les « révélations » issues des interrogatoires de Moro.

Plus encore cette détention hautement médiatisée de Moro visait à aggraver la décomposition politique de l'Italie. Le contraire se produisit tant l'indignation força l'unanimité. Moro aura fonctionné comme une sorte de bouc émissaire inversé, une victime expiatoire symbolique (rappelant l'immolation d'Iphigénie) devenue par son sacrifice involontaire l'emblème salvateur d'une société en quête de stabilisation. L'affaire Moro contribua à éclaircir, au moins partiellement, le rôle d'une organisation mystérieuse dont l'action était évoquée depuis plusieurs années. P2 (Propaganda Due), parfois présenté comme une loge maçonnique (et qui semble avoir été inspiré par l'Opus Dei et la CIA), est un réseau qui regroupe des personnalités politiques et militaires susceptibles de prendre le contrôle de l'État italien en cas d'une déstabilisation totale. Déstabilisation à laquelle, parmi d'auteurs acteurs, ils contribuaient activement.

Outre les médias traditionnels, le cinéma, alors très développé en Italie joua un rôle important dans cet affrontement idéologique. Les films rapidement réalisés ont constitué des sortes d'instruments pédagogiques et forcément propagandistes visant à établir la vérité ou la suggérer. Le cinéma politique italien joua un rôle comparable à ce qu'avaient connu les Soviétiques dans les années 1920-1940 (cf. les cinéastes très engagés comme Elio Petri ou Franceso Rosi).

→ ***Corrélats*** *: décideur, déstabilisation.*

Mossad

(en hébreu « institut »)

Service israélien de renseignements extérieurs, créé en 1951. Comme la CIA, il comporte une branche renseignement-analyse et une branche opérations secrètes. Ses objectifs sont limités, mais sans exclusive, dans l'espace géographique intéressant directement la sécurité de l'État d'Israël dans un environnement arabe hostile, qui depuis 1980 s'est étendu à l'Iran. Le Mossad doit également prendre en compte à l'intérieur du pays les Arabes qui ont le statut de citoyens israéliens et les populations dans les Territoires palestiniens réputés occupés depuis 1967. Il doit travailler en liaison étroite, parfois conflictuelle, comme partout ailleurs, avec le service intérieur, (Shabak). Le Mossad veille également à créer, développer, renforcer les liens de sympathie dans les pays occidentaux, plus généralement dans le Monde et à soutenir l'action du lobby pro-israélien. Il favorise discrètement le développement des campagnes d'opinion fondées sur la réfutation de l'antisémitisme, du racisme qui sont relayées par des organisations implantées un peu partout dans le monde. Si le nombre des fonctionnaires du Mossad semble relativement faible (environ 2 500 personnes), le réseau international fondé sur des correspondants, la plupart du temps volontaires, équivaudrait à dix fois ce chiffre. Le Mossad, comme nombre des homologues est traditionnellement tiraillé entre ses priorités d'action : opérations clandestines de destruction et d'élimination ou analyse de renseignement et montage de plans de désinformation. Parmi ces activités on attribue au Mossad le maquillage des activités sur le site nucléaire de Dimona afin de tromper les visites de vérification.

En raison de l'extrême violence dans les relations avec les Palestiniens, notamment dans la bande de Gaza, les services israéliens ont compris l'importance des enjeux médiatiques sur la scène internationale et pris en compte l'action des ONG humanitaires. Information et désinformation constituent depuis ces cinq dernières années un terrain stratégique de lutte pour conquérir la légitimité sur la scène internationale. À travers des ONG israéliennes et son réseau d'influence extérieur, le Mossad développe des campagnes visant à contrer l'action de pays comme l'Iran mais aussi, plus récemment, de la Turquie. Le Mossad a également développé des campagnes visant à discréditer les opérations suicides et à déprécier le prestige des « martyrs » auprès de l'opinion internationale et des Palestiniens eux-mêmes. Le Mossad est accrédité d'un savoir-faire très avancé dans le domaine du Cyberespace.

→ ***Corrélats*** *: CIA, DGSE, KGB/FSB, MI-6, faux, vérification.*

Munich (Jeux olympiques de)

Les Jeux olympiques
du 5 septembre 1972

Cet événement ne constitue pas une opération de désinformation. Certes il y eut bien quelques mensonges de tous côtés, des exagérations, des efforts pour rejeter la responsabilité des innombrables erreurs sur l'autre. Mais à la marge.

Munich, c'est avant tout l'événement-monstre à partir duquel il est possible d'élaborer de la désinformation dans chacun des deux camps afin d'en retirer un bénéfice durable[1] contre l'adversaire sur le terrain d'affrontement des opinions. Au petit matin huit militants du groupe « Septembre noir » prennent en otages les athlètes de la délégation d'Israël. Ils réclament la libération de 236 Palestiniens emprisonnés en Israël ainsi que de quelques terroristes européens, notamment les dirigeants de la RFA (Fraction armée rouge surnommée également Bande à Badder ou Baader-Meinhof). Le lendemain matin à 1h30, on dénombrait les cadavres : les onze athlètes israéliens, un policier allemand et quatre des huit terroristes palestiniens. L'opération de sauvetage des services de sécurité allemands avait totalement échoué. Le retentissement avait été énorme car les médias, déjà rassemblés par l'événement sportif, se concentrèrent en masse sur l'événement dont le retentissement fut monstrueux, à la mesure de l'événement.

Cette opération avait été décidée par un des groupes politiques palestiniens parmi les plus radicaux, le FDPLP (Front démocratique populaire pour la libération de la Palestine) qui considérait que les actions de piraterie aérienne commencées en juillet 1968 n'étaient pas suffisantes pour impressionner l'opinion internationale et frapper Israël au cœur de ses emblèmes (en l'occurrence les athlètes). Immédiatement, il apparut que l'opération était totalement contre-productive. La « communauté internationale » et les médias quasi-unanimes manifestèrent un rejet horrifié pour des organisations capables de telles actions qui n'attaquaient pas seulement Israël mais les symboles de paix que sont censés constituer les Jeux olympiques. Les dirigeants de l'OLP furent placés dans l'embarras. Mais voilà, le monde avait changé. L'impact médiatique l'emporta sur toute autre considération. Certes on parla en mal des Palestiniens mais ils avaient attiré massivement l'attention, amenant à s'interroger sur qui ils étaient, y compris d'ailleurs leurs divergences politiques. Le principe de relativité lié à la violence politique se mit à fonctionner fournissant sinon des excuses du moins des justifications dans la désespérance d'un peuple à l'abandon. L'image de marque initiale était très mauvaise mais elle était créée. Restait à en améliorer la qualité.

Munich érige la promotion de la violence idéologique comme acte de communication brute, spectaculaire, indifférent au contenu du message. Les terroristes se situent au-delà de l'information et de la désinformation. Les objectifs revendiqués menant à un objectif concret (comme la demande d'échange de « prisonniers ») sont finalement secondaires au regard de la communication politique spectaculaire qui inscrit l'existence d'une identité politique. La violence extrême est le message le reste viendra ensuite. Les attentats du 11 septembre 2001 ont été conçus et réalisés sur le même principe. Mais ce n'est jamais que le retour à la primitivité de la « propagande par le fait » des anarchistes de la fin du XIXe siècle qui, ne comptant que sur l'éclat spectaculaire, le retentissement et l'effet de terreur, massacrent indifféremment. Comprenne qui pourra !

➔ ***Corrélats*** *: choc, communauté internationale, image de marque.*

1. Tellement durable que le cinéaste américain Steven Spielberg réalisa un film en 2005 pour narrer l'histoire des agents israéliens supposés chargés par Golda Meir d'éliminer les responsables de Munich.

Munichois

Ce qualificatif péjoratif est devenu un outil de désinformation afin de discréditer un opposant. Il renvoie à l'abandon de la Tchécoslovaquie par ses alliés français et britanniques face aux exigences d'Hitler sur les Sudètes, populations d'origine allemande limitrophes des deux États, lors de la conférence qui se tint à Munich en 1938.

Afin d'obtenir une paix durable, qui rapidement se révéla illusoire, ces puissances engagées dans une diplomatie d'*appeasement*, prônée par le Premier ministre britannique Neville Chamberlain, acceptèrent de renoncer à soutenir leur faible allié dont ils avaient pourtant garanti l'intégrité territoriale.

Munich devint ainsi le symbole du lâche et inutile soulagement que l'on obtient devant les exigences d'une dictature brutale et cynique en abandonnant de faibles alliés. Le sentiment de culpabilité, renforcé par la désastreuse suite des événements s'enracina si profondément dans les pays occidentaux que le terme « munichois » est devenu une sorte d'insulte que l'on manipule pour discréditer l'approche diplomatique d'un gouvernement dans le cadre d'une négociation internationale difficile.

Quiconque envisage ou fait une concession, voire même accepte de s'asseoir à certaines tables de négociation est aussitôt qualifié de « munichois » à tort et à travers. La désinformation utilise volontiers ce terme pour discréditer, en interne, l'action d'un rival politique, ou d'un allié dont on cherche à torpiller les initiatives. Celui qui veut développer le dialogue, en épuiser toutes les ressources avant de recourir à la guerre sera taxé de munichois par celui qui veut sans plus tergiverser employer la force. Entre 1985 et 1990 les gouvernements et les personnalités occidentaux qui acceptèrent de négocier des traités de limitation des armements furent qualifiés de « munichois » par les « faucons » qui refusaient tout accommodement avec le nouveau dirigeant du Kremlin. Telle fut aussi la situation en 2003 au moment de la discussion aux Nations unies de l'attitude à adopter à l'égard de l'Irak. Étaient qualifiés de munichois ceux qui considéraient que Saddam Hussein ne disposait pas d'armes de destruction massive et qu'il n'y avait en l'occurrence aucune raison d'attaquer l'Irak.

→ ***Corrélats*** *: calomnie, diabolisation, diplomate, dupe, manipulation.*

Murdoch, Rupert

(1931 Melbourne)

Ce grand patron de presse, parfois surnommé « l'homme aux 200 journaux » s'inscrit dans la tradition de William Randolph Hearst, c'est-à-dire une presse grand public, politiquement engagée sous couvert d'indépendance. Le groupe Murdoch suit les convictions de son patron qui fixe une ligne éditoriale générale. Il est essentiellement présent dans le monde anglo-saxon avec *The Times* en Grande-Bretagne, et récemment *The Wall Street Journal* acquis en 2007.

Les amitiés politiques de Murdoch sont réputées fortement conservatrices. Très proche de la famille Bush, il fait de *Fox News* une chaîne de télévision qui défend les idées des néo-conservateurs et les valeurs du parti républicain.

Toutefois, après avoir soutenu Margaret Thatcher, il n'hésite pas à « lâcher » le conservateur John Major pour lui préférer Tony Blair en 1994 avec qui il entretiendra des relations aussi constantes que discrètes. Murdoch soutient donc Bush et Blair lors de la guerre de 2003 contre l'Irak. Les médias du groupe ont largement contribué à faire croire à l'existence d'armes de destruction massive en Irak et de liens entre Saddam Hussein et Al Qaida. Le groupe Murdoch a aussi largement alimenté et attisé la violente campagne anti-française en raison de l'opposition de Paris à l'action armée contre l'Irak sans mandat du conseil de Sécurité de l'ONU.

Fox News a certes attaqué le candidat démocrate à la présidence des États-Unis mais les interviews de Barrack Obama ont conservé une tonalité neutre, témoignant d'un sens de l'équilibre de la prudence devant l'avenir.

Rupert Murdoch défend, parmi bien d'autres anglo-saxons, une ligne résolument hostile à l'Union européenne. En Irlande, les journaux de Rupert Murdoch ont mené une campagne virulente contre le traité de Lisbonne. Outre sa volonté de puissance, M. Murdoch témoigne d'un sens aigu de l'équilibre entre pouvoir politique et puissance médiatique. Il se révèle une sorte de virtuose dans l'art d'user de l'information et de la désinformation.

→ ***Corrélats*** : *CNN, Hearst, intoxication, manipulation.*

Musique

Elle ne fait pas qu'adoucir les mœurs. Les Grecs, mais aussi la médecine moderne de pointe, croient en ses vertus thérapeutiques. Elle a été utilisée systématiquement afin d'accompagner les défilés et les cérémonies plus ou moins martiales. « Sonnez buccins, résonnez trompettes ! » Cela fait partie de la tactique militaire pour la manœuvre des troupes : les tambours règlent le rythme de la charge. Rien de décoratif Les apparences sont réservées pour les parades et autres défilés. Tout son est un signal opérationnel. Toute victoire s'accompagne d'un Te Deum à valeur de célébration politique.

La désinformation n'intervient pas sur ces domaines. Son travail consiste à penser et mettre en œuvre des processus de détournement d'une œuvre existante afin de servir des objectifs auxquels, par définition elle était totalement étrangère.

Certaines mélodies et thèmes musicaux interprétés de manière intentionnellement agressive, amplifiés par un son saturé par la puissance des haut-parleurs créent une ambiance d'exaltation propice à la suggestion. Il peut en aller de même de l'association entre des images et une bande-son musicale.

Le National socialisme a poussé à l'extrême, et rétrospectivement jusqu'au ridicule, cette manipulation de la musique : dans les parades de Nuremberg ou encore pour illustrer les images des bombardements de la Luftwaffe l'utilisation des *Préludes* de Liszt orchestrés par Brahms (deux musiciens qui avaient la faveur de Goering). Il s'agit alors d'une conception pavlovienne d'excitation des centres nerveux à partir d'un stimulus systématiquement répété. Un son est systématiquement associé à une image qui n'a rien à voir avec lui.

La musique intervient dans les techniques d'apaisement des situations d'affrontement afin de jouer sur le psychisme des acteurs. L'excitation est identique mais dans un sens d'apaisement. Ceci reste d'ailleurs à prouver scientifiquement.

Les forces américaines diffusent du rock doux pour Noriega à Panama en

1989 afin de calmer l'ardeur de ses partisans et de créer une ambiance favorable à l'acceptation d'une reddition sans violences.

La principale victime de ces détournements manipulatoires aura été Richard Wagner, interdit d'interprétation en Israël jusqu'en 1990 en raison de l'utilisation des *leitmotiv* les plus exaltés de la Tétralogie par la propagande de Goebbels. Afin de s'arracher à une désinformation tenace on se rappellera que le *Deutschland Uber Alles*, hymne impérial allemand reste à l'origine une délicate sonate de Joseph Haydn…

→ ***Corrélats*** : *hypnose, manipulation, mise en scène, Nuremberg.*

Mythe

Au sens le plus large c'est une fiction, un récit imaginaire qui fonde et exprime une croyance. Le mythe constitue un système explicatif du monde tel qu'il est perçu par un groupe à un moment donné de son évolution. À la base, il est religieux mais aussi politique puisqu'il rend compte d'un ordre du cosmos d'où procède l'autorité du souverain. C'est aussi un récit explicatif comme le mythe de la caverne de Platon ou l'anneau de Gygès. La tragédie grecque avait pour fonction sacrée de mettre le mythe en re-présentation.

Il voisine la parabole et la légende. Le mythe de l'Âge d'or renvoie à une époque qui n'a jamais existé mais où tout était perfection. Le récit de la perte de l'Éden constitue un mythe fondateur. Les mythes indiens constituent toujours et durablement le fondement de l'hindouisme.

Il existe aussi un sens dégradé du mot qui ne retient que le caractère factice du récit : on quitte la mythologie pour se tourner vers la mythomanie ou bien encore la fabrication de récits imaginaires comportant une intention hostile. Le mythe tend à devenir une affabulation, un mensonge, une rumeur.

L'élaboration d'un mythe peut constituer une entreprise de désinformation destinée à fonder un régime nouveau y compris à l'époque moderne. L'un des plus effarants est celui de la race aryenne suggérée par Hitler et mise en œuvre avec une conviction fanatique par Himmler. Mêlant mythologies et rituels scandinaves, et chroniques germaniques du Graal, le nazisme voulut extirper le judéo-christianisme pour fonder une nouvelle religion basée sur la pureté raciale.

→ ***Corrélats*** : *croix, illusion, superstition, Yalta.*

N

Négationnisme

Plus radical encore que le révisionnisme, le négationnisme constitue lui aussi un travail de réécriture et de réinterprétation d'un passé – qui n'a pas encore précipité en Histoire parce qu'il reste des témoins, des survivants, parce que les archives n'ont pas encore été intégralement ouvertes. Ou, à l'inverse, à la mort de tous ceux qui pouvaient avoir vécu les faits commence une entreprise de négation dès lors que plus personne ne peut objecter.

La démarche consiste, en principe, à rétablir la vérité sur des faits antérieurement présentés de manière erronée (involontairement ou non), incomplète, partielle ou partiale, en démontrant que ce qui était tenu pour avéré ne correspondait pas à la réalité des faits. Somme toute cette entreprise critique n'a en soi rien de répréhensible, bien au contraire.

Le problème tient au caractère passionnel du débat, notamment lorsqu'il s'agit d'événements de grande ampleur tels que la responsabilité du déclenchement d'une guerre (cf. 1914, les mutineries de 1917, la colonisation, la guerre d'Algérie ou bien encore des événements sanglants). Ainsi que toutes les exterminations massives (Katyn), voire les génocides en Arménie et, plus que tout, l'extermination des Juifs décidée par les autorités nazies lors de la conférence de Wansee de janvier 1942. Bref, lorsqu'il y a un enjeu de mémoire proche et donc un impact sur le présent.

Dans sa version extrême et caricaturale, le négationnisme finit par prétendre que tel ou tel événement n'a pas eu lieu : aucun avion n'a touché le Pentagone le 11 septembre 2001, personne n'a jamais marché sur la lune, les chambres à gaz n'ont pas existé.

En 2006, le président iranien Ahmadinejad, nouvellement élu, entreprit par conviction personnelle autant que par calcul politique une campagne « d'information » sur la réalité de l'extermination des Juifs par l'Allemagne nazie en donnant un large écho aux études négationnistes contestant la réalité des chambres à gaz.

→ ***Corrélats*** : *génocide, Histoire, Katyn, mémoire, repentance, révisionnisme.*

Ninjas

Issu du *nin-jutsu* ou art martial de l'invisibilité, de la dissimulation totale.

Il prend pour principe de légitimité la survie de l'individu dans un environnement dangereux, par tous les moyens, à commencer par la ruse et toutes les formes de dissimulations. Le ninja est réputé appartenir à des clans de basse extraction sociale.

Dans la tradition des arts martiaux, le guerrier masqué, vêtu d'obscurité, constitue donc l'envers du samouraï puisqu'il refuse d'en appliquer le code d'honneur. Toujours déguisé, usurpant des identités ou camouflé au sein de l'environnement, il espionne, repère et frappe par surprise, souvent de nuit. Le ninja utilise toutes les armes et techniques du samouraï mais procède à un décalage en refusant le duel face à face au grand jour. Pour vaincre, il trompe. Ce comportement et ces modes d'action ont nettement influencé les créateurs des « forces spéciales » à travers le monde depuis la Seconde Guerre mondiale.

Le ninja a évidemment beaucoup inspiré la cinématographie asiatique, en faisant un genre très populaire qui s'est répandu à travers le Tiers-monde. Faut-il établir un rapport de cause à effet ? Toujours est-il que le terme « ninja » s'est propagé du Timor au Congo en passant par le Brésil pour désigner des « escadrons de la mort », toutes sortes de milices meurtrières dont les atrocités délibérées visent à terroriser les adversaires mais aussi les populations en empruntant à un imaginaire cinématographique familier.

Il est aussi remarquable que certaines forces de sécurité et de police, parfaitement légales, luttant contre le crime organisé aient de plus en plus recours au port de la cagoule afin de préserver leur identité et éviter des représailles contre leurs familles.

La présence extrêmement fréquente des médias et la prolifération des moyens individuels non professionnels d'enregistrement de l'image conduit à généraliser la dissimulation du visage des combattants. Cette situation complique singulièrement l'exercice du droit dans les conflits armés.

→ **Corrélats** : *cagoule, camouflage, dos, Lansdale, ruse, tromperie.*

Nuremberg

La grande place de cette ville de Bavière servit d'espace privilégié pour la mise en scène de la politique nazie, pour les défilés martiaux, parfois aux flambeaux, et les discours exaltés d'Hitler et des autres dignitaires du Troisième Reich. Elle est devenue le symbole, aujourd'hui bien dévalué, de l'amplification du réel par une mise en scène propagandiste. Le *Triomphe de la volonté* de Leni Riefensthal a su par tous les artifices du montage et des angles de prise de vue suggérer une géométrie grandiose. Ce lieu est donc exemplaire de la relation entre la propagande et l'espace réel, la manière dont les masses sont disposées, mises en mouvement sous le regard du chef auquel s'identifie l'objectif de la caméra. Les célébrations de Nuremberg n'avaient plus qu'à être montées, images et sons calés, de manière à renvoyer au spectateur allemand une image hypnotique de lui-même. L'effet de fascination touchait également le spectateur étranger, stupéfait, conquis (déjà !), parfois aussi effrayé. Remarquablement sur l'écran des actualités, l'espace paraît immense, mais sur place, la réalité ramène le visiteur à un sentiment de proportions infiniment plus modestes.

Symbole contre symbole, les Alliés organisèrent à Nuremberg le long et austère procès des dirigeants survivants du Troisième Reich.

→ **Corrélats** : *amplification, Goebbels, mise en scène, montage, musique, Riefenstahl.*

O

Objectivité

Au départ cette notion renvoie à une démarche scientifique dont l'objectif est la vérité ou ce qui s'en approche au plus près. C'est l'adversaire organique de la désinformation qui va s'efforcer de la subvertir, quitte à prendre le masque. L'objectivité s'oppose à la subjectivité humaine, aux idées toutes faites, aux préjugés, aux passions et aux intérêts personnels. Autant de causes qui faussent le jugement. L'objectivité prend alors un double sens. C'est, d'abord, l'étude des faits, l'application de méthodes de raisonnement logique, indépendamment de toute interférence de la subjectivité du praticien qui se soumet aux résultats objectifs de ses calculs, observations et expérimentations. C'est ensuite et aussi, dans un sens dérivé, l'équilibre que l'on prétend trouver entre des points de vue subjectifs divergents, contradictoires et conflictuels. Elle consiste en un arbitrage qui ne favorise pas une des parties contre l'autre. Dans une négociation, le tiers est choisi pour favoriser la conclusion d'un accord parce que lui est reconnu un désintéressement, base de sa réputation d'objectivité. Nous ne sommes plus dans le domaine scientifique mais dans le jeu des intersubjectivités qui combinent l'intérêt et la raison. Mais au-delà, interviennent les dérives et les contrefaçons de ce principe. Les idéologies sectaires et les doctrines rigides aiment à poser l'existence d'une objectivité censée vérifier leurs assertions et prouver leurs analyses. Les langues de bois dogmatiques raffolent de l'objectivité afin de déconsidérer le point de vue de l'adversaire.

La dérive la plus grave vient d'une objectivité imputée au sens de l'histoire et à la logique de la lutte. Ainsi se créent des ennemis et des traîtres « objectifs ». La bourgeoisie est « objectivement » l'ennemi irréconciliable du prolétariat selon le matérialisme historique. Au-delà des individus, des groupes sont dénoncés comme des complices engagés par une collusion objective. La désinformation réalise ses opérations en se dissimulant derrière l'objectivité prétendue. Elle fabrique des témoignages objectifs, fait circuler des preuves irréfutables. Elle n'hésite pas à introduire des documents incontestables établissant des faits indiscutables. Cette démarche se distingue nettement de la propagande (sauf la propagande noire) qui tient son discours, le présente comme vrai mais laisse le récepteur libre d'apprécier la qualité de la source et la valeur de l'argumentation.

→ ***Corrélats*** *: amalgame, apparences, aveu, langue de bois, traître.*

Occultisme

Sous l'appellation « sciences occultes » sont regroupées pêle-mêle des recherches et, le cas échéant, des découvertes tenues secrètes soit parce qu'elles font l'objet d'un interdit soit parce que ceux qui les pratiquent entendent réserver le « savoir » ainsi produit à une communauté d'initiés. Durant la plus grande part de l'histoire humaine, les sciences occultes se sont développées dans un environnement religieux contraignant. La théologie étant la science suprême, garante de l'orthodoxie, ces recherches furent parfois condamnées et durement réprimées comme activités de sorcellerie. Toutes les grandes religions ont connu ce phénomène et ces contraintes.

Les scientifiques aujourd'hui reconnus et admirés comme Newton, Cardan, Galilée et bien d'autres, pratiquaient l'alchimie et sont parvenus aux découvertes les plus remarquables alors même que leur esprit était aussi occupé par le fatras des croyances de leur époque (l'esprit du temps), qu'avec le recul nous pouvons facilement tenir pour non scientifiques. Aussi erronés que puissent paraître ces travaux, ils n'engageaient que des esprits curieux, inventifs qui cherchaient en toute honnêteté la voie la plus exacte. L'occultisme favorise évidemment les manipulations les plus grossières. Changeant de nature et d'objectifs, il se transforme parfois en entreprise de manipulation ou d'escroquerie délibérée, pratiquée par des individus (mages et autres marabouts) et des sectes. Disant cela, conformément au processus d'inversion propre à la désinformation, tout auteur tombera sous le coup d'une accusation de préjugé, de parti pris positiviste, d'intolérance de la part de ceux dont il met en doute le bien fondé et l'honnêteté des activités occultes.

Il peut paraître surprenant que l'organisation de la propagande ait repris de la magie cette vieille distinction entre « blanc » et « noir » pour différencier les activités visibles de celles qui restent dissimulées. En vérité, la désinformation est toujours attentive aux phénomènes mystérieux « supra naturels ». Les ministères de la Défense et les « services » des États-Unis comme de l'ex-URSS ont toujours financé des programmes « noirs », « bizarres », « *weird* » sur les médiums, la télépathie en relation avec toutes les machines qui émettent ou reçoivent des ondes et produisent des flux d'énergie. Il ne s'agit pas de communication avec l'au-delà mais de « parapsychologie » appliquée au travers de certains principes de physique.

Pour faire bonne mesure, ajoutons que l'Église catholique conserve avec précaution un petit contingent de prêtres exorcistes et que pour leur part les chefs d'État modernes – inutile de mentionner les périodes antérieures – de Clemenceau à Ronald Reagan consultaient régulièrement leurs astrologues avant de prendre une décision.

➔ ***Corrélats** : dupe, escroc, Lansdale, médium, sorcier.*

Octobre 1917

24-25 ou 6 novembre (calendrier grégorien)

Dans la nuit, marins révolutionnaires et gardes rouges occupaient des points névralgiques, gares, centraux téléphoniques de Petrograd. Mais ce que veulent Lénine et Trotski c'est s'emparer du lieu symbolique du pouvoir, le palais d'hiver, résidence des tzars où siège le gouvernement de Kérenski qui choisit de partir avant qu'il ne soit trop tard. Et pourtant l'affaire traîne. Les assaillants (parmi lesquels les héroïques marins de Cronstadt qui furent liquidés quatre ans plus tard par le pouvoir bolchevik), qui ne disposent d'aucune coordination de commandement, connaissent mal les lieux, surestiment le nombre des défenseurs, hésitent à lancer l'assaut.

Le croiseur *Aurore* tire quelques salves de peu d'effet. Quelques heures d'affrontements sans grand acharnement font quelques dizaines de victimes. Les ministres se rendent sans résistance. Le Comité militaire révolutionnaire où les bolcheviks détiennent la majorité est donc maître du plus haut lieu politique symbolique. Mais, dans l'immense Russie où règne la plus grande confusion, tout reste à faire. Ce modeste affrontement n'est que le prélude à la guerre civile qui va ravager le pays.

Techniquement, l'affaire se limite à un coup d'État local contre le siège politique et symbolique du pouvoir comme en connut la jeune république de Weimar quelques années plus tard. La désinformation dans les années qui suivirent s'efforça de donner une dimension glorieuse et exaltante à ces quelques heures de confusion. Il fallut le talent de metteur en scène de S.M. Eisenstein pour reconstituer l'événement, le faisant entrer dans la légende. Disposant de moyens considérables, et d'une foule de figurants, SME put grâce à un superbe montage forger une légende selon laquelle le prolétariat de Pétrograd, dirigé par l'avant-garde bolchevik avait massivement participé à un assaut furieux contre la mitraille de féroces défenseurs au sein d'un édifice embrasé.

→ ***Corrélats** : Bastille, Karmen, manipulation, mise en scène, montage.*

11 septembre 2001

Cet événement monstre s'est accompagné de la formation d'une bulle de désinformation de dimension équivalente.

En ce même jour quatre avions des lignes intérieures américaines sont détournés par des « pirates ». Deux appareils frappent les tours jumelles de Manhattan provoquant leur écroulement total. Un troisième s'enfonce sur une des ailes du Pentagone. Le quatrième – dont la mission réelle, sans doute la Maison Blanche, demeure incertaine – part sur Philadelphie et s'écrase sans avoir trouvé de cible. Le bilan approche les 3 000 morts.

Sur l'événement, un des plus extraordinaires de l'histoire de la violence idéologique, tout a été dit et démenti, écrit, décrit et décrié, montré, démontré puis démonté. Investigateurs du long terme, les historiens, quand ils pourront accéder à ce qui restera des archives (lesquelles et préparées par qui ?), statueront de manière plus objective mais pas forcément convergente. Reste un constat : ces attentats ont constitué pour les États-Unis et pour son gouvernement du moment une agression sans précédent au cœur de leur territoire et contre les symboles mondialement reconnus de leur puissance et de leur prospérité. En ces lieux et à ce moment le monde a pu prendre conscience qu'il était bien entré dans l'âge informationnel et dans celui de la désinformation agissante à échelle planétaire.

Chacun a vu – et souvent enregistré – des images saisies dans l'instant du désastre. Car le plus important est que dans le périmètre de l'attentat des centaines de personnes disposaient d'un petit appareil pour capter des bribes d'une réalité surréelle. À l'événement monstre nul n'a pu se soustraire. Autre trait remarquable, le doute, le soupçon et la désinformation sont aussitôt venus se greffer sur ce prodige. Cet excès de réalité, cette outrance des apparences a conduit à appliquer la formule « je n'en crois pas mes yeux ! ». Dès lors plus personne ne sait vraiment. Tout devient envisageable, faute d'être impossible.

À cela est venue s'ajouter presque immédiatement une autre agression, probablement appendicielle : l'envoi de lettres contaminées par un bacille actif de l'anthrax qui contribua à la généralisation de l'angoisse et à l'établissement durable d'une psychose collective. Quelle était l'origine de cette attaque manifestement individuelle ? Nul aujourd'hui n'a apporté de réponse. Aucun coupable n'a encore été trouvé.

Considérons ici « l'événement prodigieux » du seul point de vue de la désinformation. Elle a fonctionné à deux niveaux :

Le plus étonnant est celui du déni de réalité. L'événement n'aurait pas vraiment eu lieu. Aucun avion ne s'est écrasé sur le Pentagone ! À cela s'ajoute le déchaînement des rumeurs et des théories du complot à la mesure de la situation. Citons parmi tant d'autres : les juifs (lesquels ?) avaient été avertis et n'étaient pas venus travailler ce jour-là dans les tours. La Maison Blanche savait mais délibérément n'a rien fait afin de servir ses objectifs de politique étrangère au Moyen-Orient contre l'Irak, la Syrie et l'Iran et de trouver le soutien nécessaire dans la population (argument qui fut avancé contre Roosevelt à l'occasion de Pearl Harbor. Le président aurait laissé faire pour trouver un prétexte d'entrée en guerre contre le Japon et avant tout l'Allemagne). Rien de tout cela ne résiste à la preuve sur le terrain. Au Pentagone, il y avait bien une aile enfoncée – que l'auteur de ces lignes a pu voir de ses yeux, en familier des lieux, mais à l'autre bout de la planète qui peut comme Saint Thomas toucher pour croire ? Rien de tout cela non plus ne résiste à l'analyse rationnelle. Encore faut-il la produire, ce qui prend du temps, et la communiquer, ce qui réclame de l'énergie sachant que demeureront préjugés, convictions, *a priori*, y compris chez les intellectuels supposés faire preuve d'esprit critique. Toutefois, il faut constater que l'insuffisance des explications, les manquements à la transparence, les confusions délibérément utilisées ne contribuent guère à infonder les tenants du complot et autres négationnistes.

Le second est celui des explications rationnelles. L'attentat a donné lieu à un flot d'enquêtes et de rapports, toujours incomplets, parfois contradictoires. Une situation voisine s'était produite en 1962 à l'occasion de l'assassinat de J.F. Kennedy et de la mort de son supposé meurtrier, Lee Oswald, lui-même abattu par un pseudo « justicier » Jack Rubin qui fut rapidement assassiné.

Deux catégories de questions se posent : Qui donc est directement coupable ? À l'inverse qui, par défaut, est responsable de n'avoir pas su prévenir ?

Dans le premier cas l'action directe des agresseurs et des soutiens dont ils ont bénéficié. Très rapidement ont circulé des vidéos présentant Oussama Ben Laden faisant mention de l'événement, louant les « martyrs », sans jamais en revendiquer ouvertement la responsabilité directe. De ces documents il a fallu garantir l'authenticité, certifier l'exactitude de la traduction. Si l'appellation générique « Al Qaida » n'explique pas tout, elle correspond à la réalité d'une entreprise hostile à l'égard des États-

Unis, d'Israël et de tous leurs alliés, partenaires et sympathisants.

Le second type de questionnement touche à la responsabilité par défaut. Qui n'a pas informé ou mal informé : le FBI ? La CIA ? Qui n'a pas prêté attention aux rapports ? Quelle a été la part de négligence de la Maison Blanche ?

Puis vient la question embarrassante des connivences, des complicités et des protections. La majorité des terroristes étant d'origine saoudienne, quelle est l'étendue des complicités ? On constate presque unanimement l'implantation et parfois le financement du salafisme violent par des organisations caritatives saoudiennes. Ces interrogations touchent aussi aux relations entre le gouvernement Bush et la dynastie des Saoud, aux relations entre pétrole texan et saoudien.

Il n'y a pas eu de campagne coordonnée et planifiée de désinformation mais il s'est créé en quelques semaines une bulle de désinformation faite d'entreprises hostiles délibérées, mais disparates et ponctuelles.

L'événement monstre de la première année du XXIe siècle prend l'allure d'une allégorie tragique de la relation en train de se construire entre information et désinformation. D'autant que du 11 septembre procèdent d'autres événements également douteux, également critiquables parce que mal assurés en vérité : la mise en exergue d'une organisation tentaculaire « Al Qaida », certes existante mais aussi fantomatique que fantasmatique, la déclaration de « guerre contre le terrorisme », la guerre d'Irak sous des prétextes de collusion avec Al Qaida, sur fond d'angoisse par rapport aux armes de destruction massive. Toutes allégations qui se sont, peu à peu, révélées infondées.

Une énorme bulle d'informations contradictoires, issues de sources hétérogènes, en situation de compétition et d'affrontement, gonflée par une désinformation délibérée, amplifiée par des manipulations mensongères s'est donc créée et développée à partir de la fin de l'année 2001. Ses effets sont loin d'être apaisés et les consciences loin d'être tranquilles, bien au contraire.

→ ***Corrélats*** *: apparences, complot, manipulation, négationnisme, intoxication, rumeurs.*

Opinion publique

Pour la philosophie classique l'opinion s'oppose à la science, au jugement fondé. Elle n'est que savoir approximatif, subjectif. Soumise aux apparences et aux préjugés, l'opinion tend à être identifiée au mieux à la croyance, au pire à l'erreur. Ceci vaut également pour le jugement de chaque individu. Pour le praticien de la désinformation l'opinion constitue une des cibles de prédilection en relation directe avec son autre cible, les décideurs.

La notion d'opinion publique évoque cependant un collectif aux contours imprécis, à la dynamique mal définie, aux réactions incertaines voire imprévisibles. Quel est son poids ? Au travers de quels effets physiques traduit-elle son existence ? Par l'expression dans les sondages mais aussi bien de manière plus primaire et plus brutale par des manifestations pouvant prendre des formes violentes (pogroms, lynchages, voir le film *Fury* de Fritz Lang, 1936).

Les médias fabriquent l'opinion publique sans que l'on puisse savoir avec exactitude jusqu'à quel point. Une boucle se forme. Les médias communiquent l'information à la collectivité dite

« audience » qui s'en imprègne et les sondages viennent en quelque sorte tester l'impact de la réception de l'information en questionnant des individus pris dans le cadre d'un échantillon représentatif de la société. L'opération consiste à évaluer la manière dont l'information a affecté la sensibilité de chaque individu en fonction de ses préoccupations économiques, de ses croyances, de son niveau d'éducation… bref de tout ce qui le singularise.

La résultante de cette circulation conduit à tenir l'opinion publique pour un acteur majeur de la vie politique dans les démocraties. Il est évidemment paradoxal de fonder et d'aligner le comportement politique sur le seul sondage d'opinion. Que l'autorité gouvernementale et les élus s'enquièrent de l'état de l'opinion paraît sage et légitime mais au-delà, quelle est la fiabilité de ce qui varie au gré de l'événement ?

La manipulation de l'information et les activités de désinformation ciblent elles aussi l'opinion publique de manière à infléchir les croyances dans le sens jugé profitable. La torsion et la rétention de l'information, le mensonge organisé, relayés par la rumeur, les agents d'influence, les médias dupés ou complices fabriquent l'opinion publique, la « chauffant » ou la « refroidissant » en fonction du but recherché.

→ ***Corrélats*** *: influence, manipulation, pogroms, présentateur, porte-parole, sondages.*

Oracles et pythies

À la limite de la magie, sur le territoire indéfini des mystères se situent ces « bouches » inspirées des dieux d'où sort une information énigmatique, cryptée. La pythie de Delphes informe-t-elle ? Sa vaticination équivaut-elle à une désinformation qui égare le jugement du décideur ? Non pas. Elle renvoie à la croyance humaine en l'existence d'un sens immanent et de ce fait « consultable », vocable repris dans l'appellation moderne de « consultant ». L'approche de l'oracle est difficile, longue, soumise à tarifs, objets de surenchères pour gagner du temps et, qui sait, de la bienveillance.

Partout les dispositifs sont les mêmes, les chamans utilisent les drogues, fumées, hallucinogènes. À la question posée, il doit exister une réponse quelque part. La divinité sait mais se gardera de répondre directement à l'humain. Tel est le rôle de l'oracle, ce truchement primordial de la communication.

Quel statut donner à ces messages, quelle valeur donner à cette information invérifiable, que tantôt on déchiffre pour en tirer le meilleur profit, que l'on comprend mais ne veut pas entendre et accepter (Œdipe sait tout), que l'on interprète de travers ou qui reste inintelligible jusqu'à ce que les événements désastreux finissent par dévoiler, mais trop tard le sens du message d'avertissement ?

Superstitions antiques ? L'esprit fort reprend la vieille formule « *haruspex haruspicem ridet* ». A-t-on idée de lire dans les tripes d'un animal le sort d'une bataille ? Qu'on y réfléchisse à deux fois en considérant les décideurs modernes : la tireuse de cartes de l'anticlérical militant Georges Clemenceau, Raspoutine qui hante le Kremlin désert de Nicolas II, l'astrologue de Ronald Reagan. Combien d'autres décideurs « consultent », discrètement sans y croire vraiment mais au cas où… Dans sa solitude, face à la décision, le responsable prend ses précautions, y compris avec le surnaturel. Sait-on jamais ?

Malheureusement, pour l'homme en quête de réponse, le Dieu malin ne se prononce jamais explicitement, jouant de l'ambiguïté, du double sens. À celui qui est venu chercher l'avis divin pour éprouver la valeur de son intention d'agir, la bouche oraculaire n'offre qu'un message crypté, énigme qui renvoie l'interrogateur à une nouvelle interrogation, à l'interprétation de la réponse obtenue. Quand le roi Cyrus s'apprête à envahir la Perse, il consulte la Pythie qui déclare « qu'en attaquant la Perse, il détruira un grand royaume ». Le roi repart content. Il a interprété dans le sens qui lui convient, incapable de comprendre que ce royaume est le sien.

Les transpositions contemporaines sont aussi faciles que nombreuses. Le décideur n'entend que ce qu'il veut. Bien dirigée, la désinformation veille à parachever l'aveuglement fatal.

→ ***Corrélats*** : *escrocs, médium, mystères, sorciers.*

Orwell, Georges

(Motihari, Inde 1903 - Londres 1950)

De son vrai nom Eric Blair Orwell est inclassable : fonctionnaire de police, journaliste, écrivain, militant. En ce sens, il est bien ce type d'authentique anarchiste qui adhère à une cause seulement s'il la juge digne d'être moralement et humainement défendue et, ce, jusqu'au sacrifice de soi-même.

Échoué à Paris, sans emploi, il s'engage comme tant « d'originaux » (cf. Malraux) en soutien de la République espagnole dans les rangs du POUM (Parti ouvrier d'unification marxiste) anarchiste de Catalogne, en opposition radicale avec les communistes staliniens. Durant la guerre il contribue à la propagande britannique contre l'Allemagne nazie sur les ondes de la BBC.

Sans préméditation Orwell est le père d'un monstre : Big Brother, entité qui domine un monde totalitaire dans son roman le plus célèbre *1984* dont le succès et la pérennité échappèrent à son créateur. Ce monstre a cependant un aspect positif puisque le terme aura servi jusqu'à nos jours à épingler et à dénoncer les atteintes aux libertés individuelles, les menées insidieuses de la désinformation, les procédés de coercition et de lavage de cerveau par répétition des mêmes slogans. « Big Brother » n'est rien d'autre que l'achèvement suprême de la désinformation d'État dans une société décérébrée dont Huxley, son contemporain, prédisait la fabrication biologique.

→ ***Corrélats*** : *lavage de cerveau, Pasolini, Tchakhotine.*

Otages

La prise d'otages constitue un acte de chantage violent que sa médiatisation transforme en enjeu politique considérable. La désinformation intervient pratiquement de tous côtés : les ravisseurs, les autorités, jusqu'aux otages eux-mêmes qui minés par l'angoisse, les sévices finiront par dire n'importe quoi.

Que ce soit l'acte d'un groupe terroriste, d'un criminel ou d'un déséquilibré la gestion de ce genre de situation peut faire l'objet de multiples manipulations pouvant aller jusqu'à la désinformation systématique. La désinformation peut d'ailleurs venir des autorités comme des ravisseurs eux-mêmes, qui se trompent mutuellement tandis que chacun cherche à s'emparer, à son profit, de l'opinion publique. De nos jours la prise d'otage vise à obtenir une contrepartie, une rançon, des armes, un véhicule, la libération de prisonniers ou encore, des concessions de grande ampleur, au demeurant peu réalistes, comme l'évacuation d'un territoire. Deux questions se posent alors : quelle attitude adopter et quelle diffusion donner aux messages et au chantage des preneurs d'otages ?

Il existe une position de principe toujours proclamée, rarement pratiquée : « On ne négocie pas avec les terroristes ». Mais si, comme c'est souvent le cas de bien des gouvernements, priorité est donnée à la libération des otages sains et saufs, il est difficile de ne pas entamer le dialogue de manière aussi discrète que possible. Bien souvent la rançon est versée même si officiellement les autorités nient l'avoir fait. Dans la réalité, les techniques de négociation sont depuis de nombreuses années assez bien rodées. Diplomates et forces d'intervention ont, à force d'expérience, acquis des savoir-faire efficaces. La principale difficulté tient à l'identification des preneurs d'otages et à la compréhension de leurs véritables motivations. Ce dernier point renvoie à des situations politiques complexes, parfois troubles dès lors que les gouvernements locaux manipulent la situation en fonction de leurs propres intérêts, quand il ne s'agit pas de louches compromissions comme dans le cas de la longue détention de Madame Ingrid Bettencourt en Colombie.

Il existe une catégorie particulière que l'on pourrait nommer « otages d'État ». Il s'agit de ressortissants d'un pays qui, présents en territoire étranger, y sont arrêtés pour espionnage ou pour des actes d'une extrême gravité portant atteinte à la sécurité de l'État. La prise d'otages du personnel de l'ambassade des États-Unis à Téhéran en 1980, des infirmières bulgares en Libye, le soldat israélien Gilad Shahit capturé par le Hamas (toujours détenu à l'heure où ce livre est imprimé), Clothilde Reiss arrêtée par les autorités iraniennes, des journalistes entrés dans des conditions douteuses ou interceptés sur des lignes frontalières mal définies. La négociation devient alors d'une extrême complexité et s'accompagne d'échanges de démentis, d'une action de désinformation quasi-permanente. D'innombrables émissaires proposent leurs services, interviennent sans que l'on sache jamais jusqu'à quel point leur intercession a été décisive ou non. Car il s'agit de marchandages d'État où on hésite à perdre la face. De plus dans certains pays l'opposition cherche à faire sienne la cause de la libération de l'otage dont le portrait orne la façade des mairies et des monuments publics. Surenchère à bon compte, pression sur le gouvernement. Autant de jeux intérieurs qui ne facilitent rien.

Quelle audience donner à la prise d'otages ? Comment sortir des manipulations de l'opinion et réduire les méfaits de la désinformation ? Le « *black out* » ou silence total semble l'idéal car il permet de réduire l'impact sur l'opinion publique, de diminuer l'effet de chantage et de négocier discrètement. Mais cette situation est de plus en plus difficile à réaliser tant sont nombreux les médias et dans la mesure où certains groupes terroristes disposent de leurs propres canaux de diffusion. Les vidéos sur Internet des otages suppliants puis de leur exécution ont fini par devenir un spectacle ordinaire en Irak entre 2005 et 2007. Parmi ses exigences, le preneur d'otages réclame parfois la présence des médias afin de s'expliquer, de donner ses raisons, de justifier sa cause. Le silence s'avérant impossible, c'est alors, en principe, la retenue qui doit prévaloir. Mais cette déontologie reste difficile à respecter tant est forte l'incitation à aller filmer les familles des otages, espérant ainsi passer des messages.

La prise d'otages, comme toute forme de violence idéologique, présente un caractère hautement politique, qui a rendu nécessaire la création de « cellules de crise », capables d'assurer la communication gouvernementale sur le sujet. De la bonne ou de la mauvaise gestion d'une prise d'otage dépendra parfois pour longtemps la réputation d'un homme d'État. Combien de politiciens n'ont-ils pas proclamé qu'ils allaient ramener les otages, comptant sur quelques contacts plus ou moins fiables ? Si d'autres préfèrent encore la discrétion et des bons offices clandestins, il n'est plus guère de chef d'État ou de gouvernement qui ne prenne soin d'accueillir l'otage à sa descente d'avion ou de le recevoir devant la presse assemblée sur le perron des édifices officiels.

→ ***Corrélats*** *: choc, démentis, manipulation, Moro, mensonge, opinion publique.*

P

Panem et circenses

Cette expression latine, « Du pain et des jeux (du cirque) » du poète Juvénal, caractérise la situation dans laquelle Rome fut gouvernée par une oligarchie militaro-ploutocratique. Ce principe de gouvernement constitue la forme extrême de la désinformation puisqu'elle consiste à faire vivre la plèbe, qui vote dans un état d'oisiveté matérielle et intellectuel constant, en lui distribuant des subsides journalières et en organisant des fêtes destinées à satisfaire ses instincts les plus sauvages et à meubler son oisiveté (laquelle n'était pas à l'époque tenue pour dégradante, l'esclave travaille…) en la désintéressant de la « chose publique ».

Cette manipulation des masses, qui fait du clientélisme à grande échelle un système de gouvernement, est souvent évoquée pour fustiger les régimes autoritaires ou même les démocraties. Avantages sociaux, petites prébendes, emplois fictifs constituent l'arsenal des procédés par lesquels un parti politique contrôle l'électorat qui le reconduira à la tête des grandes municipalités : Paris, Naples, Saint-Pétersbourg, Téhéran et tant d'autres figurent sur cette liste.

➛ ***Corrélats** : manipulation, masses.*

Paparazzi

Le terme a été inventé par Federico Fellini dans *La Dolce Vita* (1959). L'acteur Marcello Mastroianni interprète un journaliste pour presse à scandales et est accompagné d'un photographe nommé Papparazzo. Le terme fait rapidement fortune pour désigner de manière de plus en plus péjorative une catégorie de photographes sans scrupules prêts à tout afin de vendre cher aux *tabloïds* des clichés « sensationnels » de personnalités célèbres (on dit aujourd'hui « *people* »).

Les papparazzi se sont institutionnalisés. Ils ont fini par constituer un réseau parallèle de recueil d'informations qui n'est pas sans rappeler les méthodes de la police, laquelle entretient désormais avec eux des liens très ambigus. Les matériels utilisés peuvent parfois rivaliser avec les moyens des services d'État. Les papparazzi ont leurs sources, leurs indicateurs qu'ils rémunèrent clandestinement.

Imperméables à toute déontologie, ils ne cherchent pas à dévoiler la vérité mais à faire sensation avec un total cynisme en pénétrant, y compris par effraction, dans la vie privée de tous. La photographie prise à l'insu de la personne peut faire scandale en comportant des implications politiques graves. La plupart du temps, elle se limite à dévoiler des secrets d'alcôve ou simplement la vie de vacances plus ou moins dénudée des « grands de ce monde ». C'est l'exercice perverti de la liberté d'information que ne parvient pas à contenir le droit à la vie privée.

Les papparazzi sont ainsi devenus les pourvoyeurs indifférents de toutes les manœuvres de désinformation et de déstabilisation à des fins politiques. La responsabilité ultime revenant aux directeurs de rédaction et propriétaires des *tabloïds*. Le harassement des paparazzi peut avoir des conséquences diverses. Soit l'exaspération d'une personne qui réagit violemment, tombe dans le piège, ce qui se retourne contre elle, soit à un sentiment d'accablement qui conduira à la dépression nerveuse (Lady Diana), parfois au suicide d'une personnalité fragile. Manipuler les paparazzi constitue aussi une tentation : les attirer, les corrompre… Tout pouvoir politique qui se hasarde à cela n'aura plus qu'à regretter avoir tenté ce jeu où il a tout à perdre.

→ ***Corrélats*** *: déontologie, déstabilisation, scoop, tabloïd.*

Paranoïa

Ce terme d'origine clinique désigne une perturbation mentale grave chez un individu. Les symptômes les plus fameux sont le délire de la persécution, le soupçon obsessionnel, l'angoisse de la trahison, la peur permanente des complots. L'ensemble prend la forme d'une fiction plus ou moins délirante qui conduit le sujet à entretenir des relations douloureuses, souvent hostiles, avec son entourage.

Denys l'Ancien, tyran de Syracuse en Sicile vit avec, suspendue au-dessus de sa tête, l'épée dite de Damoclès, emblème de l'angoisse face au tyrannicide.

La désinformation joue volontiers des « tendances » de certains dirigeants particulièrement enclins à se méfier de leur entourage et susceptibles de se laisser convaincre d'une entreprise hostile à leur égard. Le tyran paranoïaque prend alors des décisions radicales d'élimination de ses ennemis supposés. Il fait arrêter, questionner, torturer, exécuter. Autant d'actes qui se retournent contre son propre intérêt : ainsi la destruction du haut commandement de l'Armée rouge par Staline entre 1936 et 1938.

L'exercice du pouvoir, quelle qu'en soit la nature politique ou économique, surtout quand il est solitaire, favorise toujours l'inquiétude, souvent à juste titre. La déstabilisation psychologique qui recourt à la désinformation fait partie intégrante du jeu du pouvoir y compris dans les démocraties les plus affables et, *a fortiori*, dans les dictatures, au sein des gangs, dans les mouvements clandestins (notamment terroristes) et pendant les périodes de révolution.

Sans justifier ses violences, l'histoire fournit des excuses au despote paranoïaque en excipant de l'extraordinaire fréquence des assassinats dans toutes les civilisations et à toutes les époques.

La réclusion du dictateur, soigneusement organisée par un entourage de courtisans jaloux, une information toujours plus dépendante des services secrets et d'espions personnels, tout concourt à une perte progressive du sens de la réalité qui favorise les opérations de désinformation.

→ ***Corrélats*** *: chasse aux sorcières, maladie, bleuite, intoxication, Machiavel.*

Parole et maître de la parole

On ne peut qu'admirer la polysémie de ce mot, sa troublante ambivalence qui se retrouve, intemporelle, dans toutes les langues et toutes les cultures. Il est une parole d'honneur qui se donne et se reçoit : « j'ai ta parole ». Cet engagement sacré équivaut à la foi, parce que fondé sur la confiance, sur le lien symbolique entre deux êtres humains. Mais par-derrière, immédiatement, surgit l'éventualité de la défaillance, de la tromperie, du manquement, de la trahison comme s'il n'y avait de parole que pour être retirée dans une sorte d'exposition de l'imperfection de la nature humaine. On ne prête serment que pour se garantir par une sorte d'anticipation prémonitoire tragique, angoissée du fait que l'on ne respectera pas l'engagement : « Je te donne ma parole parce que je sais que je pourrais bien ne pas la tenir ».

Ainsi en va-t-il de la relation entre information et désinformation : « C'est ma parole contre la tienne ».

• Les maîtres de la parole

Ils sont rhéteurs, sophistes, avocats, tribuns, prédicateurs et prophètes. On les croit doués ou inspirés. Sans doute, mais l'art de la parole constitue avec ses procédés et ses codes, une technique très particulière exigeant une formation rigoureusement appropriée.

Le discours se fonde sur un argumentaire logique, développé par une intelligence, porté par un corps, modulé par une voix. Il est censé convaincre mais aussi enthousiasmer, émouvoir, amuser, bref jouer de toutes les cordes de la sensibilité humaine et de la psychologie d'une foule rassemblée. En situation de débat contradictoire dont le public est témoin, il s'agira de déstabiliser l'adversaire, démonter son argumentaire, là encore selon des procédés et des techniques qui ont fait l'objet d'une élaboration quasi scientifique.

La personnalité joue un rôle particulier qui n'a rien à voir avec l'apparence physique. On parle alors de charisme. C'est pourquoi tant de maîtres de la parole entrent en politique et parviennent aux positions les plus élevées, parfois même chefs d'État, grâce à ce charisme fait d'un sens inné de la prise de parole soigneusement ajusté à l'environnement et aux médias qui la retransmettent.

Dès Platon, les « maîtres de la parole », les sophistes, ont fait l'objet de maintes critiques : privilégier la technique au détriment de la vérité, pouvoir tout démontrer et son contraire en appeler plus à l'émotion qu'à la raison, bref recourir à une manipulation systématique de l'auditoire.

L'art de la parole a ses héros : Démosthène, Cicéron, le rugissement de Danton, la véhémence généreuse de Jaurès, le métal rauque de Churchill, Martin Luther King, plus récemment Tony Blair… et ses monstres : Hitler, Goebbels.

Tyran politique ou magistral technicien du discours ? La démarcation n'est pas toujours nette : à Cuba, Fidel Castro l'aura montré pendant un demi-siècle.

→ ***Corrélats** : Goebbels, Nurenberg, porte-parole.*

Pasolini, Pier Paolo

(Bologne 1922 - Ostie 1975)

Cinéaste, linguiste et poète italien, Pasolini à travers ses films et de multiples écrits polémiques a considéré que la société italienne et, plus généralement occidentale, faisait l'objet d'une entreprise de désinformation systématique visant à créer une sorte de décérébration des individus et de destruction de la culture.

Profondément impliqué dans la réflexion sur la culture moderne, Pasolini est l'auteur d'un plaidoyer radical contre la transformation culturelle de l'Italie par la télévision (il ne parle guère de la radio). Affirmant que la propagande fasciste fut incapable d'affecter en profondeur la société italienne, il annonce la destruction de toute culture par l'entreprise de normalisation abêtissante de l'ensemble de la société à travers les modèles anti-culturels distillés par la télévision. Il ne s'agit plus de désinformation mais d'une mutation de société effectuée par un nouveau pouvoir totalitaire qui récuse, par avance toute contestation.

« Nul doute, écrit-il, que la télévision soit autoritaire et répressive comme jamais aucun moyen d'information au monde ne l'a été » (décembre 1973).

Il figure parmi ces intellectuels rebelles qui ont dénoncé passionnément l'évolution de la société moderne et la prise de contrôle par des groupes de pouvoir sur un cerveau collectif artificiellement créé par la manipulation de l'information et des entreprises délibérées de désinformation. Pour Pasolini la désinformation est permanente, systématique, elle s'est faite l'instrument de gouvernement par excellence.

Pasolini fut assassiné en 1975. Cette mort provoqua d'innombrables polémiques où la désinformation trouva son compte.

➛ ***Corrélats*** : *lavage de cerveau, Orwell.*

Pavlov, Ivan Petrovitch

(Riazan, Russie 1849 - Saint-Pétersbourg 1936). Physiologiste russe, Prix Nobel de médecine en 1904

À partir de ses travaux expérimentaux sur la digestion, Pavlov élabore la théorie du réflexe conditionné. L'adaptation de l'être au milieu s'accompagne de la création de connexions nerveuses nouvelles. Contrairement aux réflexes innés, héréditaires donc inconditionnés, il est possible pour un être vivant d'acquérir des réflexes purement physiologiques. À partir de ces découvertes Pavlov développe des recherches sur le cerveau humain, ses perturbations, notamment les névroses, convaincu qu'il sera possible de parvenir à une connaissance scientifique de la psychologie humaine aussi précise que la connaissance de la physiologie animale.

Pavlov a cherché à rapprocher la psychologie et la physiologie, persuadé d'une communion possible entre l'esprit et le corps de l'homme.

Pavlov a exercé une influence considérable sur les psycho-sociologues comme Tchakhotine et certains béhavioristes américains. Ses travaux ont fait l'objet d'extensions simplificatrices dangereuses notamment dans les tentatives d'application à la psychologie des « masses » ou des foules, telle que la développait à la même époque le français Gustave Le Bon. Les dirigeants des régimes totalitaires n'ont pas hésité à sauter le pas et considérer qu'un agrégat d'êtres humains pouvait être conditionné par de pures techniques comme n'importe quel animal.

La fameuse expérience du chien qui salive à la seule audition de la sonnette associée à son repas est devenue une référence métaphorique pour désigner une sorte d'asservissement psychologique et signifier la perte du libre arbitre. Elle s'étend à la critique de la publicité et des médias de ces dernières décennies qui matraquent le public ou insidieusement lavent le cerveau. Dans son ouvrage *Brave New World* (1931), Aldous Huxley pousse à l'extrême les idées de Pavlov en imaginant une société qui conditionnerait les êtres humains dès leur naissance de manière à établir des classes sociales totalement déterminées par le conditionnement acquis.

➢ **Corrélats** : *action psychologique, masses, Huxley, répétition, Tchakhotine.*

Pentagon Papers

En 1969, peu de temps après l'élection de Richard Nixon, un ancien fonctionnaire de l'administration démocrate, Daniel Ellsberg communiqua au Washington Post 7 000 pages de documents secrets concernant la guerre du Vietnam, en violation des règles de confidentialité auxquelles il était tenu. Bien que ces documents n'aient concerné que l'administration Johnson, le nouveau président engagea des poursuites ainsi qu'une campagne de désinformation visant à la fois l'authenticité des documents révélés et la personne d'Ellsberg.

Universitaire tenu pour une de ces « têtes d'œufs » réunis en 1961 par le secrétaire à la Défense Robert MacNamara, élève de l'économiste Thomas Schelling, auteur d'une thèse sur l'usage du chantage, Ellsberg a voulu démasquer la manière dont la guerre du Vietnam fut déclenchée et conduite dans les toutes premières années à l'insu du public, des médias et du Congrès. Il s'engageait ainsi dans une opération de contre-désinformation.

Car ces documents démontraient la manipulation permanente des statistiques et dévoilaient la manœuvre de désinformation à l'égard du peuple américain que fut la soi-disant attaque de l'US Navy par la marine du Nord Vietnam, dite « affaire du Golfe du Tonkin », pour provoquer la guerre contre le Nord Vietnam et justifier les bombardements aériens sur la zone Hanoï-Haïphong.

La nature du problème tenait à la stratégie de l'administration Johnson, largement inspirée par le secrétaire d'État à la Défense M. Robert McNamara, à la désinformation organisée par certains services et à l'implication de très hauts fonctionnaires qui se trouvaient donc au cœur du scandale.

Bien qu'elle n'ait pas été directement impliquée dans ces affaires, la nouvelle administration américaine de Nixon ne s'y trompa pas. Elle réagit avec une grande virulence. Ellsberg fit l'objet d'une action en justice pour divulgation de documents secrets. Il devint aussi la cible d'un espionnage systématique, orchestré par ceux-là mêmes qui, en raison du scandale du Watergate, allaient être surnommés les « plombiers » de la Maison Blanche. L'appartement de son psychiâtre fut cambriolé afin de développer une campagne de calomnies visant à réduire la crédibilité de ses révélations. Mais une fois de plus il était trop tard.

➢ **Corrélats** : *faux, provocation, statistiques, Watergate, WikiLeaks.*

Peur

Cette réaction émotionnelle, instinctive est réputée, non sans raison, « mauvaise conseillère ».

La création du soupçon, de l'anxiété et de la peur dans l'esprit de la « cible » constitue l'envers de la confiance que cherche à provoquer la désinformation. Il s'agit toujours d'abuser. Quelle que soit la forme de la tromperie, le but reste identique : faire agir la cible désinformée contre ses intérêts ou, par ricochet, contre l'adversaire (mais toujours au bénéfice du désinformateur).

La peur conduit, en effet, à des réactions brutales, désordonnées, excessives. Les rumeurs constituent un outil particulièrement efficace dès lors qu'elles sont orchestrées.

➛ ***Corrélats*** : *complot, confiance, Grande Peur, masses, rumeur.*

Pirate

Hors-la-loi des mers, équivalent océanique du « bandit de grands chemins » terrestre, le pirate est considéré comme un criminel mû par l'appât du gain. Ne respectant aucune règle, il n'est protégé par aucun droit. Pas de tribunal, point de procès, un seul châtiment : la mort infligée selon des modalités parfois cruelles, supposées faire exemple. Le pirate n'a d'autre nationalité que la mer. Contrairement aux corsaires comme Surcouf qui signent des contrats en bonne forme avec les États, c'est un apatride qui n'a pas d'attaches avec les marines de guerre des États, lesquelles sont supposées coopérer afin de détruire ce « fléau ». La course constitue une forme de lutte asymétrique du faible contre le plus puissant, celui qui domine la mer et celui qui, dominé, doit recourir à une guérilla navale faite de ruse et de déception. La course s'autorise à ne hisser son vrai pavillon qu'au moment où le combat est devenu inéluctable !

La piraterie apparaît comme un mode d'action très particulier qui recourt à toutes les tromperies, aux faux signaux dans un milieu fait d'emblèmes affichés, donc d'apparences.

C'est pourquoi les interprétations et appréciations varient étrangement. Drake le pirate devient Sir Francis Drake, amiral d'Élisabeth d'Angleterre qui détruit l'Invincible armada sauvant le pays de l'invasion espagnole. Force est donc de constater l'extraordinaire similitude, entre un pirate et un terroriste, qu'enregistre la langue commune : pirate de l'air et pirates informatiques de l'âge informationnel. Tous pratiquent la tromperie et cherchent à manipuler les médias. Tout en conservant aujourd'hui ses caractéristiques traditionnelles en mer de Chine et au large de la Somalie, la piraterie s'est enrichie des pirates de l'air qui recourent au détournement d'avions et parfois à la prise d'otages de leurs passagers et les pirates informatiques ou *hackers*. Au départ, il s'agit d'amateurs, de dandys que regroupent d'étranges clubs, puis survient l'intérêt pour des États de recourir à des organisations écrans qui interviennent sur contrat.

Chaque fois que se crée une nouvelle dimension d'affrontement potentiel et que se développe un flux d'activités lucratives surgissent des pirates.

➛ ***Corrélats*** : *faux, guerre de l'information, otages.*

Pogrom

Manifestation violente de haine raciale provoquée, manipulée et dirigée par des régimes autoritaires afin de détourner le mécontentement populaire.

Les Juifs en furent victimes au XIXe en Ukraine (Nikolaïev, 1899) puis dans les débuts de la dictature nazie (nuit de cristal, 1938). Ce déchaînement meurtrier de masse s'exerce contre les minorités religieuses ou ethniques à travers le monde. Le petit commerce (chinois, libanais…) tenu par des étrangers réputés s'enrichir sur la misère du peuple est souvent l'objet de ces émeutes primitives. Le lynchage des Noirs aux États-Unis, les « ratonnades » anti-arabes en Algérie française s'apparentent aux pogroms. Souvent les foules sont encadrées, à leur insu, par des agents provocateurs chargés de mettre le feu aux poudres, de déchaîner la violence et de l'orienter sur les cibles prédéfinies. Plus récemment (juin 2010), les Ouzbeks du Kyrgyzstan en furent victimes lors des affrontements touchant l'Ouzbekistan.

➢ ***Corrélats** : génocide, masses, peur, provocation, rumeur.*

Poisson d'avril

Plaisanterie de nature carnavalesque à laquelle, en France, on a coutume de se livrer le 1er avril. Il s'agit non seulement de coller une image de poisson dans le dos de chacun mais aussi de faire croire à une invraisemblable histoire.

« On va démonter la tour Eiffel, la tour de Pise s'est redressée, les martiens ont attaqué… » Tout est affaire de qualité de la présentation d'un énorme mensonge qui, en principe, ne peut causer aucun dommage à la personne qui en est dupe. Pris dans ses routines, le spectateur et l'auditeur distraits gobent d'autant plus facilement que le poisson leur est offert par le truchement d'un présentateur familier dans le cadre d'une émission habituelle. Chacun oublie étourdiment la précaution qui consiste à ne rien croire un 1er Avril. La fin de cette innocente tromperie consiste à révéler rapidement qu'il n'en était rien : « poisson d'avril ! » crie-t-on joyeusement.

Le « contre » poisson d'avril consiste à affirmer que n'a pas eu lieu ce qui s'est pourtant réellement passé. Ce sont les « *hoax* », tels que « On n'a jamais marché sur la lune » ou « le Pentagone n'a pas été attaqué le 11 septembre 2001 ». La désinformation relève de cette démarche, à ceci près qu'elle ne se limite pas au 1er avril.

➢ ***Corrélats** : calomnie, complot, dupe, présentateur, rumeur, Welles.*

Porte-parole

À l'âge de l'information, afin de communiquer avec la presse, les gouvernements ont créé une fonction particulière destinée à assurer la communication, celle de porte-parole. Il donne la version officielle et répond aux questions de la presse nationale et étrangère.

Chaque institution s'est désormais dotée d'un porte-parole. La cohérence du message gouvernemental s'en trouve parfois fortement entamée. La relation dont la qualité est essentielle pour un gouvernement constitue un véritable champ de bataille ou en termes plus triviaux une « fosse aux lions ».

Devenue stratégique la communication suppose une extraordinaire subtilité diplomatique souvent appuyée sur des relations personnelles. Pour communiquer, l'exécutif peut favoriser ses médias préférés, au détriment des autres. Il contraint ainsi ces « délaissés » à un rapprochement au prix d'une inflexion de leur position critique. Tout est négocié, tout est sujet à modifications. L'accréditation des journalistes, notamment étrangers, auprès des services de communication étatiques fait l'objet de tractations complexes et de variations sujettes à la qualité des relations diplomatiques d'un État à l'autre.

➢ ***Corrélats** : embedding, décideur, intoxication.*

Potemkine, Grigori Aleksandrovitch

(Tchiskhovo, Biélorussie 1739 - Skaliany, Bessarabie 1791). Ministre et favori de Catherine II, tzarine de Russie.

Afin de faire croire au succès des réformes agraires et de la mise en valeur des régions sibériennes nouvellement colonisées, Potemkine fait construire des façades riantes attestant aux yeux de la souveraine du succès.

Ce fait dont on a volontiers exagéré l'ampleur témoigne de l'empressement d'un entourage courtisan à désinformer le décideur suprême sur la réalité. À la flatterie ordinaire se substitue une entreprise systématiquement organisée de tromperie dont les conséquences peuvent s'avérer considérables.

Loin d'avoir été abandonnée, cette pratique se retrouve presqu'à l'identique dans certains pays qui cherchent à masquer la misère réelle derrière des apparences positives rassurantes aux yeux soit des dirigeants, soit des visiteurs étrangers. Et pas seulement la Corée du nord. Le trajet de la capitale à l'aéroport international qui la dessert fait l'objet de ce genre de mise en scène destinée à masquer les bidonvilles, les chantiers à l'abandon, bref tous les stigmates du sous-développement et de l'injustice sociale. Une variante de ce procédé consiste à truquer les statistiques économiques comme ce fut le cas en Union soviétique ou encore à organiser des sondages rassurants pour le dirigeant.

Les services de renseignements américains nommèrent activités Potemkine, les leurres créés par les Soviétiques en matière de missiles afin de fausser les statistiques et d'égarer le ciblage.

Un décideur, un chef d'État peut n'avoir de pire ennemi que ceux qui entreposent entre lui et la réalité l'écran des « villages Potemkine ». Mais le jeu ne s'interrompt pas forcément. Le dirigeant peut châtier les mauvais conseillers qui l'ont abusé.

→ ***Corrélats** : apparences, courtisan, décideur, imposture, illusion, leurres, mise en scène.*

Préjugé

État d'esprit d'une personne qui par avance s'est fait un jugement sur un sujet donné. En dépit des arguments représentés, des informations supplémentaires, elle conserve avec obstination son opinion initiale. On parle parfois « d'idées toutes faites ». Qu'est-ce qui est à l'origine d'un préjugé ? L'éducation et la culture engendrées par le milieu social ou les intérêts liés au milieu professionnel ? Immense, le débat reste ouvert.

La désinformation se soucie peu de le clarifier. Au contraire, elle s'appuie sur les préjugés existants, contribue à les renforcer et même à en fabriquer de nouveaux. Elle peut ainsi jouer sur des réactions prévisibles, compter sur des réactions quasi-automatiques à une campagne de rumeurs. Le préjugé constitue une défaillance du jugement qui obscurcit la connaissance de l'information, fait obstacle à la connaissance scientifique et trouble la décision. Il touche toutes les personnes, toutes les catégories sociales, tous les groupes ethniques et religieux. En ce sens les préjugés pèsent parfois aussi lourd que les analyses les plus fines d'une situation complexe.

Il existe ainsi des formes spontanées de désinformation. Elles se développent sur la base de recherches universitaires qui ne sont pas manipulées mais correspondent à des égarements de l'analyse souvent faussée en amont par des préjugés. Mais toute l'histoire de la connaissance humaine a progressé et parfois régressé dans cette situation d'affrontements contradictoires entre une volonté de savoir et une recherche de vérité d'un côté et, de l'autre la présence de préjugés qui n'atteignent pas l'esprit du chercheur. S'il se savait lui-même animé d'un préjugé, son investigation s'en trouverait immédiatement libérée. Quiconque se soupçonne de préjugé n'en a déjà plus. Rien de plus dangereux que la conviction d'être dans le vrai.

→ ***Corrélats*** : *opinion, révisionnisme, rumeur, sectes, superstition.*

Présentateur de l'information

Il ou elle fixe frontalement le spectateur d'un œil clair qui ne cille pas sous le maquillage, même si en face de lui sur un autre écran défile son texte, même si dans ses discrets écouteurs des messages techniques lui apportent des indications parfois confuses et irritantes. Dur, dur et stressant métier !

Le présentateur dit la vérité, les yeux dans les yeux. Il est l'incarnation de l'objectivité. Simultanément c'est un acteur qui sait d'un sourire inciter à la bonne humeur, d'un froncement de sourcil évoquer la gravité, d'une altération de la voix suggérer l'émotion pudique ou la légitime indignation. La règle est de respecter une retenue cohérente avec la nature « *cool* » du médium et d'éviter tout excès. Ni colère, ni jubilation, tout est ramené à un niveau plat qui conforte l'idée d'objectivité. Le présentateur s'efface derrière les faits présentés par les reportages en images qui sont censés attester l'authenticité de l'information orale.

Qui pourrait soupçonner de mensonge cet être familier et rassurant qui régulièrement, à la même heure, pendant des années, crée un lien de confiance ? Et pourtant… Il ne fait qu'énoncer des faits sélectionnés, préparés. Triée, autocensurée, l'information est ce qui reste quand on a éliminé tout ce qui gêne, tout ce qui n'entre pas dans la ligne rédactionnelle de la chaîne, tout ce qui peut contrarier tel ou tel pouvoir, politique ou financier. Si l'on sort du cadre national et que l'on considère des pays étrangers parfois pris dans des situations de guerre, on constate la même relation au présentateur tout simplement parce que le modèle et les techniques américaines ont fini par s'universaliser. Il y a encore des situations « attardées » où le présentateur n'offre guère d'intérêt parce que, mauvais acteur, il débite d'une manière monocorde un discours de propagande convenu, la langue de bois d'État. Ainsi en est-il des présentatrices de la TV d'État iranienne qui, en tchador, frontalement, sans grâce ni sourires débitent gravement le message officiel qui défile devant leurs yeux. On rencontre des situations plus inventives mais plutôt radiophoniques lorsqu'il s'agit de propagande à destination des troupes ennemies dans le cadre de la guerre psychologique visant à saper le moral adverse, comme ce fut le cas au Vietnam des émissions de Radio Hanoï à l'intention des GI's. Même s'il est clair que l'ennemi parle, même s'il est évident qu'il cherche à désinformer, même si l'écoute se fait au deuxième degré comme une « bonne blague », l'effet proprement médiatique de la familiarité, l'insertion d'éléments exacts au milieu des mensonges produit des effets. Bref nul ne peut se croire à l'abri des pouvoirs d'un bon présentateur.

→ ***Corrélats*** : *CNN, confiance, objectivité, porte-parole.*

Preuve

En anglais « *evidence* » on ne saurait mieux dire.

« Nous allons, preuves à l'appui, vous montrer… » Telle est la phrase rituelle qui vaut dans les procès d'assises et à peine moins pesamment dans les actualités télévisuelles. Le présentateur exhibe les preuves recueillies par les « correspondants sur place ». Voici assurée l'objectivité mais par quoi ?

La preuve n'est trop souvent qu'un faux fabriqué pour désinformer et égarer le jugement. Par exemple, dans un domaine trivial, exhiber des armes, des paquets de drogue devant les caméras et les photos des journalistes est devenu une pratique courante.

Pour prouver quoi ? La culpabilité d'un adversaire, la capacité de nuisance d'une organisation criminelle. Il n'y a pas d'opération de police ou de forces de l'ordre engagées dans des affrontements avec des criminels, des insurgés qui ne soit assortie de cette « preuve ». Preuve qui ne prouve rien mais qui exhibe pour impressionner, pour donner une justification à l'action des forces et les complimenter pour ce beau « tableau de chasse » et qui, de surcroît, donne à penser à l'opinion que l'adversaire est affaibli. Quiconque connaît la complexité des transferts d'armes sait bien que l'origine ne coïncide pas nécessairement avec un véritable engagement politique. Les industriels de l'armement servent leurs clients privés, en l'occurrence les sociétés des trafiquants professionnels à leur tour revendeurs sur tous les théâtres d'affrontement.

Répétitives et convenues, ces images sont, de plus, interchangeables. Car telle séquence peut parfois concerner une autre affaire que l'on « repasse » en illustration, faute de mieux. Quel spectateur sera en mesure de juger ?

Les visites organisées et guidées de sites suspects constituent des opérations de désinformation d'État, à un niveau de complexité parfois important. Pour tromper on peut aller jusqu'à reconstituer un double des parties essentielles d'une installation exactement comme dans un décor de cinéma. Tel semble avoir été le cas en 1962 lors de la visite du réacteur de recherche de Dimona qu'avait imposé John Kennedy au terme d'un bras de fer diplomatique.

Le colonel-président Kadhafi organise pour les journalistes en 1989 la visite de l'usine chimique de Rabta. Ils ne peuvent que repartir en ayant constaté la normalité de la situation. Depuis 2003, l'Iran mène une étrange entreprise consistant à dissimuler des activités qui font preuve de manquements sans toutefois apporter une certitude quant à la violation de leurs engagements dans le cadre du Traité de non-prolifération. Il n'a jamais été possible de détecter autre chose que des efforts visant à effacer les preuves d'activités anciennes.

Il n'est autorisé à voir que des effets, des résultats, jamais les processus conduisant au résultat. Autant dire que ce spectateur est manipulé au gré d'intérêts visant à créer une opinion qui, par la suite se reflétera dans les sondages. La boucle est ainsi bouclée. Le sondage reflète non plus l'état de l'opinion, sous-entendu la vraie sensibilité et les perceptions originales de la communauté citoyenne, mais les apparences fournies au spectateur. Rien de tangible, rien de vérifiable.

La désinformation va bien évidemment se saisir de ce terrain pour faire croire à la responsabilité d'un État dans un affrontement. Des armes tchèques prouvaient « la main de Moscou ». Tantôt vrai, tantôt faux. Les services sont là pour organiser la fabrication des preuves. Les photos satellites constituent des preuves rarement irréfutables. Tout dépend de la qualité des données recueillies et de l'analyse qui en a été faite. En outre elles sont jalousement protégées par le « secret défense » et ne font l'objet que d'une communication sélectionnée lors de briefings fermés, eux-mêmes soigneusement organisés au bénéfice des Alliés. La seule parade à l'égard de cette semi-désinformation est de disposer de ses propres sources de ses propres données qui vont constituer autant de contre preuves au service de la contre-désinformation.

Utilisation de documents interceptés, des vidéos confuses montrant des camions à peine identifiables, d'écoutes à peine audibles qui ne disent rien d'autres que l'interprétation que l'on impose par le biais d'un commentaire tout à fait extérieur fonctionnant comme une sorte de voix *off*.

Un must en matière de désinformation par la preuve ostentatoire : le général Powell exhibant, début 2003, à la tribune des Nations unies, son éprouvette de manière à l'associer dans l'esprit du spectateur à la menace biologique. Qui, dans l'opinion américaine, à ce moment, va douter de sa parole ?

La preuve de l'existence de Dieu, de la vérité de la parole des prophètes constituent autant de sujets encore brûlants dans les croyances humaines. L'attestation de l'existence de Jésus-Christ, des miracles ayant entouré sa vie et surtout sa mort a été servie par d'innombrables preuves. Une des plus remarquables est le miracle du saint suaire de Turin qui conserverait comme photographiée l'image du visage du Christ.

La preuve par l'image constitue pourtant un des formes les plus douteuses : photo, film, vidéo. Elle bénéficie de l'effet d'évidence qui impressionne l'esprit humain avant même que son esprit critique ait pu intervenir. La sensation l'emporte sur le raisonnement dont l'effet arrivera trop tard pour corriger la décision et l'action qui en résulte.

→ ***Corrélats*** : *apparences, Dreyfus, faux, goéland, maquillage, mise en scène, miracle, montage, parole, présentateur, trucage, vérification, voix off.*

Protocoles des Sages de Sion

Cet opuscule attribué à un conseil juif a été diffusé en Russie à partir de 1903. La police politique tzariste cherchait à développer l'antisémitisme qui s'était déjà manifesté lors des pogroms d'Ukraine pour faire des Juifs un bouc émissaire susceptible de détourner le mécontentement social. Ce document a été fabriqué de toutes pièces à Paris par un obscur journaliste, Mathieu Golovinski, sur commande de la Tchéka. Il présente les comptes rendus de réunions secrètes d'importantes personnalités juives mettant sur pied une stratégie de domination du monde par les formes de manipulations les plus diverses : révolutions, crises financières, et bien sûr, désinformation.

Le succès fut énorme. Les traductions des *Protocoles des Sages de Sion* se multiplièrent non seulement en Europe mais à travers le Moyen Orient. En 1920, *The Times* en faisait la publicité prudente avant de se rétracter un an plus tard. La supercherie intellectuelle fut découverte mais les preuves irréfutables manquaient. Le nazisme tira largement parti de l'ouvrage. Ce n'est qu'en 1992 que l'ouverture des archives de la Tchéka permit de découvrir qui était Golovinski. Pour autant les *Protocoles* n'ont pas terminé leur carrière de désinformation servant de matériel pour les extrêmes droites racistes et pour alimenter une culture populaire antisémite dans une grande partie du monde musulman.

Ce faux pose avec acuité le problème de la preuve au regard des opinions et des manipulations d'État. La réfutation de l'authenticité de ce document se voit récusée au nom du complot visant à le présenter comme un faux. La spirale est sans fin qui ne tient pas à l'objectivité mais aux racines de la croyance, de l'aptitude à adhérer au message des *Protocoles*. Les meilleures preuves s'avèrent vaines quand persistent les préjugés culturels et les convictions idéologiques.

→ ***Corrélats*** *: complot, faux, préjugé, preuve.*

Provocation

C'est une machination, un dispositif plus ou moins soigneusement organisé, destiné à déclencher un événement brutal, bouleversant le cours ordinaire des choses et favorisant des mutations radicales, souvent brutales de la situation politique existante. Il est de petites provocations lors d'une simple manifestation pour des objectifs limités et de plus ambitieuses qui visent le plus haut niveau de l'État. Chef de la police de Bonaparte, Fouché manipule Cadoudal lors de l'attentat de la rue Saint Nicaise (1801). Plus proche dans le temps le « *Bloody Sunday* » de 1971 brisa pour quarante ans les négociations sur l'Irlande du Nord. Qui a donné l'ordre ? Qui a suggéré ? Qui a laissé faire ?

En général, la provocation constitue une incitation agressive visant à entraîner une riposte violente, laquelle constituera une faute dont la responsabilité retombera sur celui qui a été provoqué. Elle s'apparente au stratagème.

Dans le cas de la désinformation la provocation est masquée, montée de toutes pièces et conduite par ce qu'il est convenu d'appeler des agents provocateurs infiltrés ou parfois même manipulés à leur insu.

Agent de l'Okhrana (police politique secrète) tzariste, le pope Gapone incite la foule à manifester lors du « dimanche rouge » de 1905 afin de déclencher une répression destinée à briser la montée du mécontentement populaire et l'action des organisations d'opposition politique faisant suite à la défaite face à l'armée japonaise en Extrême Orient.

Dans les régimes totalitaires, il est coutumier, pour se débarrasser d'un adversaire politique, de l'accuser d'être un agent provocateur au service de l'ennemi. L'assassinat d'un proche dirigeant servira de prétexte à une vague de répression. *L'Histoire du Parti communiste (bolchevik) de l'Union soviétique,* rédigée à la fin de 1939, constitue une sorte de monument de la littérature politique qui explique tout par la provocation et le complot !

À un niveau plus élevé, un acte provocateur incitera un État à entrer en guerre (dépêche d'Ems, récente guerre de Géorgie de 2008). Parfois les provocations sont réciproques. Mais toujours selon la logique de renversement des situations, on peut agresser un État en arguant de ses activités provocatrices purement fictives ou bien encore que l'on aura soi-même organisées clandestinement. Durant la guerre froide les accusations de provocation ont fini par devenir la matière même de cet affrontement.

Il existe évidemment un penchant intellectuel à voir des provocations partout et à accuser son adversaire d'être un provocateur délibéré. Désinformation et contre-désinformation s'affrontent publiquement, se disputant le contrôle de l'opinion publique et l'adhésion de la communauté internationale, plongeant le citoyen dans une douloureuse perplexité. Les médias constituent des supports passifs qui ne font que répercuter sans s'engager, à l'exception de quelques journalistes de terrain, très isolés. Une fois la vérité établie, toujours trop tard, vient le cérémonial du repentir.

→ ***Corrélats*** : *complot, mouchard, Ems, Fouché, intoxication, intrigue, Reichstag.*

Purges

Ce terme, emprunté au lexique médical, s'est appliqué aux règlements de comptes violents au sein des appareils de pouvoirs totalitaires. Les purges sont intimement liées à la désinformation. En effet elles exigent soit une parodie de justice, soit à tout le moins des accusations fondées, des preuves tronquées, des rumeurs calomnieuses justifiant un coup de force.

S'il peut y avoir des purges sans autre forme de procès, on constate qu'une parodie de justice a souvent la préférence des dictateurs. Elle aura donc besoin de « preuves » fournies par les services et d'aveux extorqués par divers processus de coercition physique et psychologiques. Le prétexte, parfois très fondé, de la corruption permet aussi de se débarrasser d'un rival ou d'une faction adverse. Mais cet accès de vertu est évidemment une décision politique. La liquidation des SA par Hitler lors de la « nuit des Long Couteaux » en 1934 visait à satisfaire l'armée, dont les chefs furent bientôt à leur tour les victimes, l'ensemble aboutissant à la domination absolue du double système SS-Gestapo. Toutes les dictatures à travers le monde continuent à recourir à des purges comme outil de consolidation du pouvoir du dirigeant suprême du parti unique (Corée du Nord, partis baathiste syrien et irakien aujourd'hui disparu). Son entourage et son propre clan ne sont jamais à l'abri d'être victime de purges. Cela entretient un climat de suspicion permanente et généralise la paranoïa politique.

En Union soviétique les purges constituèrent une pratique systématique de gestion du pouvoir stalinien afin d'interdire la formation de courants d'opposition et d'éliminer des rivaux potentiels : la liste est longue : Trotski, Kamenev, Zinoviev, Boukharine, les chefs de l'armée rouge. Il en fut de même en Chine lors de la grande révolution culturelle prolétarienne lancée par Mao Zedong pour consolider un pouvoir vacillant contre les « révisionnistes ». La technique de la purge, comme outil de gouvernement, consiste à s'appuyer sur les uns pour éliminer les autres puis, une fois le résultat obtenu, se débarrasser de ses propres alliés. Durant la période terroriste de la Révolution française, Robespierre avait montré l'exemple liquidant tantôt les Exagérés, tantôt les Indulgents lors de mascarades de procès pour finalement succomber lui-même en Thermidor 1794. Ce jeu est en effet dangereux pour celui qui le pratique. Il suscite l'inquiétude exaspérée des victimes potentielles qui peuvent s'unir à temps pour se débarrasser de la menace qui pèse sur leurs têtes. De surcroît, le dictateur peut être leurré par une opération de désinformation montée cette fois sans qu'il le sache par des services étrangers et dont il est, au final, la véritable victime. Même si, une fois encore les archives sont lacunaires et les preuves fort rares, les historiens s'accordent pour penser que les purges dans l'Armée rouge furent déclenchées par une opération d'intoxication menée par l'Abwehr (service de renseignements militaire allemand) de l'amiral Canaris. En 1939 les cadres militaires soviétiques avaient disparu.

La purge douce n'épargne pas le monde démocratique. On n'élimine pas physiquement mais pour se débarrasser d'un rival, pour le discréditer à jamais et garder le pouvoir, la calomnie et les complots pourront permettre de transformer un conseil d'administration de grande société.

→ ***Corrélats** : amalgame, aveu, Béria, calomnie, complot, Kirov, paranoïa, preuves.*

R

Racisme

La désinformation a trouvé là un de ses thèmes majeurs d'une efficacité redoutable. Pourquoi ? Il existe bien, au XIXe siècle des conceptions « scientifiques » qui conduisent à distinguer – selon les critères d'une biologie encore balbutiante mais très assertive – entre des races. En fait, derrière les couleurs et certains traits morphologiques, il s'agit plutôt de différenciations ethniques. Passant après l'anthropomorphisme – cher à Balzac – la sociobiologie introduisit des critères hiérarchisant. Certaines races étaient tenues pour supérieures et d'autres inférieures. Bien avant les délires racistes du nazisme, les colonisateurs avaient fait un principe de l'infériorité des « jaunes » et des « noirs ». On dira qu'il ne s'agit que d'énormes erreurs scientifiques. La désinformation intervient lorsque la notion de race, entendue dans un sens discriminatoire sert des objectifs idéologiques à des fins de prise du pouvoir et de contrôle des masses populaires.

L'antisémitisme rampant dans les sociétés occidentales chrétiennes (aussi bien françaises que britanniques, allemandes, polonaises et russes, pour ne rien dire des États-Unis) prit alors une dimension nouvelle, amalgamant de très anciens mythes préchrétiens et des considérations biologiques. Une nouvelle propagande se développa combinant de fausses informations, des réinterprétations historiques falsificatrices et des croyances sur la race aryenne « pure ». Aux États-Unis, les White Supremacists constituent un groupe qui persiste à faire l'apologie de la supériorité de la race aryenne, allant bien au-delà des conceptions assez élémentaires du Ku Klux Klan.

Par un tragique renversement de situation, l'antiracisme, aussi légitime que nécessaire, peut donner lieu à des dérives délibérées correspondant à de véritables campagnes de désinformation. Afin de se débarrasser d'un adversaire politique son opposant cherchera à faire tomber sur lui ne serait-ce que le soupçon disqualifiant de racisme. Aujourd'hui encore certaines personnes restent convaincues de l'antisémitisme de Richard Wagner en raison du goût de Hitler pour ses opéras. Le chauvinisme et, plus encore, la xénophobie sont aisément assimilés au racisme alors qu'ils se fondent sur le critère d'appartenance nationale et ethnique sans faire intervenir de critères biologiques. Mais il est vrai que ces trois positions ont tendance à faire bon ménage.

→ ***Corrélats*** *: calomnie, croyance, diffamation, Dreyfus, lobby, négationnisme, renversement, rumeur.*

Radio Télévision Libre des Mille Collines

Station rwandaise qui appela au massacre des populations tutsis en des termes d'une extrême violence, attisant la haine raciale sur la base de rumeurs, de superstitions. C'est la désinformation faite information. Elle ne s'insère plus parmi des faits authentiques, elle s'est substituée à toute réalité. On serait tenté de parler de « désinformation totale ». Créée en juillet 1993 la Radio Télévision Libre des Mille collines (RTLM), cesse ses émissions mi-juillet 1994.

C'est l'émanation de « l'akazu », organisation des radicaux hutus. Provoquant la panique des populations, elle contribue à jeter sur les routes, par dizaines de milliers, des civils en utilisant toutes les rumeurs terrifiantes. RTLM se replie rapidement à Goma, au Zaïre ce qui rend encore plus difficile son éventuelle neutralisation.

Fallait-il, pouvait-on faire taire RTLM ? L'Opération militaire Turquoise d'interposition a-t-elle protégé RTLM indirectement en lui fournissant un asile? Sans que l'on puisse mesurer avec certitude la dimension exacte de son rôle, sa neutralisation par les forces de l'ONU aurait certainement contribué à réduire l'exaltation psychique des « combattants » et à diminuer d'autant le niveau de violence. Mais une telle action n'entrait pas dans le mandat de la force alors engagée. RTLM continua donc à attiser les braises dans une logique de génocide.

Ce cas tragique pose la question cruciale du recours légitime à la force contre ceux qui incitent à un monstrueux usage d'une violence armée indiscriminée et qui pour le justifier recourent à une désinformation totale.

Lors de la guerre du Kosovo de 1999, la destruction par l'aviation de l'OTAN de la radio centrale serbe à Belgrade a suscité d'intenses controverses tant à l'époque qu'aujourd'hui encore. La cible était-elle légitime ? Radio-Belgrade n'était-elle qu'un outil de propagande et de désinformation entre les mains de Slobodan Milošević ? Appelait-elle vraiment au massacre systématique des Albanais du Kosovo ? Peut-on envisager de tuer des journalistes et des techniciens qui font leur travail sans être forcément d'accord avec le gouvernement ? Du point de vue de l'efficacité politico-psychologique, dès lors que l'objectif est de faire plier la volonté de résistance de l'ennemi, ses instruments d'information-désinformation constituent, en logique, des cibles prioritaires. Mais en droit international, sans mandat explicite des Nations unies, ces opérations n'étaient pas justifiables.

→ ***Corrélats** : génocide, intoxication, masses, pogrom, racisme, superstition.*

Ratés

Les opérations de propagande et de désinformation connaissent parfois des échecs redoutables. Pour la propagande ouverte, le dommage consiste à ne pas toucher son audience, par indifférence ou du fait d'une erreur quant à l'efficacité du message. Pour la désinformation, le raté consiste à être démasqué. Tel est pris qui croyait prendre ! Le faux témoin est confondu. Le trucage du document est révélé. La campagne, ses relais et ses rouages sont mis à jour ; les agents d'influence confondus. Des gouvernements soudainement pris en flagrant délit de mensonge d'État vacillent.

Les ratés de la propagande ouverte sont les mieux connus et les plus nombreux. L'Allemagne hitlérienne, envahissant l'URSS prétendit libérer les nationalités notamment ukrainiennes mais aussi le peuple russe de l'oppression stalinienne. A priori, compte tenu de l'horreur de la collectivisation forcée entre 1928 et 1938, les troupes allemandes, soutenues par des forces nationalistes ukrainiennes auraient pu effectivement être accueillies en libérateurs. Il n'en fut rien. Le comportement de la Wehrmacht mais plus encore les opérations des troupes SS sur les arrières révélèrent le projet exterminateur des nazis. Cette promesse de libération n'était en somme qu'un mensonge de plus.

À une échelle plus modeste, dans un registre purement médiatique, relevons les tentatives de la propagande irakienne lors de la guerre du Koweit de 1990-1991 pour contrer la propagande des alliés. Au début de la guerre du Koweit, lors d'une émission télévisée le président Saddam Hussein s'exhibe en compagnie d'un petit garçon anglais parmi les résidents étrangers interdits de sortie donc gardés en otage en Irak. Afin de démontrer que l'enfant est bien traité Saddam l'interroge, lui demande s'il mange bien, s'il a eu son porridge au petit déjeuner, etc. Le résultat s'avère désastreux tant la manipulation est évidente. L'effet de dénotation médiatique donne le sentiment d'un ogre disposant de la vie d'un enfant, l'insistance sur le fait de manger accroît l'association négative. Nul en Irak n'avait semble-t-il pensé à cela. L'écart culturel produit un raté complet qui, par contrecoup, renforce la propagande des États-Unis et de leurs alliés.

Dans le cas de la désinformation, il convient de tenir compte du facteur temps. Si l'entreprise de désinformation est révélée avant même son démarrage, si elle est démasquée en cours de réalisation, c'est catastrophique. Mais si l'opération n'est révélée qu'après coup, le succès absoudra souvent la tromperie.

Il existe aussi des situations intermédiaires, la supercherie révélée s'inscrit dans un contexte incertain qui permet de rattraper ses bévues et, selon une belle expression, de « noyer le poisson » : assommée d'informations contradictoires, de nuances et de réserves par des médias privés de repères, l'opinion ne sait plus très bien à quoi s'en tenir. L'oubli médiatique fait le reste. On est déjà passé à autre chose.

Ce « savoir-défaire » constitue un élément particulièrement important de la désinformation qui, lorsqu'elle est mise en œuvre par des professionnels sérieux, prévoit les solutions de récupération, grâce à des plans de couverture qui permettent de bloquer l'investigation avant qu'elle ne remonte vers la responsabilité gouvernementale. On sacrifie des « lampistes », des « fusibles ». On remplace le mensonge éventé par un autre, plus robuste. Saddam Hussein n'avait pas d'armes de destruction massive ? Qu'à cela ne tienne, l'Irak fut attaqué pour libérer le peuple contre une atroce dictature et établir la démocratie.

Action de communication par la violence, le terrorisme s'expose aussi à de tels ratés. L'excès destructif peut engendrer une réprobation politique, idéologique gravement pénalisante pour l'organisation responsable. Les attentats du 11 septembre créèrent un phénomène de ce type, permettant aux États-Unis d'agir avec le concours de leurs alliés traditionnels mais aussi de la plupart des pays musulmans et de la communauté internationale. Al Qaida était quasiment détruite fin 2002. L'exploitation excessive de ce succès initial par l'invasion de l'Irak retourna la tendance.

Cependant il convient de faire la part entre les réactions de court terme et les effets à long terme. L'agression de Munich lors des Jeux olympiques suscita une vague générale de réprobation. Mais dans sa brutalité, elle produisit progressivement une prise de conscience de la situation des Palestiniens que surent exploiter Yasser Arafat et l'OLP, tout en prenant les distances convenables. Cet effet « bouteille à la mer » ou « chiffon rouge » est difficile à manier car on ne sait pas ce qui va se produire ensuite, tout va dépendre de la réaction de l'adversaire qui, espère-t-on, ripostera de travers.

Ces ratés s'expliquent par de nombreuses raisons, parmi lesquelles figurent :

– incohérence des stratégies et des projets politiques ;

– le manque de coordination des acteurs (sortez ou nous bombardons, les soldats sortent juste au moment où le bombardement a lieu !) ;

– la méconnaissance culturelle profonde de l'audience adverse et des effets spécifiques du médium en fonction de l'environnement (les haut-parleurs de la Bundeswehr en Bosnie appelaient les populations au calme mais le son et surtout l'accent germanique évoquaient tragiquement la Seconde Guerre mondiale ; Al Qaida en Mésopotamie lança en 2005 une campagne pour soutenir l'euro contre le dollar. Sans lendemains) ;

– enfin, la sous-estimation des capacités de contre-désinformation adverses.

→ **Corrélats** : *faux, manipulation, mise en scène, 11 Septembre, stratagème, Watergate.*

Rééducation

Quoi de plus anodin et de plus sympathique que le retour au bon fonctionnement d'une personne physiquement amoindrie par un accident, handicapé moteur ? L'étymologie est révélatrice, qui suggère qu'une personne, parfois un groupe, une catégorie professionnelle, une classe sociale a été, en somme, mal élevée et qu'il convient de la redresser. La langue française a utilisé l'expression « maison de redressement » et la psychothérapie n'est jamais qu'une rééducation de l'esprit perturbé. La rééducation est aussi un procédé coercitif par lequel un individu subissant des pressions physiques de nature et d'intensité variables est amené à reconnaître comme erronées ses conceptions antérieures et adopte volontairement un nouveau point de vue dicté par ceux qui l'ont interné.

Il s'agit d'une des pires formes de l'action psychologique parce que les sévices les plus graves sont utilisés. Les camps de rééducation ont été systématiquement utilisés par les régimes communistes, notamment en Asie (Chine, Vietnam, Cambodge). Ils ont affecté les opposants nationaux mais aussi les prisonniers de guerre. Par-delà le lavage de cerveau, l'objectif est de transformer l'individu en un agent docile et motivé de contre-propagande par rapport à ses idées antérieures et le camp auquel il appartenait.

Toutes les confessions sous forme d'autocritiques sont présentées comme libres.

→ **Corrélats** : *autocritique, aveu, guerre psychologique, Huxley, lavage de cerveau.*

Renard

L'animal est réputé intelligent mais avide, fourbe et cruel. C'est l'emblème de la ruse violente dans le bestiaire et donc l'imaginaire de la désinformation et de la déception.

Féroce, mais physiquement plus faible que les puissants, représentés dans le

Roman de Renart par Ysengrin le loup et Noble le lion, il compense par la ruse. Il apparaît donc comme l'envers carnavalesque d'un idéal chevaleresque qui le tient en profond mépris. Volontiers courtisan, il est maître dans l'art de la flatterie par un beau discours. Cette critique du sophiste trompeur se retrouve dans la fameuse fable de La Fontaine « Le Corbeau et le Renard » qui prévient le souverain contre la tromperie du courtisan : « Apprenez que tout flatteur vit aux dépens de celui qui l'écoute ». Ulysse est la figure homérique du renard par opposition au bouillant Achille, lion terrifiant aux vues plutôt courtes.

→ ***Corrélats** : bestiaire, courtisan, faux, machiavélisme.*

Repentance

Le début du troisième millénaire aura été caractérisé par la multiplication des déclarations et célébrations visant à reconnaître les responsabilités de chacun dans des affrontements particulièrement importants et douloureux du passé, touchant des groupes et parfois des populations entières. Elles ont pu s'accompagner d'indemnisations financières.

Le pape demande pardon ; la chancelière allemande Angela Merkel évoque devant le parlement israélien la honte du peuple allemand à l'égard de l'holocauste ; le gouvernement australien présente ses excuses aux aborigènes ; le président Sarkozy refuse de s'excuser pour la colonisation tout en condamnant l'esclavagisme.

Il y a dans ces démarches à la fois une méritoire volonté de marquer l'histoire d'une empreinte nouvelle mais aussi une sorte de catharsis générale destinée à en finir, de part et d'autre, avec les ressentiments mais en évitant d'avoir à toucher au cœur du problème. Accompagnée de dédommagements pécuniaires aux victimes, pour solde de tous comptes, la repentance fait donc basculer dans l'oubli mutuellement accepté ce qui du passé restait encore à vif.

Dans cette entreprise de liquidation commémorative qui est vraiment gagnant ?

→ ***Corrélats** : génocide, histoire, mémoire et commémoration.*

Répétition

Le procédé est un des plus anciens et des plus efficaces. Il est utilisé par la propagande, la désinformation, la publicité et l'information elle-même qui diffuse constamment la même nouvelle à intervalle régulier. C'est une technique normative pour les chaînes de télévision et radios d'information en continu.

Elles doivent s'assurer que l'information « passe » et ne manque aucun récepteur. Et en même temps, elles doivent alimenter leurs programmes 24 heures sur 24 alors qu'elles ne peuvent disposer d'informations « nouvelles » (*news*) en permanence.

Ainsi s'introduit, au travers des fuseaux horaires, une perturbation du temps humain qui contribue au « panmédiatisme ». On parle parfois de matraquage. L'information répétée n'est autre qu'un slogan qui consiste par imprégnation à faire entrer au niveau subconscient un message dans le cerveau humain.

La répétition peut aussi s'appliquer au fonctionnement du corps humain auquel on demande de reproduire un même mouvement à l'identique ou d'exécuter toujours la même série de gestes. Ce principe fut à la base du taylorisme et reste important dans le maniement d'armes et les entraînements militaires.

Une répétition musicale ou théâtrale relève de cette logique d'entraînement et de préparation en vue de parvenir avec succès à l'accomplissement d'un acte.

La répétition ne doit pas conduire à la lassitude intellectuelle, aussi convient-il d'introduire des variantes des divertissements autour du thème central qui lui demeure identique.

Dans l'art du discours, la répétition constitue aussi un moyen de rythmer le propos, de soutenir l'attention, de donner l'illusion d'une grande rigueur et d'une forte détermination : « Je fais la guerre » de Clemenceau ; « *Delenda Carthago* » (Il faut détruire Carthage) de Caton l'Ancien.

→ ***Corrélats*** : *conditionnement, parole, Tchakhotine.*

Résilience

Terme d'origine britannique récemment introduit en France dans le domaine de la sécurité, en relation avec la lutte contre le terrorisme mais aussi face aux effets inattendus de catastrophes naturelles de grande ampleur. Il concerne la capacité d'une société à encaisser les coups matériels et surtout psychologiques qui lui sont portés par des actions de nature terroriste aussi bien en temps de paix que de guerre.

La résilience est une préparation en amont de la population, pour lui inculquer les rudiments du secourisme afin de coopérer efficacement avec les services de sécurité civile pour éviter les paniques, maintenir le moral et la cohésion sociale. Elle implique et mobilise l'ensemble des acteurs de la société civile, notamment les médias.

→ ***Corrélats*** : *choc, opinion publique, peur, vigie pirate.*

Retournement

Comme l'inversion ou le renversement, ce procédé consiste à produire un changement complet de direction et de but au regard du projet et de la finalité d'origine.

La désinformation a recours au retournement afin de désamorcer une campagne d'information qui sera présentée comme une entreprise de désinformation entreprise par l'ennemi. La vérité devient mensonge, le mensonge rétablissement de la vérité.

Le retournement de situation est un ressort dramatique classique dans les fictions. Dans la réalité, les retournements d'alliances entre États, clans, factions ou entre grands groupes économiques constituent des manœuvres stratégiques capitales. Soigneusement préparées sous le sceau du secret absolu – rarement préservé –, elles constituent parfois des moments décisifs de l'histoire.

Une fois démasqué, un agent peut être retourné et transmettre de fausses informations à son employeur d'origine. L'agent double en temps de paix ou de guerre contribue à la désinformation et à la déception de l'adversaire. Durant la Seconde Guerre mondiale, les services du MI-6 de John Masterman dirigèrent le programme Double Cross visant à retourner les espions allemands pour en faire des agents de déception qui se révélèrent fort utiles dans l'opération Bodyguard. Il va de soi qu'un organisme de renseignement sait parfaitement qu'il peut recevoir des informations truquées par un de ses agents retournés. Il existe parfois des cas de contre-retournement. Mais très vite, du fait du secret extrême, du cloisonnement, des rivalités entre services secrets et entre chefs de ces mêmes services, on perd le fil. Une excellente illustration vient des opérations d'infiltration et de retournement de la Tchéka tzariste parmi les groupes révolutionnaires. Plus personne ne savait qui était un traître, un provocateur ou un authentique anarchiste. L'instabilité caractérielle des individus joue également un rôle important qui facilite le recrutement et la manipulation mais complique singulièrement la gestion rationnelle supposée fiable et efficace des missions qui leur sont confiées. La conversion (forme de retournement) d'Henri de Navarre au catholicisme (« Paris vaut bien une messe ! ») constitue un exemple individuel à portée hautement symbolique, qui ne préjuge en rien de la sincérité de la personne concernée. À l'été 1914, le royaume d'Italie ne respecte pas son engagement d'alliance avec les empires d'Allemagne et d'Autriche-Hongrie. Un an plus tard, il rejoint même leurs ennemis. Toutes les guerres civiles sont caractérisées par des retournements qui en accentuent la confusion et en prolongent parfois le caractère dévastateur mais à l'inverse, un ultime retournement peut provoquer l'arrêt soudain des hostilités, en raison du rapport de force définitif et stabilisant qu'il provoque. Il appartient aux organes de désinformation de fabriquer des éléments (faux, provocations, campagnes d'opinion) favorables au déclenchement de ces retournements.

→ ***Corrélats*** *: agent, apparences, Bodyguard, inversion, manipulation, tromperie, Zimmerman.*

Révélation

En principe c'est la levée du secret et l'éclatante apparition de la vérité contre le mensonge

Révélée, la désinformation perd toute efficacité. Plus encore, elle se retourne contre ses auteurs. Un révélateur permet de lire « l'encre sympathique » ou de découvrir la présence d'une substance invisible. Ces formules correspondent à une sorte de théologie de la vérité, au phénomène complexe de la transmission de la parole et de la loi divines révélées à Moïse ou à Mahomet par Dieu lui-même.

Situation qui renvoie à son tour à la communication entre le plan humain et le plan divin dans la grande diversité des religions à travers les « siècles des siècles ».

Mais par un de ces phénomènes d'ambivalence propre à l'information, la révélation d'un mystère relève aussi de l'initiation à des secrets inconnus des simples mortels qui fait entrer un individu dans un groupe, une confrérie, une secte unie par le secret d'où sont exclus les autres.

La levée du secret peut constituer une manipulation. Se pose en effet la question de l'instant de la révélation, pourquoi à tel moment, avec quelles arrière-pensées et pour servir quels buts sauf à considérer que le seul mobile serait la proclamation de la vérité.

Le problème s'aggrave si l'on considère que dans la dialectique infernale entre information-désinformation-contre désinformation, il peut y avoir de fausses révélations étayées par de fausses preuves. C'est même le principe de la dénonciation anonyme du Corbeau ou bien encore de la dénonciation publique de pseudo-complots ourdis contre l'État.

« Dans la bataille [...], Valens, évêque arien, secrètement averti par ses amis, assura Constance que l'armée du tyran était en fuite, et fit croire au faible empereur qu'il le savait par révélation ; sur cette fausse révélation, Constance se livre aux ariens » (Bossuet, *Histoires*, I, II rapporté par Littré).

L'esprit critique et la prudence politique élémentaires auront donc soin de se prémunir contre l'éclat aveuglant des révélations fracassantes.

→ ***Corrélats*** *: aveu, Clearstream, complot, corbeau, Gide, Pentagon Papers, Watergate.*

Révisionnisme

Le révisionnisme constitue une variante du négationnisme

Le révisionnisme instille le soupçon, le doute, surtout lorsque, avec le passage du temps, les derniers témoins survivants ont disparu.

Rétablir la vérité dans des régimes qui ont pratiqué systématiquement le mensonge d'État constitue une entreprise de révision. Mais on voit bien l'extrême délicatesse de l'exercice, eu égard à la subjectivité, aux risques d'erreurs.

La réponse est souvent que la vérité gît au fond des archives, comme la vérité nue au fond du puits. Quand elles sont accessibles, ce qui n'est pas toujours le cas, sont-elles complètes ? Évidemment non. Détruire les archives est l'une des premières tâches d'un gouvernement en fuite.

Dans le monde communiste était condamnée comme « révisionniste » toute critique, toute tentative d'infléchissement du dogme marxiste-léniniste établi par Staline. De 1960 à 1975, les communistes chinois dénoncèrent le « révisionnisme soviétique », qui était supposé avoir commencé sous Khrouchtchev en 1956 avec la dénonciation des crimes de Staline et le culte de la personnalité. Ces campagnes étaient instrumentalisées afin de servir les règlements de compte dans le cadre de luttes à mort pour la prise ou la conservation du pouvoir. Mao Zedong élimine Lin Biao présenté comme le « Khrouchtchev chinois » traître au marxisme-léninisme authentique.

En prenant du recul, il apparaît que tout événement conflictuel de grande ampleur fait l'objet de lectures rétroactives, de réinterprétations supposées rétablir la vérité « objective et scientifique ». L'histoire contemporaine s'est même constituée sur le réexamen des chroniques anciennes dont elle démontre les exagérations, les affabulations (le nombre des combattants, les distances parcourues...). L'historien allemand Hans Delbrück démontre l'impossibilité de la bataille de Marathon, telle que décrite par Hérodote : la plage est trop petite, les distances interdisent tel ou tel déplacement, etc. Les *Commentaires de la guerre des Gaules* de Jules César peuvent aujourd'hui être tenus pour une entreprise de propagande au bénéfice de l'auteur et une opération de désinformation à l'égard du Sénat de Rome.

Dans les années 1970, l'école historique quantitativiste américaine s'efforça de démontrer que le nombre réel des esclaves noirs aux États-Unis était largement inférieur aux estimations traditionnellement retenues sur l'esclavage. Très minutieuse, l'enquête retenait en préalable des critères juridiques différents pour accorder ou non le statut d'esclave.

Dans la logique tautologique des systèmes totalitaires, peut être accusé de révisionnisme celui qui revient sur ses convictions antérieures et les engagements publics qu'il avait pu prendre. Le voici aimablement relégué dans ce que le léninisme se plaisait à nommer les « poubelles de l'histoire ». Révisionnisme devient synonyme de relaps, d'apostat. Être révisionniste c'est parfois tout simplement reconnaître que l'on s'était trompé. Et qui proclame une réalité critique, dérangeante devient un odieux calomniateur, « retourné » par l'étranger, passé au service de l'ennemi. Par exemple Gide à son retour d'URSS.

→ ***Corrélats*** *: calomnie, faux, Gide, histoire, mémoire, négationnisme.*

Riefenstahl, Leni

(Berlin 1902 - 2003 Pöcking)

Cinéaste et photographe allemande d'actualités.

Après la Seconde Guerre mondiale, elle fut considérée comme une propagandiste du nazisme, non seulement parce qu'elle célébrait son accession au pouvoir (*Le Triomphe de la volonté* (1934), précédé par *La victoire de la foi* (1933), montre le congrès du NSDAP-Parti national-socialiste des travailleurs allemands en 1934 mais aussi parce qu'elle a su transcrire en images impressionnantes le fantasme racial nazi du corps « aryen ».

Riefensthal a toujours récusé cette accusation en arguant du caractère purement documentaire de ses films. « Tout ce que je montre est authentique » déclarait-elle à ses détracteurs. Manière comme une autre d'illustrer la confusion entre propagande et désinformation.

Elle ne fait pas de la désinformation. Elle ne ment pas, elle exalte. Elle n'utilise pas d'acteurs, n'a pas même besoin de mettre en scène puisque la réalité qu'elle filme n'est autre que les mises en scènes organisées par Hitler et Goebbels. Cependant le choix des angles de prise de vue, le cadrage, le rythme du montage, l'utilisation de la musique, en l'absence de tout commentaire, constituent des procédés en propagande visant à magnifier le nazisme. Bien souvent ses cadrages en contre-plongées et son montage haletant renvoient à S.M. Eisenstein et plus encore à Roman Karmen. Ainsi fut-elle l'authentique propagandiste exaltée, incontestablement douée, d'une idéologie effroyable.

De ses études de danse, Riefenstahl a conservé une passion pour les mouvements des corps qui lui fait exalter les prouesses des athlètes allemands lors des Jeux olympiques de Berlin en 1936 (*Les Dieux du stade*).

Idéal qui la conduit à magnifier de la même manière trente ans plus tard, en Afrique, les Nouba de Kau. Ont disparu les idéologies politiques, reste le regard fasciné de la photographe sur la pureté sublime des corps guerriers en lutte.

→ ***Corrélats*** *: Goebbels, mise en scène, montage, Karmen, Nuremberg.*

Rumeur

« On dit que Untel a dit à Unetelle qui lui a dit que... »

C'est le degré zéro de l'information, un « bruit », un brouillage de la communication sans source identifiable. Ainsi va la rumeur, de bouche à oreille, s'étendant, amplifiant, déformant. On parle du ragot des commères, du téléphone arabe mais la rumeur est universelle qui cristallise des fantasmes primaires arrimés à des réalités déformées, exagérées : la bête du Gévaudan, loups et loups-garous.

La rumeur peut fabriquer un jour une réputation flatteuse, sans qu'elle soit pour autant fondée qu'elle défera demain. À l'inverse, la rumeur calomniatrice diffame l'innocent. La rumeur publique désigne des victimes « émissaires » auxquelles on « fait porter le chapeau » à la place des vrais responsables. Elle s'apparente aux « légendes urbaines » qui font état de pratiques étranges, le plus souvent horribles imputées à un comploteur qui cristallise les peurs, les angoisses, les phobies et dont l'opinion se décharge comme sur un bouc émissaire.

Il existe deux catégories de rumeurs : spontanées et organisées. Dans le second cas il s'agit d'une manœuvre de désinformation qui masquera son origine sous les traits de la spontanéité.

La rumeur spontanée doit bénéficier d'un environnement propice pour son déclenchement et son développement, à l'image de l'étincelle qui nécessite une herbe bien sèche pour se muer en feu. Ce fond peut être positif ou négatif en fonction des perceptions, des sensibilités et la nature de la personne ou de l'objet concerné par la rumeur.

S'il existe un racisme latent plus ou moins fondé sur des relations économiques douloureuses comme la pratique de l'usure par les juifs, les Libanais, les Chinois, etc., il est plus facile de dresser une population contre ces boucs émissaires à des fins de manipulations politiques et de lancer le pogrom.

La sociologie a permis de tracer les rumeurs comme celle d'Orléans en 1969 sur l'enlèvement de jeunes femmes dans les magasins de vêtements tenus par des juifs. Dans les années 1970, dans le Larzac, la rumeur se répandit selon laquelle l'armée française procédait à des lâchers de serpents par hélicoptères pour rendre le lieu inhospitalier et faire fuir les habitants et les militants environnementalistes.

La rumeur disparaît comme elle est venue. Il peut ne s'être rien passé. Parfois, les dégâts sont considérables voire irréparables si, la peur ayant fonctionné, on est passé à l'acte dans une décharge de haine collective.

→ ***Corrélats** : bestiaire, calomnie, corbeau, diffamation, Grande Peur, intoxication, pogroms, superstition, tabou, trafics, traite.*

S

Secret : un monde du silence

La désinformation constitue une activité rigoureusement secrète pour pouvoir être efficace. Mais qu'est-ce que le secret et qui en sont les agents ?

L'approche du secret s'effectue à travers les mêmes questions déjà posées à la désinformation et à la propagande. Bien que voisins, ces domaines ne sauraient être confondus. Au contraire ils correspondent à des objectifs différents exigeant des stratégies et des moyens particuliers. On en montrera ici les, convergences, les interférences mais aussi les divergences.

Rares sont les organisations de toutes natures qui n'ont pas recours au secret. Car il constitue un instrument si puissant que nul ne peut envisager de s'en priver. Sachant cela, quatre questions, toutes indissociablement liées les unes aux autres, se posent aussitôt :

– celle de l'origine : qui est demandeur de secret et pourquoi, en fonction de quel besoin ? ;

– celle de « l'exclu », de l'Autre, qui veut-on tenir hors de la connaissance et pourquoi ? ;

– celle du contenu et des fins : que veut-on tenir secret et dans quel but : se protéger ou disposer d'une sorte d'arme ou simplement d'un outil de coercition ? ;

– enfin se pose la question des moyens : avec quels instruments, méthodes, procédés, dispositifs et organismes créer, protéger et gérer le secret ?

• Nature et formes (phénoménologie) du secret

Le secret est chose cachée. Ce qui se tait et ne se révèle pas. Il peut accéder au rang de règle sociale (l'*omerta* ou loi du silence partagée et imposée) qui contribue à la cohésion de la communauté par exclusion de tout « autre ». Le secret fonde un lien dont nul ne se sort aisément.

Le secret n'est pas la désinformation, ni même une tromperie, un mensonge ou une fausse information. Le mensonge et la désinformation s'efforcent de faire passer le faux pour le vrai. Le secret est simplement silence. La désinformation constitue une opération secrète. Elle ne constitue pas, par elle-même un secret.

Toutefois la désinformation entre dans le cadre des activités secrètes. Plus clairement, le secret doit être tenu très exactement pour l'inverse de la propagande qui, elle par définition, se proclame. C'est une information « fermée » à l'opposé de l'information ouverte.

Le mensonge relève de la désinformation. Cependant la désinformation et, en période de guerre, la déception agissent en soutien de la création et de la préservation efficace du secret.

Tout au plus, c'est un mensonge par omission (selon les règles de la confession). Il ne s'agit plus seulement de dissimuler une action répréhensible, de cacher sa faute, forme primaire et plutôt simpliste qui reste toujours étrangement présente, y compris chez les dirigeants au plus haut niveau de responsabilité.

Si la désinformation est l'envers agressif et délibérément nuisible de l'information, le secret fonctionne davantage et avant tout comme une **seconde dimension** parallèle de l'information, tantôt contestatrice, parfois simplement complémentaire, toujours souterraine. L'information secrète circule à travers des réseaux clandestins de communication. Savoir dissimuler le secret est porteur d'une ambivalence essentielle : on crée du secret pour échapper à l'investigation prédatrice de la volonté de savoir d'un Autre mais aussi pour exclure un tiers du domaine de l'information et de la connaissance qui guident l'agir efficace, pour le plonger dans les ténèbres de l'apparence. Le secret est-il offensif ? On serait tenté de n'envisager l'agression que de la part de celui qui cherche à percer le secret par l'espionnage, par tous les moyens de pression, de coercition physique ou morale comme le chantage. Toutefois le secret peut constituer ce que l'on nommera ici une **protection agressive** dans la mesure où il vise à exclure un tiers de l'information dans un but de domination. Car il sert à interdire l'accès à l'information pour certaines personnes, groupes, et États, pas forcément tenus pour ennemis mais pour des altérités que l'on entend exclure pour des raisons variables, rarement sympathiques, il est vrai. Réunions « fermées », documents réservés sont autant de formes de vexations pour l'exclu dans un jeu de pouvoir-savoir. Cet aspect agressif du secret dans une intention hostile le rapproche de la désinformation, de la déception et de la propagande « noire ». À la fois incluant et excluant, tantôt protecteur, tantôt agresseur, le secret apparaît comme un bouclier qui se fait glaive pour frapper ceux qu'il veut tenir dans l'ignorance.

Le partage du secret peut se résumer au simple fait de s'accorder entre soi sur des objectifs très limités et temporaires. Plus durablement, les rites de passage que les anciens grecs nommaient « mystères » créent la catégorie des initiés. L'initié est celui qui dispose d'une information qui lui est communiquée en particulier alors qu'elle devrait être partagée avec tout le monde. Remarquablement de nos jours, dans le domaine économique et financier, la loi sanctionne, en principe mais avec peine, le « délit d'initiés », tout comme les ententes clandestines visant à tourner la libre concurrence.

Le groupe ainsi lié tait son existence et, en tant que tel, ne s'exprime pas mais agit dans les coulisses de manière calculée et solidaire dans l'intérêt du groupe et pour chacun de ses membres.

Dès lors qu'il existe une interdiction officielle et une possible répression toute opposition s'accompagne d'une part de clandestinité et de secret comme riposte et transgression de l'interdit officiel dont elle fait l'objet. Par retournement, le fait d'appartenir à une organisation secrète peut être aussi une vulnérabilité dès lors que la communauté des initiés percée et mise à jour devient une cible (comme ce fut le cas des francs-maçons sous Vichy).

Il faut alors renforcer le secret pour se protéger contre une répression. Les chrétiens de l'Antiquité célèbrent leur culte interdit dans les catacombes. Les huguenots frappés par la révocation de l'Édit de Nantes agirent de même, tout comme les prêtres catholiques réfractaires durant la Révolution française. Les sociétés révolutionnaires, les groupes terroristes, plus paisiblement les « compagnons » effectuant leur tour de France ont créé des réseaux secrets.

Les organisations violentes, depuis les puissantes maffias jusqu'aux petits gangs, recourent à un langage codé (argot, verlan...). La communication se fait par messages cryptés, la reconnaissance entre membres par signaux, gestes, échanges de phrases convenues. Le secret forme un monde du code, du double et du silence.

Secret et clandestinité reproduisent à l'identique les mêmes comportements, méthodes et procédés favorisant le développement d'une mythologie du souterrain, des catacombes, des passages « secrets », etc. L'imaginaire fictionnel du secret, ressort des contes, est populaire et universel. En témoigne l'exceptionnelle richesse de la création littéraire (Perrault, Balzac, Poe, Borgès...) ou cinématographique (Hitchcock, Greenaway...).

Le secret attire et fascine, il renvoie à l'enfance, à la connivence élémentaire, à ce que l'on se cache à soi-même par le travail de l'inconscient. Bref, dès qu'il y a une porte close, une clé pour l'ouvrir, un interdit de le faire, il y a secret et désir de le percer.

• Besoin et production : détenteurs et exclus

Sont réputées secrètes toute activité et toute information liées à l'activité qu'un individu ou un groupe entend dissimuler soit à tout autre que soi-même, soit que l'on veut ne partager qu'avec une personne ou un groupe soigneusement choisi. On crée ainsi ce que nous nommerons le « tiers exclu ». La sélection des « élus », sur la base de critères très divers visant des fins complètement différentes, crée ainsi d'innombrables confréries, cercles et clubs plus ou moins ouverts et dont les activités peuvent être parfaitement inoffensives (la confrérie des Chevaliers du Tastevin, la Société des Cincinnatis). Mais quelle que soit la nature de l'activité, le principe demeure identique : en être ou ne pas en être. Être admis ou rester à la porte n'est jamais anodin. Le secret constitue le moyen d'attirer des personnalités influentes, de créer en somme un réseau au minimum de sympathies, au plus de connivences que l'information relie puisqu'elle ne circule qu'entre les personnes choisies.

Par opposition, le secret individuel suppose un unique propriétaire qui se retranche de la communauté. Nul n'entend le partager avec qui que ce soit et s'il est éventé, connu de tous, on parle en référence au carnaval, de secret de Polichinelle.

Pour fascinant qu'il soit, comme en témoigne une abondante œuvre de fiction, souvent coïncidente avec l'imaginaire populaire (le trésor), le secret individuel ne présente qu'un intérêt limité. Pourtant afin de rester seul à détenir un secret, un individu ou un groupe décident parfois d'éliminer la plupart de ceux qui ont participé à une activité ou qui en ont connaissance de manière à se réserver l'exclusivité du secret. L'accès délibéré ou même par inadvertance à un secret se révélera mortel pour son détenteur intempestif ou sera puni d'une mutilation (de la langue, des yeux). Afin d'arracher (différent de « percer » par l'astuce, la ruse, l'espionnage, activités non violentes) un secret à son détenteur certains criminels – les « chauffeurs » – mais aussi des organismes d'État ont eu traditionnellement recours à la torture sous de multiples formes.

De nature paradoxale, l'essence du secret est donc d'être partagée avec un ou quelques autres qui deviennent des **semblables** avec qui on s'identifie au moins partiellement au sein de la communauté de la même connaissance. C'est un effaceur partiel d'altérité car, en regard, il fait surgir un Autre : celui qui par définition doit être exclu. Sans cette altérité fondatrice le secret ne saurait exister.

• Domaines de secret

Il existe différentes qualités de secrets en fonction des domaines et de l'action et des personnes concernées, tous « producteurs » ou détenteurs de secret.

Le secret scientifique et technique comporte souvent d'importantes retombées militaires : le savoir-faire, les projets de développement, la recherche (bureaux d'études, prototypes...). Mais que se passe-t-il en temps de paix dans les sociétés ouvertes, à l'âge de l'information au regard de communautés scientifiques qui pratiquent l'échange d'informations et utilisent la communication comme facteur de progrès ?

Le secret industriel et économique, très voisin mais de nature différente, exige également le secret. Les savoir-faire de l'artisan, puis par la suite de l'industriel ont toujours fait l'objet de convoitises. Il a donc fallu les protéger afin de s'en réserver le bénéfice exclusif ou le monopole complet. En situation de concurrence sur un marché, le lancement d'un nouveau produit (sa date, ses modalités) constitue un enjeu considérable que l'on protège contre toute divulgation. De même les conditions offertes à un client potentiel sont voilées de mystère.

Ce vaste domaine justifie l'existence d'une activité aujourd'hui appelée le renseignement ou l'intelligence économique alors qu'autrefois, avec moins de pudibonderie, on parlait d'espionnage industriel. Elle comporte inévitablement un volet défensif complété par une activité agressive à l'égard du rival, de l'adversaire, de l'ennemi, du concurrent. Dans l'industrie cette activité se pratique aussi entre firmes d'un même pays, entre États alliés, sans égard pour leurs engagements stratégiques internationaux.

Les services secrets de l'État peuvent contribuer au soutien des intérêts économiques de leurs sociétés et créer des réseaux de concurrence déloyale.

À partir de 1990, la guerre froide étant terminée, la CIA et d'autres services occidentaux ont entrepris de reconvertir une part de leurs activités et de réorienter leurs moyens d'interception de l'information dans ce domaine rebaptisé « intelligence économique ». Tandis que certains affichent des objectifs de guerre économique, d'autres préfèrent pratiquer l'euphémisme de « protection du patrimoine ».

D'une toute autre nature, en dépit de possibles interférences dans le domaine technique, le secret militaire fait l'objet d'une protection spéciale même en temps de paix (en France c'est la tâche de la DPSD-Direction de la protection et de la sécurité de la Défense) même si en temps de guerre il prend évidemment une dimension plus importante. Tout devient secret, notamment les opérations mais aussi, et cela se comprend, les armes nouvelles ou la capacité à décrypter les communications chiffrées de l'ennemi. En 1940, les Britanniques dissimulèrent l'existence du radar le plus longtemps possible. Il faut tenir secrète l'existence de moyens nouveaux afin d'éviter les contre-mesures d'un ennemi en alerte. Cependant la médiatisation de la guerre et des opérations extérieures complique singulièrement la préservation du secret militaire.

• Protection du secret

Ce besoin d'exclusion s'accompagne de dispositifs de protection. Si le secret est censé constituer une force (savoir plus pour pouvoir plus), il crée aussi une vulnérabilité. Il faut se « garder » contre la prédation de celui qui aurait intérêt à le percer pour se l'approprier ou le divulguer. Il existe donc des mesures passives et actives de protection du secret.

La protection la plus efficace consiste à faire en sorte que nul ne soupçonne jusqu'à son existence. Le comble de l'art consiste à tenir secret le secret.

Toutefois, en admettant que l'existence d'un secret soit connue, comment en assurer la préservation ? Les procédés varient du plus lourd au plus subtil, du plus rudimentaire au plus sophistiqué, en fonction des situations, de la nature du secret et des techniques disponibles. La technique (notamment la cryptologie), la psychologie, les barrières matérielles et électro-informatiques de toutes natures (*firewalls*). La désinformation peut aussi contribuer en détournant l'attention dans les mauvaises directions, en suggérant de faux secrets, masquant l'existence de vraies dissimulations.

Au regard de ces machinations complexes, l'astuce d'un individu conserve cependant tout son potentiel d'efficacité comme en témoigne la célèbre nouvelle *La lettre volée* de E. Poe, qui fait de l'évidence le meilleur outil de dissimulation contre les techniques les plus éprouvées.

• Partager le secret

Dès lors qu'il y a partenariat bilatéral ou alliance multinationale (OTAN) et coopération entre deux entités, entre deux êtres stratégiques, comment échanger et partager les secrets détenus par chacun ?

Secret à moitié partagé, sous réserves, insertion d'une certaine quantité de désinformation au sein du secret. C'est tout le problème de l'origine : qu'elle soit humaine ou technique, la source exige une protection rigoureuse (Defense Support Program, satellite Hélios, Reseau ECHELON...).

Le pays disposant, en propre, de moyens de renseignement (National Technical Means aux États-Unis), de satellites dont l'autre est dépourvu est un facteur crucial au sein d'une alliance. Le détenteur de moyens d'information exceptionnels dispose d'une supériorité l'autorisant à réclamer la confiance de ses alliés qui n'ont plus qu'à suivre. Délibérément, un organisme d'État désoriente de manière à infléchir la stratégie de « l'ami » dans le sens jugé préférable pour soi. Il en joue en ne délivrant ces informations secrètes qu'en quantité partielle et en masquant autant que possible la nature exacte des moyens utilisés et le moment où les données ont été captées en sorte qu'elles ne soient pas identifiables. Il peut également avoir intérêt à dissimuler la performance de ses capacités réelles. Dès lors toutes les méfiances sont permises et les précautions de rigueur. Il va de soi que ces pratiques sont préjudiciables à l'efficacité de l'action des coalitions, édifices par nature vulnérables.

Le secret est également protégé dans le cadre d'organisations internationales dépendant de l'ONU comme l'AIEA (International Atomic Energy Agency) et le CICR (Comité international de la Croix-Rouge). Ces organismes sont habilités à mener des activités d'inspection et des enquêtes dans les limites d'un mandat qui comprend toujours une clause de confidentialité.

On tiendra pour un comble du secret le fait d'introduire de la désinformation dans la circulation de l'information secrète entre alliés et partenaires. On partage un secret avec un complice ou un allié mais on le trompe en partie sur certains points qu'on retient dissimulés, pour s'en réserver le bénéfice.

• Le secret, l'État et le droit

L'État entend se réserver le droit de cacher l'information et d'entreprendre des activités clandestines destinées à acquérir de l'information extérieure ou à assurer une meilleure protection de la communauté dont il est responsable. Il s'autorise l'usage de moyens humains et financiers permettant de développer ces activités sans avoir à en rendre compte. Aussi démocratique soit-il, tout État reste soumis à un impératif rigoureux : la cohérence de son action interne garante à la fois de l'efficacité intérieure et de la bonne conduite des relations avec le monde extérieur, adversaires mais également alliés et partenaires.

Le « secret d'État » se justifie donc à la fois par la diplomatie et par le fonctionnement interne de l'appareil d'État. Ce second domaine correspond aux activités des « services » mais aussi à la stratégie de l'équipe dirigeante qui entend contrôler sa communication en ne fournissant que l'information qui lui semble suffisante en quantité et opportune dans le temps (dire « juste assez » et au bon moment). Plus que de secret, on parlera volontiers d'un principe de discrétion (rarement efficace) dans les gouvernements et les administrations des démocraties où la fuite tend à devenir une pratique généralisée. Par souci de sa pérennité mais aussi afin de maintenir la cohérence de son action un gouvernement évite de porter à la connaissance du public ses difficultés internes (querelles, divergences, disputes) mais aussi les manquements ou les défaillances de certains de ses membres. La discrétion ne doit pas davantage être confondue avec certaines dérives.

• L'organisation du secret

Les services secrets sont différemment organisés selon les États. Une caractéristique assez répandue est leur diversité selon qu'ils relèvent de tel ou tel ministère et du gouvernement lui-même. La Syrie ne dispose pas moins de 17 services différents approchant les 23 organismes des États-Unis. La Russie avec le FBS (Service fédéral de sécurité de la Fédération de Russie) a choisi la centralisation sous autorité du ministère de l'Intérieur et du président. Les armées disposent chacune de leur propre service, ce à quoi, en France, le gouvernement a voulu mettre un terme en créant la Direction du Renseignement militaire qui se veut interarmées. Le problème de leur rattachement et de leur autorité de tutelle fait l'objet de très fortes tensions.

Pour ces sociétés secrètes, des fonds secrets et autres caisses noires sont nécessaires au financement de leurs activités « noires », notamment la désinformation et les opérations. Aux États-Unis, les « *black programs* » disposent de fonds particuliers connus seulement des parlementaires membres de la commission du renseignement.

Si l'État prétend disposer en la matière d'un quasi-monopole, quelles limites imposent le respect des libertés démocratiques, la communication de l'information vers les médias et les citoyens ? Quand peut-on parler de dérive autoritaire sous le prétexte du secret de la sécurité de l'État ?

Une législation définit des niveaux de confidentialité des documents. La classification des informations liées au fonctionnement et à la sécurité de l'État varie énormément et ne fait l'objet d'aucune législation internationale reconnue. On ne peut que suggérer les classifications établies dans quelques États démocratiques :

– la diffusion restreinte à « ceux qui ont à en connaître ». Par principe elle n'exclut personne mais cherche à placer l'information d'abord et surtout entre les mains des utilisateurs ;
– le confidentiel ;
– le secret.

Ces catégories s'affinent et se complexifient dès lors que le secteur « défense » soit l'ensemble des activités militaires, notamment nucléaire, est concerné. Le processus de l'habilitation au secret crée des lignes de clivage qui constituent autant de moyens d'influence, de domination et de duperie (je prétends savoir, alors que j'ignore, en me réclamant d'un accès au secret dont ne dispose pas mon interlocuteur). C'est aussi un procédé destiné à valoriser une information qui, en fait, n'a pas grande importance. L'escroquerie n'est pas loin.

Cette situation crée un rapport de force retors et peu productif entre le fonctionnaire gouvernemental et le journaliste. La classification du renseignement et des sources entre alliés au sein d'une coalition donne parfois lieu à un jeu pervers qui consiste à réserver certaines informations des alliés jugés plus fiables que d'autres.

• Dérives et contrôle du secret

Le secret d'État peut aussi constituer une couverture « à tout faire », permettant de masquer des activités à caractère illégal, des mensonges d'État mais aussi des malversations privées. Son utilisation systématique devient contradictoire avec la nature même de la société démocratique. Une certaine quantité difficile à évaluer est acceptable dans certains domaines, pour des cas exceptionnels, mais au-delà on ne saurait en faire un principe général. L'importance croissante des médias dans la vie et la carrière d'une personnalité politique tend à induire de fortes tentations de manipulation du secret qui relèvent de la désinformation intérieure.

Le « secret défense » dissimule (mal) le phénomène chronique de l'usage de la corruption (pots de vin, chantages divers) lors des ventes d'armes où chaque société rivalise pour emporter le marché sans égard pour les moyens d'influence et de pression utilisés. Les scandales sont fréquents et réguliers : Irangate, frégates de Taïwan, affaire Falcone pour les ventes d'armes en Afrique, etc. Dans quelques rares pays, il est possible d'obtenir la levée, au moins partielle, du secret. La loi américaine exige la divulgation des archives (National Security Act).

→ ***Corrélats*** *: apparences, Canard enchaîné, complot, cryptologie, espion, indicateur, fuites, occultisme, CIA, DGSE, torture.*

Sectes

Où finit la secte, où commence la religion ? Ce très ancien débat agite les sociétés politiques dépassant les clivages droite-gauche, conservateurs-libéraux. Dans les pays anglo-saxons où le terme « *cult* » désigne une secte, la plus grande tolérance l'emporte au nom de liberté de croyance et d'association. En France la gauche républicaine laïque combat les sectes depuis plus d'un siècle. Mais, en octobre 1940, le régime de Vichy lançait une campagne violente contre les « sociétés secrètes » en l'occurrence la franc-maçonnerie. La radio de l'État français ne craignait pas de les désigner comme « le mal absolu ». Le phénomène est universel, d'une ampleur exceptionnelle parfois sous estimée dans les pays européens qui oublient leur passé. Une secte est soit une création originale, soit une dissidence hétérodoxe qui entre parfois en rupture mais peut aussi être tolérée. Les phases de rejet ou de coexistence paisible alternent.

Les sectes protestantes ont contribué à la colonisation de l'Amérique du Nord. L'Utah est tenu par les Mormons. Elles restent très actives au début du XXe siècle aux États-Unis lorsque se développe le mouvement « fondamentaliste » qui prône le retour à la lettre de la Bible et rejette toutes les théories évolutionnistes qui pervertissent la théologie chrétienne. On parle parfois de « Sionistes chrétiens » en référence au mouvement « dispensationaliste » fondé en Angleterre au XIXe siècle, qui considère que le retour du Christ sera précédé par une période de troubles de grande ampleur. Plus terrible apparaît le chaos, plus proche sera la rédemption. Ce courant a connu un succès important aux États-Unis dans la seconde moitié du XXe siècle. Il a bénéficié des innombrables prophéties délirantes liées au troisième millénaire.

Les romans apocalyptiques de Tom LaHaye ont contribué à donner une large diffusion à ces idées. L'important tient à ses répercussions dans le domaine des relations internationales. Selon ces conceptions, le retour du Christ doit être précédé par la restauration de l'État juif sur l'ensemble de son extension biblique, c'est-à-dire la Judée-Samarie correspondant à « Eretz Israël », grand Israël des rois guerriers. Quand on considère les visions exprimées par le président iranien Ahmadinejad sur le retour de l'imam caché et son intention de mettre en construction une autoroute en plein désert afin de conduire au lieu de son apparition, on reste perplexe.

Il est parfois même difficile de distinguer entre les véritables sectes rassemblées autour d'une personne qui prétend fonder une religion et une fondation particulière créée par une Église comme dans le cas de l'Opus Dei.

L'Église de l'Unification du révérend coréen Moon a constitué un outil de guerre froide. La secte Moon disposait de fonds considérables lui permettant de contrôler de nombreux vecteurs d'information et notamment d'influer sur le *Washington Times,* quotidien ultraconservateur.

L'Église de Scientologie fondée par Ron Hubbard a pris une influence significative. Elle est accusée d'une stratégie, au demeurant fort classique, de sélection de cibles, en l'occurrence des personnalités disposant d'un important pouvoir de décision politique ou financier.

Certaines sectes structurées comme des micro-sociétés recherchent par la terreur le bouleversement idéologique. Tel fut le cas de la secte Aum Shinrikyō qui en 1995 diffusa du gaz sarin dans le métro de Tokyo manquant de peu une véritable hécatombe. La secte Falun Gong en Chine se prétend persécutée par le gouvernement chinois qui l'accuse de menées subversives, voire d'activités terroristes.

Propagande, infiltration, manipulation, utilisation de la fortune de généreux donateurs, accaparements d'héritages sont les accusations les plus fréquemment émises à l'égard des sectes.

La désinformation peut également frapper les sectes mais elles savent aussi en user et jouer à leur profit d'une contre-désinformation efficace.

→ ***Corrélats*** : *complot, manipulation, préjugé, secret, superstition.*

Sensationnel

C'est le fait qui excite la sensibilité de l'épiderme psychologique collectif. L'événement dont l'intensité spectaculaire provoque une émotion forte de peur, de colère, de douleur, de compassion.

La désinformation sérieuse ne crée pas le sensationnel. Elle serait immédiatement repérée. Elle fabrique des sources, diffuse les rumeurs, elle maquille de l'information de manière à faire converger les éléments qui par une sorte de cristallisation vont faire sensation.

Le journalisme a nommé « scoop » cet événement qui fera augmenter le tirage, l'audience en attirant par magnétisme une avide curiosité. L'effet de sensation retombe le plus souvent aussi vite qu'il a été produit parce qu'il est lié à l'immédiateté : celle d'un grave accident, d'un attentat, de toute situation extraordinaire mais sans lendemain.

Toutefois le sensationnel peut constituer une amorce, provoquer une sorte de réaction en chaîne créant des développements inattendus par le dévoilement de ramifications. La « révélation » initiale en entraîne d'autres. C'est le début d'une « affaire » dont les rebondissements vont tenir en haleine le public. Le professionnel ne s'y trompe pas lorsqu'il déclare qu'il « tient » quelque chose. La quête du sensationnel constitue un des éléments majeurs de la stratégie des organisations qui recourent à la violence politique. Un attentat c'est du sensationnel qui brutalement prend le pas sur toutes les autres informations. Cette connivence objective entre la demande médiatique et l'offre terroriste constitue un des défis majeur pour la déontologie de l'information et pour la lutte antiterroriste.

→ ***Corrélats*** : *choc, paparazzi, opinion publique, Hearst, Timisoara.*

Sexe

« La femme de César ne doit pas être soupçonnée ! » (« *Caesaris mulier non fit suspecta !* »). Admirable formule de Jules César quand on sait la parfaite dépravation des mœurs de la société patricienne romaine à la fin de la République. Mais elle dit bien qu'une carrière politique exige une prise de précautions à l'égard d'une vie privée, devenue publique notamment dans la relation au sexe. Parmi les thèmes favoris d'une campagne de désinformation figurent les mœurs d'une personnalité mais aussi de son proche entourage. De telles allégations peuvent également viser un groupe, une secte, une communauté politique ou religieuse.

Du point de vue de la désinformation, le sexe constitue un élément important dans la mesure où il fait appel à l'irrationnel, aux phobies primaires, à l'inconscient. Dans les campagnes d'agression psychologique à l'égard d'un groupe, d'une communauté ou d'un peuple, les références à des pratiques sexuelles transgressives, à la prédation et à l'accaparement des femmes constituent autant de thèmes mobilisateurs, cristallisant les énergies hostiles de groupes sociaux frustrés dans leurs intérêts et angoissés sur leur sort. D'un point de vue méthodologique, on se doit de distinguer entre une campagne de déstabilisation qui se fonde sur des preuves réelles et une campagne de désinformation qui, ne disposant que de rumeurs, ira jusqu'à fabriquer des faux témoignages en payant des victimes accusatrices.

De l'infidélité matrimoniale jusqu'à la pédophilie en passant par l'homosexualité, la gamme des « infractions » sexuelles favorise le chantage. L'accusation de harcèlement sexuel souvent difficile à établir mais aussi à réfuter peut permettre de compromettre la réputation d'un rival politique. Quel est l'impact de ces allégations de déviance ou d'abus ? Quelles sont les chances de succès d'une campagne de désinformation sur ces thèmes ? Tout dépend de l'évolution culturelle d'une société, des normes et des seuils de tolérance acceptés... Tout dépend aussi des fonctions de la personne incriminée et des positions morales qu'elle incarne ou affiche. On fera preuve de plus d'indulgence à l'égard d'un homme politique favorable à la liberté des mœurs qu'à un rigoriste ou un prêtre.

Dans ces affrontements où tous les coups sont permis, le résultat final est aussi fonction de la capacité des personnes incriminées à déterminer la stratégie la plus efficace. Une première stratégie consiste à contre-attaquer en accusant de désinformation et de calomnie, en dénonçant une entreprise de déstabilisation, de manière à en annuler l'effet. Mais en règle générale, l'expérience montre que le mensonge se révèle dommageable lorsque les faits sont avérés. Mieux vaut adopter une seconde stratégie qui consiste à faire front en assumant. Il est parfois même payant pour qui entre dans la carrière électorale d'anticiper en faisant publiquement état de son homosexualité, de ses divorces ou de frasques antérieures.

En revanche, lorsque la rumeur est purement calomnieuse la démonstration se révèle pénible. Il faut remonter le handicap créé par la désinformation, reprendre l'initiative, effacer les effets durables de la première impression négative créée par la « révélation » calomnieuse.

La dépendance sexuelle ou la séduction amoureuse constituent un moyen de recrutement classique d'un agent. Une simple « incartade » dûment organisée, photographiée et enregistrée permet d'exercer un chantage. Les « belles espionnes » se glissent dans le lit des hommes d'État non seulement pour recueillir des confidences sur l'oreiller mais aussi pour alimenter des campagnes de déstabilisation où la désinformation entrera pour une large part. Au début des années 1960, un ministre conservateur de la Défense britannique John Profumo a pour maîtresse une *call-girl*, Christine Keller, qui est soupçonnée d'émarger au KGB. Il doit démissionner sans que rien n'ait été véritablement prouvé, hormis sa liaison.

En 1997, le président Clinton et son assistante Monica Lewinsky ont une liaison. Bill Clinton commence par mentir et tombe ainsi dans le piège tendu : le parjure qui le place sous menace d'*impeachment*. Sa confession et sa repentance publiques arrivent trop tard.

Les relations sexuelles avec des mineur(e)s : le réalisateur Roman Polanski est arrêté en Suisse pour des faits datant d'une vingtaine d'années, au moment où il vient de tourner *The Ghost Writer* qui met directement en question les liens entre Tony Blair et la société texane Halliburton dont l'ancien président était Richard Cheney, vice-président des États-Unis de 2000 à 2008. Coïncidences ? Complots ? Julian Assange, l'un des fondateurs de WikiLeaks en 2006, poursuivi par la justice suédoise pour abus sexuels au moment où, en 2010, il met dans le domaine public des milliers de documents touchant aux activités des forces armées américaines en Irak et en Afghanistan.

Dans ce domaine, le rôle des *tabloïds* (notamment britanniques) est considérable. Habituées de longue date à se faire les dents sur la famille royale, ces officines publiques de désinformation sont capables de monter des campagnes de déstabilisation en s'appuyant sur des intérêts politiques et financiers qui apportent sinon les preuves du moins des indices, des présomptions permettant de donner consistance à la manœuvre de déstabilisation. La manipulation de photographies – pouvant aller jusqu'au trucage – montrant deux personnes ensemble contribuera à introduire par association le doute, à suggérer l'éventualité. Le non-dit du sexe, toujours latent fait le reste.

Il n'y a jamais rien de bien nouveau, rien dont on n'ait eu connaissance auparavant. Les médias ont en général préparé de longue date leurs dossiers. La seule question est de savoir pourquoi, à un moment donné, un acteur en général masqué, décide de rendre public ces éléments et de déclencher une campagne. L'existence de pratiques pédophiles dans l'Église catholique est connue depuis fort longtemps, pourquoi avoir choisi le pontificat de Benoît XVI pour en faire une dénonciation massive ? Pourquoi avoir épargné le Vatican de Jean-Paul II ?

La désinformation utilise aussi la trivialité du sexe pour rabaisser l'image de marque de l'ennemi. Par la désinformation, même la plus grossière, on cherchera à déconsidérer sa « pureté » en dégradant le martyr. Les auteurs des attentats du 11 septembre auraient passé leur dernière nuit dans une boîte de strip-tease est la rumeur lancée par la presse américaine, renseignée par qui ? À peine plus subtile, mais plus durable, est l'explication selon laquelle les « bombes humaines » se donnent la mort dans l'espoir d'accéder à un paradis de délices où les accueille un essaim de vierges. Les chefs terroristes islamistes recruteraient en jouant ainsi de la naïveté d'une misérable piétaille. Lorsque des attentats suicides furent perpétrés par des femmes palestiniennes, très rapidement Israël riposta en laissant entendre que ces femmes étaient en réalité contraintes parce qu'elles réparaient une faute adultère.

➔ ***Corrélats*** : *calomnie, déstabilisation, diffamation, écoutes, image de marque, Les Liaisons dangereuses, MICE, Mossad, paparazzi, rumeur, tabloïd, traite des blanches.*

Signaux (faux)

Un signal constitue un repère qui permet de s'orienter. Il fournit une information précieuse sur la direction à prendre.

Notre univers ordinaire est constitué par une signalétique si familière qu'elle relève de l'évidence. Du coup on oublie de se poser la question de sa fiabilité. La suppression des signaux permet d'égarer. Longtemps, en URSS, les panneaux indicateurs routiers furent délibérément lacunaires afin de compliquer la tâche des espions et autres envahisseurs potentiels.

La mise en place de faux signaux destinés à orienter dans la mauvaise direction ou, pire encore, à guider vers un piège ou une embuscade ont été de tout temps utilisés sur terre comme sur mer par les corsaires, pirates et naufrageurs.

Le terme signal peut prendre une valeur métaphorique on dira que telle action de la part d'un gouvernement envoie un bon ou un mauvais signal quant à ses intentions bienveillantes ou hostiles.

La politique déclaratoire de la dissuasion nucléaire se fonde sur l'envoi de signaux visant à placer l'adversaire dans un état d'incertitude inquiète. Certains essais nucléaires ou encore aujourd'hui des tests de missiles constituent des signaux. Depuis vingt ans la Corée du Nord est passée maîtresse dans cette gesticulation de signaux spectaculaires. La désinformation peut organiser des campagnes de faux signaux destinés à faire croire à une intention qui n'existe pas afin de masquer un dessein réel.

→ ***Corrélats*** : *dissuasion, faux, pirate.*

Simplicité

Si la désinformation bien conduite exige une planification complexe et une invention subtile, en revanche, elle rejoint la propagande sur un même résultat : le message public final doit rester simple.

Quand bien même le but est d'instiller le soupçon, la défiance et la peur, l'idée directrice par laquelle va s'insinuer le trouble du jugement sera forte et claire, volontairement manichéenne. Plus c'est simple, moins c'est contestable. La simplicité a valeur d'évidence. La communication repose donc sur un message unique, susceptible de cristalliser les perceptions latentes de l'opinion, cible que l'on aura cernée pour sa capacité potentielle à l'accepter et à l'intégrer. Par son monologisme, par l'affirmation d'une évidence naturelle, la désinformation s'impose. Par ailleurs, simplicité n'étant pas simplisme, elle peut se développer grâce à un argumentaire multiple, et étaye un faisceau de soi-disant preuves complémentaires qui convergent toutes sur une seule et même thèse.

« *Ein Volk, ein Reich, ein Führer* » ou encore « le parti ou le Duce » peuvent apparaître comme des slogans frisant le ridicule. Mais sous leur simplicité extrême se trouve bel et bien un contenu politique sinon complexe du moins assez important pour ne pas être assimilé à une simple réclame.

La désinformation convainc d'autant plus facilement ceux qui, par préjugé, sont déjà en attente d'une information qui les conforte dans leurs idées préconçues.

La simplicité procède par association entre un petit nombre de données (souvent pas plus de deux : une cause et un effet) dont le rapprochement arbitraire contribue à produire un effet d'évidence immédiat, emportant la conviction comme une révélation. Que n'y avait-on pensé plus tôt ! La crise de 1929 ? Ce sont les « deux cents familles » ou, variante, la judéo-ploutocratie ? Les émeutes de mai-juin 1968 ? C'est la main de l'étranger ! Une grève d'envergure générale ? Tantôt c'est l'œuvre de la CIA, tantôt du Kominform. Explications rudimentaires, grossières, sentant très fort la désinformation ? Sans doute mais cela marche, surtout à la veille d'une élection ou encore pour justifier les excès d'une brutale répression antisyndicale. La raison et le bon sens élémentaire sont vite dépassés par cette simplification ravageuse.

La vérité, en sa complexité viendra plus tard, et trop tard sans doute.

→ ***Corrélats*** : *amplification, calomnie, insinuation, préjugé, répétition, slogan.*

Sincérité

La désinformation pratique un jeu pervers qui consiste à faire croire à la sincérité de sources authentiques tandis que, à l'opposé, elle s'efforce de créer la défiance à l'encontre de la mauvaise foi de l'adversaire. Inversant les rôles, brouillant les procédures de vérification, elle prend pour objectif de créer une sincérité authentique, fondée sur un libre consentement en consolidant ses dissimulations fabriquées par des preuves présentées comme irréfutables. Une fois la cible convaincue (un groupe, une personnalité), celle-ci affirme, en toute sincérité, ce qu'on lui a fait croire. Exemples parmi tant d'autres dans ce qui pourrait constituer un catalogue à la Prévert : « l'Union soviétique est le paradis des travailleurs ; la Hongrie, en 1956 a été sauvée d'un complot impérialiste grâce à l'intervention soviétique ; la Corée du Nord résiste héroïquement aux multiples agressions dont elle fait l'objet ; les manifestations de mécontentement social sont provoquées par des agents de l'étranger, etc. » La cible se trouve prise au piège de son engagement en faveur d'un point de vue qu'elle ne peut plus réfuter dès lors qu'elle l'a adopté, qu'elle en a fait part et qu'elle l'a soutenu face à des contradicteurs. La sincérité de celui que l'on a trompé constitue l'arme la plus redoutable.

Comment avoir été sincère hier et se désavouer demain ? L'engagement sincère, produit de cette habile manipulation, rend très difficile la rétractation postérieure. Plus le mensonge a été intégré plus l'individu s'identifie à lui et craint, en revenant sur sa croyance, de se renier lui-même.

L'action psychologique, le conditionnement par la persuasion douce prennent pour fondement cette situation où l'individu n'est plus en position de se rétracter du fait de son engagement initial. En complément, les « apostats » font l'objet de mesures de réprobation très sévères visant à discréditer leur démarche. Celui qui dénonce le mensonge dont il a été la dupe au nom d'une sincérité retrouvée par un libre dessillement à l'égard de la réalité prend un risque parfois élevé. Il y va de sa réputation intellectuelle. Il peut aussi faire l'objet de sanctions professionnelles très lourdes, en fonction de son pays, de son parti ou de sa communauté d'appartenance.

Inversement, la désinformation conduit une manœuvre occulte pour détruire la conviction à l'égard du point de vue de l'adversaire en instillant le doute, par des campagnes de questions insidieuses ou en produisant des faits contradictoires ayant valeur de preuves.

→ ***Corrélats*** : *action psychologique, aveu, Gide, objectivité, Kravchenko, porte-parole, présentateur, secte, traître.*

Slogan

Il s'agit d'une sorte de trope, simple et bref, plus ou moins symbolique ou emblématique, il est facile à mémoriser. On parle parfois de mot d'ordre (« *la parola d'ordine* » clamait le chef fasciste italien). Ce peut être un seul mot, une combinaison de deux ou trois, une association frappante, guère plus, une phrase rythmée assonante.

L'essentiel tient à son aptitude à être répété, clamé jusqu'à l'exaltation par une foule qu'il contribue à unir d'une seule voix.

L'indicatif, le « *jingle* » sonore, relève de cette catégorie. Son motif simple touche les sens et se transforme inconsciemment en un signal tout comme le son qui annonce la nourriture au chien de Pavlov.

Il est remarquable que dans les pays occidentaux l'orchestration d'une grande manifestation soit désormais sous-traitée à des entreprises spécialisées tout comme le furent dès 1960 les campagnes présidentielles américaines.

→ ***Corrélats** : amplification, conditionnement, Euromissiles, manifestation, masses, Pavlov, simplicité, Tchakhotine.*

Soljenitsyne, Alexandre

(Kislovodsk 1918 - Moscou 2008)

Écrivain russe, auteur d'une œuvre monumentale, il est condamné en 1945 à huit ans de prison dans les camps de travail pour avoir critiqué les compétences militaires de Staline.

La publication d'*Une journée d'Ivan Denissovitch* est autorisée par Khrouchtchev en 1962.

La rédaction clandestine puis la publication en Europe occidentale de *l'Archipel du goulag* lui vaut la notoriété mais aussi les plus graves ennuis avec les autorités soviétiques. La parution de son ouvrage en France donna lieu à des campagnes très virulentes, venant non seulement du parti communiste français mais aussi d'une gauche socialiste irritée par son conservatisme.

Il reçoit le prix nobel de littérature en 1970. Interdit en Union soviétique, en butte à des persécutions administratives, arrêté en 1974, Soljenitsyne est finalement expulsé. Il demeurera en exil durant vingt ans n'étant autorisé à rentrer qu'en 1994.

Le soutien, soigneusement mis en scène, qu'il apporte à Vladimir Poutine a perturbé ses admirateurs.

Dissident dans la dissidence, Soljenitsyne dérange tout le monde. Car tout en dénonçant la réalité de la répression féroce il ne cache ni sa ferveur religieuse, ni son attachement slavophile à la Russie éternelle. En outre, il se refuse à distinguer entre Lénine et Staline, englobant le bolchevisme dans une même condamnation. Dans une ambiance de paranoïa, de complots, de dénonciations, de menaces de mort, Soljenitsyne a été accusé de tout et de son contraire : antisémite, agent du Mossad, de la CIA.

Soljenitsyne a mis en lumière non seulement l'existence du goulag mais la permanence des camps de travail forcé dans l'ère post-stalinienne. Il se trouve au cœur d'une lutte féroce entre information et désinformation.

→ ***Corrélats** : amalgame, calomnie, complots, dissidents, réputation.*

Sondage

Instrument d'information destiné à connaître l'état d'esprit de la population à un moment donné sur un sujet particulier.

Son créateur en France fut le psychosociologue Jean Stoetzel qui fonda l'IFOP en 1938.

Après la Seconde Guerre mondiale, cette technique d'enquête a connu un succès prodigieux entraînant la multiplication d'instituts et d'agences recourant à des méthodes d'investigation par échantillons supposés représentatifs de population sur la base de questionnaires standards réputés neutres mais dont la rédaction fait l'objet de multiples critiques. L'excessive fréquence finit par produire une incertitude quant à l'état réel ou à l'état final de l'opinion. Une fluctuation permanente exerce une pression sur l'autorité politique qui cherche à s'en dégager.

Le sondage informe-t-il ou par effet pervers de son usage abusif et souvent orienté n'est-il pas un puissant agent de manipulation ? De graves échecs dans les prévisions ont conduit à mettre en question la fiabilité de méthodes toujours plus sophistiquées mais pas nécessairement plus fiables.

La publication des sondages confronte l'opinion à sa propre image. L'effet peut conduire à une transformation ou à des infléchissements.

En situation électorale, la publication est soumise à des règles afin d'éviter une interférence avec la sensibilité ultime de l'électorat. Aux États-Unis, les sondages constituent un outil essentiel de la vie politique intérieure mais aussi de la diplomatie qui y recourt systématiquement afin de mieux connaître l'état de l'opinion dans les États peu ou mal connus du Département d'État. Certains de ces sondages, en raison de la délicatesse de leurs conclusions, peuvent constituer de véritables secrets d'État. L'outil de transparence optimum se transforme en instrument de dissimulation et de possible désinformation.

Autre aspect mal connu : les sondages destinés à comprendre les comportements des personnes, leurs aspirations, leurs habitudes de vie, leurs désirs, leur sexualité. La société dite de consommation s'est constituée sur la base de cette investigation à la fois pour connaître mais aussi pour susciter, développer, exacerber le désir des consommateurs de masse. Il faut bien en revenir à ce concept car l'individualisation apparente (chaque client est unique !) n'est que le masque de pratiques publicitaires et commerciales de masse.

Reste que les instituts de sondage se sont multipliés. Utilisant tous les mêmes techniques, ils jouent désormais sur la très courte durée en s'emparant de tous les sujets d'actualité. Une véritable industrie s'est créée. Malheur à qui voudrait en mépriser l'action. Car le sondage ne reflète plus l'état de l'opinion, il contribue à la construire et à imposer des résultats préfabriqués.

Les « sans opinion » seraient-ils les sages de l'ère de l'information ?

→ ***Corrélats*** : *action psychologique, opinion publique, influence, manipulation.*

Sorciers

Chamans, charmeurs, hypnotiseurs, médium, envoûteurs, fakirs, féticheurs, guérisseurs, gurus, haruspices, mages et autres marabouts. La liste est infinie et les vocables innombrables car dans toutes les cultures, y compris les plus modernes, le phénomène reste présent et prégnant. Tout repose sur la croyance en l'existence d'un au-delà, domaine surnaturel et à la capacité de certaines personnes à communiquer dans cette dimension.

Les sorciers sont dotés de pouvoirs supérieurs, ils communiquent avec les esprits des morts, les dieux mais aussi les démons. L'esprit « fort » considérera qu'il ne s'agit que d'une supercherie et que le sorcier n'est jamais qu'un expert plus ou moins subtil en désinformation qui exploite la crédulité des naifs, la superstition des croyants mais aussi les anxiétés des décideurs face à l'action.

Le « sorcier » peut être aussi objet de manipulations à travers des campagnes de désinformation (les Templiers, les possédés de Loudun, les sorcières de Salem, puis y faisant écho la chasse aux sorcières du maccarthysme). Détournement du mécontentement populaire (les Chrétiens, puis plus tard en Europe les Juifs), élimination d'un adversaire trop puissant, d'un concurrent gênant, détournement de la volonté du décideur, tous les prétextes sont bons.

Les sorciers sont supposés avoir passé un pacte avec le diable dont ils sont devenus les serviteurs maléfiques. Comme presque toujours la composante sexuelle se retrouve très fortement. Le sorcier entretient des relations étroites avec la bestialité. Pour autant il existe une variante infiniment plus éthérée, subtilement philosophique mais pas moins manipulatoire. L'alchimie et l'utilisation de la pierre philosophale constituent parfois ce que l'on nomme « magie blanche » et à laquelle s'adonnaient passionnément les savants les plus respectés comme Isaac Newton. À l'inverse une foule d'escrocs, le plus célèbre étant Casanova, se jouait délibérément de leurs dupes. Relevons que la propagande a repris cette distinction entre le blanc, un point de vue ouvertement déclaré, et le noir, le message occulte et malfaisant utilisé par la désinformation.

Tantôt le sorcier est réputé imposer son influence et exercer son emprise, tantôt, au contraire, il n'est plus qu'un bouc émissaire soit exécuté comme impie ou sorcier. La condamnation à mort de Socrate, éminemment politique, repose sur un chef d'accusation de sacrilège envers la Cité. Et selon l'évêque inquisiteur Cauchon, suppôt des Anglais, Jeanne n'est qu'une sorcière.

Ainsi se développent les campagnes de désinformation qui, au départ, ne font que suggérer, insinuer et diffuser des rumeurs. Personne n'est désigné de prime abord. Il est plus subtil d'orienter l'opinion à son insu, de manière à ce qu'elle croie avoir, seule, par elle-même découvert, sans que se révèle le processus de suggestion dont elle est l'objet. Par petites touches le désinformateur laisse monter l'angoisse. Il devient alors possible de « confirmer » les craintes et les soupçons en concentrant ouvertement l'attention du groupe ou de la personne visés. Il n'y a plus au final qu'à laisser déborder l'angoisse dans une action meurtrière de persécution.

→ ***Corrélats*** : *chasse aux sorcières, dupe, escroc, médium, mages et magiciens, oracles, sectes.*

Soupçon(s)

Presque synonyme, variante du doute, de nature plus philosophique, il touche à l'évidence, à la preuve, au secret.

Un état de bascule à l'égard de la crédulité dans l'apparence, à l'égard de la confiance dans l'information, à l'égard de soi-même. Le soupçon est une arme psychologique extraordinairement destructrice tantôt protectrice, tantôt agressive. Le soupçon est clairvoyance à l'égard d'une tromperie. Le soupçon est un venin injecté qui corrompt les liens de fidélité.

Le soupçon constitue une situation psychologique ambivalente, qui lorsqu'elle devient irrationnelle, peut conduire à une psychose de jalousie, de crainte à l'égard de l'environnement, des proches.

Mais le soupçon est aussi éveil de la conscience critique à l'égard des apparences. C'est par le soupçon que la désinformation est démasquée durant le processus de prise de conscience. Le sujet parvient à s'arracher au système de croyance où il se trouvait inséré. Il se déconditionne lui-même.

Mais inversement, le soupçon constitue le germe, le moment séminal de la prise de conscience qui va faire apparaître l'opération de désinformation. C'est l'instant « magique » où le croyant, le « persuadé » (nous ne parlons pas ici de religion) se met à douter de la véracité de l'information qui lui est fournie, instillée, matraquée... La réalité redevient une apparence sujette à un questionnement.

Le soupçon constitue le point de départ de la prise de conscience de la désinformation systématiquement organisée en système.

D'où vient le soupçon ? Question essentielle, mystérieuse, voire ontologique. Bien sûr il est instillé par un agent, un esprit malin qui cherche à créer la discorde, à défaire ce qui était uni. C'est Iago devant Othello. La désinformation par tous les moyens (la calomnie, la lettre anonyme, etc.) cherche à instiller le soupçon.

Mais le soupçon provient aussi, sans intervention d'un agent extérieur, de la prise de conscience entre les faits et les paroles, entre la réalité matérielle et les discours tenus par une personne, une institution, une autorité.

Les opérations psychologiques « noires » cherchent à produire le soupçon en espérant qu'il proliférera et produira par auto-intoxication les effets les plus dévastateurs. Les principes d'inversion et de réversibilité propres à la désinformation s'appliquent également à cet outil important dans les opérations de désinformation et de contre-désinformation.

→ **Corrélats** : *calomnie, insinuation, maquillage, opérations psychologiques, bleuite.*

Source

Protéger sa source, masquer, élaborer de fausses sources, tel est le jeu épuisant, complexe et retors auquel se livrent les services de police, les services secrets, les organes de désinformation et, même les journalistes.

Dans le cas du Watergate, le journaliste Robert Woodward reçut les informations de la part d'un membre de la Maison Blanche. Ces dix dernières années on peut constater un phénomène préoccupant. Les autorités gouvernementales mettent parfois les journalistes en demeure de dévoiler l'identité de leurs sources sous peine de sanctions pénales et n'hésitent pas à faire pression sur les directeurs de publication. Mais il existe aussi de fausses sources, délibérément truquées pour prendre au piège le journaliste. Celui-ci doit donc, comme un service de renseignement, procéder par recoupements afin de s'assurer de la fiabilité de la source.

→ **Corrélats** : *fuites, indicateur, Watergate.*

Spéculation

Au fil du temps ce terme s'est chargé de connotations péjoratives dans l'opinion générale. Pourtant, la spéculation désigna pendant longtemps l'observation attentive de certains phénomènes.

Une première dérive apparaît dans le domaine de la philosophie et de la morale. La spéculation apparaît comme une anticipation aventureuse, une hardiesse de l'esprit. Ne reposant plus sur une réalité, elle dégénère en hypothèses sans fondements, développées par un discours gratuit mais assez séduisant pour être susceptible de tromper.

Anticipation, pari, la spéculation s'apparente au monde du jeu qui comporte une prise de risque assumée par les joueurs. Mais comme dans tout jeu, trucage et tricheries dévoient le principe général.

On spécule sur les biens (matières premières, immobilier, valeur des monnaies, produits boursiers) mais aussi sur les événements. Au XVIe siècle, on voit les banquiers florentins ou les marchands allemands spéculer sur les chances de succès de tel ou tel souverain dans la campagne militaire où s'affrontent leurs intérêts. En finançant la guerre à des taux usuraires, ils peuvent espérer de la victoire finale un profit considérable. On peut aussi spéculer sur le succès de la carrière d'une personnalité politique, ce que font les industriels et les milieux d'affaires en soutenant un, mais aussi parfois plusieurs (façon comme une autre de réduire le risque) candidats aux magistratures suprêmes.

Faire monter artificiellement les cours, créer des pénuries, constituer des réserves puis revendre au prix fort constituent des pratiques qui, lorsqu'elles apparaissent excessives sont moralement réprouvées, n'enfreignent pas la loi tant les réglementations sont insuffisantes, voire inexistantes. Seuls les trucages de comptabilité, la dissimulation des opérations effectuées constituent de réelles infractions pénales. Dans cette circulation de l'information et de la désinformation le fait de disposer en priorité de l'information exacte constitue parfois un délit surnommé « d'initiés » également réprimé mais toujours avec bien des difficultés pour apporter des preuves irréfutables. Si le principe de base n'a guère varié, la puissance des ordinateurs permet aux *traders*, dans l'ère de l'information, de faire circuler les fonds en des temps extrêmement réduits inférieurs à la seconde.

Selon les époques et les circonstances, heureuses ou malheureuses, la spéculation est tantôt considérée comme un facteur de dynamisme, tantôt comme une entreprise malfaisante. La crise qui s'est déclenchée en 2008, émaillée de scandales retentissants comme l'affaire Bernard Madoff – ce qui prouve que les « petits » ne sont pas les seules victimes – n'incite guère à l'indulgence les opinions publiques même si le monde des affaires voit dans la spéculation l'un des ressorts indispensables de toute économie libérale. La dérive vient avec l'introduction de fausses informations (des « tuyaux ») que la rumeur va propager. Ainsi se forme une croyance générale qui conduit les gens à s'engager en prenant des risques dont ils ne mesurent pas l'ampleur.

À côté des fonds de pension dont les placements sont souvent spéculatifs, il existe des fonds spéculatifs « *hedge funds* » qui empruntent afin de spéculer sur les marchés financiers. C'est ainsi que se forment des bulles spéculatives. Tout l'art subtil du spéculateur consiste à prévoir, anticiper, voir déclencher le moment de l'éclatement, sauvant ainsi sa mise avant la perte de tous les autres. En 1992, George Soros, fondateur du fonds spéculatif *Quantum Fund*, établi dans le paradis fiscal de Curaçao, fait courir le bruit d'une dépréciation de la livre sterling l'obligeant à sortir du Système monétaire européen (SME). Par une succession d'achats et de ventes rapides, il contraint finalement la Banque d'Angleterre à sortir du SME. La manœuvre aurait rapporté plus d'un milliard de dollars. Ce succès n'empêche pas Soros de perdre gros lors de la crise russe de 1998. Ces manipulations, qui agissent à travers une désinformation élaborée dans des instances non étatiques qui frappent parfois de plein fouet les États et ébranlent la relation entre les gouvernements et la population, sont dénoncées par certains. Les militaires chinois la considèrent désormais comme une forme moderne de la guerre ou un cas particulier de terrorisme.

Le spéculateur recourt donc à la désinformation sous forme de rumeurs. Mais inversement, comme souvent, la désinformation peut se servir de l'opprobre attaché à la spéculation. Elle cherche à dresser tout ou partie d'une communauté contre un groupe supposé se livrer à la spéculation pour s'enrichir « sur le dos » des « petits », du « pauvre peuple », dont la naïveté a été exploitée. Les spéculateurs, accapareurs et autres prévaricateurs sont généralement honnis notamment dans les milieux révolutionnaires. Durant la période terroriste, la Révolution française envoie expéditivement le spéculateur à la guillotine. L'accusation de spéculation permet ainsi de créer des boucs émissaires sur lesquels faire retomber le mécontentement populaire en période de difficultés politiques et économiques. Ainsi tantôt le gouvernement cherche à échapper à ses responsabilités en la détournant sur d'autres, tantôt les opposants attribuent au pouvoir en place une complicité avec les spéculateurs.

Toutefois le succès persistant de la spéculation et le laxisme dont elle fait l'objet reposent sur une relation rarement avouée tant elle est évidente, à savoir la complicité perverse de celui qui est la dupe car il espérait bien tirer profit de la manœuvre spéculative.

→ ***Corrélats*** : *amalgame, confiance, dupe, escroc, rumeur, secret.*

Stakhanovisme

Le terme provient du nom d'un ouvrier soviétique du bassin houiller du Donbass, Andreï Stakhanov qui fut célébré à partir de 1930 pour son zèle idéologique lui permettant d'obtenir une exceptionnelle productivité.

Cela fit l'objet d'une mise en scène générale visant à stimuler le zèle du prolétariat de l'URSS, afin de réaliser et même de dépasser les objectifs des plans quinquennaux. Le stakhanovisme se répandit après 1945 dans les États d'Europe de l'Est, notamment en Pologne.

Tardivement – mais c'est mieux que jamais – le réalisateur polonais Andrej Wajda dénonce le phénomène dans un film très remarqué *L'homme de marbre* au moment où le syndicat libre Solidarność commence à s'imposer contre le régime et doit affronter la répression prise en main par le général Jaruzelski.

→ ***Corrélats*** : *mise en scène.*

Stratagème

Construction d'un plan secret destiné à amener un ennemi déclaré ou non à prendre des décisions le conduisant, étapes par étapes, à engager des actions qui provoqueront sa propre destruction ou celle de ses projets.

Le stratagème s'applique aussi bien en temps de paix pour la désinformation qu'en temps de guerre pour les opérations de déception. La mise en œuvre d'un stratagème n'exige pas forcément des moyens considérables. Un faux document qui tombe aux mains de l'ennemi exige une sérieuse fabrication. Un transfuge peut suffire. Encore faut-il que sa crédibilité soit indiscutable. C'est le travail des services de renseignement que de vérifier minutieusement s'il n'est pas l'instrument actif d'un stratagème, c'est-à-dire un agent double ou bien qu'il n'a pas été intoxiqué à son insu, offrant de fausses informations qu'il croit sincèrement exactes. C'est pourquoi, même simple, un stratagème exige une préparation psychologique en amont. La désinformation doit créer un état d'esprit et un environnement informationnel propices à donner à penser que le « traître » ne fait que confirmer ce que l'on subodorait déjà.

Il est remarquable de constater l'universalité de la pratique du stratagème dans toutes les cultures. On peut aller plus loin encore en faisant état des stratagèmes dans l'ordre animal. Le caméléon est devenu emblématique mais en fait innombrables sont les espèces qui pour agresser ou se protéger recourent au stratagème dont ils disposent de par leur nature.

Un stratagème éventé peut se retourner contre lui. On se gardera de dévoiler que la machination a fait long feu. Au contraire, on fera croire à l'ennemi que l'on est trompé pour mieux le duper et ainsi de suite. Telle est la règle d'or de la désinformation : faire en sorte que l'on ne sache jamais que l'on sait.

➔ ***Corrélats*** *: complot, faux, machination, Mincemeat, paranoïa, ruse, traître.*

Sun Zi

(VIe-V^e^ av. J.-C.)

Stratégiste chinois dont l'ouvrage sur l'art de la guerre (*Sun Zi bingfa*) remonte approximativement au VIe siècle avant J.-C.

Sun Zi préconise la ruse, les fausses nouvelles, les retournements d'alliances, tout ce qui abuse l'ennemi sans avoir à recourir à la bataille rangée, dispendieuse et hasardeuse. La désinformation se trouve donc au cœur des prescriptions du stratège chinois comme ses homologues indiens ou arabes. « Soumettre l'ennemi sans combat est ce qu'il y a de mieux ». Mais la formule est ambiguë, sujette à toutes les interprétations. Car tout chef de guerre partage ce point de vue de Clausewitz à Hitler qui comptait faire tomber ses adversaires grâce à l'action des cinquièmes colonnes et à l'érosion de leur volonté de résistance.

La guerre ? Bien sûr. Encore faut-il préciser quel type de guerre. Sur quel théâtre et pour quels enjeux ? En 1866, la lointaine expédition mexicaine de Napoléon III finit en désastre mais l'empereur, bien que violemment critiqué, ne perd point son trône. En revanche la défaite de Sedan et la capitulation provoquent la fin de l'empire bonapartiste et plongent la France dans la guerre civile sous le regard du vainqueur prussien.

Selon Sun Zi, la guerre – celle qu'il connaît – doit constituer un ultime recours car ce moyen est coûteux et foncièrement hasardeux. Les opérations seront donc limitées dans le temps. La guerre idéale se prépare à l'avance par ébranlement du moral et de la confiance en soi de l'adversaire, par rupture de ses alliances. L'action militaire parachève une victoire déjà obtenue grâce à la désinformation et à la déception, en injectant le doute, la défiance et l'incertitude.

Cette mesure dans l'usage de la violence est d'autant plus nécessaire qu'une guerre prolongée et une éventuelle défaite est susceptible de modifier l'ordre politique et de troubler l'harmonie établie.

Cet ancien chinois apparaît au monde occidental, qui le découvre à partir de quelques traductions érudites, comme le théoricien de la suprématie de la ruse, des manœuvres indirectes et de la prudence dans l'engagement. La ruse constitue certes un élément essentiel dans l'art de Sun Zi. Mais, là encore, quelle ruse ? Dans quel type de relations entre puissances de différents niveaux, elles-mêmes saisies dans des liens de féodalités complexes, aujourd'hui dépassées ? Sun Zi devient au cours du XXe siècle l'emblème et la référence obligée pour qui veut privilégier la déception par opposition à la violence frontale clausewitzienne.

Si la lecture de Sun Zi permet d'ériger des principes, qui ne soient point seulement d'élégantes métaphores, encore convient-il en permanence, de les transposer au sein d'un contexte dans lequel ils peuvent s'appliquer efficacement.

➛ ***Corrélats*** : *Cinquième colonne, ruse, stratagème, transfuge.*

Superstition

Croyance irrationnelle à laquelle s'abandonne un individu ou une collectivité. On aime à en sourire. Nul ne croit vraiment que passer sous une échelle porte malheur. Et cependant la superstition fait le siège de l'esprit humain. Elle fait bon ménage avec les préjugés qu'elle conforte et la rumeur qu'elle soutient. La désinformation saura tirer parti de cette conjonction.

La superstition s'oppose à la religion constituée mais le voisinage est grand et la ligne de démarcation délicate à tracer. Que penser encore aujourd'hui du culte des reliques, du baiser sur l'orteil de la statue de Saint Pierre au Vatican ? La croyance dans les miracles ou la pratique de l'exorcisme font l'objet d'un contrôle sévère des autorités catholiques.

Elle se réfère à une sorte d'état primitif, vague et sauvage de la perception de dieu, associée au hasard, à la chance ou encore au destin. L'extrême superstition des Romains les conduisait à consulter les augures et à offrir des sacrifices interprétés par les haruspices non sans que quelque mécréance ironique accompagne ces pratiques magiques.

Elle procède d'une peur ancienne face à la nature, plus récemment face à la complexité d'un monde jugé inexplicable, hostile. Une personne sans religion s'adonne parfois à des pratiques superstitieuses qui le conduiront à porter des objets particuliers, censés protéger ou guérir. Ce dénuement de l'esprit humain explique l'essor des sectes.

Elle peut être aussi tenue pour une dégradation de la religion et de ce fait condamnée avec force.

La superstition est cependant différente de l'hérésie. Celle-ci constitue une pensée élaborée, dissidente qui entend prévaloir sur la religion constituée.

Mais pour le laïque militant, pour l'athée convaincu toute religion est superstition plus ou moins élaborée. Le libre penseur de principe ne s'interdira pas forcément de consulter une voyante dans les situations difficiles où il lui faut décider.

➛ ***Corrélats*** : *décideur, illusion, imposteur, hétérodoxie, Lansdale, miracle, peur, sectes.*

T

Tabloïd

Journal quotidien ou hebdomadaire destiné à un grand public dit « populaire » et supposé friand de sensations fortes et de scandales. Il constitue souvent un vecteur de désinformation.

À l'origine on trouve la presse populaire à grand tirage de la fin du XIXe siècle. Puis s'opère une dissociation entre le *hard* (le sang, le sexe, la violence ordinaire) et le *soft* (la vie rêvée de la haute société, ses joies, ses peines, ses scandales). Ces dernières années le terme « *people* » fait allusion aux célébrités politiques, médiatiques, sportives qui tenant le devant de la scène attirent les *tabloïd* et leurs agents que sont les *paparazzi*.

Prenant aussi pour emblèmes et pour cibles les journalistes médiatiquement les plus connus, ils créent une sorte de boucle de l'information sur elle-même. Cette presse parle des stars de la communication audiovisuelle, les font, les défont et prospère à travers eux. Ce phénomène très dangereux pour l'information, caractérise aujourd'hui les démocraties médiatiques. Il gagne du terrain dans les pays qui développent les vecteurs audiovisuels de communication. Les principes déontologiques ont tendance à perdre leurs assises.

Les tabloïds sont en général détenus par de puissants groupes de presse : Prouvost, Murdoch, Lagardère, Berlusconi, Dassault…, parfois liés au monde de l'industrie et de la finance. Un tabloïd de forte audience peut contribuer à déstabiliser une personnalité politique, à ruiner une réputation (Clinton) ou, au contraire, à rallier l'électorat sur un homme politique « charismatique » comme M. Blair. Ils peuvent aussi développer des campagnes touchant aux institutions mêmes : Lady Diana face à la Couronne britannique.

Les *tabloïd* raffolent du terrorisme qui leur permet de placer en couverture les photos des victimes en pleurs, couvertes de sang. L'impact du « choc des photos » entre parfois en contradiction avec la volonté gouvernementale de réduire les effets d'amplification terroriste. Il faut alors négocier quand il n'est pas trop tard. Mais inversement le même pouvoir politique pourra laisser publier ces images dès lors qu'elles lui paraissent servir sa stratégie de répression. L'excès de l'horreur exhibée constitue en soi une forme de désinformation. Le jeu avec les images correspond aussi à une autre forme de désinformation. Quant aux terroristes eux-mêmes il leur est loisible de jouer de ces contradictions pour atteindre leurs propres objectifs de désinformation.

→ **Corrélats** : *choc, Hearst, Murdoch, paparazzi, présentateur, sexe.*

Tabou

Plus qu'une simple interdiction (officiellement proclamée, codifiée, ouvertement pénalisée) c'est un interdit symbolique, nimbé de mystère, de croyance, immergé dans la complexité du tissu symbolique.

Le tabou touche aux peurs viscérales. De ce fait il constitue un puissant outil de désinformation. Fait de secret et d'ambiguïté interprétative, il permet toutes les manipulations. Inculqué dès l'enfance, renforcé dans la puberté, il est finalement intégré par l'être humain adulte qui s'y soumet. Le tabou est connu tout en restant non dit mais supposé connu de tous. Il contribue à la fondation et au maintien essentiel de la communauté. Il peut porter sur les relations sexuelles (inceste), la nourriture (prohibition de certains aliments), l'espace (lieux strictement réservés mais à qui ?). C'est l'équivalent du mystère mais en version négative : ici c'est l'initiation à une connaissance, là c'est au contraire l'interdit et l'exclusion.

Contrairement au crime ordinaire qui connaît des possibilités d'arrangement, de troc symbolique ou pécuniaire, la transgression du tabou exclut toute « trans-action ». Le fautif se voit exclu de sa communauté qui le voue aux « mauvais sorts » les plus effroyables. Souvent, les châtiments sont terribles mais le pire de tous est le rejet hors du groupe d'appartenance. Dans le monde catholique, le terme « excommunication » a emblématisé cet état de privation et de solitude mortelle. L'Islam fait de même à travers la notion de « takfir ».

→ **Corrélats** : *culte, masses, secret, sorcier.*

Taupe

Variété d'espion, cet agent infiltré dans les services de renseignement d'un État adverse peut n'avoir qu'un rôle « passif » consistant à recueillir toutes les informations et les transmettre. Mais son action est dite active s'il devient le pilote d'une campagne d'intoxication organisée par ses chefs.

Il est toujours difficile de mesurer l'exacte utilité de ce type de moyen.

L'action d'une taupe se situe dans la logique vertigineuse, quasi absurde, de lutte entre services d'espionnage et de contre-espionnage. La taupe chasse les taupes en cherchant à découvrir ses congénères infiltrés. Démasquée, une taupe peut être retournée. Cet agent double, parfois triple passant d'officier traitant en officier traitant, finit parfois par ne plus savoir pour le compte de qui il travaille. Les rivalités entre services et le cloisonnement aidant, la confusion s'installe. Le décideur politique doit donc prendre ses distances et toutes ses précautions. La recherche du renseignement, l'effort de désinformation par intoxication peuvent s'annuler par augmentation quasi incontrôlable de l'entropie.

Dans les années 1980, les Britanniques étaient parvenus à infiltrer un de leurs agents qui finit par se retrouver à la tête du service de recrutement de l'IRA provisoire. C'est lui-même qui décidait de l'attribution des postes de responsabilité au sein de l'organisation !

Le colonel Oleg Penkovsky du GRU (Direction générale des renseignements de l'état-major des forces armées soviétiques) informa les États-Unis durant la crise des missiles de Cuba de 1962. Aldrich Ames, agent de la CIA arrêté en 1994 avait réussi pendant plus de dix ans à communiquer aux services soviétiques les noms d'une centaine de leurs officiers qui travaillaient pour la CIA. Comme toujours dans ces domaines la « bonne » taupe est celle dont l'action et l'identité demeureront, parfois à jamais, inconnues.

L'image de la taupe fournit une illustration de la richesse du bestiaire de la désinformation.

→ ***Corrélats** : bestiaire, espion, intoxication, mouchard, MIME, provocateur.*

Tchakhotine, Serge

(Constantinople 1883 - Moscou 1973)

Son livre, *Le viol des foules par la propagande politique* sort en France en 1939, non sans difficultés : il fait peur au gouvernement. Le ministère français des Affaires étrangères le censure. Immédiatement, l'occupant nazi interdit le livre. À la Libération sa critique du communisme dresse contre lui l'opinion de gauche. Le titre intrigue, révulse, inquiète. En dénonçant tous les totalitarismes de droite et de gauche, mais aussi en analysant rigoureusement les procédés de manipulations politiques dans les systèmes démocratiques, il s'est attiré toutes les inimitiés.

En pointant du doigt les procédés publicitaires, bref en mettant à nu les mécanismes de manipulation des masses et des individus, il a gêné tout le monde. Mais il a été également utilisé par tous durant la guerre froide.

Ami de H.G. Wells, il appartient à la petite famille des esprits critiques donc libres : Koestler, Huxley.

Son ouvrage traite le sujet à tous les niveaux, du plus élevé au plus tactique et technique. Il considère la manœuvre des foules afin de dominer l'État tout en prenant en compte les détails de la mise en œuvre des manifestations. C'est tout simplement l'analyse des mises en scène d'État : Hitler à Nuremberg, Mussolini sur la place de Venise (à Rome) et la tradition révolutionnaire bolchevik de l'agit-prop puis de la domination des masses à travers les défilés, le culte de la personnalité, les héros du parti. Il attache une importance particulière aux symboles, comme les croix et les étoiles.

Sorte de Clausewitz de la psychologie sociale, Tchakhotine est, lui aussi, mal connu, rarement lu en son entier, interprété de travers. Bien qu'achevé, l'ouvrage est touffu. Certaines de ses assertions scientifiques ont mal vécu. Tchakhotine avance des concepts tenus, alors, pour fondamentaux et structurants mais, aujourd'hui, désavoués ou dépassés tels que la « Chronaxie ». Dans la lignée de son temps, il se range résolument sous l'enseignement de Pavlov et en tire des conséquences scientifiques qui, par la suite, furent invalidées. Son vocabulaire, qui paraît aujourd'hui obsolète, appartient à la montée en puissance de la psychologie sociale.

Tchakhotine l'obscur s'est transformé en mythe involontaire. Lui qui a voulu mettre en garde contre un redoutable instrument de conquête du pouvoir, est devenu une référence pour les candidats à la manipulation des opinions. Certains techniciens de la contre-insurrection en Algérie, au Vietnam et de la désinformation ont puisé – e t puisent encore – dans Tchakhotine.

Qu'importe la dénonciation des manipulations et des procédés totalitaires pour peu qu'on dispose des recettes efficaces pour contrôler et manipuler foules et opinions ! Tchakhotine a trop bien réussi. L'invention et la prescience analytique de Tchakhotine dans le domaine de l'action psychologique touchant les masses et les individus restent cependant très actuelles.

→ ***Corrélats** : manipulation, masses, opinion.*

Timisoara

Seconde ville de Roumanie.

Lors des troubles qui précipitèrent la chute du gouvernement de Nicolaï Ceaucescu, en décembre 1989, la découverte d'un charnier à proximité de cette ville provoqua une vague d'indignation internationale qui favorisa l'élimination totale du régime et la liquidation immédiate de M. Ceaucescu et de son épouse.

Par cars entiers les journalistes du monde furent transportés sur les lieux afin de pouvoir témoigner des horreurs perpétrées par le dictateur. Des chiffres « précis », totalement fantaisistes, dénombraient 4 632 (?) cadavres, tandis que les médias faisaient état de plus de 7 000 opposants fusillés par la Securitate[1]. Les éditorialistes les plus réputés fustigèrent les atrocités de la dernière des dictatures d'Europe. Simultanément les médias étaient invités à découvrir les kilomètres de souterrains qui reliaient le palais présidentiel à d'autres édifices publics, tout en servant de bunkers en cas d'agression étrangère (la Roumanie, dissidente du Pacte de Varsovie, pouvait craindre une intervention soviétique).

1. Service de Sécurité d'État.

Mais très rapidement il s'avéra que ce charnier n'était rien d'autre que la fosse commune où l'hôpital de la ville enterrait les morts. À ce jour, nul ne sait encore exactement, preuves à l'appui, qui organisa cette campagne de désinformation. Certains suggèrent que la Securitate avait décidé de changer de patrons.

→ ***Corrélats** : apparences, manipulation, rumeurs.*

To be or not to be

Film de propagande blanche à destination du public américain de Ernst Lubitsch, 1942.

L'action se déroule à Varsovie au début de la seconde Guerre mondiale dans une Pologne occupée de théâtre... Une troupe d'acteurs polonais qui jouait, évidemment pas par hasard, Hamlet, s'engage au débotté dans la résistance afin d'éliminer un dangereux espion nazi.

Lubitsch prend la désinformation comme sujet, jeu de fiction... et enjeu pour une pédagogie du spectateur, qui apprend à ne jamais se fier aux apparences, même si le message de propagande est clairement anti-nazi, prenant le culte du führer comme cible directe, selon les principes de la tradition de la dérision carnavalesque qui retourne contre eux-mêmes les emblèmes et procédés du culte de la personnalité (« Heil moi-même » fait-on dire à l'acteur qui incarne Hitler !). Le film démonte la mécanique nazie, ses pompes et désamorce ses effets de fascination. Les SS deviennent risibles, le pire tort que l'on ait jamais pu leur faire.

Parmi les œuvres de dénonciation du totalitarisme, ce film se place au plus haut niveau de la dénonciation de la propagande par son extrême subtilité. Il n'oppose pas à la propagande une contre-propagande mais démonte les figures emblématiques de la symbolique adverse en jouant d'une relation complexe entre fiction et réalité, entre théâtre et cinéma.

Il est aussi un exemple remarquable du procédé, dit de mise en abyme, qui consiste à modifier les plans de la narration de manière à égarer le spectateur tout en le rendant conscient, par effet de distanciation comique de cet égarement qui constitue son plaisir. Tout en restant dans un registre de comédie légère, Lubitsch n'a jamais été aussi proche de Brecht.

Après *Ninotchka* (1939) qui tournait en ridicule les agents soviétiques du Komintern, Lubitsch réalise un des rares films, sinon le seul, qui parvient à faire rire du nazisme. Rire et dérision que Lubitsch considérait comme les meilleures armes contre l'encadrement des masses et leur sujétion aux ordres d'un impératif despotique. Lubitsch abuse sans cesse un spectateur qui prend plaisir à sa déstabilisation permanente par la mise en abyme.

Cette tradition de la déstabilisation de la place du récepteur (spectateur, auditeur, lecteur…) se retrouve dans une riche tradition borgesienne et latino-américaine. Elle consiste à créer des fictions retorses qui se présentent comme des documents historiques rigoureux, comme une enquête sur des archives enfin accessibles. Elles piègent le lecteur ou le spectateur pour lui montrer, pour son plaisir, qu'il a été la dupe d'une mise en scène

Toutes ces activités de fiction ont vertu d'avertissement à l'égard d'un récepteur trop naïf, trop facilement abusé par les apparences… et des mises en scène qui, loin de toute fiction, cherchent à le manipuler dans la réalité.

To be or not to be peut être tenu pour une leçon de contre-désinformation.

→ ***Corrélats*** *: apparences, illusion, mise en scène.*

Torture

La valeur de certaines informations peut apparaître si essentielle que le recours à la coercition par la torture est jugé nécessaire. Un individu doit livrer son « secret » dont son adversaire a besoin pour contrer son action ou pour acquérir la domination ou pour faire jeu égal en rétablissant un niveau égal de savoir.

En temps de paix, sans parler des désaxés, la torture n'est employée que par des criminels de droit commun qui cherchent à extorquer une information à des fins sordides. Dans les guerres de gangs, le procédé est ordinaire. La situation est par définition hors norme, hors droit.

En temps de guerre où l'activité de l'ennemi est forcément secrète, la tentation peut être forte d'obtenir une information cruciale par la torture. Le prisonnier de guerre en uniforme est protégé par des règles qui n'autorisent qu'un interrogatoire minimal.

Dès lors qu'il y a urgence, par rapport à une opération, le problème change de nature : c'est ma vie contre la tienne ! L'interrogatoire des prisonniers de guerre est donc loin d'avoir été épargné par ces considérations d'efficacité. Un transmetteur était systématiquement torturé pour obtenir ses codes de cryptage tant l'enjeu était essentiel. L'histoire est discrète et les sources par définition rares sur ces pratiques atroces.

Dans les situations « intermédiaires » de guerre non déclarée mais d'affrontements violents entre une armée régulière et des formations sans statuts (guérillas) ou entre deux formations irrégulières, ce procédé tend à devenir fréquent voire systématique.

« J'ai été odieusement torturé » peut devenir un argument retors afin de placer dans l'embarras l'autorité policière et judiciaire. Plus difficile encore à prouver est la notion de « torture psychologique », subtile, impalpable et cependant bien réelle, très efficace surtout contre celui qui n'y est pas préparé et qui, de surcroît, est innocent !

L'obtention de l'information par la torture fait l'objet de débats permanents et douloureux dans les États démocratiques mais aussi dans tous les pays où un droit, supposé transcendant, règle l'action des hommes et des autorités gouvernementales.

L'usage de la torture peut être classé en deux catégories : ostentatoire à des fins de terreur, dissimulée à des fins d'efficacité :

– la torture, utilisée à des fins de terreur pour intimider les opposants politiques et briser les velléités de résistance d'une communauté, est très anciennement (de Gengis Khan à Saddam Hussein en passant par le nazisme et les dictateurs sud américains). Ces victimes, relâchées vivantes mais mutilées et traumatisées, vont diffuser la peur par l'exemplarité de « ce qui t'attend si jamais… ».

– le versant « honteux » consiste à pratiquer mais en dissimulant. Les tactiques varient : on fait disparaître les cadavres mutilés pour masquer la torture ou, variante récente, on la fait pratiquer ailleurs par des États moins regardants sur la légalité de cette pratique.

À l'époque contemporaine, le problème demeure entier pour les démocraties à ceci près qu'elles se placent en défaut au regard de leurs principes. Les pratiques américaines depuis 2001 ont créé une faille très importante, large et durable, quant à la validité des droits de l'homme et des valeurs démocratiques. Les scandales des sévices dans les prisons en Irak (Abu Graib) et le camp d'internement de Guantanamo ont contribué à ébranler la fiabilité du discours démocratique sur les valeurs.

De surcroit, de tels manquements systématiques, délibérés et impunis deviennent à court terme déstabilisants pour un gouvernement, une présidence, mais à long terme pour le modèle de société supposé optimal sinon idéal.

Dans l'âge informationnel – de l'information et de la connaissance –, violence et cruauté ont su maintenir et reconstituer leur place.

→ ***Corrélats*** *: aveu, Boukharine, lavage de cerveau.*

Tract

La feuille de papier constitue avec le slogan le vecteur de base de la propagande et de la désinformation.

Le « *dazibao* », vaste placard de papier, constitue une variante murale chinoise du tract. La publicité utilise le terme « prospectus » (terme en voie d'obsolescence !) afin de le soustraire à la connotation propagandiste politique dont le mot tract est chargé. Les modalités de rédaction restent identiques.

Sur une feuille de papier est inscrit un texte court, simple, de lecture facile comportant un grand titre puis quelques points avec parfois des effets typographiques de grossissement et de gras pour attirer l'attention. Plus le message est long et vague, moins il a de portée. Il doit être facilement compréhensible, un dessin sommaire peut illustrer un texte soumis à un impératif de concision et de simplicité. La « une » des quotidiens à grand tirage et des *tabloïd* constitue une forme à peine plus complexe du tract. Ironiquement, c'est ce format que la plupart des hauts responsables surmenés, décideurs pressés, exigent de leurs services sous le label « note ».

Imprimé à l'origine sur une simple ronéo le tract est transmis de la main à la main d'un homme à un homme (ou une femme) sur des lieux de grand passage ou encore de manière ciblée sur un site sensible de conflit social par exemple. C'est une simple transmission immédiate, brève. Mais le fait de prendre le tract qui est une main tendue constitue aussi le degré minimal de l'engagement. Depuis la création des forces aériennes, les tracts sont par centaines de milliers répandus par l'aviation sur et derrière les lignes ennemies, à l'intention des militaires ou des populations civiles. Le contenu est évidemment ajusté au lieu sur lequel le tract est lancé et aux circonstances qui entourent le message qu'il contient. Il est parfois rigoureusement interdit sous peine des plus graves châtiments de le ramasser. Des mouchards sont engagés pour distinguer le « bon » salarié qui refuse ou jette sans avoir lu, du mauvais esprit qui lit le tract.

Dans la guerre, il s'agit parfois d'appels à la reddition selon des modalités simples mais très concrètes. Le tract devient alors une sorte de sauf-conduit permettant au soldat d'être fait prisonnier sans encombre et traité conformément aux lois de la guerre. Sa reddition ne constitue pas une désertion. Il se trouve donc protégé.

→ ***Corrélats*** : *action psychologique, masses, opinion, simplicité, tabloïd, vecteurs.*

Trafics d'organes

Presqu'à l'état d'épure ce cas montre la désinformation au travail.

Le tiers-monde est en effet affligé d'une pratique condamnable : le trafic des organes. Pour un être humain en situation de détresse économique une partie de son corps est vendable. La pratique est courante. Elle n'atteint que rarement au scandale public. Vient s'ajouter l'activité criminelle qui consiste à créer des circuits clandestins, pas forcément illégaux mais non déclarés. En effet les personnes concernées, des adultes jeunes pour la plupart, sont consentantes et ne s'insurgent que lorsque la rémunération promise n'est pas fournie. Les demandeurs peuvent être des cliniques en principe respectable qui cherchent à satisfaire leurs besoins. On touche là un domaine très délicat du point de vue éthique. Reste que le don d'organes relève d'une demande légitime et foncièrement humanitaire pour les greffes, etc.

Néanmoins, le sujet cristallise les angoisses, les phobies, suscite les fantasmes… parce qu'il a trait au corps, à la mutilation aux échanges physiques. Par rapport à une situation aussi floue mais très chargée psychologiquement, la désinformation trouve un terrain idéal.

Une campagne qui accuse un État – les États-Unis en l'occurrence – de favoriser, voire d'orchestrer ce trafic joue sur du velours : ce que firent les services soviétiques dans les années 1980. Une vaste campagne de rumeurs se développa prenant pour sujet le trafic des organes de jeunes enfants d'Amérique latine en direction de cliniques américaines. À cela s'ajoutait un autre fantasme : les riches prennent le corps des pauvres.

→ ***Corrélats*** : *rumeurs, tabou, traite.*

Train

Parmi les nombreux vecteurs de propagande le chemin de fer est sans doute l'un des plus originaux, bien adapté aux pays de grande superficie : États-Unis, Chine, Russie.

Il fut très vite utilisé comme arme (trains fortifiés) et comme outil d'aide à la propagande, orné de drapeaux, de banderoles, équipés de haut-parleurs ou simplement transportant des propagandistes utilisant des porte-voix.

Le train permettait ainsi de transporter et de diffuser sur tout le territoire tracts et journaux en grande quantité. Ce fut un outil remarquable au service des révolutionnaires bolchéviks, des communistes chinois ou des révolutionnaires mexicains d'Emiliano Zapata.

Les trains furent utiles pour tous ceux qui avaient besoin de diffuser rapidement leur message afin de toucher des populations réparties sur de vastes espaces. Plus pacifiquement, en période électorale, le train fut précocement utilisé pour la campagne des candidats aux présidentielles américaines.

Durant la guerre civile, Trotski, commandant de l'Armée rouge, vivait dans un train aménagé en bureau de propagande qui produisait directement, à mesure de l'évolution de la situation et des particularités zones traversées, les messages de propagandes, tracts, banderoles, etc.

→ ***Corrélats*** : *haut-parleurs, vecteurs.*

Traite (des blanches)

Croyance selon laquelle de très jeunes femmes sont enlevées pour être vendues comme prostituées ou esclaves sexuelles dans le monde du Levant, voire en Amérique du Sud.

Un groupe ethnique, voire une « race » se voit associée systématiquement à cette malfaisance sournoise. Elle manipule des phobies à caractère xénophobe ou raciste : de perfides Levantins s'emparent traîtreusement de nos femmes afin de les livrer à la luxure d'autres orientaux.

Cette légende urbaine, extrêmement populaire en Europe occidentale dans la première moitié du XXe siècle et relayée par une figuration délibérément raciste n'a jamais totalement disparu. Elle se fonde sur un symétrique inverse : la traite des noirs. Elle comporte un soubassement sexuel toujours très important dans les phénomènes de rumeur (cf. la rumeur d'Orléans en 1969).

Comme pour toutes les rumeurs, il existe non pas une réalité mais un référent à partir duquel elle se propage, correspondant à de véritables réseaux criminels organisés pratiquant le trafic de la main-d'œuvre humaine. Aujourd'hui encore l'existence d'un trafic dont la source se situe en Europe orientale et en Russie est susceptible de donner corps à de telles croyances.

→ ***Corrélats*** : *légendes urbaines, peur, rumeur.*

Traître

Est réputé traître celui qui manque à sa parole, rompt un engagement et des liens symboliques d'appartenance, livre un secret. À l'égard de qui ? D'une personne privée : une femme, un partenaire ; ou publique : un suzerain, son propre gouvernement et, bien sûr, un État avec lequel des accords d'alliance ou de non-agression ont été signés. L'hérétique ou l'apostat constitue au regard des religions une forme de trahison justiciable des pires châtiments.

Félon, faux frère, transfuge, espion, mouchard, collaborateur, agent de l'étranger… dans toutes les langues le vocabulaire abonde pour désigner péjorativement celui qui trompe son propre camp, son pays, sa nation. La volonté de discréditer l'emporte sur toute autre considération. Exactitude et précision sont rarement de mise. Pourtant l'espion ou agent secret introduit dans un pays extérieur n'est pas un traître puisqu'il remplit une mission au service de son gouvernement. Richard Sorge était-il un traître ou un espion ? La nationalité d'origine suffit-elle comme critère ? Les « apatrides » sont particulièrement « utiles » en raison du flou de leur sentiment d'appartenance.

Le transfuge constitue un cas particulier, ambigu et ambivalent qui sera examiné séparément. Les personnes isolées ou les réseaux organisés qui clandestinement fournissent des informations confidentielles sur leur propre pays ou leur entreprise font acte de trahison. La taupe qui reste enfouie et fournit de l'information sur son propre pays en continuité constitue une catégorie particulièrement redoutable. Les agents double ou triple, retournés contre-retournés ont-ils encore un statut ? C'est en définitive aux tribunaux compétents, devant lesquels ils comparaissent rarement, de se prononcer.

L'accusation de trahison peut dépasser le seul individu pour s'étendre à un groupe ethnique, une classe sociale, une communauté religieuse. Le stalinisme avait inventé l'expression « social-traitre » pour stigmatiser celui supposé trahir le prolétariat.

Tant au plan de l'efficacité, de la fiabilité que de la morale deux catégories se distinguent : le traître volontaire et le traître contraint. Le premier a choisi de tromper par intérêt pour de multiples raisons, le second subit une coercition extérieure ne trahissant qu'avec répugnance.

• Mobiles du traître

Pour le traître « libre » de choisir son engagement, c'est l'idéal idéologique en toute bonne conscience, la vengeance, l'intérêt sordide, la frustration de son orgueil. Le traître contraint fait l'objet d'un chantage portant sur toutes ses vulnérabilités « nobles » comme la sécurité de sa famille. Toutefois le recruteur exploite souvent des vulnérabilités personnelles plus ou moins sordides : dettes de jeu, malversations dissimulées, goûts sexuels « particuliers », drogue. De tels procédés sont également utilisés pour le recrutement des indicateurs, des agents d'influence.

• Le traître comme bouc émissaire : mythe et contre-mythe

Un traître (Ephyaltès, être difforme qui fait périr Léonidas aux Thermopyles ou Ganelon qui vend l'armée franque aux Sarrasins) participe activement à un désastre. Il peut même à un moment crucial jouer un rôle décisif contribuant à précipiter les événements. Il est cependant bien rare qu'il parvienne à lui seul à en inverser le cours.

Certes il existe un besoin émotionnel très profond d'expliquer le général par le particulier, de réduire l'incommensurable à une dimension ordinaire en désignant un émissaire. Mais cela ne suffit pas. Le traître fait donc tout ce qu'il peut mais dans des limites. Il n'est souvent qu'un pion dans une manœuvre de déception (*Bodyguard*), le rouage d'un stratagème qui, l'incluant, le dépasse.

La traîtrise constitue un excellent prétexte pour couvrir des insuffisances, des dysfonctionnements majeurs, ou encore une défaite (« le coup de poignard dans le dos » de l'armée allemande fin 1918 par les « traîtres de l'intérieur » !). De ce fait se crée un « contre-mythe » : les combattants héroïques ne peuvent succomber que victimes d'une odieuse fourberie.

• Vrais et faux traîtres : ambiguïté des points de vue

Le plus intéressant ici est la manipulation, l'inversion ou le retournement qu'effectue la désinformation. Des innocents, des militants honnêtes sont affublés de l'opprobre de la traîtrise afin de pouvoir les épurer ou de faire d'eux les détonateurs d'une vaste campagne de purge des adversaires politiques.

• Châtiments du traître

Il n'y aurait pas lieu d'en faire une mention particulière, la punition se résumant en une exécution sommaire ou un procès à huis clos par une juridiction d'exception comme la Cour de sûreté de l'État.

Le châtiment constitue souvent une opération d'information et de désinformation. Ce peut être la volonté d'exemplarité par la sauvagerie du châtiment : tortures, mutilations, exhibition du cadavre, etc.

Le procès du traître (vrai ou faux) constitue un acte de propagande, savamment orchestré, largement diffusé. Mais le procès du traître peut constituer une mise en scène dès lors qu'il est en fait innocent de tous les chefs d'accusation.

Le procès par les nazis de Dimitrov responsable du Komintern (l'Internationale communiste) en Allemagne après l'incendie du Reichstag tourne court. Le Komintern le retourne en outil de propagande !

→ ***Corrélats*** : *Bodyguard, Dreyfus, espion, Fouché, Ganelon, Reichstag, taupe, transfuge.*

Transfuge

Le terme désigne une personne qui délibérément, par calcul ou par crainte, abandonne son propre camp pour passer chez l'adversaire avec corps et bien.

Le transfuge est également susceptible de tromper son protecteur de manière à le manipuler en faveur de ses propres intérêts (cas du savant nucléaire pakistanais Abdel Qader Khan aux Pays-Bas).

Le traître constitue par excellence un véhicule de désinformation mais il peut également intoxiquer son propre camp.

Le transfuge change physiquement de camp. Une fois passée la frontière, il n'a d'intérêt que par les informations qu'il va fournir. Pour le pays « délaissé » la parade est possible, puisqu'il connaît l'étendue de ses connaissances.

Un citoyen qui quitte son pays avec des informations « sensibles » cesse de constituer une source de renseignement dans le camp adverse. Après exploitation de ses informations par un officier traitant, il peut s'insérer dans diverses activités en relation ou non avec son pays d'origine.

Dans tous les cas de divisions territoriales brutales d'un même pays en deux camps (Allemagne, Corée), il se crée des situations de déchirement personnelles et des cas de conscience hautement instables et psychologiquement douloureux. Les « services » compétents vont donc veiller à exploiter et à tirer le meilleur profit de ces crises individuelles. La manipulation des personnes peut atteindre des niveaux éthiquement inadmissibles. La défection est parfois organisée en faisant miroiter une sécurité et des avantages qui se révèlent illusoires. La vie du transfuge encourt une certaine précarité.

Comment nommer celui qui abandonne une tyrannie et rejoint la liberté ? Tel fut un des thèmes de la guerre froide où le passage à l'Ouest était célébré comme un acte de courage mais l'inverse comme une infâme trahison. L'effet de miroir perturbe singulièrement la réalité. Si bien que le langage est intervenu au secours de cette réalité douteuse et glissante. On parle de « *defector* » pour désigner non pas un traître mais un transfuge, presque un réfugié politique qui abandonne le camp ennemi pour se réfugier en sécurité dans notre propre camp. Apparence que ce discours car dans la réalité les services spécialisés qui accueillent le transfuge traitent son cas selon les procédures classiques du contre-espionnage. Le transfuge pourrait n'être un agent double ayant pour mission d'intoxiquer (cf. Bataille de Salamine).

Cette figure de guerre froide fait retour en 2003 pour l'Irak : les transfuges irakiens fournissent des informations erronées mais qui conviennent au dessein de l'administration Bush. Ce cas est bien particulier. C'est parfois celui de tous les exilés ou réfugiés politiques tels que les aristocrates français émigrés en 1789-90 qui peuvent espérer l'intervention de la puissance qui leur donne asile afin de retourner dans leur pays. Tous sont évidemment tentés de fournir de fausses informations ou, au mieux, une vision déformée de la réalité de leur pays (voir la tentative de débarquement dans la Baie des Cochons à Cuba en 1961).

Dans la lignée, on trouve une argumentation contradictoire sur les motivations : le traître n'est qu'un combattant de la liberté qui s'est insurgé contre la tyrannie et a choisi de s'allier à ceux qui contribueront à la chute d'un régime despotique (les émigrés durant les révolutions de France, de Russie, d'Iran...). Trahir la patrie, l'intérêt national est condamnable lorsque prévaut un sentiment de cohésion fort (la Cité grecque, la patrie nationale). Encore faut-il que le camp soit clairement défini... La trahison à l'égard de la patrie n'a de sens que si l'on a établi profondément cette notion.

Mais passer d'un camp à un autre dans les armées des périodes monarchiques et impériales ne valait pas condamnation. Le mercenariat prévaut dans ces armées et se mettre au service d'un pays étranger ne fait l'objet d'aucune réprobation. Faire défection avec ses troupes en pleine bataille est d'une tout autre nature.

→ ***Corrélats*** *: agent, calomnie, Gide, mouchard, révisionnisme, traitre.*

Tricheur

C'est celui qui ne respecte pas les règles du jeu. Tout est dit. Reste à préciser de quel jeu on parle, à quel niveau et à examiner les procédés du tricheur individuel par rapport aux gouvernements ou aux chefs d'État réputés ou démasqués comme tricheurs. Le président Richard Nixon fut affublé du sobriquet de « Tricky Dicky ».

Car il peut s'agir de jeu de cartes ou de courses de chevaux mais aussi du jeu politique et du jeu de la guerre dont les finalités ne se réduisent pas aux seuls appétits individuels. Par un étrange retournement des valeurs, toute situation d'affrontement devient un jeu dès lors qu'elle est déterminée par des espérances de gain et des risques de pertes. Toute activité qui procède de règles, de codes (de l'honneur) est susceptible d'engendrer une violation délibérée, une tricherie. Dans le jeu, le *bluff* ou dans le combat, la feinte sont autorisés, même recommandés. Le *bluff* dans la guerre est l'une des composantes de la déception.

Le tricheur est il un criminel ? Sans doute, mais compte tenu de la délicatesse des situations, les maisons de jeux pratiquent leur propre code de conduite à l'égard des tricheurs : exclusion temporaire, définitive, etc., préférant ne recourir qu'en dernière extrémité à la justice.

On distinguera le **tricheur dissimulé** du **tricheur proclamé** :

– le tricheur dissimulé est celui qui fait semblant de respecter les mêmes règles que son adversaire. Les procédés sont l'infraction des règles sans déclaration préalable, la dissimulation par le faux (fausses cartes, faux documents, fausses nouvelles, faux uniformes…) et bien sûr la diplomatie retorse.

– le tricheur proclamé est celui qui déclare au dernier moment mais ouvertement l'obsolescence des règles antérieures et prétend imposer sa propre et nouvelle règle du jeu. C'est le corsaire qui arbore au dernier moment son véritable pavillon C'est le révolutionnaire qui se moque des conventions entre États. Il abat ses cartes au dernier moment tirant profit à plein de l'effet de surprise.

Les ruptures politiques procèdent parfois de la tricherie au niveau le plus élevé, en particulier, dans le cas du coup d'État. Celui de Louis Napoléon Bonaparte, le 2 décembre 1851, constitue un des meilleurs exemples : le futur empereur a triché avec les lois de la République dont il était le président, dupé les parlementaires de tous bords, républicains et royalistes, ourdi une conspiration.

La propagande noire, la déception et la désinformation constituent des opérations de tricherie au regard des codes de l'information. La déception dans la guerre peut parfois être tenue pour une forme de tricherie au regard des codes de comportement militaire auxquels une caste de guerriers est attachée. Le débat reste ouvert. Tromper un ennemi en pleine possession de ses moyens n'est pas forcément interdit. La violation délibérée du droit dans la guerre, les abus à l'encontre des populations civiles (pillage, tortures, viols, etc.) et des prisonniers constituent des violations de code. Il ne s'agit plus alors d'une tricherie mais de crimes graves.

→ ***Corrélats :*** *escroc, mouchard.*

Troie (cheval de)

Du nom de la cité d'Asie Mineure assiégée par les Grecs au XIIe siècle av. J.-C., ce terme est devenu l'emblème de la tromperie, de la déception militaire comme de la désinformation, au point de désigner aujourd'hui une catégorie de virus informatiques.

La guerre de Troie constitue le sujet du célèbre poème d'Homère, l'*Iliade* qui s'interrompt avant la prise de la cité. Ce n'est pas tant par l'*Odyssée* mais bien plus par l'*Énéide* de Virgile puis au travers d'une reprise régulière par les auteurs grecs et latins, en particulier Quintus de Smyrne que l'on peut se faire une idée de ce stratagème qui frappa les esprits au point de s'amplifier au fil de l'histoire.

Après dix ans de vains combats, la victoire des Grecs ne fut obtenue que grâce à un stratagème d'Ulysse, maître de la ruse, qui conduisit les Troyens à faire entrer dans leur cité un énorme cheval contenant l'élite de la force grecque. L'ennemi prend donc lui-même la décision qui conduit à sa perte. On peut voir là une des premières manœuvres combinée de désinformation et de déception complexe. Car le problème n'est pas tant la construction du cheval. Il faut surtout convaincre les chefs grecs de la validité du plan, leur faire accepter son caractère trompeur. Par ailleurs, il est indispensable de faire croire aux Troyens que ce cheval « merveilleux », de nature sacrée, doit être introduit au sein de la ville, à l'intérieur des remparts. Pour ce faire un transfuge, Sinon, va contribuer à assoupir la vigilance des Troyens, malgré les avertissements prémonitoires des plus avisés d'entre eux.

À l'époque contemporaine, le terme « cheval de Troie » est utilisé métaphoriquement en informatique pour désigner un virus camouflé en information utile que l'on laisse entrer sans méfiance dans son propre système et qui se révélera soudainement destructeur des données dont on disposait. Un cheval de Troie peut être aussi un élément de désinformation important qui fausse le raisonnement politique ou la planification militaire de l'ennemi.

➛ ***Corrélat*** : *Cassandre, stratagème, tromperie.*

Trucage

Procédé technique par lequel on abuse la perception du spectateur ou de l'auditeur.

Cela consiste à faire prendre les apparences pour la réalité. Dans une salle de spectacle c'est un artifice sans conséquence pour un spectateur conscient. Mais le trucage qui tait sa présence et insère dans la réalité une fausse information constitue un instrument de désinformation visant à abuser et fausser le jugement d'une cible (une personne ou un groupe).

Le premier maître du trucage cinématographique Georges Méliès était un magicien, un illusionniste. Le public se réjouit de ne pas avoir vu le « truc », admire l'habileté puis prétend que, bien sûr, il n'était pas dupe. Il admire le savoir-faire du truqueur mais personne ne croit vraiment que colombes et lapins sortent du chapeau ou que l'assistant du prestidigitateur a été découpé dans la malle tout en restant perplexe devant l'abus de ses sens. À cette école originelle s'apparentent les imitations de sons à la radio : galop du cheval, mugissement du fleuve, orages et tempêtes, fusillades, etc.

Aujourd'hui la numérisation des images et des sons autorise des trucages bien plus sophistiqués, renforçant l'effet de réel. Les incrustations d'images rapportées : *Forrest Gump* (Robert Zemeckis, 1994) fait apparaître le héros du film (joué par Tom Hanks) aux côtés de plusieurs présidents américains.

Tout autre est le trucage utilisé pour chercher délibérément, dans une intention de désinformation à faire passer pour vrai ce qui est faux. Double manœuvre qui consiste à effacer les traces du trucage en se gardant d'en faire la révélation. La manipulation technique d'un négatif de photo, une coupure dans une bobine de film ou de bande magnétique, un habile effet de montage (la machine utilisée s'appelait la « truca »), permettent d'exhiber une réalité truquée qui s'affirme comme preuve de vérité. Les images et les sons sublimaux insérés dans un film ou un journal télévisé affectent le sujet au dessous du niveau de la conscience. Ainsi, le spectateur est bien conscient qu'il peut être gravement abusé ce qui favorise une ambiance de défiance généralisée. Dès lors comment se fier ? Où est la vérité, à quoi se reconnaît-elle ?

➛ ***Corrélats*** : *apparences, conscience, conditionnement, distanciation, illusion, montage, Wells.*

U

Ulysse

Il est présenté par Homère comme l'homme de la tromperie et de la sagesse. Sa protectrice est la déesse Athéna, symbole de l'intelligence en armes. L'*Iliade* le présente comme la figure inverse du bouillant Achille, sincère, courageux mais emporté et maladroit. Il est ce guerrier avisé qui ruse, qui a conscience de ses propres faiblesses. Il calcule afin d'exploiter les vulnérabilités d'un adversaire plus puissant. Beau parleur, il déguise ses intentions à travers un discours convaincant parce qu'habilement vraisemblable. Cela lui permet, dans le poème de l'*Odyssée*, de surmonter les plus graves difficultés face au géant Polyphème qu'il abuse, face aux prétendants qui ont envahi son domaine et convoitent son épouse Pénélope. Ce chef guerrier incarne emblématiquement l'art de la désinformation à l'époque antique. L'image ainsi créée est positive. Ulysse est présenté comme une sorte de modèle de juste mesure entre la force qui tend à l'excès et la faiblesse qui engendre l'inaction.

→ ***Corrélats*** *: faux, Ganelon, Sun-Zi, Troie.*

Usurpateur

C'est celui qui par abus a pris une place, une fonction à laquelle il n'avait point droit, ne pouvant faire valoir de prétention légitime.

L'usurpation constitue un attentat au droit, à la norme. Ce scandale résulte d'une manœuvre dissimulée, d'une succession de tromperies ou d'un coup de force brutal.

Qu'usurpe-t-on ? Un titre, une identité, une filiation qu'accompagne souvent un héritage. L'usurpateur lèse les « ayants droit » légitimes, ainsi Napoléon, assassin du duc d'Enghien, sera tenu par les monarchies légitimes pour un usurpateur comme le sera Philippe d'Orléans au regard des Légitimistes.

→ ***Corrélats*** *: complot, escroc.*

V

Vecteurs

L'âge informationnel se caractérise par le prélèvement continu, sur le théâtre des affrontements humains, de données brutes, de faits mais aussi d'idées comme si le monde constituait une mine d'où s'extraie une matière précieuse, admirablement renouvelable, en l'occurrence l'information. Cette opération n'a de valeur que si ces faits sont transmis, diffusés au moyen de vecteurs nombreux, divers et performants. Le vecteur constitue le support technique de transmission d'un message plus ou moins élaboré. Il est outil de communication.

Une première approche de la communication incite à penser les vecteurs de manière sélective et linéaire, un par un et, au fil du temps, l'un prenant le pas sur l'autre. S'il est vrai que le télégraphe terrestre et ses fils, ont bien disparu au profit de l'air et de l'espace, il apparaît aussi que les vecteurs obéissent bien davantage à un principe de superposition, de combinaison et de complémentarité. Internet ne touche pas chaque individu à travers le monde et ce serait une erreur que de se concentrer sur ce vecteur comme s'il était devenu l'unique mode de propagation des idées périmant tous les autres. Pour apprécier la diffusion de l'information, de la propagande, et de la désinformation, on devra en mesurer les effets cumulatifs résultants. Des plus élémentaires aux plus complexes, les vecteurs, leurs combinaisons, leur association avec les procédés offrent à la désinformation un potentiel quasi infini. Reste à savoir si l'on peut définir des spécialités, des affinités. Existe-t-il des objectifs particuliers, des procédés spécifiques que servirait tel vecteur mieux qu'un autre, plus apte à l'amplification, à la répétition, à l'insinuation ? La désinformation recourt-elle à des vecteurs de prédilection, mieux adaptés à son action ?

La violence idéologique utilise l'arme terroriste en corrélation étroite avec l'existence des vecteurs qui en assureront la diffusion et l'amplification. Elle attire de préférence les vecteurs de grande diffusion susceptibles de produire des effets d'amplification et d'exagération en combinant leurs effets de répercussion.

Aucun vecteur n'est en soi bon ou mauvais. Simple moyen au service d'une fin, il s'adapte plus ou moins efficacement aux procédés (amplification, répétition, insinuation…). La sophistication technique importe moins que le degré d'adéquation entre le procédé utilisé et le vecteur, l'ensemble étant rapporté à l'effet précis que l'on cherche à produire sur la cible déterminée au moment le plus propice. Finalement c'est un problème de rendement en termes de communication (diffusion) et d'effet de conviction (propagande). Tout vecteur technique reste cependant saisi par une ambivalence politique et stratégique : soit percer le monde du silence, crever l'opacité du secret, soit à l'inverse tirer parti de la diffusion pour instiller largement le mensonge, pour assurer une sorte de suprématie de la désinformation.

L'efficacité de chaque vecteur (sachant qu'il n'est jamais unique) correspond à une étape donnée de la culture d'un pays, de son niveau d'éducation et du pouvoir d'achat moyen de la population.

• La langue

Elle reste primordiale pour assurer la communication. L'usage de la langue anglaise s'est généralisé et renforcé en raison de l'acquisition d'une position dominante sur les vecteurs de communication les plus modernes. Les manifestants arborent des banderoles rédigées en anglais pour les médias, à usage international. Les ONG savent ainsi amplifier leur action alors que le nombre de leurs militants est souvent dérisoire.

Cette situation est sujette à d'importantes fluctuations à mesure de la mondialisation du marché de l'information. L'influence sera fonction de la quantité de récepteurs potentiels et actuels. La décision de la Chine de rendre l'enseignement de l'anglais obligatoire pèsera durablement sur l'influence du vecteur « langue anglaise » sans qu'il soit nécessairement rapporté à la capacité d'influence des États-Unis ou du Royaume-Uni. Si tout le monde parle anglais, plus personne ne parle anglais de manière singulière : la globalisation du vecteur dissout la spécificité culturelle. La francophonie constitue une stratégie d'influence et aujourd'hui de résistance à l'influence de la langue anglaise dont l'impact réel est bien mal défini, surtout en France où les élites souffrent de la mélancolie de la grandeur révolue.

• Le corps humain

Il est porteur de tatouages, de tee-shirts constituant un vecteur particulièrement actif bien que l'intentionnalité soit parfois brouillée par l'effet de mode ou d'inexplicables aléas. Tous les présidents africains ont imprimé leur portrait sur les vêtements des foules réunies à l'occasion des cérémonies et des visites officielles d'un hôte que l'on veut honorer.

Une foule organisée et mise en scène forme des représentations, construit des slogans humains lors des cérémonies officielles (Corée du Nord). Propagande politique et cérémonies sportives font tantôt bon ménage, tantôt s'affrontent durement.

• Les machines

Leur diversité et leur nombre portent, aussi loin que le permet la technique, les ressources financières ainsi que l'imagination, donnant libre cours à leur combinaison. On peut distinguer entre machines de reproduction, de diffusion et machines de transport et support :

– Dans la première catégorie – **reproduction** – figurent l'imprimerie, la ronéo, la photocopieuse puis le fax. Le slogan « Le fax vous rendra libre » avait servi de thème à la propagande américaine à l'égard des pays du Pacte de Varsovie dans les années 1980. Sans en exagérer l'importance, il est bon de mesurer la hantise des bureaucraties (y compris dans les pays démocratiques) à l'égard de la reproduction des documents, y compris les plus anodins. En sorte que l'accès est encore limité, contrôlé et fait l'objet de pesantes procédures de demandes d'autorisation qui ralentissent la diffusion.

Chaque vecteur est susceptible d'être utilisé en raison de certaines de ses particularités afin de modifier l'information qu'il fournit de manière à renforcer l'impression d'authenticité. C'est *le trucage* en photo, *le montage* au cinéma, auxquels viennent aujourd'hui s'ajouter les possibilités offertes par les insertions/incrustations numériques (*Forrest Gump*, 1994), suivi de bien d'autres, notamment, *Des hommes d'influence* où le trucage à des fins politiques devient le sujet même du film.

La numérisation de l'image a accru considérablement le potentiel de falsification délibérée en sorte qu'il devient nécessaire de tatouer électroniquement les images afin de les certifier exactes.

– Dans la deuxième catégorie – **diffusion** (haut-parleurs, radio, cinéma, télévision…) –, chacun des vecteurs privilégie et, parfois, combine les différentes composantes de l'appareil sensoriel de l'être humain : la vue, l'ouïe, voire l'odorat (en répandant un parfum sur une foule par exemple).

– Dans la troisième catégorie – **transport et de support** –, il s'agit de véhicules de toutes sortes qui viennent en soutien aux autres machines de diffusion. Un vecteur peut et doit en porter un autre qui lui-même offrira un vecteur supplémentaire selon ce que nous nommerons le « principe de la poche de kangourou ». Le recours est préparé et planifié mais aussi improvisé dans l'urgence. C'est alors affaire d'intuition et d'astuce, toutes qualités qui dans ce domaine occupent une place éminente.

Au début du XXe siècle les trains bolcheviks, mexicains ou chinois en situation de guerre civile furent transformés en arme militaire physique et psychologique. L'avion qui « bombarde » des tracts par centaines de milliers sur les positions de l'adversaire. Les studios de télévision aériens de l'US Air Force (Commando Solo) ont diffusé des émissions vers l'Irak et la Bosnie dès lors que la maîtrise de l'espace aérien était acquise.

→ ***Corrélats*** : *francophonie, internet, haut-parleurs, montage, train.*

Vérification

La désinformation va utiliser les processus de vérification de deux manières : pour mettre en doute la sincérité de l'adversaire, pour attirer l'adversaire sur de fausses pistes.

Les inspections intrusives sur place exigent pour atteindre un niveau de fiabilité élevé un renseignement initial. De telles mesures de contrôle consistent souvent à vérifier les données dont on dispose par l'espionnage ou les informations données par les transfuges ou encore par les « moyens techniques nationaux », vocable qui fut utilisé durant la guerre froide afin de ne pas avoir à parler des satellites d'observation !

La NRO (National Reconnaissance Organisation) demeura longtemps ultra-secrète. Créée en 1960, cette agence de renseignement ne porta pas de nom officiel jusqu'en 1987 !

Le DSP (Defense Support Program) mit en place des satellites en orbite géostationnaire, qui avaient pour mission de détecter les tirs de missiles balistiques, en prévision d'une l'alerte à la guerre nucléaire et donc pour vérifier les essais nucléaires ceci jusqu'en 1967.

À partir de 1988, les États-Unis et l'Union soviétique entrèrent dans une phase de réduction de leurs forces nucléaires stratégiques, ce qui nécessitait des vérifications. Fais confiance mais vérifie ! Et comme rien n'est plus facile que de faire errer une équipe de visiteurs dans un site industriel dont ils ignorent le plan général, il convient pour toute bonne inspection de réclamer les informations préalables sur l'organisation du site et vérifier que l'on ne reçoit pas de faux plans !

De fait lorsque dans son propre pays une importante personnalité visite officiellement un site, la démarche fait l'objet d'une planification qui ne laisse rien au hasard. Car, au final, il faudra donner une image de marque favorable pour les deux parties : la société et la personnalité politique. La confiance n'est pas forcément réciproque. La désinformation se fait rampante. De surcroît, dans le cas des inspections induites par les traités de maîtrise des armements ou les contrôles sur les sites nucléaires déclarés des inspecteurs de l'Agence internationale de l'énergie atomique (AIEA), les règles sont extrêmement contraignantes. La crainte de l'espionnage justifie que les photographies soient limitées à des objets entrant dans le cadre des traités. Les appareils de mesure doivent répondre à des normes précises. Cette méticulosité défiante peut parfois aboutir à établir une sorte de confiance bien que parfois le contraire se produise. L'inspection décèle les fraudes comme en Corée du Nord où fut constaté le détournement du plutonium ou en Iran où des installations ne furent déclarées que trop tard. Enfin les inspections les plus fiables peuvent se révéler inutiles dès lors qu'un État a décidé *a priori* que rien ne pourrait l'assurer de la bonne foi de celui qui est déjà considéré comme l'ennemi qui ne peut que tricher et mentir. Ainsi en alla-t-il des préalables qui entourèrent la guerre d'Irak de 2003. Les résultats de la vérification peuvent être contestés. On les fait passer pour des erreurs ou encore pour une duperie réussie, voire une complicité. L'AIEA fut accusée par les États-Unis de désinformation indirecte en se laissant complaisamment intoxiquer par un État, l'Irak, qui la bernait. Même scénario avec l'Iran.

La désinformation travaille en permanence pour transformer en faux ce qui est vrai et pour accréditer des perceptions contraires au résultat d'un travail méticuleux dont les procédures, ce n'est pas par hasard, sont rarement expliquées au grand public.

→ ***Corrélats*** *: image de marque, preuves, mise en scène, sources.*

Vigipirate

Plan de protection des populations françaises établi dès 1978, mis en œuvre pour la première fois en 1991 lors de la guerre du Golfe et reconduit en permanence depuis cette date.

Il consiste à faire circuler dans les lieux de transports publics, gares, aéroports des patrouilles armées de militaires, de gendarmes et de policiers, en trinômes, afin de manifester une présence dissuasive pour d'éventuels agresseurs et pour rassurer le public en montrant la vigilance permanente des forces de sécurité.

Il accompagne l'ensemble des mesures de résilience qui visent à mobiliser la vigilance des usagers des transports à l'égard de toute activité suspecte. Le plan s'accompagne d'indicateurs d'alerte sur une échelle chromatique montant jusqu'au rouge, ce qui justifie alors un renforcement d'un effectif assez modeste de 1 500 militaires et policiers. L'objectif principal est de rassurer. Mais la capacité d'intervention rapide ne doit pas être minimisée, eu égard aux attentats qui ont eu lieu dans les terminaux des aéroports

→ ***Corrélats*** *: action psychologique, moral, résilience.*

VOA (Voice of America)

Cet organisme de radio national a vu le jour en 1942. Les États-Unis n'avaient jamais jusqu'alors éprouvé le besoin de disposer d'un organisme d'État diffusant de l'information. Il n'était pas et n'est toujours pas dans la nature du capitalisme libéral américain de s'en remettre à l'État pour accomplir des tâches de cette nature.

VOA a donc connu une existence chaotique, elle a été entraînée dans les traditionnels conflits entre la Présidence, le Congrès et les rivalités bureaucratiques, notamment entre les Affaires étrangères et le Renseignement de la Maison Blanche (la CIA). La guerre froide a renforcé le sentiment du caractère indispensable d'un tel outil afin de coordonner et d'organiser la lutte idéologique contre la propagande soviétique. Ce besoin a conduit au développement, au sein du département d'État, de nouveaux organismes : l'USIA (United States Information Agency) et l'USIS (United States Information Service)

La gestion étatique de VOA a donné prise à la propagande adverse qui l'a présenté comme un instrument de désinformation entièrement au service de la CIA.

Pour de nombreux intellectuels occidentaux comme McLuhan, VOA et Radio Free Europe (RFE) étaient les synonymes de propagande grossière, voire de désinformation instrumentalisée par les « services ». Le gouvernement américain ne parvint jamais à se défaire de cette image. Et pourtant ! VOA et RFE étaient écoutés dans le bloc de l'Est avec un grand intérêt. Pour les Polonais, les Tchécoslovaques et les Baltes c'était bien l'alternative à la désinformation d'État quotidienne dont ils souffraient sous occupation. VOA et RFE portent la responsabilité indirecte d'innombrables erreurs d'orientation de la diplomatie des États-Unis, une des plus graves ayant été l'apparence du soutien américain à l'insurrection hongroise de 1956.

Néanmoins l'objectivité minimale distinguera entre les erreurs politiques d'orientation et l'accroissement de la qualité. Les services de VOA et RFE attirèrent les meilleures compétences, notamment des universitaires spécialisés sur les pays de l'Est. En 1980, les documents non radiodiffusés mais toujours publiés et librement accessibles fournissaient une information brute, sans aucun jugement de valeur, sur la situation des pays communistes (à l'exception de l'Asie). La précision des données était devenue remarquable.

L'activité des services secrets américains comporte un volet public, ouvert, fort précieux pour l'information. La CIA, par exemple, publie un *Atlas du Monde* en tous points remarquable, apportant une information précise régulièrement mise à jour.

Aujourd'hui s'est constitué une sorte de holding, le « BBG », dont le président actuel Walter Isaacson supervise les activités de RFE, VOA, Radio Free Asia, Radio/TV Marti, Radio Sawa, et Alhurra TV, l'ensemble revendique une audience hebdomadaire de 170 millions de personnes.

→ ***Corrélats*** : *AFP, BBC World, CIA, objectivité.*

Voix off

Procédé cinématographique puis télévisuel consistant à monter un commentaire sonore par rapport à une image réalisée indépendamment dans le temps et l'espace. Il s'agit d'une manipulation (non péjorative) dont le principe consiste à entretenir en apparence un certain rapport entre ce que voit le spectateur et ce qu'il entend.

La *voix off* et les sons *off* (musique) introduisent une distorsion par rapport à ce qui simplement se montre, l'image faisant office de preuve que la voix confirme ou parfois critique. Cette inflexion de la compréhension peut être grossière en affublant les images d'un commentaire tonitruant, amphigourique, qui s'en éloigne évidemment mais pour quel récepteur. Mais l'écart peut se révéler plus subtil, quasiment imperceptible. Il consistera à faire adhérer le spectateur à une vérité qui pourrait être une forme de désinformation dès lors qu'il s'agit de documents d'actualités garantis comme authentiques.

Dans le cinéma de fiction la *voix off* produit des effets similaires dans le but de créer une émotion esthétique mais, dans les deux cas, le procédé travaille sur la croyance.

Dans les années 1960, les Situationnistes cherchèrent à détourner complètement le système en plaquant un commentaire *off* sur les images d'un film de kung-fu (par exemple, *La dialectique peut-elle casser des briques ?*, film français de René Viénet, sorti en 1973, qui détourne par son doublage le film hongkongais *The Crush*).

→ ***Corrélats*** : *association, conscience, distanciation, manipulation, montage, Pavlov, Tchakhotine.*

W

Watergate

Nom d'un immeuble de Washington DC où était installé l'État-major du parti démocrate durant la campagne présidentielle de 1971-1972.

Richard Nixon, président républicain sortant, laissa certains de ses proches collaborateurs installer secrètement un système d'écoute dans ces locaux. L'opération fut menée par un groupe clandestin baptisé « plombiers » qui n'en était pas à sa première action illégale au service du président.

L'affaire fut divulguée par la presse grâce à des fuites (*Deep throat*, terme lui-même issu du porno !) dont bénéficia le grand reporter Robert Woodward.

Réélu le président Nixon s'efforça de nier, d'organiser une campagne de désinformation qui fit long feu et entraîna la mise en œuvre de la procédure constitutionnelle d'*impeachment* (mise en accusation).

L'affaire créa un traumatisme dans une Amérique déjà sous le coup de la défaite au Vietnam. Elle contribua à enraciner durablement mais pas profondément l'idée manichéenne que l'information – la vérité – était bien du côté des médias et que la désinformation – le mensonge – relevait davantage de l'action du gouvernement.

→ ***Corrélats*** : *fuite, mensonges*

Welles, Orson

(Wisconsin, 1915 - Californie 1985)

Acteur, producteur radiophonique, réalisateur de cinéma, Orson Welles entre dans le monde de la désinformation par biais du canular de l'invasion des Martiens, d'après le roman d'anticipation de H.G. Wells *La Guerre des mondes*.

En 1938, l'émission est si réussie qu'elle provoque une panique aux États-Unis. Sa carrière est-elle brisée ? Non pas car il rebondit en s'attaquant à ceux-là mêmes qui produisent du faux en cherchant à le faire passer pour le vrai.

Prenant pour cible le célèbre patron de presse Randolph Hearst, Welles réalise en 1941 *Citizen Kane* qui devient un classique de la cinéphilie européenne après avoir été vilipendé aux États-Unis.

Welles se montre obsédé par la relation entre vérité et mensonge, mythe et épopée, réalité et apparences comme en témoignent son *Othello* et la *Dame de*

Shanghai. Son dernier film porte sur les faussaires de la peinture (*F for Fake*, *Vérités et Mensonges* en France) ; certains critiques ont pu parler d'autobiographie...

Orson Welles fut un explorateur du semblant, de l'illusion, des apparences trompeuses et des vanités humaines.

➔ ***Corrélats*** : *faux, illusion, supercherie, Wells.*

Wells, Herbert George

(Bromley, Kent, 1866 - Londres, 1946)

Il étudie d'abord les sciences naturelles, occasion d'une rencontre avec Aldous Huxley puis donne libre cours à son imagination en publiant des romans d'anticipation,

L'Homme invisible 1896, *L'Île du Docteur Moreau*, 1897, *La Guerre des mondes*, 1898 (adapté pour la radio quarante ans plus tard par Orson Welles).

En 1934, il publie une autobiographie particulièrement sombre et critique de la situation internationale. Wells a aussi été un philosophe de l'information dans *M. Barnstaple chez les hommes-dieux* qui sous forme de fiction, présente une théorie du langage et de la communication.

On sait moins encore que H.G. Wells fut un praticien de la propagande. Au début de 1918, Lloyd George lui confia le bureau de la propagande politique (blanche) à destination de l'Allemagne. Au moment où le président américain Wilson publiait ses « quatorze points » incluant la création d'une « Société des nations », Wells développa le projet d'une future « Ligue des nations libres » à laquelle pourrait se joindre l'Allemagne sitôt le conflit terminé et la démocratie établie dans le pays. Ce projet impliquait d'abord que le peuple allemand changeât de système politique, ensuite que l'Allemagne « libre » n'encourrait pas de sanctions pour la politique pratiquée par le régime impérial.

Son œuvre a donné lieu à d'innombrables adaptations cinématographiques.

➔ ***Corrélats*** : *Huxley, Welles.*

WikiLeaks

Le terme « *leak* » désigne donc une fuite à travers un médium, qui peut n'être qu'une seule personne connue ou inconnue, qui transmet en utilisant de multiples vecteurs : bandes magnétiques, vidéos et aujourd'hui internet. Condition indispensable, il faut une source qui accepte de divulguer. La sémantique hydrologique mériterait réflexion. Un « tuyau » ! La fuite provient d'une source, d'un « robinet ». En somme la situation serait traditionnelle si la capacité d'amplification et de diffusion n'introduisait une importante différence qualitative. Une information qui circule en temps quasi réel à l'échelle planétaire n'est plus exactement la même information que celle qui touche peu à peu le public au fil d'une enquête. Elle ne constitue pas une investigation de terrain même si des fuites peuvent orienter le journaliste. Or la fuite peut constituer une manipulation dans un jeu de taquin entre journalistes et personnalités politiques tant au sein de leur propre parti qu'à l'égard de leurs opposants officiels.

Le site WikiLeaks divulgue, de manière anonyme, non identifiable et sécurisée, des documents témoignant d'une réalité sociale et politique, voire militaire, qui nous serait cachée, afin d'assurer une transparence planétaire. Les documents sont ainsi soumis pour analyse, commentaires et enrichissements « à l'examen d'une communauté planétaire d'éditeurs, relecteurs et correcteurs wiki bien informés »[1]. Selon son fondateur, M. Julian Assange, citoyen australien né en 1971, l'objectif à long terme est que WikiLeaks, créé en 2006, devienne « l'organe de renseignements le plus puissant au monde ». Dans l'univers mobile à haute vélocité d'innovation de l'Internet apparaissent des météores comme Facebook, Twitter. D'autres sont voués à des existences éphémères. Ce pourrait être le cas de WikiLeaks et de son fondateur qui se présente comme une sorte de justicier, sorte de *trader* puritain de l'information dans le cyberespace. Mais WikiLeaks n'est pas un médium novateur de communication entre internautes. Il ne crée pas comme Steve Jobs des outils de communication interactifs. Il se veut l'organe d'une transparence en lutte contre le secret et la désinformation. Il entend dévoiler ce que ce que l'on voudrait cacher, tout ce dont un État démocratique respectueux des droits de l'homme, prompt à faire la morale aux autres pourrait avoir honte. Honte de quoi ? De bavures, de brutalités délibérées, tortures et massacres, bien sûr. Mais plus encore à se mettre en contravention avec ses valeurs, ses idéaux et de se trouver ainsi pris en flagrant délit de mensonge sur son existence même. Il s'agit bien de traquer pour les détruire les finalités mêmes de la désinformation… Wikipedia a pris soin de se dégager de tout lien avec WikiLeaks. « Malgré son nom, le site WikiLeaks ne fonctionne plus comme un wiki. À la fois ouvert et sécurisé, les lecteurs ne possédant pas les autorisations appropriées ne pouvaient pas modifier le contenu de WikiLeaks [...]. La sécurité du site est renforcée par l'emploi de technologies cryptographiques de pointe. À cette fin, des processus mathématiques et de chiffrement extrêmement sophistiqués doivent assurer le caractère privé, l'anonymat et l'impossibilité d'identification ».[2]

La montée en puissance et en réputation de WikiLeaks s'est faite rapidement en trois étapes allant crescendo, combinant la diffusion de documents vidéos et d'instructions confidentielles diplomatiques et militaires confidentielles :

– l'Irak ;
– l'Afghanistan ;
– les câbles de la diplomatie des États-Unis.

Néanmoins, depuis juillet 2010, les révélations de WikiLeaks sont relayées par de grands quotidiens nationaux, comme le *New York Times*, *Le Monde*, *El Pais* et *Der Spiegel*.

Quoi de neuf ?

Durant les opérations militaires tout est filmé par les services cinématographiques des armées qui accompagnent les troupes. Ces documents constituent des archives placées sous secret. Une sélection rigoureuse est fournie aux chaînes publiques. Ce dispositif dont la rigidité varie selon les États et les relations entre l'autorité militaire et politique – qui, en principe, en assure le contrôle – connaissent une mutation considérable dans les années 1980-2000 du fait de l'irrésistible essor des moyens d'information. Déjà la guerre américaine au Vietnam (le massacre de Mi Lay), puis en 1990 au Koweit en avait donné des aperçus plus ou moins spectaculaires. Qui plus est, le simple soldat dispose aujourd'hui d'un mobile – l'emploi en opération est interdit… mais qui peut

1. Par précaution nous avons repris le texte mis en ligne par le directeur de Wikipedia.

2. *Ibid.*

efficacement, s'il n'en est pas convaincu, l'empêcher de saisir les moments, toujours les plus atroces, d'une opération ? Ainsi via Internet, tout circule (les photos et vidéos de la prison d'Abu Graib en Irak) selon une logique échangiste, exhibitionniste, sans le moindre code moral. Les scènes de torture, d'humiliation se transmettent au même titre que la pédophilie et les scènes pornographiques.

La réalité est désormais soumise à la dictature de l'apparence. L'image fait foi et loi, sans discrimination. Truquée, manipulée par le son, elle s'impose par le choc de son immédiateté. Ce n'est que plus tard, bien trop tard, que se révélera l'imposture. La désinformation a atteint son but.

C'est une autre façon non seulement **de voir** la guerre mais aussi **de la faire**. Il s'agit d'une mutation fondamentale correspondant à l'avènement de l'ère de l'information qui ne se réduit pas la naïveté de la transparence idéale. Aux conditions traditionnelles de la diplomatie et de la guerre se substitue progressivement une lutte pour la suprématie de la communication dans l'affrontement entre information et désinformation. C'est dans cette évolution que s'insère, très modestement, le phénomène WL

• WikiLeaks et l'avènement de l'illusion de la transparence comme valeur suprême

À l'évidence, les services diplomatiques et l'armée des États-Unis ont été pris par surprise et la main dans le sac. Comment des messages par principe cryptés ont-ils pu aussi facilement être révélés ? Si ce n'est par leurs destinataires. Piètre performance ! La réaction initiale, de nature répressive, ne vaut guère mieux. Discréditer M. Assange par une affaire de mœurs en Suède, faire pression sur ses sponsors, le désigner comme un pirate anarchisant ne touche pas au problème de fond. Cela ne fait que lui attribuer une image positive de martyr de l'information persécuté par ces pouvoirs qu'il combat. Peut-on encore faire machine arrière en contrant l'irréversible ? Les États peuvent-ils s'accorder sur une pénalisation internationale de la diffusion de cette catégorie d'information ? M. Assange peut-il être inculpé de divulgation de secret d'État ?

Par-delà l'immédiateté scandaleuse, WikiLeaks pose ainsi deux problèmes fondamentaux : existe-t-il un besoin, une nécessité de discrétion de secret ? D'États, de leurs services diplomatiques, de leurs opérations militaires ? Qu'en est-t-il d'entreprises, de communautés et, bien évidemment, de la vie privée des citoyens ordinaires ?

Ceci pose avant tout le problème des traités et des accords secrets qui les accompagnent, comportant parfois des mesures militaires. Accords de coopération entre la France et certains États africains, entre ces mêmes pays et les États-Unis, pour ne rien dire de la Chine. En 1916, dans ses 14 points, visant à instaurer une paix durable le président américain Thomas Woodrow Wilson mentionnait la fin de la diplomatie secrète d'État. Idée reprise par... Lénine !

Peut-on se fier à la véracité des propos tenus par un chef d'État ou de gouvernement, par un ministre des Affaires étrangères à l'ambassadeur d'un pays étranger ? Les échanges diplomatiques seraient-ils, soudainement, fondés sur la sincérité ? Hitler de 1934 à 1939 ne cessa de duper les diplomaties occidentales par des propos lénifiants, ne posant que des exigences somme toute limitées et raisonnables. C'est à sa perspicacité à démêler l'information de la désinformation que se reconnaît la qualité d'un diplomate. Parce qu'un document est publiquement dévoilé, sans autorisation, le contenu en serait vrai. Étrange naïveté !

La réponse, déjà difficile à fournir eu égard à l'hétérogénéité des acteurs concernés, prend une tournure très particulière quand nous considérons les diverses pratiques de désinformation. Celles qu'organisent les services d'État, les sociétés multinationales, les « marchés financiers », les partis politiques !

La masse de documents est impressionnante. De par son volume et sa disponibilité, elle bouleverse la notion d'archives, dérègle le statut des historiens et déconstruit leurs méthodes de travail. C'est un formidable court-circuit moins du secret d'État que des pratiques diplomatiques qui ont cours et des tours de passe-passe entre États. WikiLeaks affiche un « idéal libertaire » qui considère que l'État n'est qu'une machine à fabriquer du mensonge afin de contrôler les citoyens, la plupart du temps en complicité avec les médias. Cette éthique repose sur un manichéisme qui tient le secret pour le Mal et la transparence pour le Bien. Or la transparence totale n'est-elle pas l'idéal des régimes totalitaires ? Dans la jungle de la visibilité sans foi, ni loi, le citoyen qui, par définition, ne peut maîtriser l'ensemble des données disponibles est-il mieux protégé et plus libre de son jugement ? Certes, il est probable que la majorité des dépêches divulguées par WikiLeaks soient bien authentiques et fort embarrassantes. Mais combien reflètent-elles de jugements erronés et d'appréciations hâtives ? Un diplomate doit certes flatter l'ego de son interlocuteur mais c'est aussi un homme qui a souvent (parfois trop) une haute idée de ses propres compétences. Ces révélations ne dépassent guère le domaine de la subjectivité et de l'opinion. Le tournant de la crédibilité de WikiLeaks, s'il doit y en avoir un, viendra de sa capacité à publier des accords secrets sur le nucléaire, sur le degré de coopération militaire entre deux États à l'égard d'un tiers. Toutes choses pouvant relever du vital. Pour le reste, mieux vaut ne pas amalgamer les indiscrétions du gotha politico-diplomatique et les secrets qui engagent le destin des peuples.

Enfin considérons l'immensité du champ offert à la désinformation qui ne manquera pas – si ce n'est déjà fait – d'insérer de faux câbles, reflétant de faux jugements, faisant passer pour un fieffé menteur le plus sincère des diplomates. WikiLeaks peut servir, à son insu, de vecteur de désinformation. Vastes horizons qui préfigurent un nouvel épisode de l'affrontement entre information et désinformation. De cette cascade de révélations résulte une mécréance qui gagne en universalité. Faisant du scepticisme un principe, l'ère de l'information devient aussi l'ère du soupçon et de la défiance généralisée. Les fondements même de la démocratie s'en trouvent gravement affectés. L'envers de la mécréance critique pourrait n'être que la résurgence massive de la croyance, du fidéisme, d'un obscurantisme confortable et apaisant. Débordés, désemparés, les États se trouvent confrontés à un problème majeur et durable dont WikiLeaks n'est qu'un flagrant symptôme dont la portée le dépasse.

→ ***Corrélats*** *: Canard enchaîné, choc, diplomate, fuite, indicateur, Internet, révélations, source, Watergate.*

Y

Yalta

En février 1945 à Yalta en Union soviétique une conférence réunit Staline, Roosevelt et Churchill. Les trois futurs vainqueurs de la Seconde Guerre mondiale évoquèrent les modalités d'achèvement d'un affrontement qui ne prit fin qu'en mai en Europe et en août en Asie. Ils discutèrent pour l'essentiel des questions pendantes dans le cadre de la guerre, notamment l'entrée en guerre de l'URSS contre le Japon. Furent discutés l'avenir de l'Allemagne après la capitulation sans conditions, les éventuelles frontières de la Pologne et le rôle des futures Nations unies. Aucun document ne permet d'attester que Roosevelt et Staline commencèrent à s'accorder sur un partage du monde sur le dos d'un Churchill qui ne pouvait que s'y opposer. Or durant les années 1950 se développa un mythe particulièrement actif selon lequel les deux superpuissances s'étaient attribué des zones d'influence, voire de domination respective. La thèse selon laquelle le monde fut partagé à Yalta prit un essor tout particulier en France au point même que l'on peut soupçonner que les services d'information de la France Libre ont largement contribué à son élaboration. En effet le général de Gaulle avait été écarté de ces pourparlers ce dont il conçut, au nom du prestige national, un ressentiment aigu. Durant des années, l'idée d'un injuste partage bipolaire constitua un des thèmes de la diplomatie française, trouvant un écho parmi les jeunes nations du Tiers-Monde regroupées dans le mouvement des « non-alignés » à partir de la conférence de Bandoeng de 1955. Aujourd'hui, alors que depuis trente ans les historiens n'ont cessé de dénoncer l'inconsistance du mythe de Yalta, cette croyance persiste d'un bout à l'autre du monde. S'il y a eu une entreprise délibérée de désinformation, ses origines demeurent inconnues et ses effets remarquablement persistants.

→ ***Corrélats*** *: mythe, rumeur.*

Y2K[1] ou le bug de l'an 2000

Qui se souvient encore de cette vague d'angoisse qui saisit le monde à la veille de ce troisième millénaire ? Qui est à l'origine de la rumeur selon laquelle, en raison du codage binaire, les ordinateurs ne reconnaîtraient pas les trois zéros et qu'en conséquence l'ensemble des activités dépendantes de l'électro-informatique cesserait brutalement de fonctionner ? On estime que des milliards de dollars furent dépensés pour

1. Pour « year 2000 ».

analyser le problème et pour lui trouver des remèdes. Sous les auspices des Nations unies un centre de coopération internationale réunit 190 pays. S'il ne fait guère de doute qu'il y eut désinformation, nul n'est en mesure de désigner avec certitude l'origine de cette campagne subtile puisqu'elle s'ancrait dans l'imaginaire du millénarisme en suggérant une moderne apocalypse. Était-ce un État malveillant ? Un groupe de pirates informatiques ? Une secte ? Des sociétés trop heureuses de se faire grassement payer leurs services de prévention ? Un canular ayant trop bien réussi ? Toujours est-il qu'il ne se passa rien. Les ordinateurs passèrent sans problème le cap numérique de 1999 à 2000. Mais le monde avait été saisi d'une immense angoisse, découvrant par ce biais son extrême vulnérabilité potentielle à l'égard du fonctionnement des vecteurs indispensables dans l'âge de l'information.

→ ***Corrélats*** *: canular, poisson d'avril, Welles.*

Z

Zimmermann (télégramme)

Du nom du ministre allemand des Affaires étrangères, Arthur Zimmermann (1864 - 1940).

Ce télégramme diplomatique daté du 16 janvier 1917 a été fourni par les services de déchiffrement de l'Amirauté britannique au gouvernement américain le 24 février.

Le Grand état-major impérial ayant décidé de reprendre la guerre sous-marine à outrance et sachant que cette décision conduirait à l'entrée en guerre des États-Unis – en dépit des considérables réticences du président Wilson et de l'opinion publique en général, toujours désireux de ne point s'immiscer dans les affaires européennes –, décida de faire alliance avec le Mexique.

Ce document proposait donc au gouvernement mexicain une action contre le sud des États-Unis et, pour le prix de son alliance, le Mexique retrouverait les territoires perdus, notamment le Texas, le Nouveau-Mexique et l'Arizona. Plus encore, il suggère au gouvernement mexicain d'inciter le Japon à s'engager directement contre les États-Unis. Zimmermann, totalement inconscient de la nature du rapport des potentiels militaires respectifs, a cru pouvoir enserrer les États-Unis dans un étau au sud, tandis qu'à l'Ouest l'Allemagne bloquerait par ses sous-marins la communication transatlantique.

Une stratégie paraît si irréelle que l'on a pu croire à un faux dès lors que le télégramme fut communiqué au président Wilson par les Britanniques. Mais, Zimmermann lui-même en reconnut l'authenticité, ce qui mit fin à toute controverse.

Pour autant les services britanniques démontrèrent une habileté extrême, voire excessive dans la manière dont ils communiquèrent l'information à Washington. En bon responsable du secret, l'amiral Hall ne voulut point que les Allemands puissent penser que Londres était parvenu à casser son code, ce qui aurait amené à un changement et à reprendre le travail de décryptage à zéro. Il garda donc le message pendant plusieurs jours attendant d'obtenir la version mexicaine du télégramme de manière à faire croire à une fuite de ce côté !

La révélation de cette proposition hostile et de la duplicité allemande provoqua une flambée populaire de germanophobie aux États-Unis et créa un climat favorable à l'entrée en guerre décidée par le président Wilson et votée par le Congrès le 6 avril 1917.

→ ***Corrélats*** *: cryptologie, révélation, secret.*

Zinoviev, Alexandre

(Russie 1922 - Russie 2006)

Écrivain soviétique réputé dissident. Logicien de formation (« Règles de la logique du langage »), il s'est attaché à mettre en évidence les mécanismes intellectuels de la désinformation.

Il a exposé avec humour le processus d'élaboration de la langue de bois destinée à paralyser tout esprit critique ; la production d'intellectuels développant rigoureusement de fausses raisons fondées sur des axiomes biaisés. C'est un observateur acerbe du décalage entre la réalité et le simulacre produit par le monde de la désinformation d'État.

Comme de nombreux « dissidents », il a tardé à être connu, à être pris en compte et publié, voire encensé, puis il est retombé dans l'oubli.

→ ***Corrélats** : dissident, langue de bois.*

Zinoviev, Grigori

(Russie 1883 - Russie 1936)

Grigori Zinoviev fut un proche de Lénine qui, à partir de 1921, a exercé les fonctions de secrétaire général du Komintern (l'Internationale communiste) avant d'être liquidé avec Kamenev comme trotskiste à l'occasion d'un procès retentissant à Moscou en 1936. En 1924, la presse britannique, manipulée par les services secrets (le MI6 fraîchement créé en 1909), eux-mêmes instrumentalisés par les milieux conservateurs, publie une lettre adressée au jeune Parti communiste britannique portant sur la coopération de celui-ci dans les campagnes d'action de l'Internationale communiste. Il s'agissait avant tout, durant l'année électorale de 1924, de créer un climat de défiance à l'égard du Labor Party en suggérant des liens de complicité avec la menace bolchevique.

→ ***Corrélats** : complot, faux, Kominform.*

Jalons chronologiques de la désinformation

XIIe siècle av. J.-C. Le cheval de Troie est introduit dans la cité grâce à un plan de désinformation soigneusement élaboré par Ulysse.

480 av. J.-C. Le piège de Salamine se referme sur la flotte perse grâce à un transfuge athénien qui désinforme le roi Xerxès.

58-52 av. J.-C. César conquiert la Gaule. Il en donne une relation détaillée dans les *Commentaires de la guerre des Gaules*, un ouvrage de désinformation au service de sa carrière politique.

778 Ganelon trahit Charlemagne et fait massacrer Roland à Roncevaux. La chanson de geste désigne les Sarrasins comme ennemis. Les véritables agresseurs n'étaient que de rudes montagnards basques et… chrétiens !

Vers 1300 Le roi Philippe IV dit « le bel » bat fausse monnaie. Les (trop) riches chevaliers du Temple serviront de boucs émissaires, occasion de se défaire d'un pouvoir gênant.

1431 Jeanne d'Arc jugée et brûlée comme sorcière.

Vers 1470 Louis XI crée un cabinet visant à introduire de fausses nouvelles et autres subterfuges tant chez les ennemis que les alliés du moment (Olivier le Dain).

1630 Journée des Dupes : Richelieu échappe de peu à la machination ourdie par Marie de Médicis et la noblesse de cour pour se débarrasser d'un ministre encombrant.

1664 *Tartuffe* de Molière.

1670 Louis XIV confie aux frères Rossignol la responsabilité de l'encryption et du décryptage des dépêches diplomatiques.

Vers 1760 Les villages « Potemkine », du nom de son ministre et favori abusent la tzarine Catherine II sur la prospérité de son empire.

14 juillet 1789 Prise de la Bastille, seule la date est fiable !

1801 Attentat de la rue Saint-Nicaise contre Bonaparte, manipulé par Fouché, ministre de la Police.

1870 Dépêche falsifiée d'Ems. Bismarck désinforme son souverain afin de provoquer la guerre franco-prussienne.

1881 Création de l'Okhrana, police secrète d'État sur ordre du tzar Alexandre III.

1903 Première publication des *Protocoles des Sages de Sion.*

1898 Le patron de presse Hearst fait croire que les Espagnols ont fait sauter le croiseur Maine en rade de La Havane.

Fin XIXe Développement de la presse populaire à grand tirage (plus d'un million d'exemplaires), ancêtre des actuels *tabloïd.*

1894-1906 Affaire Dreyfus.

1915-1918 Le « bourrage de crânes », désinformation organisée pour remonter le moral de l'arrière.

Octobre 1917 La « révolution » d'Octobre 1917.

Décembre 1917 Lénine, sans perdre de temps, crée la Tchéka, sur le modèle de l'Okhrana, et la confie à Felix Dzerjinski.

1910-1920 Lawrence d'Arabie, agent de l'Intelligence Service et du Colonial Office : réalité, mythe, et désinformation d'une insurrection arabe contre l'empire ottoman.

1919 Le Haut état-major de l'armée allemande entreprend une vaste campagne de désinformation selon laquelle le Reich n'a pas perdu la guerre. Les politiciens l'ont poignardée dans le dos.

1934 Assassinat de Kirov. Staline se débarrasse d'un « favori » devenu un rival et lance une campagne de désinformation permettant d'éliminer tous les affiliés au groupe Zinoviev, Kamenev et Trotski.

1934 Incendie du Reichstag, organisé par Goering, attribué au parti communiste, à la veille des élections.

1936 Staline accuse les hauts responsables de l'Armée rouge de trahison au profit de l'Allemagne nazie. L'état-major soviétique est décapité. On attribue souvent cette affaire à une opération de désinformation de l'Abwehr allemande.

1940 Katyn charnier où furent massacrés des officiers polonais par les Soviétiques, crime attribué aux nazis.

1944 *Bodyguard* gigantesque déception destinée à couvrir l'opération Overlord en Normandie.

1945 Yalta : mythe du partage du monde entre États-Unis et Union soviétique.

1947 Création du Kominform.

1950-1952 Maccarthysme et « chasse aux sorcières », espions et sympathisants communistes infiltrés dans l'administration et les milieux culturels américains.

1953 Complot des « blouses blanches » attribués à des médecins juifs.

1955 Création en France du Cinquième Bureau d'action psychologique.

1964 Incident du Golfe du Tonkin qui justifia l'attaque du Nord Vietnam par les États-Unis.

1972-1974 Affaire du Watergate. Désinformation du président Nixon qui est justiciable d'*impeachement* (déchéance de ses fonctions pour parjure).

1979 Épidémie d'anthrax de Sverdlovsk (Sibérie), émanant d'un accident dans une usine de fabrication d'armes bactériologiques.

1983 Discours de la guerre des étoiles de Ronald Reagan : un bouclier spatial antimissiles protégerait les États-Unis et leurs alliés contre une attaque nucléaire.

1989 Timisoara, Roumanie, faux charnier attribué au dictateur Ceaucescu.

1996-1998 Scandale Clinton-Lewinsky.

2001 Le 11 septembre résulterait d'un complot de l'administration américaine. Variante : aucun avion ne s'est écrasé sur le Pentagone. Cette énorme désinformation continue à trouver des adeptes.

2003 Invasion de l'Irak au prétexte de programmes clandestins d'armes de destruction massive.

2004 Affaire Clearstream en France. Le jugement reste en cours…

2010 WikiLeaks… À suivre…

Bibliographie indicative

Dans une littérature très inégale où le meilleur côtoie le pire – incluant de nombreux ouvrages de pure désinformation –, nous nous sommes bornés à fournir quelques jalons.

ARQUILLA John, RONFELDT David, « Information, Power, and Grand Strategy : In Athena Camp », in SCHWARTZSTEIN Stuart J.D. (ed.), *The Information Revolution and National Security*, Washington, Center for International and Strategic Studies, 1996.

BELL J. Bowyer, WHALEY Barton, *Cheating and Deception*, New York, St Martin's Press, 1982.

BEN ISRAËL Isaac, *Philosophie du renseignement*, 1999, trad. fr., Paris, Éditions de l'éclat, 2004.

BENJAMIN Walter, *L'homme, le langage et la culture*, Paris, Denoël, 1971, d'après un recueil des écrits posthumes de 1955.

BLEUSTEIN-BLANCHET Marcel, *La rage de convaincre*, Paris, Le Livre de poche, 1970.

BLOCH Laurent, *Systèmes d'information, obstacles et succès – La pensée aux prises avec l'informatique*, Paris, Vuibert, 2005.

BOYD Barrett, PALMER Michael, *Le Trafic des nouvelles*, Paris, Éditions Alain Moreau, 1981.

CHALIAND Gérard (dir.), *La persuasion de masse*, Paris, Robert Laffont, 1992.

DOMENACH Jean-Marie, *La propagande*, Paris, PUF, coll. « Que sais-je ? », 1950.

DRIENCOURT Jacques, *La propagande, nouvelle force politique*, Paris, Armand Colin, 1950.

ELLUL Jacques, *La propagande*, Paris, Armand Colin, 1962.

ENZENSBERGER H.M., *Culture ou mise en condition*, 1962, trad. fr, Paris, UGE 10/18, 1973.

FLOURNOY Don, STEWART Robert, *CNN, Making News in the Global Market*, Londres, University of Luton Press, 1997.

GÉRÉ François, *La guerre psychologique*, Paris, Economica, 1996.

HUDSON Miles, STANIER John, *War and the Media*, New York, NYU Press, 1998.

JACQUARD Roland, *La guerre du mensonge*, Paris, Plon, 1986.

JOULE Robert-Vincent, BEAUVOIS Jean-Léon, *Petit traité de manipulation à l'égard des honnêtes gens*, Grenoble, PUG, 1987.

LATIMER Jon, *Deception in War*, New York, The Overlook Press, 2001.

Les manipulations de l'image et du son, collectif, Paris, Hachette, coll. « Pluriel », 1996.

LIBBICKI Martin, *What is Information Warfare*, Washington, National Defense University Press, 1995.

MCCONNACHIE James, TUDGE Robin, *Conspiracies Theories*, Rough Guides, 2008.

MCLUHAN Marshall, *Pour comprendre les medias*, 1964, trad. fr., Paris, Le Seuil, 1968.

MÉGRET Maurice, *La guerre psychologique*, PUF, coll. « Que sais-je ? », 1956, repris in *L'action psychologique*, Paris, Arthème Fayard, 1959.

Moscovici Serge, *L'âge des foules*, Paris, Fayard, 1981.

Nora Simon, Minc Alain, *L'informatisation de la société*, Paris, La Documentation française, 1978.

Packhard Vance, *La persuasion clandestine*, Paris, Calmann-Lévy, 1958.

Pasolini Pier Paolo, *Ecrits corsaires*, Paris, Le Livre de poche, 1975.

Price Alfred, *War in the Fourth dimension : US Electronic Warfare – Vietnam War to the Present*, Barnsley (UK), Greenhill books, 2001.

Schwartau Winn, *Information Warfare*, New York, Thunder Mouse Press, 1994.

Science et Vie, « La cryptologie », numéro spécial 1999.

Shultz Richard, Hogdson Roy, *Dezinformatsia*, Londres, Brassey's, 1984, trad. fr., Paris, Anthropos, 1985, préface d'Annie Kriegel.

Singh Simon, *Histoire des codes secrets*, Paris, Jean-Claude Lattès, 1999.

Tchakhotine Serguei, *Le viol des foules par la propagande politique*, Paris, Gallimard, 1939.

Toppfler Alvin, Toppfler Heidi, *La Troisième vague*, Paris, Denoël, 1980.

Toppfler Alvin, Toppfler Heidi, *Les Nouveaux pouvoirs*, Paris, Fayard, 1991.

Volle Michel, *De l'Informatique : Savoir vivre avec l'automate*, Paris, Economica, 2006.

Wilkinson Nicholas, *Secrecy and the media*, Routledge, 2009.

Wolton Dominique, *Wargame*, Paris, Flammarion, 1991.

Wolton Dominique, *Information n'est pas communiquer*, Paris, CNRS Éditions, 2009.

Table des matières

Introduction à la désinformation 5
L'homme stratégique et l'information : pour quoi faire ? 7
L'âge informationnel : homme informé ou désinformé ? 8
Quelle est l'ampleur de la mutation humaine ? : « panmédiatisation » et multimédia 11
La violence organisée dans l'âge informationnel : quelles mutations ? 12

La désinformation dans l'histoire 16
De l'Antiquité à la Révolution industrielle 16
La désinformation et l'essor des médias de masse (1800-1950) : du télégraphe à la télévision 20
L'âge de l'information-communication (1990-2010) : une redistribution des pouvoirs au risque de la désinformation 30

Information 39
Information et informations : de quoi parlons-nous ? 40
De la presse d'opinion à la presse d'information
Développement des médias de masse : tentations totalitaires et enracinement du « quatrième pouvoir » 43
La compétition médiatique globalisée dans l'ère de l'information successeur de la révolution industrielle 51

La désinformation 57
Définition, statut, relation à l'information et contre désinformation 57
La demande de Désinformation : les commanditaires 62
Le mode de production 64

La propagande 70
Nature de la propagande 71
De la tradition propagandiste naturelle à la mauvaise réputation 73
Cibles, temporalités et modalités de la Propagande 77
Fonctionnement de la propagande : l'homme, les machines, les savoir-faire 81

Violence politique, violence idéologique, terrorisme et désinformation 85
Nature de la violence politique, sa relation à la désinformation 85
La violence idéologique : objectifs et modalités 89
Un acte de communication sur le champ de bataille politico-médiatique 91
La lutte pour la conquête des esprits : information et désinformation 93

La déception 96
Principes généraux et objectifs 96
Brève recension historique des catégories d'opérations de déception 100
Procédés et instruments de déception 102

Action psychologique 107
AFP 107
Agent d'influence 108
Agitateur 109
Al Jazeera 109
Al Qaida 110
Amalgame 111
Amplification 111
Anarchisme 112
Antimissiles 114
Apparence 115
Archives 116
Armes de destruction massive 116
Arnett, Peter 118
Artifice 118
Assassinat de journalistes 119
Association 120
Authenticité 120
Autobiographie 121
Autocritique 122
Autodafé 123
Aveu 124
Aznar Lopez, José-Maria 124
Ballon d'essai 126
Bastille (prise de la) 126
BBC et BBC World 127
Beaverbrook, Lord (né William Maxwell Aitken) 128
Béria, Lavrentiy Pavlovitch 128
Bestiaire de la désinformation 129
Bevan, John Henry 130
Biologique 130
Bleuite 132
Blouses blanches (complots des) 133
Bluff 133
Bodyguard 134
Bouclier humain 135
Boukharine, Nicolaï Ivanovitch 135
Bourrage de crâne 136
Cadavres 137
Cagoule 138
Calomnie 139
Camouflage 139
Canard Enchaîné 140
Canular 140
Caricature 141
Carlos 142
Cassandre 143
Cellule de crise 143
Censure 144
Chasse aux sorcières 145
Choc 146
CIA (Central Intelligence Agency) 146
Cinquième Bureau 147
Cinquième colonne 148
Clarke, Dudley 149
Clearstream 149
Combat Cameras 150
Communauté internationale 150
Complot 151
Composante britannique 153
Conditionnement 155
Confession 157
Confiance 157
Confidence 158
Contrefaçon 158
Corbeau 158
Courtisan 159
Croix 160
Cryptologie 161
Culte 164
Décideur et dirigeant 167
Démenti 168
Dénonciateur 168
Déontologie 169
Déstabilisation 169
Deux cents familles 170
DGSE (Direction générale de la sécurité extérieure) 171
Diabolisation 172
Diffamation 173
Diplomate 173
Dissident 174
Dissuasion 175
Distanciation 176
Diversion 177
Dos 177
Dreyfus (L'affaire) 178
DST (Direction de la surveillance du territoire) 179
Dupe 179
Écoutes 181
Embedding 182
Ems 182
Enigma 182
Escroc 183
Espion 184
Euphémisme 185
Euromissiles 186

Expert 187
Faux 189
Fides Punica 190
Fouché, Joseph 190
Francophonie 191
Fuite 192
Gaffe 193
Ganelon 193
Génocide 194
Gide, André 195
Goebbels, Joseph 195
Goéland (pauvre) 196
Grande Peur 197
La guerre de/pour l'information 197
Guerre des étoiles 199
Guerre psychologique 200
Haut-parleur 201
Hearst, Randolph 202
Hearts and Minds (cœurs et esprits) 202
Hétérodoxie 203
Histoire 204
Huxley, Aldous 205
Hypnose 205
Illusion 207
Image de marque 208
Imposture 209
Incendie du Reichstag 210
Incrustation 210
Indicateur 211
Infiltration 212
Influence 212
Insinuation 212
Instrumentalisation 213
Intelligence économique 213
Internet 214
Interrogatoire 217
Intimidation 217
Intoxication 218
Intrigue 219
Inversion 219
Karmen, Roman 221
Katyn 221
KGB 222
Kirov (Sergueï Mironovitch Kostrikov, dit) 223
Koestler, Arthur 223
Kominform 224
Kravtchenko, Victor 224
Langue et langue de bois 225
Lansdale, Edward 226
Lavage de cerveau 227
Légendes urbaines 227
Les Liaisons dangereuses 228
Leurre 229
Lobby 229
Lointain 231
Lawrence T.E. 231
Machiavélisme 233
Machination 233
Majorité silencieuse 234
Maladie 235
Manichéisme 236
Manifestation 236
Manifeste 238
Manipulation 238
Maquillage 239
Maskirovka 239
Masques 239
Masses 240
Médium 242
Mémoire et commémorations 242
Mensonges d'État et États-mensonges 243
Mesures actives 245
MICE 246
Mincemeat 246
Miracle 247
Mise en scène et effet de réel 248
Missile Gap 250
Montage 251
Moral 252
Moro, Aldo 253
Mossad 254
Munich (Jeux olympiques de) 254
Munichois 256
Murdoch, Rupert 256
Musique 257
Mythe 258
Négationnisme 259
Ninjas 259
Nuremberg 260
Objectivité 261
Occultisme 262
Octobre 1917 262
11 septembre 2001 263
Opinion publique 265
Oracles et pythies 266
Orwell, Georges 267

Otages 267
Panem et circenses 270
Paparazzi 270
Paranoïa 271
Parole et maître de la parole 272
Pasolini, Pier Paolo 272
Pavlov, Ivan Petrovitch 273
Pentagon Papers 274
Peur 274
Pirate 275
Pogrom 275
Poisson d'avril 276
Porte-parole 276
Potemkine, Grigori Aleksandrovitch 276
Préjugé 277
Présentateur de l'information 278
Preuve 278
Protocoles des Sages de Sion 280
Provocation 281
Purges 282
Racisme 284
Radio Télévision Libre des Mille Collines 285
Ratés 285
Rééducation 287
Renard 287
Repentance 288
Répétition 288
Résilience 289
Retournement 289
Révélation 290
Révisionnisme 291
Riefenstahl, Leni 292
Rumeur 292
Secret : un monde du silence 294
Sectes 300
Sensationnel 302
Sexe 302
Signaux (faux) 304
Simplicité 305
Sincérité 306
Slogan 306
Soljenitsyne, Alexandre 307
Sondage 307
Sorciers 308
Soupçon(s) 309
Source 310
Spéculation 310
Stakhanovisme 312
Stratagème 312
Sun Zi 313
Superstition 314
Tabloïd 315
Tabou 316
Taupe 316
Tchakhotine, Serge 317
Timisoara 318
To be or not to be 318
Torture 319
Tract 320
Trafics d'organes 321
Train 321
Traite (des blanches) 322
Traître 322
Transfuge 324
Tricheur 325
Troie (cheval de) 326
Trucage 327
Ulysse 328
Usurpateur 328
Vecteurs 329
Vérification 331
Vigipirate 332
VOA (Voice of America) 332
Voix off 333
Watergate 335
Welles, Orson 335
Wells, Herbert George 336
WikiLeaks 336
Yalta 340
Y2K ou le bug de l'an 2000 340
Zimmermann (télégramme) 342
Zinoviev, Alexandre 343
Zinoviev, Grigori 343

Armand Colin Editeur
21, rue du Montparnasse, 75006 Paris
11014318 - (I) - (1,6) - OSB 90° - YTB - ACT
Dépôt légal : avril 2011
Imprimerie CHIRAT - 42540 Saint-Just-la-Pendue
N° 201103.0493

Imprimé en France